"粤派教育"丛书　熊焰　高慎英　于慧　主编

◎ 江门市基础教育系统第四批名师培养项目
"广东第二师范学院创建国家教师教育创新实验区"研究成果之一

走进五邑中小学名师群落之一

熊　焰　蒋友梅 编

· 广州 ·

版权所有　翻印必究

图书在版编目（CIP）数据

走进五邑中小学名师群落之一/熊焰，蒋友梅主编.—广州：中山大学出版社，2021.12

（"粤派教育"丛书/熊焰，高慎英，于慧主编）

ISBN 978-7-306-07202-3

Ⅰ.①走… Ⅱ.①熊…②蒋… Ⅲ.①中小学—师资培养 Ⅳ.①G635.12

中国版本图书馆 CIP 数据核字（2021）第 073367 号

Zoujin Wuyi Zhongxiaoxue Mingshi Qunluo Zhi Yi

出 版 人：王天琪
策划编辑：张　蕊
责任编辑：王　璞
封面指导：李冬梅名教师工作室
封面设计：林绵华
责任校对：周昌华
责任技编：靳晓虹
出版发行：中山大学出版社
电　　话：编辑部 020-84110283，84113349，84111997，84110779，84110776
　　　　　发行部 020-84111998，84111981，84111160
地　　址：广州市新港西路135号
邮　　编：510275　　　　　传　真：020-84036565
网　　址：http://www.zsup.com.cn　　E-mail：zdcbs@mail.sysu.edu.cn
印 刷 者：广东虎彩云印刷有限公司
规　　格：787mm×1092mm　1/16　20.5印张　413千字
版次印次：2021年12月第1版　2021年12月第1次印刷
定　　价：60.00元

如发现本书因印装质量影响阅读，请与出版社发行部联系调换

前　言

兴国必先强师，新时代需要高素质、专业化、创新型的教师队伍，强化教师培训工作，提升教师培训成效，更好地贯彻党和国家关于新时代教师队伍建设的精神，助力粤港澳大湾区建设，提升江门教育品质。我们用"四有好老师""四个领路人""四个相统一"和"四个服务"等标准和要求统领教师培训工作，促进教师专业发展。

由江门市教育局主办、广东第二师范学院承办的江门市第四批名教师培养项目，在2017年启动，培养周期2年，参训学员87人，在培训期内开展了理论研修、名师工作室跟岗、省外跟岗研修、示范带学同课异构、岗位研修、成果凝练展示以及结业答辩等研修活动，完成了"粤派教育"丛书《走进五邑中小学名师群落之一》《走进五邑中小学名师群落之二》的编撰工作。项目立足于江门市名教师的教育教学实践，创新了区域名教师的培养机制，提高了江门市中小学教师队伍的整体素质，将教学建模、课题研究、特色课程建设与名师培养紧密结合，打造了一支具有江门区域特色的名教师队伍。

教学风格是名师的标识，是教师长期在文化的熏陶下扎根于教育教学实践，在先进教育理念的引领下，创造性地运用各种教学方法和技能，逐步形成的一种个性化的教学风貌和格调。江门名教师在培养期间逐步形成并完善了自己的教学风格，并撰写了江门名师成长案例，通过案例来表达教师的成长历程，展现自己的教学风格、教育主张、教学实录和教学反思等。从江门名师的成长案例中，我们能够读到教师不同时期的教育教学理念；从他们表达的学科教育观中，能发现学科教师成长的秘密武器；从他们的教学实录中，能发现师生互动的机制。总之，江门名师的成长案例凝聚着教师专业成长过程中的酸、甜、苦、辣，反映了名教师成长路径的多样性，值得教师们去揣摩和思考，为后来者指明前行的道路，明晰促进教师队伍建设的关键要素，助力教师专业成长。

本丛书的完成是多方协作的成果。广东第二师范学院熊焰教授、高慎英教授负责案例的架构设计工作，广东第二师范学院蒋友梅副教授负责案例的修改和指导工作；校内外众多的学科导师和专家对本书提出了切实中肯的修改指导意见。

各位案例作者非常重视这次出版工作，反复打磨、精心修改，为读者展示了独具特色的江门名师风采。广东第二师范学院刘碧群老师、刘六老师在沟通联络和信息整理方面做了大量工作。限于编者水平，本书难免存在不完善之处，敬请各位同行批评指正。

目 录

◆ 以生为本，让学习因快乐而精彩（陈小琼·小学语文） ↗1
　我的教学风格 ↗1
　我的成长历程——乐培桃李写春秋 ↗2
　我的教学实录——人教版小学语文第十册《临死前的严监生》教学实录 ↗4
　我的教学主张——以生为本，让学习因快乐而精彩 ↗8
　我的育人故事——老师，您是我梦里的天使 ↗10
　他人眼中的我 ↗11

◆ 温情、求趣、求真（冯小雁·小学英语） ↗13
　我的教学风格 ↗13
　我的成长历程——一路泥泞，一路花开 ↗15
　我的教学实录——课题：The Boy Who Shouted "Wolf"! ↗20
　我的教学主张 ↗26
　我的育人故事——爱的信鸽 ↗27
　他人眼中的我 ↗29

◆ 严而有爱，从容智慧（黄凤飞·小学班主任） ↗31
　我的教学风格 ↗31
　我的成长历程 ↗32
　我的教学实录——"珍惜时间，精彩每一天"主题班会 ↗36
　我的教学主张 ↗41

我的育人故事——智慧管班，用赞美点化学生 ↗42
　　他人眼中的我 ↗44

◆ "真美语文"的研究与实践（黄锦文·小学语文）↗46
　　我的教学风格 ↗47
　　我的成长历程 ↗48
　　我的教学实录——《自己的花是让别人看的》教学设计 ↗51
　　我的教学主张 ↗57
　　我的育人故事——花儿笑了 ↗57
　　他人眼中的我 ↗59

◆ 浸润华侨文化，培育侨乡新人（黄丽萍·小学班主任）↗61
　　我的教学风格 ↗61
　　我的成长历程 ↗62
　　我的教学实录——课题：直面挫折，逆风起航 ↗66
　　我的教学主张 ↗72
　　我的育人故事——不忘初心，静待花开 ↗73
　　他人眼中的我 ↗76

◆ 求简，求真，求深（黄肖慧·小学数学）↗78
　　我的教学风格 ↗79
　　我的成长历程——导师引路，务实创新 ↗81
　　我的教学实录——宏观把握知识脉络，揭示知识核心价值 ↗84
　　我的教学主张 ↗92
　　我的育人故事——让思维多飞一会儿 ↗92
　　他人眼中的我 ↗94

◆ 追求适合儿童情智趣的数学课堂（黄雪珍·小学数学）↗97
　　我的教学风格 ↗98
　　我的成长历程——尚行勤耕，真爱博学 ↗99
　　我的教学实录——生活课堂，感悟趣味数学 ↗108
　　我的教学主张 ↗114
　　我的育人故事——用"心"爱学生，用"爱"铸师魂 ↗116
　　他人眼中的我 ↗119

- ◆ 激趣共生　和谐共融（黄玉卿·小学英语）↗121
  - 我的教学风格↗121
  - 我的成长历程↗122
  - 我的教学实录↗130
  - 我的教学主张↗137
  - 我的育人故事——"同理心"让花儿开得更加娇艳↗140
  - 他人眼中的我↗141

- ◆ 培育"真学班级"，打造"朗朗品牌"（李殷·小学班主任）↗143
  - 我的教学风格↗143
  - 我的成长历程↗145
  - 我的教学实录↗149
  - 我的教学主张↗153
  - 我的育人故事↗155
  - 他人眼中的我↗157

- ◆ 简单真实　幽默风趣　严谨睿智（梁奕笑·小学语文）↗159
  - 我的教学风格↗160
  - 我的成长历程——千教万教教人求真，千学万学学做真人↗161
  - 我的教学实录↗164
  - 我的教学主张——以生为本，因学习语文而精彩↗173
  - 我的育人故事——享受人文课堂，见证孩子成长↗174
  - 他人眼中的我↗176

- ◆ 激情　和谐　求真　求活（聂丽春·小学英语）↗177
  - 我的教学风格↗177
  - 我的成长历程——努力耕耘　终有收获↗180
  - 我的教学实录——《开心学英语》三年级下册 Unit 2 Color 教学实录↗185
  - 我的教学主张——情景体验　灵动课堂↗191
  - 我的育人故事——以爱育爱↗193
  - 他人眼中的我↗195

◆ **融于简朴，焕发色彩（苏艳玲·小学语文）** ↗198
 我的教学风格 ↗199
 我的成长历程——平畴交远风　良苗亦怀新 ↗200
 我的教学实录——走向"彩色语文"　演绎美丽语文 ↗204
 我的教学主张 ↗208
 我的育人故事——一朵带刺的玫瑰 ↗209
 他人眼中的我——师者之风　山高水长 ↗210

◆ **活实灵动　快乐语文（伍顺燕·小学语文）** ↗213
 我的教学风格 ↗214
 我的成长历程——且学且耕且悟 ↗216
 我的教学实录——《纪昌学射》教学实录 ↗218
 我的教学主张——活而有道　实而有效 ↗225
 我的育人故事——践"行知"思想，做有爱的教育 ↗228
 他人眼中的我 ↗230

◆ **略带"川味儿"的粤派风格（肖兴波·小学音乐）** ↗232
 我的教学风格——用情用心用功　编织七彩梦想 ↗233
 我的成长历程——品味成长苦辣　追寻教育梦想 ↗233
 我的教学实录——《音乐小屋》课堂实录 ↗235
 我的教学主张 ↗240
 我的育人故事——精心呵护　静待花开 ↗243

◆ **游戏化教学　个性化发展（谢峰彩·学前教育）** ↗245
 我的教学风格 ↗246
 我的成长历程——在前行中让梦想开出花来 ↗246
 我的教学实录——中班建构游戏"开平碉楼" ↗250
 我的教学主张 ↗253
 我的育人故事——我们的碉楼 ↗256
 他人眼中的我 ↗257

◆ 朴实自然　简约动情（叶金艳·小学语文）↗258
　　我的教学风格↗259
　　我的成长历程↗260
　　我的教学实录——"幸福是奋斗出来的"主题班会↗263
　　我的教学主张↗267
　　我的育人故事↗267
　　他人眼中的我↗268

◆ 情景体验，灵动语文（余凤娇·小学语文）↗270
　　我的教学风格↗271
　　我的成长历程——情景体验如源头，灵动绽放如活水↗272
　　我的教学实录↗276
　　我的教学主张↗283
　　我的育人故事——静待"花开"——转化待进生的故事↗283
　　他人眼中的我↗285

◆ 勤耕细作育新苗　精雕细琢做教育（张春霞·小学班主任）↗288
　　我的教学风格↗289
　　我的成长历程——心中有学生　用心做教育↗290
　　我的教学实录——"学会宽容　快乐生活"班会设计↗294
　　我的教学主张↗297
　　我的育人故事↗299
　　他人眼中的我↗302

◆ 扎实简约　和谐风趣（郑保华·小学数学）↗303
　　我的教学风格↗304
　　我的成长历程↗305
　　我的教学实录——《分数的基本性质》教学设计↗308
　　我的教学主张——"站在文化的角度审视数学"是我的教育主张↗315
　　我的育人故事——用爱心呵护童心↗315
　　他人眼中的我↗317

以生为本，让学习因快乐而精彩

● 恩平市年乐学校　陈小琼（小学语文）

● **个人简介**

我叫陈小琼，是恩平市年乐学校的副校长，小学语文高级教师，南粤优秀教师，江门市优秀教师，江门市小学语文学科带头人，广东省小学语文骨干教师。从教至今获得了几十个省、市、县（区）级奖项，在《小学教学研究》《师道》等全国中文核心期刊和ISSN教育期刊上发表了多篇教学论文，主持了"研国学诵经典，建儒雅文化的实践研究"等6个国家、省、市级科研课题并获省、市教育教学成果奖。

苏联教育家苏霍姆林斯基说："上课要有趣。课上得有趣，学生就可以带着一种高涨的、激动的情绪从事学习和思考，对前面展示的真理感到惊奇和震惊。"只有构建快乐课堂、打造快乐语文，才能真正使学生积极主动地学习，健康快乐地发展。愉悦的课堂氛围、快乐的语文教学会使学生感到亲切舒适，会激发学生的求知欲，促进学生智力的发展、知识的掌握和能力的提高，会使学生积极主动地参与到教学活动中去。所以，我的教学风格是轻松、实在、灵动。在课堂上，我心中有学生，把学生看作有自控能力的行为主体和伙伴；学生心中有老师，把老师当成可以信赖的导师和朋友，在沟通、合作、对话、互动、交流中，师生彼此敞开自己的精神世界，获得精神的交流和经验的分享。

▶ **我的教学风格** ▶

（1）轻松。轻松的课堂是师生心灵融通、情感共振的绿洲。教师要教得轻松、有趣，学生要学得轻松，这就要求教师要充分尊重、信任、包容学生，用欣赏鼓励的态度、机智幽默的表达，在课堂上创造出民主、平等、合作的教学氛围,以及真诚、愉悦的学习氛围,从而唤醒学生的灵性。

(2)实在。实在就是教师在教学中要讲求实效,不走过场,不摆"花架子",即努力做到教学内容充实,课堂训练扎实,教学目标落实。

(3)灵动。灵动就是让课堂教学焕发出生命活力,让课堂"活"起来,让学生"动"起来,使教师和学生都建构起丰富的精神生活,享受生命成长的欢乐。

▶▶ 我的成长历程 ▶

乐培桃李写春秋

光阴荏苒,日月如梭,弹指间,我在教育教学的沃土上已耕作了30个春秋,从一名初出茅庐的普通青年教师,成长为一名小学语文高级教师、南粤优秀教师。回望自己专业成长之路,我感慨万千。

一、痴情教学,历练专业素养

我自小个性文静、腼腆,却很喜欢看课外书。小时候生活在农村,文化生活很贫瘠,4岁的我开始与书结缘,虽然只是小人书,却陪伴着儿时的我一同追逐春天的柳絮,细数夏日的繁花。秋天的每一片落叶,藏着我心中的故事,冬日的一轮残阳,构筑了我心中的童话。与书相伴,与缪斯结缘,是文学积淀了我的灵魂,充实了我的人生。那时候农村没有幼儿园,因此,玩游戏的时候,当小老师的总是我。我用粉笔在门板上写上几个刚学会的字,手执小竹棍当教鞭,一本正经地教同龄和更小的孩子认读,乐此不疲。不知道是不是受当老师的父亲的影响,我自小就有对老师的崇拜和对教师职业的向往,初中毕业,我如愿考上新会师范学校。3年后,我走上向往已久的教育岗位,被分配到恩平市平石中心小学,成了一名农村小学语文教师。虽然起初工作所在的学校不大,校长和教导主任都是非科班出身,但都是业务型的好领导。在校长的引领下,我顺利开展班主任工作、学校少先队大队辅导员工作、高年级语文教学,并开始学习阅读《小学语文教学》《辅导员》等教育教学刊物。为了让学生悦纳自己的教学,我一遍遍地对着镜子微笑,练习儿童化语言,不停地记录学生听讲的情景,思忖好的教学策略。渐渐地,我的语言不再生硬,变得富有情感;我的课堂不再沉闷,犹如强大的磁场,孩子们在课堂上变得兴致盎然、思维活跃。为了让学生不怯写作,我经常带他们做快乐的游戏,让他们在愉快的游戏中感悟作文的真谛,并且知道怎样收集写作材料。我还坚持"下水"写作,与学生在课堂上比赛同题作文,引导学生鉴赏优秀作文,体验习作成功的乐趣,我从中也历练了写作水平。对教育、教学工作的热爱使我全情投入,三尺讲台成为我的全部,多少个星期天,无数个夜晚,伏案灯下,直到鸡鸣报晓,凭着"初生牛犊不怕虎"的一股闯劲,积极投身于教改实践,练就了过硬的教学基本功。1990年5月,工作未满一年的我参加恩平市青年教师大比武,并荣获一等奖。

二、磨炼砥砺,促进专业发展

1992年,我被调入恩平市恩城第一小学(以下简称"恩城一小")工作。恩城一小是全市小学教改的窗口,也是恩平市教学的一面旗帜,是我一直向往的工作圣地。这里人才济济,在乡下小有名气的我在这里只是沧海一粟,但我不气馁,扎实做好教学工作,认真研读课程标准,精心设计教学方案,耐心辅导学困生。教学中,我以课堂教学为主阵地,着眼于学生的创新精神和实践能力的培养,极力营造学生敢想善想、敢问善问、敢说善说的课堂教学环境。牢固树立大语文观,推崇语文生活化、生活语文化,充分利用生活资源,开展丰富多彩的语文实践活动,培养学生的语文能力,并重视语感培养,引导学生品味课文的精彩句段,体验作者写法之独特,着力打造其乐融融、极富生命力的语文课堂。

美国学者波斯纳认为,反思性教学是现阶段培养优秀教师、加速教师专业化的有效形式。为了尽快实现专业化成长,我积极进行教学反思。上课前,我对备课内容采取承前反思;授课时,我对课堂教学行为采用行进反思;教学之后,我与组内老师进行评课终端反思。就这样,在不断反思中,我纠正了低效教学行为,锤炼了专业素养。也因此,我所任教的班级语文学科成绩一直稳居同级同科前列,先后有数百名学生在各级语文竞赛中获奖,所指导的学生习作多次发表在国家级或省级刊物上。

"问渠那得清如许,为有源头活水来。"多年来,不管多忙,我的学习进取之路从不间断。我坚持向名师学习、向同行学习、向网络学习,学习已成为我的习惯。我积极参加学历进修,2002年7月大专毕业后,又紧接着参加本科学历进修,取得华中师范大学汉语言文学本科学历。2007—2008年,我还参加了广东省教育厅举办的为期一年的中小学骨干教师小学语文学科省级培训,积极参加了教育部组织的国培集中培训、信息技术能力提升等网络培训。通过学习,我丰富了学识,修养了品行,践行了语文教学方法。

教育科学研究是教师专业发展的助推器。我深谙此理,坚持用研究的目光洞察身边的教学问题,从中提炼出有研究价值的课题。我有多篇教学论文在全国、省、市获奖和发表,其中《激发学生阅读兴趣 开拓课外阅读空间》发表在《师道》杂志上,《小学语文作业布置的多样化》发表在全国中文核心期刊《小学教学研究》上。我参与或主持的科研专题有六项,其中主持的国家级课题"研国学诵经典 建儒雅文化的实践研究"已顺利结题,我被评为优秀主持人,我们学校被评为国学示范学校;在所主持的省级课题"探索校本培训有效模式 促进教师专业发展策略研究"中,我领着课题组的老师投身于教改实验,把问题当作课题,以课堂作为研究的主阵地、发挥科研对教学的指导作用,我们的课题荣获省一等奖。作为江门市学科带头人，我还积极发挥示范引领作用，我受教育局邀请，对全市小学200多名抓教学的领导做相关的业务讲座和培训。此外，我还先后多次深入我市革命老区、边远地区大田镇、那吉镇和江南镇等地方开展"送课下乡"与做学术报告，使我校先进的教学理念在恩平市所有小学得到推广和普及，为推动恩平市课改工作做出不懈的努力。在我的精心指导下，唐武源、陈回春、黎小庆、梁小敏等30多位老师参加广东省和江门市教学竞赛均获一、二等奖。而我帮带的对象唐武源、胡艳娟、陈英梅分别已是省骨干教师、省优秀教师和市优秀班主任。

天道酬勤，在挥洒汗水的过程中，我也得到了专业化发展。我先后被评为"江门市骨干教师""广东省骨干教师""江门市优秀教师""江门市学科带头人""南粤优秀教师"等。

雄鹰轻鸣，展翅腾飞；教苑深深，其穷也无极！我的教学之路还将延续，我会珍视我的每一次成功、每一次挫折和每一次成长的机会！愿我们彼此启迪，享受专业化拔节成长的快乐！

▶ 我的教学实录 ▶

人教版小学语文第十册《临死前的严监生》教学实录

（一）教学目标

（1）知识与技能目标：认写"侄、痰、监、郎"4个生字，理解"监生、郎中、诸亲六眷、越发、哥子、登时"等词语的意思。

（2）过程与方法目标：通过正确、流利地朗读课文，让学生感受严监生这个鲜活的吝啬鬼形象；通过对关键语句的分析，体会并学习作者表现人物性格特点的方法。

（3）情感态度与价值观目标：使学生树立正确的价值观，培养学生阅读中外名著的良好兴趣。

（二）学情分析

充分利用学生已有的读写知识和经验，以此为基础进行学习。要注意整合和提升，注重将学生已有的关于"写人"的读写经验与本组教材的学习有机结合，提高阅读和写作的能力。对人物形象的感受不应是几条干巴巴的结论，要以课文对人物描写的语言文字为依据，从人和事件的具体材料出发，对人物形象进行分析、理解和评价。

（三）教材分析

这个片段记叙了严监生临终前因看见灯盏点了两茎灯草而伸着两根指头不断气，直到赵氏挑掉了一茎，才一命呜呼的故事，刻画了一个爱财胜过生命的守财奴的形象。这如同素描一般绝妙的细节描写，把严监生的特点淋漓尽致、入木三分地表现了出来，给读者留下了深刻的印象。

（四）教学重点

体会作者通过抓住人物的动作、神态等方面来表现人物性格特点的方法。

（五）教学难点

学习使用动作描写、语言描写和神态描写等方法来刻画人物形象。

（六）教学准备

教师：多媒体。

学生：阅读《儒林外史》，收集关于作家吴敬梓的有关资料。

（七）学习过程

1. 揭示课题，结识文中人物

师：这节课，我们来认识一个同样鲜活生动的人物形象，这个形象出自我国古典文学名著、吴敬梓的长篇讽刺小说《儒林外史》。（出示《儒林外史》书本的封面）儒林，就是众多的读书人。他的名字叫——严监生。（板书：严监生）谁来读读。

生：严监生。

师：请注意一个字的读音。[出示：jiān（监考）（监督），监 jiàn（监生）]知道"监生"吗？

生（读注释）：监生是指明清两个朝代，在当时的最高学府国子监读书的人。

师：对，监生是读书人的一种称号，相当于我们常说的"王举人""张秀才"之类的。严监生这监生是用钱捐来的。严监生，何许人也？

出示：

他家有十多万两银子。钱过百斗，米烂陈仓，僮仆成群，牛马成行。良田万亩，铺面二十多间，经营典当，每天收入有几百两银子。

——节选自《儒林外史》

师：严监生的确有钱。严监生临死前究竟是怎样的情形呢？走进我们今天要学习的课文，一起读课题（板书：临死前的严监生）。

生（齐读）：临死前的严监生。

2. 自读课文，初步感知

师：请同学们自由读课文，注意读准字音，读通句子，边读边想：严监生临死时是怎样的一种情景？

（学生自由朗读数遍后，教师点名任意学生读课文，其他学生纠正读错的字音，再通过教师的范读，纠正读破的句子。）

3. 精读课文，感受形象

师：看见你们读得如此投入，我也想试着读一读，好吗？

生：好！

师：我读的时候请你们闭上眼睛，边听边想象严监生临死前的样子。（教师范读课文，学生想象画面）

师：请把你脑海中浮现的严监生的形象介绍给大家，好吗？

生1：严监生骨瘦如柴，气息奄奄地躺在病床上，望着两茎灯草，死不瞑目。

生2：严监生不停地咳嗽，喉咙里的痰响得一声接一声，对于家人不着边儿的回答，他心里急得不得了，可又说不出来。

生3：严监生的脸干瘪干瘪的，一双眼睛竭力睁得圆圆的，望见床旁的烛台，使尽浑身的气力伸出两根手指，看见大家都不了解他的心思，他气得一声接一声地咳嗽。

……

师：你们真会想象！让我们来目睹严监生临死前的样子（教师出示课文插图，学生仔细观察）。作者对严监生临死前的动作、神态做了细致的描写，请同学们先找出有关语句细致地读一读，并根据他动作、神态的变化揣摩他临死前的心理活动，然后在小组里交流一下。

（学生按要求读课文后在小组内交流）

师：谁能对照课文具体内容谈谈严监生的动作、神态的变化？

生：严监生伸着两个指头，总不断气。开始，大侄子以为他是牵挂那两个不曾见面的亲人，来问他时，他就把头摇了两三摇。说明大侄子没有说中。接着，二侄子猜问是不是有两笔银子放在哪里，不曾吩咐明白时，他把两眼睁得滴溜圆，把头又狠狠摇了几摇，越发指得紧了。说明二侄子也没有猜中。紧接着，当奶妈问是不是惦念两位舅爷时，他直接把眼闭着摇头，那手只是指着不动。说明奶妈也没有猜对。最后，还是赵氏了解他的心思，一语中的。严监生把手垂下，顿时就没了气。（学生回答，教师出示句子：大侄子走上前来问道……没了气。并在描写严监生动作、神态的句子下加上着重号）

师：同学们能够根据严监生的动作、神态猜测出他临死前的心理活动吗？

生1：我的两个侄子哟，你们怎么就不明白你二叔的心思呢？你看那灯盏里的两茎灯草正燃着呢，该费了多少油啊！这哪里燃的是油啊，分明燃的都是银子啊！这样白白地糟蹋钱财，叫我如何断得了这口气哟！

生2：奶妈，亏你还在我家待了这么多年，竟连我的这点心思都不懂，真是气死我了！

生3：赵氏啊，到底还是你明白我的心思！挑掉一茎，这下我就放心了！

……………

师：多么可笑而又多么可悲的严监生哟！在临死前，居然为了灯盏里点的两茎灯草而不能安息。如果此时你就站在他的床前，你有什么话想对他说说吗？

生1：严监生啊严监生，你太吝啬了！你那么有钱，竟为了两茎灯草而死不瞑目，唉，你真可悲！

生2：严监生，你真是个守财奴，你爱财竟胜过自己的生命。为区区两茎灯草而眼不闭、气不咽，如此贪婪，真是可恨又可笑。

……………

师：读到这里，你们觉得严监生是一个怎样的人？

生1：爱财胜过爱命。

生2：是一个守财奴。

生3：是一个吝啬鬼。

生4：是一个节约的人。

师：节约和吝啬有什么不同？（让学生认识两者本质上的不同。）

4. 朗读课文

师：同学们的体会真好！请大家带着自己的感受在小组内分角色练习，有感情地朗读课文。

（先小组合作，分角色朗读课文，然后指派小组同学上台读，读读评评，直到读好为止。）

5. 体会写法

师：多么高明的作家呀！短短三百多字就让我们身临其境地感受到了一个吝啬鬼的形象。谁能说说作家是用什么方法刻画人物特点的？

生：有动作、神态上的细节描写。

师：老师有个问题不明白，作者为什么不用语言描写来刻画严监生？

生：因为严监生已经病重得一连三天都不能说话了。那样写就不真实了。

师：你很会思考问题！我们在写人时，也应该选用恰当的描写方法。

6. 阅读拓展

师：作家吴敬梓用辛辣的笔触为我们塑造了这样一个吝啬鬼形象，有着较强的讽刺意味。严监生是世界四大吝啬鬼之一，那其余的三个吝啬鬼有什么特点呢？请大家课外阅读有关小说。相信通过大家课外的比较阅读，一定会有更多的发现。

（八）教学反思

《临死前的严监生》一文选自《儒林外史》，记叙了严监生临终前因灯盏里点了两茎灯草，伸着两根指头不断气，直到赵氏挑掉了一茎，才一命呜呼的故事，刻画了严监生爱财胜过生命的守财奴的形象。

本文是五年级下册第七单元"人物描写一组"中的一篇，这一单元的主题是"作家笔下的人物"，安排这组课文的意图就是让学生进一步感受作家笔下鲜活的人物，体会作家描写人物的方法，并在习作中学习运用。这一节课我的主要教学任务是让学生通过抓住动作、神态描写来感受严监生这一鲜活的人物形象，同时学习作者抓住细节描写刻画人物的方法。

在备课时，我抓住"严监生伸出的这两个指头代表的究竟是什么"这一线索来贯穿整堂课的教学，总共分成三个步骤来教学。

一是初读课文，整体感知；二是细读课文，走进人物内心；三是总结写法。第二部分我又分成四块来教学，首先引导学生体会严监生病情的严重。再通过学习"严监生喉咙里的痰……伸着两个指头"一句，引导学生质疑，严监生都已经奄奄一息了，为什么还伸着两个指头，这两个指头代表的到底是什么？接着再由这个疑问引出亲人和严监生的对话，最后揭晓答案，从而体会严监生这一吝啬形象。当我问学生这个人给你留下了什么印象时，很多学生都说他"吝啬"，我表示赞同，但也有学生提出，严监生很节约，为什么还说他是吝啬鬼呢？备课时我怎么没有想到学生会有这一问呢？于是我问学生，吝啬和节约各是什么意思。学生回答"吝啬"是指过分爱惜自己的钱财，当用的不用，而"节约"是指节省、不浪费的意思，二者有本质上的区别。于是我让学生再读课文，找出严监生临死前的动作和神态描写，并根据动作神态的变化揣摩他当时的心理活动。此时，学生方意识到严监生把一根灯草看得比生命、亲情、财产都重要，这就是吝啬。通过本课，我深刻体会到，教师要以学生的眼光看问题，才能更好地预设出教学中可能出现的问题，从而因势利导，有的放矢。

整节课中我认为最好的设计是两个想象说话的部分，一是在3个亲人猜测错误时想象严监生如果还能说话，可能会对他们说些什么？二是在赵氏挑掉一茎灯草后想象严监生可能会对赵氏说些什么？这两个想象说话训练一方面有助于学生进一步地走进严监生的内心世界，把他不能说的话说出来；另一方面也给较为严肃的课堂增添了一些活跃的气氛。同时，学生对于严监生听到众人猜测后的反应体会得较好，教学时单独把这三句展示出来，通过"一次比一次着急"的朗读来体现其重点。

▶ 我的教学主张 ▶

以生为本，让学习因快乐而精彩

语文的教学重点不再应该是"我们教些什么，你们就学些什么"，而应该是"我们该如何创造一些条件，去改变教师的教学方式和学生的学习方式"。新课程标准指出，小学语文教学的主要目的在于激发和培养学生学习语文的兴趣和积极的态度，使其树立自信心，培养一定的语感，奠定良好的语音、语调基础，使他们能够进行简单的日常交流，为进一步学习语文打下良好的基础。那么如何激发和保持学习兴趣呢？为了创设浓郁的课堂氛围，让学生养成良好的语言学习习惯，我提出了"以生为本，让语文学习因快乐而精彩"的教学主张。

首先，要建立新型的师生关系，体现以人为本，重视师生间情感的交流，培养学生的学习兴趣。教育是充满情感和爱的事业，一旦离开感情层面，就不能铸造人的精神世界。课堂伊始，我总是用友善的语言、和蔼的表情，通过简单的日常问候，拉近师生间的距离，而不是用严厉的表情，摆出一副师道尊严的架势，以教育者自居，这样很容易引起学生的反感甚至恐惧，也容易扼杀学生的学习热情。我要建立的师生关系是完全平等的，学生不会学习，我来教你学习。学生不愿意学，我来吸引学生学。"吸引"就是使学生乐于学习，使他们乐于参与到教师和学生共同进行的教学活动中来。教师要以饱满的热情，对学生的各个方面进行关注，使师生间达到心灵的沟通，共同分享成功的快乐，进入学习的最佳状态。

其次，营造融洽的课堂氛围，会更加体现以生为本的教学原则，从而激发学生的学习兴趣，让他们感受到语文学习的快乐所在。和谐、民主、融洽的课堂氛围，将会使师生间的合作更加愉快。学生在轻松的心理状态下更容易接受新知识。我通过多媒体课件、有声教材，联系实际，自编情景对话进行表演等形式，激发他们的学习兴趣，让课堂气氛特别活跃，充分调动了学生的主动性和创造性，使他们成了学习的主人。例如，我在教学《只有一个地球》这篇课文时，我找来银河、天体、宇宙的图片和资料与学生一同欣赏，当浩瀚的宇宙呈现在孩子们眼前的时候，我是那样真真切切地感受到了他们渴求知识的眼神！他们太想了解银河、了解宇宙了！我扣之心弦地向孩子们提出："你们想问银河些什么呢？你们还想说些什么？"孩子们个个兴趣盎然、跃跃欲试。"激趣"极大地调动了学生的主动性和积极性，教学过程也就"变苦为乐"。

通过创设情境引导他们用语文逻辑进行思考、表述，使孩子们在获得成功的喜悦的同时，也收获了成就感，增加了学习的动力，养成了良好的学习习惯，并形成了自己有效的学习策略，为进一步学习奠定了基础。

最后，课堂是学生学习活动的主要场所，语文学习的快乐与否在很大程度上取决于课堂氛围的融洽与否。合作学习是一种非常有效的学习方式。我认为在语文学习活动的组织上，合作无处不体现以学生为主体的教学理念。在小学语文课堂上，让学生动口、动手、动脑，合作完成情景活动的任务，发挥每一位学生的优势，互相帮助，形成交互的思维网络，可以达到开拓学生创造性思维的良好效果。我通过各种各样的合作形式，开发学生人际交往的潜能，形成师生相互影响、和谐互动的教学局面，如两人小组、四人小组、男生小组、女生小组、师生小组等多种形式的小组合作，既能充分调动每一位学生的学习积极性，又能让他们在合作中互相学习、互相激励。如果小组内有一人没有完成任务，那么本组的表演就不能进行。这种方式让每一个人都乐于参与，变语文学习为一种快乐的合作活动。贴近学生生活的任务设计，如中高年级的预习、阅读短文、写作小短文等，低年级的画简笔画、实物准备等，让他们在完成任务后产生成就感的同时获得学习的动力。我充满信任地对待每一位学生，适时适当地给予鼓励和表扬等，使他们形成良好的心理倾向，养成良好的学习习惯，为进一步学习打下坚实的基础。

总之，在今后的教学中我仍将本着以教师为主导、学生为主体的原则，以人为本，让语文学习因快乐而精彩！

我的育人故事

老师，您是我梦里的天使

去年教师节前夕，我收到了一张贺卡。翻开一看，里面写着："老师，您是我梦里的天使。祝您节日快乐！您的学生：小玉。"握着贺卡，我激动不已，思绪把我带到了10年前。

10年前的某一天，我正在上课。突然，一个衣衫不整、头发蓬乱的男人，手里拿着一件外套，径直走进教室，边走边念叨着："衣服，玉儿，老师。"还没等我反应过来，他将衣服扔在讲台上，转身就走了。

疑惑中，我突然记起：开学的时候，班上一个叫小玉的女孩，是由邻居带来注册的。那邻居告诉我，小玉的爸爸有智力障碍，妈妈离家出走了，都是邻居帮忙照顾她。

"衣服，玉儿，老师"，简简单单的几个字，我明白了一切。只见小玉默不作声，头埋得很低很低。

那一瞬间，我满是惊讶和感动：一个智力障碍者，居然能找到女儿的教室，为她送来衣服，那是一种多么朴实的父爱啊！

下课后，全班的孩子都知道了，那个脏兮兮、傻呆呆的陌生人就是小玉的爸爸，大家都用一种异样的目光打量她。此后，小玉离大家越来越远，好几次下课后，她孤独的小身影在校园里徘徊，偶尔会远远望着那些开心说笑、欢快追逐的孩子，那溢出的自卑感和羡慕之情，让我觉得十分心痛。

该怎么帮助她？我一直在想。也许，后天的秋游活动，就是一个契机！但是，谁会选她做自己组的小伙伴？如果自由组合，肯定没人选她……我想：幼小的心灵不能再受伤啊！

出发前的一天，我跟孩子们说："大家可以自由选择自己喜欢的伙伴组成8人小组，老师要加入小玉那个小组！"

"我加入。"我的话音刚落，性急的小丁率先站了起来。

"我也加入。"

"我们都要加入!"整个班霎时沸腾了!

那一刻,小玉的脸涨得通红,眼里闪烁着激动和欢乐。

小玉满怀自信地走上台,激动地说:"我想大家都加入我俩的小组。"教室里爆发出雷鸣般的掌声。

我微笑着看看小玉,决定:"明天的郊游,我和小玉同学一起,组成一个特别行动小组,轮流参加每个小组的活动。"

话音刚落,教室里又一次响起雷鸣般的掌声。在掌声中,小玉的脸上满是灿烂的笑容。

从那以后,我惊喜地发现:小玉变了!她的脸上总是洋溢着甜美的笑容,而且学习认真了,并积极参加各项活动,期末还被评为学校的"美德少年"呢!

从教以来,我总有这样一个朴素的信念:不管班里的孩子是多么良莠不齐,不管教育多么艰难,教好每一个学生,是我义不容辞的责任和使命!我期待:如果有一天,我的孩子想起他们的老师的时候,心里都有这么一个声音——"老师,您是我梦里的天使"。

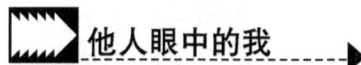 他人眼中的我

(一)学生眼中的我

陈老师幽默风趣,上课气氛活跃。老师和学生的互动得到了充分的体现。我们从她那里学到的不仅仅是科学文化知识,更有学习方法和做人的道理。

(我的学生一)

陈老师是一位工作认真、负责任的好老师。每次上课她都会精心准备,让每一位同学都在课堂上吸收知识。课后作业不多,对于不会做作业的同学她都会耐心地教导,从不体罚我们,我很喜欢我们的语文老师。

(我的学生二)

(二)同行眼中的我

陈校长充分发挥了名教师的引导作用,耐心细致地指导青年教师,提高本组教师的业务水平。关心爱护学生,利用各种手段激发学生的学习兴趣,教育教学效果好,深受广大家长和学生的喜爱。为人师表,作风正派,堪为其他老师学习的榜样。

(我的同事)

(三) 领导眼中的我

陈校长爱岗敬业,关心爱护全体学生,能够自觉维护学校荣誉,共塑教育新形象,常把教书育人视为自己生命的延续。她具有严谨执教、无私奉献、以身作则、率先垂范的高尚师德,是一名学生爱戴、家长敬仰、社会满意的好老师。

(我的领导)

温情、求趣、求真

● 开平市苍城镇中心小学　冯小雁（小学英语）

● **个人简介**

我叫冯小雁，是小学英语高级教师，现任职于开平市苍城镇中心小学，19年来坚持从事英语科一线教学工作。作为一名土生土长的广东人，我自幼浸润着岭南本土文化长大。我在教学风格中保留着岭南女子温婉的特质，以母亲一样的柔情关爱每一位学生，与学生之间建立民主、和谐、平等的师生关系。先后荣获"江门市乡村教育之星"等多项荣誉称号。在广东多元文化背景的浸润下，我拥有自信、务实、开放与包容的个性，追求"趣味而本真"的课堂。课堂上主张以人为本，培养学生的学习兴趣；创设生活化的教学情境，让学生在真实的语境中习得第二语言，促进其学习能力和语言能力的发展。共主持与参与9项县市级以上课题，并取得优秀的研究成果。成为一名优秀的教师是我儿时的梦想，凭着执着的信念与坚韧的毅力，我努力克服地域环境的制约，在专业成长路上越走越远，并在不断实践与反思中逐渐凝练出我的粤派教学风格——温情、求趣、求真。

▶ 我的教学风格

我是岭南人，也是一位性格温婉、细腻的女子。从事英语科教学多年，在广东多元文化背景的浸润下，我的性格多了一份自信、务实、开放与包容。在生活和学习上，我给予学生慈母般的关爱，让他们信赖我、尊敬我；在课堂上，我经常与学生们一起在游戏、歌曲和情境中互动，让他们享受到语言学习的乐趣。而务实的性格，让我在追求趣味教学的同时，还注重语言学习的实效，喜欢创设生活化的课堂去提高学生的学习能力和语言能力。在扎根乡镇小学19年的教学生涯里，我一直心怀最初的教育梦，在教学岗位中兢兢业业、无私奉献，并通过不断的总结与反思，逐渐凝练出我独特的教学风格——"温情，求趣，求真"。

温情，可以解读为温柔的感情，温和的态度，是指教师在教育教学的过程中坚持以人为本，尊重关爱学生，鼓励宽容学生，与学生之间建立起亦师亦友的良好师生关系。在与学生的互动交流中，通过温暖的眼神、温婉的话语传达知识与正能量，让学生如沐春风，营造出充满温情的课堂，努力达到"赠人玫瑰，手有余香"的教育境界。学生对我的第一印象总是："冯老师是一位温柔、关爱学生的老师。她和学生之间的距离总能保持得恰到好处，既像长辈一样真切地关心学生们的学习和生活，又像严师一样对学生们提出要求和寄予厚望。"正是这种严格而不失温情的教学风格，让许多学生毕业多年后仍能把我这份师恩常记心中。例如，在讲授 The Boy Who Shouted "Wolf"！一课时，除了对学生阅读策略的指导，在教学过程中，我还关注学生的情感教育，通过引导学生对 Peter 和 the people 的正确评价，培养学生诚实守信、乐于助人的良好品质，促进学生身心健康发展。

求趣，就是追求趣味的课堂。对于小学生来说，兴趣是学习英语的前提，为了培养学生的英语学习兴趣，我在教学过程中，积极营造良好的学习氛围，追求充满趣味的课堂教学环节，合理利用游戏、歌曲、动画、图片等多媒体教学资源，充分调动学生的学习积极性，提高师生的互动性，用风趣幽默的语言去激活孩子的思维，努力培养他们良好的语言学习习惯，使孩子们保持持久的学习兴趣。例如，在教"粤人2011课标版"英语四年级下册 Unit 7 Hobbies 一课的 sounds and words 部分时，我绘制了一本有趣的 Phonics story book，把教材中的6个例词融入故事文本中，通过引导学生听故事、读故事、讲故事，让他们在富有趣味的情节中掌握了 Phonics 的学习能力。

求真，即回归本真，追求真实的、生活化的英语学习课堂。语言来源于生活，最终回归到生活中去，任何脱离生活的语言学习都是不利于学生持久发展的。2011版新课标倡导"提高学生用英语做事的能力"，在课堂中，我通过创设真实的生活化情景，积极为学生搭建语言交流的平台；通过设计调查、访问等实践活动，鼓励孩子与同伴之间进行合作交流，让他们学会"用英语做事"，从而不断提高学习能力和语言运用能力。例如，教授"粤人2011课标版"英语五年级下册 Unit 2 Vacation Plans 一课，我创设了"Make a vacation plan"的学习任务，指导学生借助思维导图，通过小组合作制作一份假期计划，并上台展示。该方法使得学生在生活化的实践活动中，习得语言知识，提升学习能力。

我的成长历程

一路泥泞，一路花开

江门开平市人杰地灵，人才辈出，著名的爱国侨领、中国致公党创始人之一司徒美堂就是其中杰出的代表。苍城镇作为开平文化的发源地，是开平唯一拥有360多年历史的古县城，有着较深厚的文化底蕴。作为地道的开平苍城人，我亲身经历家乡经济和教育事业的蓬勃发展，并以一名教育工作者为荣，时刻保持以一颗最虔诚的心，为家乡的教育事业添砖加瓦。

流年似水，回首过往，一路走来，沿途虽有鲜花和掌声，但也曾铺满荆棘。经历了教育人生中几个重要的站台，无论到哪一站，我总是怀着最初的教育情怀，一步一个脚印，坚持当好孩子们的良师益友，当好同行的领路人，保持着一颗激情、纯真的心，坚持从事我热爱的教育事业。

冯小雁老师在授课

（一）第一站（2000年9月至2001年8月）：山村小学——激情燃烧的青春

2000年9月，从师范学校毕业后，年轻的我被分配到苍城镇一所山村小学。要去一个穷乡僻壤任教，我心里有着深深的失落。而那一天，把我送上师范学校的父亲，冒着烈日坚持用摩托车把我送到了我的教学人生的第一站：开平市苍城镇联和小学（以下简称"联和小学"）。那是一所靠在山腰上的小学，学校的教学设施极其简陋，只有一幢四层的教学楼和一座用作厨房的平房，全校仅有7位教师，但他们都在默默为山村的教育事业奉献着自己的青春。就这样，我把行李安顿好之后，学校就成了我的第二个家。

1. 秋天的校园

初次踏上教坛，我就深深体会到小学教师都是"万金油"。山村小学的教师编制不足，初为人师的我既是班主任也是英语教师。师范学校三年扎实的学习与实践磨炼了我，第一次站在讲台，我就对为人师表的角色产生了期待与热爱。山村的孩子见识少，对新鲜的事物充满好奇心。我抓住这个特点，设计有趣的课堂教学环节，跟孩子们一起探索语言学习的奥秘。很快，孩子们就喜欢上我的课堂。在山区，英语语境几乎为零，孩子们普遍腼腆，不敢开口表达。为了教学 Colors 一课，课堂上，我利用实物引导孩子们学习各种颜色的单词，并与他们互动交流。课间，我指导孩子们分组观察校园的各种植物，并尝试运用英语描述它们的颜色。时值秋天，联和小学的校园里仅有的几种植物也在不甘示弱地争妍斗艳：紫荆花姹紫嫣红地尽情盛放，九里香和白玉兰花在枝头上默默吐着芬芳……校园内充满着师生的欢笑声，通过这样坚持为孩子们创设有趣的、生活化的交流平台，一个学期下来，孩子们的口语水平有了明显的进步，并对英语学习产生了强烈的兴趣。这是初为人师时感受到的教学乐趣与成效，而我也在往后的教学实践中逐渐体会到：要想孩子乐学爱学，学有所得，老师要努力营造来源于生活的真实课堂。

2. 冬天·孩子·鞋子

不知不觉，冬天悄悄到来了。山村的冬天特别寒冷，山风漫过树林，迎面扑来，师生们都穿上了厚厚的冬衣。一天下课后，我发现班上好几个小男孩光着脚在校园内活动，这让我大吃一惊。经了解，并不是他们家里穷得买不起一双鞋，而是这些孩子自小缺少父母的照料，一直习惯光着脚活动，早已练就一身铜皮铁骨。这种光脚现象既不文明，也会影响孩子的身体健康。本着为人师者对学生的关爱，我制定了一道班规：必须穿鞋回校，不许光脚活动。为了有效监督，我成立"小督查队"开展督查，当发现有个别孩子违规后，我逐一耐心说教。经过一个多星期的努力，终于让全班孩子都坚持穿鞋子上学，校园里孩子光脚活动的现象也逐渐消失。那年冬天，孩子们开始主动亲近我，有几个心细的女孩子上学时还为我带上热气腾腾的早餐。课堂上，那几个曾经光脚活动的孩子学习积极性也被点燃了。于是我明白了，从生活中去关爱每一个孩子，让孩子们感受到老师的温情，教育教学才会收到更好的效果。"随风潜入夜，润物细无声。"在我往后的教学生涯中，我总是以这种温暖的情怀跟学生们打交道，于是，许多孩子把我当成了良师益友。

3. 山村的夜晚静悄悄

山村小学里没有任何娱乐设施，宁静的夜晚，伴着窗外的虫鸣声，我在简陋的办公室里专心研读各类教学理论书籍，反复弄通教材，用心反思每一节课，认真设计教案，科学制订培优辅差计划，辛勤地用蜡纸手工刻制一张又一张复习卷。日复一日，我渐渐成长起来，初步培养起各项教学专业技能，为往后的教育教学工作打下良好的基础。

（二）第二站（2001年9月至2004年8月）：镇中心小学——小荷才露尖尖角

刚与山村小学的孩子结下了不解之缘，2001年暑假，我却接到通知，自己被调到本镇的中心小学。怀着依依不舍的心情，我从此告别了山村的孩子们，踏上了新的教学征程。

从山村小学到镇中心小学，心境上的跨度之大难以言表。苍城镇中心小学是一个充满压力和机遇的大熔炉。在那个英语教师非常缺乏的年代，我跟黄老师平均承担了全校共12个班的英语教学工作，并担任三（1）班班主任，工作的强度之大可想而知。但是，年轻的我就这样默默地接受了这个教学任务，并为之而奋斗。为了培养孩子的学习兴趣，每个晚上，我好不容易"消灭"那堆积如山的作业后，还得忙着自制教具……于是，每当夜深人静时，办公室的窗前总有一位年轻女教师忙碌的身影。镇上的孩子比山村小学的孩子见识广，跟后进生打交道需要更多技巧。百忙之中，我经常向年长的教师"取经"，于是，在谢老师、张老师等多位教师的引领下，我取得了与孩子沟通的"真经"——严中有爱，平等对话。经过几个回合的"周旋"，逐步拿下几个"顽童"后，我逐渐与学生建立了民主、和谐、平等的师生关系。

因为心中充满对教育事业的敬仰，充满对孩子的爱，那些年再苦再累我也没有放弃过心中的教学梦。三年的时光我过得充实而忙碌，在高压和迷惘中，渐渐拨开了云雾，见到了那么几缕灿烂的阳光，我的教学教育水平得到了进一步的提升，并开始思考自身的专业成长之路。

（三）第三站（2004年9月至2011年8月）：潭碧小学——紫薇花开

2004年9月，由于工作的轮岗调动，我来到了苍城镇潭碧小学任教。这虽然是一所农村小学，但是校园里生机勃勃，恰逢盛夏，一排排紫薇树盛放着一串串紫红色的花，自此我跟紫薇花结下了深深的情缘。2006年9月，我担任学校的少先队辅导员，紫薇花下，我组织孩子们开展了多姿多彩的少先队活动，留下了他们一张张天真而快乐的笑脸。我创办了"红领巾广播站"，并开辟了"英语小天地"栏目，每逢星期三广播时间，校园里就会飘出美妙而轻快的英文儿歌，小广播员用稚嫩的英语谈论着不同的生活话题。同学们在耳濡目染下受到了语言的熏陶，对英语学习产生了兴趣。我还创办了校刊《紫薇花开》，用文字和图片记录了校园里的点点滴滴和精彩的瞬间。因为这次少先队辅导员的工作经历，我接触到了更多不同年龄段的孩子，从而学会以孩童的角度思考问题，也更能给予他们无私的爱。

时光的年轮飞速运转,2007年,"创强"的春风吹来了,学校的教学环境和设备设施发生了翻天覆地的变化,多媒体进入了课堂。多媒体技术集视觉、听觉感知于一体,比起传统的教学手段更容易激发学生的学习兴趣。于是,我努力学习课件制作,把多媒体技术与课堂教学有效地整合起来。课堂上,利用PPT(演示文稿)创设各种语言学习情景,培养学生的学习兴趣。终于,我成功地用多媒体展示了一节精彩的英语公开课,让还没接触过多媒体教学的老师大开眼界。在我的带动下,许多英语教师也逐步实现了多媒体教学。

就这样,我的教研能力随着教学经验的累积也有了质的飞跃。2009年,为了提高本镇英语教学质量,苍城镇中心小学业务校长要求我编写英语科的校本教研资料,并在本镇内推广。其间,我也经常参加"校校联动"活动,到结对学校上示范课,并陆续参加县市级以上的教学技能比赛并获奖。

在扎根潭碧小学七年的教育生涯中,我经历了教学人生中许多"第一次",正因为有了这些尝试和锻炼,我的羽翼逐渐丰满,并开始寻找自身的专业成长之路。

(四)第四站(2011年9月至现在):新校区——踏上新征程,畅写教育人生

1. 开拓创新,百花齐放

2011年9月,由于工作的需要,我来到了苍城镇成功"创强"后新建的苍城镇中心小学主校区工作。"创强"后镇内许多小学撤并,该校区承担着全镇四至六年级小学生的教学重担。建校初期,该校虽然集中了雄厚的师资力量和优质的教学设备设施,但由于生源复杂,所以教学质量不高。2012年,江门市教育系统全面推行学习2011版新课程标准,作为科组长,我组织本校英语教师落实该培训学习。在学习过程中,我发现部分教师的教学观念跟新课标的要求相去甚远,上课模式比较守旧,教学效果不理想。为了更新整个科组的教学理念,改善教学质量,我以英语新课标为指导,创新开展了集体备课,带领老师们研课、磨课。通过两年多的努力,我科组集体备课模式初见成效,后来此模式在全镇各科铺开。

结合新课标的理念,我用心探讨生活化的英语课堂,在教学中,创设真实的教学情景,设计调查、访问、角色扮演等实践活动,让学生在探究、合作中发展学习能力和语言能力。因此,我"求真"的教学风格也逐渐凝练。为了实现"百花齐放",我在同行中分享实践经验,指导青年教师成长。在我的带领下,本校英语教师的教学理念全面提升,学生的英语学习水平普遍提高,师生参加各项学科竞赛纷纷获奖。我带的英语科组成为了开平市教研氛围浓厚、成果优秀的科组。

因为教研工作表现出色，2013年9月我被开平市中小学教研室聘为小学英语教研组成员，这是我教育人生中另一个重大的转折点。自此，我经常参加各种市级以上的教研活动，并多次承担全市性的公开课和专题讲座，其间先后三次被评为"开平市优秀教师"。我的先进事迹被刊登在2014年11月27日的《江门日报》A05版。2017年12月我被评为"开平市名教师"。2016年9月，通过三年严格培养，我在考核中脱颖而出，被评为"江门市乡村教育之星"。2016年10月6日，《开平新闻》栏目报道了我扎根乡村教育的先进事迹。这个阶段我成了江门市基础教育系统第四批名教师培养对象。由于我笔耕不辍，论文成果逐渐丰硕，截至2019年，我先后有35篇教育教学论文获得县市级以上奖励，其中3篇在正规刊物上发表。

《开平新闻》栏目专题报道冯小雁老师的事迹

2. 桃李不言，下自成蹊

德国哲学家雅斯贝尔斯说："教育就是一棵树摇动一棵树，一朵云推动一朵云，一个灵魂唤醒另一个灵魂。"这是我一直追求的教育境界。能拥有自己的教师工作室，是我奋斗的目标。2015年6月，凭着多年累积的业绩，我在开平市首届教师工作室主持人遴选活动中脱颖而出，被评为"开平市教师工作室主持人"，成立开平市冯小雁教师工作室。自工作室成功挂牌后，我一直努力当一棵可以摇动别人的"树"，用心中那股对教育教学的执着，影响着身边的同行。为了引领工作室的成员走上专业成长之路，2016年9月，我主持的课题"小学中年级phonics教学实践研究"被开平市中小学教研室批准立项，在研究的过程中，我们积累了许多科研经验。2017年4月，我们工作室一行人走进了离开平市区40多千米路的山区学校大沙镇中心小学开展课题实践活动，把先进的教学理念带到了山区的课室，山区孩子的朴实与对知识的渴求激励了我们前进的脚步。2018年7月，该课题结题，并被评为优秀课题。"百花齐放才是春！"多年来，我带领工作室的成员开展课题研究、送教下乡等教研活动，通过示范课或专题讲座把工作室的教研成果辐射到本区域的二十多所学校，在我的指导下，许多青年教师走上科研之路。辛勤耕耘必有收获，2017年12月，在开平市教师工作室考核中，本工作室被评为"优秀"等次。

2017年，我初次接触"核心素养"这个概念，通过理论研修，我把一直追求的"趣味而本真"的英语课堂理念跟英语核心素养整合起来，课堂上注重培养学生的学习兴趣、学习能力和语言能力。而我"温情、求趣、求真"的教学风格也逐渐凝练。

"桃李不言，下自成蹊"是我工作室的座右铭。一路前行，也许我并没有摇动和唤醒别人灵魂的能力，但是，我将以微薄之力，带动更多有心人实现专业成长。

我的教学实录

课题：The Boy Who Shouted "Wolf"!

（一）教材分析

本课时是"粤人2011课标版"英语六年级下册 Review 1 的 Reading and writing 部分。内容是学生耳熟能详的"狼来了"的故事，学生可以根据已有的知识经验去推测故事情节，词汇学习重点主要是动词过去式。教师要重点指导学生能根据故事情节发展，找出描述人物的心理和行为变化的关键词句，并学会使用这些语言知识。

（二）学情分析

本课的教学对象是六年级学生，他们具备一定的阅读能力。因为学生比较熟悉故事的情节，所以教师可以结合他们的认知特点，分层设置阅读任务，增大语言的输入与输出量。

（三）教学设计思路

教师要充分考虑学情，通过分层设置阅读任务，让学生掌握一定的阅读策略，从而培养他们的学习能力。同时，搭建学习平台，让学生在适当的情景中使用语言，发展语言能力。

（四）教学目标

1. 语言知识

使学生能在教师的引导和表格的帮助下，提取故事主要信息，理解故事大意。

2. **语言技能**

学生能复述、朗读故事,提高语言表达能力。

3. **学习策略**

(1) 能够利用上下文和已有的知识经验猜测生词的意思。

(2) 能够找出文本的关键信息,理解人物的心理和行为变化。

(3) 通过任务型的小组活动,培养与他人合作学习的能力。

4. **情感态度**

学生能对故事人物进行正确的评价,认识诚实的重要性。

(五) 教学重点与难点

1. **教学重点**

(1) 使学生能在教师的引导和表格的帮助下,提取故事主要信息,理解故事大意。

(2) 使学生掌握一定的阅读策略,培养自主阅读能力。

2. **教学难点**

(1) 学生能复述、朗读故事,提高语言表达能力。

(六) 教学策略

1. 阅读前利用谈话与游戏激活学生的旧知识,为新课做准备。

2. 创设情景,让学生能够在真实的语境中使用语言,提高语言运用能力。

3. 分层设置阅读任务,以问题驱动,逐步培养学生的阅读策略。

(七) 教学现场

Stage 1 Pre-reading

1. **Free-talk**

T:Hello, boys and girls.

S:Hello, Julia.

T:What did you do yesterday?

S1:I watched TV yesterday.

S2:I read some books.

T:Great! Let's play a game:The wolf is coming.

2. **Play a game.**

T:This is the rules. Ready Go!

(设计意图:谈话导入,拉近师生距离;通过游戏激趣,复习旧知,为文本的阅读扫清障碍。)

Stage 2 While-reading

1. **Lead-in**

T:Boys and girls:I have a story book here. Let's look at the cover. What's the name of the story?

S：The boy who shouted "Wolf"!

T：Did you read the story before?

S：Yes.

T：Let's know more about the story.

2. The first reading

T：Listen to the tape and try to answer the questions. Underline the new words and the key sentences.

T：What are the roles of the story?

S1：They are Peter, the people and the wolf.

T：Where did Peter work?

S2：He worked on the farm.

T：Good job!

（设计意图：通过预测故事情节，激活旧知，引发学生思考，引导学生用英语表达自己的观点，培养语言能力。）

3. Jigsaw reading（拼图阅读）

T：Let's do jigsaw reading.

（教师把故事的4个自然段制作成故事卡分发给小组内4个同学，让学生各自读拿到的故事卡，然后合作完成3个任务）

T：This is your tasks.

（1）Read the passage.

（2）Listen and choose the right picture.

（3）Number the sentences in the correct order in your groups.

T：Let's check your answer.

（设计意图：通过把文本切割成故事卡，减轻学生的阅读压力，有利于分层教学，并培养学生的小组合作学习能力。）

4. 细读故事，提取关键信息

T：Let's read the first paragraph and try to answer the following questions.

T：Who can share your idea? What did Peter do when he was bored?

S1：He shouted "wolf" when he was bored.

T：What did people do?

S2：Many people came to help Peter.

T：Were there any wolves?

S3：No, there was no wolf.

T：Naughty Peter.

温情、求趣、求真

教师板书：

Days	What happened		
	Peter	People	Wolf
one day	shouted "wolf"	many	no

T：What happened next? Let's read together and answer the following questions.

T：What did Peter do the next day?

S1：He shouted "wolf" again.

T：What did people do?

S2：They came to help him, but not many.

T：Were there any wolves?

S3：No, there was no wolf.

T：Yes. Peter played the trick with the people again.

教师板书：

Days	What happened		
	Peter	People	Wolf
one day	shouted "wolf"	many	no
the next day	did it again	not many	no

T：Let's read the third paragraph in your groups and answer the following questions.

T：Discuss in your group and share your ideas. What was Peter doing?

S1：He was working.

T：What happened?

S2：A big wolf jumped out and hurt Peter's sheep.

T: Did people come to help him?

S3: No, nobody came this time.

T: Oh! Peter learned his lesson at last.

教师板书:

Days	What happened		
	Peter	People	Wolf
one day	shouted "wolf"	many	no
the next day	did it again	not many	no
the third day	working	nobody	yes

5. Group work

T: What do you know from the story? Discuss in your groups.

T: Time's up. Please share your ideas.

S1: We shouldn't tell lies.

S2: We should be honest.

…………

T: Yes. When liars tell the truth, nobody believes them.

Stage 3 Post-reading

T: Boys and girls, please finish the following tasks.

1. Find the past tense of these verbs in the story and complete the sentences

2. Read and number the sentences in the correct order

T: I'll give you five minutes.

T: Let's check your answers.

3. Retell the story

T: Boys and girls, Can you retell the story? Let's have a try.

T: You did a good job. Let's retell the story in your groups.

T: This is story telling time. Who wants to try?

S: Let me try!

…………

(指名学生上台复述故事。)

4. Group work

T：How do you think of the people? Share in your groups.

T：Who can try?

S1：I think they are very kind.

S2：I think they are helpful.

T：I love your ideas. How do you think of Peter? Discuss in your groups and give Peter some advice.

5. Writing：A letter to Peter

T：I know you have lots of good ideas. Now write a letter to Peter and give him some advice.

Students write and share the letters.

6. Make the new ending of the story

T：Peter received all your advice. What will Peter do from now on?

S1：I think Peter become an honest boy.

S2：I think Peter likes to help the others and never tell lies.

………

T：I am agree with you!

7. Summary

T：When you are kind and honest, People will believe you and glad to help you!

（设计意图：创设平台，让学生运用所学的语言，对故事人物进行评价、建议和续编故事，培养语言运用能力，并渗透情感教育。）

（八）教学反思

培养阅读兴趣，发展学生的学习能力和语言能力

2011版英语新课程标准在语言技能的二级标准中要求学生能借助图片读懂简单的故事或小短文，并养成按意群阅读的习惯。小学阶段的阅读教学任务主要是激发学生的阅读兴趣，使学生形成一定的阅读策略，促进其学习能力和语言能力的发展，从而培养良好的阅读习惯。

1. 求趣——设计丰富的活动与任务，培养阅读兴趣

小学生阅读能力参差不齐，阅读教学是英语教学中的难题。兴趣是最好的老师，教师要让孩子喜欢上阅读，阅读教学才会收到好的效果。因此，教师应结合学生的认知特点，充分开发教学资源，在课堂中设计丰富的实践活动和任务，让学生在自主参与中探索、合作、交流，激发其阅读动机，培养阅读兴趣。游戏是孩子们喜爱的课堂活动，在 Pre-reading 部分设计 "The wolf is coming" 这个游戏，既可以让学生复习旧知识，为文本的阅读扫清障碍，又可以活跃课堂气氛，激发学生的学习欲望。在 While-reading 部分，通过分层设置任务，让学生充分

获取文本中的信息后,再引导其整体吸收和运用,从而降低阅读难度,让学生对文本保持兴趣。在故事阅读中,学生会对未知的情节充满好奇,教师抓住这一特点,以预测故事情节为主线,以问题驱动并启发学生思考,激发其阅读欲望。如此,学生在阅读过程中易产生思维的火花,课堂学习气氛浓厚。

2. 求真——以生为本,促进学习能力和语言能力的发展

课堂教学任务的设计应以生为本,为学生的终身学习打下基础。学习能力和语言能力是英语学科的两大核心素养。在阅读过程中,教师要注重学生阅读策略的指导,为学生搭建语言交流的平台,促进其学习能力和语言能力的发展。在While-reading 阶段,我通过设计"Jigsaw reading"的教学活动,既减轻学生整体阅读故事的压力,让学生有机会根据自己的学习能力选择不同的学习任务,也为学生创设小组合作交流的平台。文中的生词是学生阅读的拦路虎,在指导阅读的过程中,通过让学生根据上下文猜测生词的意思,以问题驱动完成表格,提取故事大意,从而培养学生的阅读策略,发展其学习探究的能力。为了让学生在语境中习得语言,在 Post-reading 阶段,设计"Story telling time"活动,让学生在情境中培养语言能力。同时,还通过评价故事人物、给 Peter 写建议信和续编故事等小组合作学习环节,让学生在小组内交流讨论。这种方法既能培养学生与他人合作学习的能力,又促进了学生语言的输出,发展学生的综合语言运用能力。整节课下来,师生、生生之间互动性强,学生能灵活地运用所学的语言和获取的信息进行交流。

当然,由于授课对象是农村小学生,其阅读量比较狭隘,因此,教师在设计教学任务时未能完全放手让学生自主探究学习,还需要不断引导。另外,本节课对文本重点信息的提炼方式除了使用表格,还可以尝试借助思维导图进行辅助。总之,如何培养学生的阅读兴趣,提高其阅读能力,是我们需要继续深入探究的课题。

我的教学主张

我主张以人为本,追求有趣而回归本真的课堂。在实践中,教师应关爱学生,以平等、民主、和谐的师生关系为前提,课堂上善于培养学生的学习兴趣,创设生活化的教学情境,让学生在真实的语境中习得语言,从而发展其学习能力和语言能力。

(一)构建平等、民主、和谐的师生关系

"亲其师,信其道。"良好的师生关系是教育产生效果的催化剂。《小学英语新课程标准(2011版)》建议"英语教师关注学生的情感,营造宽松、民主、和谐的教学氛围"。课堂是师生之间传递信息、交流情感的主要渠道,要建立良好的师生关系,需要教师及时转变传统"师道尊严"的观念,在课堂上突出学生的主体地位，与学生和谐交流、互帮互助。课后，教师要与学生平等对话，从细微的小事中关心学生，让学生能时时处处感受到老师的关爱，对教师产生自然的敬佩感和依赖感。同时，教师处事要公正、有原则，并能一视同仁。特别是对待后进生，教师更加要有一颗仁爱之心，耐心教育和转化后进生，相信终究会水滴石穿，平等、民主、和谐的师生关系自然而然形成。

（二）营造活力课堂，培养学生的学习兴趣

英语作为一门外语，兴趣是孩子持续学习的前提。在英语教学中，我主张以培养学生的学习兴趣为首，课堂上以多媒体资源、肢体语言等，从听觉、视觉上全面调动学生的学习积极性；用风趣幽默或富有艺术性的语言让学生体会到英语学习的快乐，激发其学习兴趣。同时，教师还要根据学生的年龄特点，设计富有挑战性和创造性的活动，引导他们在自主探究或与同伴合作的过程中建立自信心，并给他们搭建展示自我的平台，让他们找到成功的满足感，从而保持学习兴趣。

（三）回归本真，关注学生学习能力和语言能力的发展

学生、教师和教材是本真课堂的建构者。在英语教学过程中，我们为学生解决的，不仅是语言知识的积累，更重要的是学习方法的指导和学习习惯的培养。好的学习方法和学习习惯会让学生终身受益。在课堂教学中，我以生为本，注重学生学习策略的指导，关注其学习能力和语言能力的发展。在对话教学中，我会通过创设真实化的生活情境，让学生与同伴之间开展口语交际活动，例如，在教学"粤人2011课标版"英语六年级上册 Unit 3 Staying Healthy 一课时，我创设了"营养咨询室"的情境，让学生通过与"营养师"之间的对话，有效运用本课的目标语言进行口语交际活动；在语篇教学中，我会指导学生了解如何根据上下文猜测新单词的意思。在阅读的过程中，关注学生扫读、细读等阅读技巧的指导，并教会学生通过抓住关键词和文眼的方法总结归纳语篇的意思，从而提高自主阅读能力。

▶▶▶ **我的育人故事** ▶

爱 的 信 鸽

"报报——告——老老——师！"新学期的一天，上课铃声响了，我走进三(2)班，正准备上课，突然传来了一个声音，转身一看，一个小男孩满脸通红地站在教室门口。我点了点头，小男孩在同学们略带嘲笑的目光中低着头走回了座位。他叫小荣，自小有口吃的毛病，常常成为同学们的笑柄，因此，曾经性格乐观的他越来越自卑。那一刻，我意识到，这孩子非常需要集体的接纳、宽容和关爱。

（一）我是你的朋友

"丁零零……"大课间活动时间到了，三（2）班的同学像从笼中飞出的小鸟，在班主任李老师的安排下兴奋而有序地排好队，准备前往操场。"报告老师！小荣同学还在教室里。"班长响亮地汇报。因为要赶着带"大部队"前进，李老师匆忙找我当"援兵"。当看我赶到教室时，小荣抬头看了我一眼，有点吃力地叫了一声："英英——语——老师"，便不再说话。我面对那慌张的小脸，报以最亲切的微笑，并立刻表扬他说你真懂礼貌，他的眼里顿时流露出一丝难以掩饰的欣喜，但很快就以忧郁的目光掩盖了。我马上意识到，要打开小荣封锁的心窗，首先要跟他交朋友。"不如我们打乒乓球去？"我试着提议，大概是老师的邀请，他也不好拒绝，竟然答应了。虽然我的球技不好，但是我也使出了浑身解数。白色的乒乓球一来一回，像一只爱的信鸽，渐渐地拉近了我与小荣之间的距离。我发现，小荣打乒乓球的技术是挺棒的，当我成为他的"手下败将"时，他不好意思地笑了。

（二）我们都是你的朋友

发现了小荣的"闪光点"后，让我对自己能成为他的好朋友信心倍增。为了让小荣尽快"归队"，我不得不故技重施。在一次活动课上，我再次邀请躲在教室里闷闷不乐的小荣"对战"。这一次，乒乓球台旁边来了几位"观众"。我赶紧把握好机会说："两个人打没意思，不如邀请多几个同学，好不好？"打了几个回合后，我故意问。小荣没有吭声，有点疑虑地看着我，我报以他肯定的微笑，并马上把手上的球拍塞给站在一旁的小林。于是，小林和小荣认真地对战。有了"援兵"，我就站在一旁当拉拉队员。后来又有几个活跃的同学主动加入我们的"乒乓球俱乐部"。白色的乒乓球一来一回，像一只充满爱的信鸽，渐渐地拉近了同学们与小荣之间的距离。校园里，知了高声歌唱；乒乓球桌旁，小伙伴们不时传来阵阵欢声笑语。汗滴挂在小荣红通通的脸上，他顾不上擦掉，沉浸在紧张而快乐的"对战"中。眼看着小荣掉进我设置的"圈套"，我心里暗自高兴。

（三）大家都是好朋友

在我的坚持努力下，小荣终于有了自己的朋友圈。为了树立他在同学当中的威信，我鼓励他参加学校的乒乓球比赛。最初，小荣是一百个不愿意，后来经不住我不断地"磨耳朵"，还是勉强答应了。通过一个月左右的勤奋练习，最后他以精湛的球技勇夺年级比赛的冠军，为集体赢得了荣誉。比赛获胜的那一刻，我第一次看到小荣脸上露出了自信的笑容。后来，小荣的玩伴也越来越多，他的学习成绩也稳步提高。

有人说："爱是一切教育的根源，谁爱孩子，孩子就爱她。"还记得，那一年教师节的早上,我回到办公室时发现桌面上放着一张自制的小卡片,里面写着两行工整的小字:"英语老师,教师节快乐。祝你身体健康,天天开心!"当我看到这张用心制作的小卡片上的署名是小荣时,心里不由涌起了一阵感动。这个孩子,因为得到了他人真诚的关爱,终于也学会了爱别人。

几年后的一天,我在街上遇见已经升上中学的小荣,他流利地叫了我一声"英语老师",原来,随着年龄的增长,他口吃的毛病已经大大改善。看着他骑着自行车自信地向我挥手告别时,我俨然看到一个阳光少年。

他人眼中的我

(一)学生眼中的我

亲爱的老师,您就像那春天的细雨,滋润着我们的心田。您给予我们的爱和关怀将鼓舞我们走过艰难困苦。

[六(1)班学生　许宇扬]

学生送给冯小雁老师的贺卡

（二）家长眼中的我

冯老师是一位热爱学生的好老师，我的孩子自小有口吃的毛病。在冯老师的关爱和鼓励下，孩子树立起自信心，成绩也稳步提高，升上高一级学校后一直表现良好。

（苍城镇个体户　陈小荣妈妈）

（三）同行眼中的我

冯老师对待学生温柔宽容，与学生之间建立了良好的师生关系。她注重语言学习的实效，善于设计丰富的课堂教学活动，培养学生的学习兴趣。她所任教的班学生学习兴趣浓厚，综合语言能力强。

（开平市苍城镇中心小学英语备课组组长　郑丽芳）

（四）领导眼中的我

冯老师是开平市英语学科带头人，她主张生活化的课堂，在课堂上善于激趣，发展学生的英语学习能力。她时刻发挥示范引领作用，带领了一群青年教师走向专业成长之路，其本人也在成长路上越走越稳。

（开平市中小学教研室英语教研员　李梦西）

（五）专家眼中的我

冯老师关爱学生，追求富有趣味而回归本真的课堂，主张让学生在真实的语境中习得语言，从而提高了学生的语言运用能力，在教研工作中取得了优秀的成果。

（广东省特级教师，任职于深圳市龙岗区平湖信德学校　梁添明）

严而有爱，从容智慧

● 江门市江海区滘头小学　黄凤飞（小学班主任）

● **个人简介**

我叫黄凤飞，工作于江门市江海区滘头小学，是江门市第四批名教师培训班学员。我曾在生我养我的湖南宁乡一所中学工作六年，2007年调入江门市江海区滘头小学工作至今。俗话说，一方水土养育一方人，红红的辣椒辣出了我直率、豪爽的性格，也辣出了我坚韧、勤奋的工作精神，大山用它宽厚的胸怀孕育了我对教育的热爱。来粤十多年，我在江门这个绿色宜居城市韬光养晦，大海的宽广使我思考变得更深邃，做事更从容。在无拘无束的环境中长大的我就算选择了从事教育行业，也从不喜欢用说教的形式去教育孩子。受大教育家梁启超"趣味教育"观念的影响，我注意陶冶学生情操，培养学生积极向上的阳光心态。"随风潜入夜，润物细无声"，在活动中，在游戏中，在孩子放松的状态中，让他们不知不觉受到教育的浸润。

▶ **我的教学风格** ▶

（一）严而有爱

俄国教育家赞可夫认为，教师对学生的爱应该和合理的严格要求相结合。在管理学生时，我是一个严师。严是什么？严不是胡乱惩罚或随意指责，而是一种高度的责任感，是一种理性的关爱。它体现在促成学生习惯及做人原则养成上，体现在狠抓班级制度建设、树立良好的班风与学风上。当然，我严中有爱。我认为爱不是纵容娇宠，不是迁就姑息，而是生活中对学生的关心爱护，是情感上对学生的呵护，当然也是对学生的严格要求。

（二）从容智慧

班主任工作需要从容，于无声处育人润心。从容是遇到问题时的冷静，分析问题时的深邃，解决问题时的直达人心；从容是工作中的不怨天尤人，是遇到事情时的独当一面，是面对困难时的不退却。它藏在我们灵魂深处，也是一种人生智慧；它源于思考，思考而后行，得以从容。身为班主任，唯有从容不迫，方能处事不乱！

▶▶ 我的成长历程 ▶

"南下潮流"把我从熟悉的故乡带到了这个叫江门的远方。已工作将近20年的我，再次打开记忆的闸门，捕捉着成长的每一个细节。细细想来，我的成长历程经历了三个时期。

（一）青山绿水，孕育教师梦

1. 大自然滋养纯真性格

在湖南中部，有一个人杰地灵的地方叫宁乡县，那里人才辈出，小小的一个县城曾孕育出了南宋状元易祓，也孕育了一代伟人刘少奇。而宁乡就是我生于斯、长于斯的故乡。宁乡属于山区，孔子曾云："智者乐水，仁者乐山。"四周环绕的大山上常年云雾萦绕，山的高深博大加上小山村的宁静深远，造就了当地人淳朴、善良的特点，这也使我成为教师之后一直能用一颗善良的心去对待孩子，用心去呵护、热爱他们。

大山不但雄伟，而且能赐给我们许多天然的珍宝，除了有四季的美景，还有山上无穷无尽的美味，如雨后的春笋和蘑菇，树上的野果等等，所以，闲暇时，大山便成了小孩子的乐园，我们爬树采果，下河捉小鱼小虾，好不快哉！俗话说：大自然是孩子们最好的老师。我很感谢自己无忧无虑的童年与山川为伴，大山孕育了我对生活的热爱，也孕育了我洒脱的性情，这些都为我日后的教育教学带来很大的便利。如今，我经常利用周末的时间带学生去白水带爬山、去认识植物；去山下小溪里捉鱼捉虾；花开的季节，我又带他们去花下徜徉。因为亲近自然，激发了孩子的真性情，他们尽情释放自我，开心的同时也深深地信服着我、喜爱着我。这难道不是拜我童年的经历所赐吗？

2. 湖湘文化铸就勤奋自我

"湘楚有才，于斯为盛"是岳麓书院的大门联，也是对楚地最大的褒奖。湖南自古出人才，素有"湖南人才半国中"的说法。宁乡县隶属湖南省省会长沙，其浓郁的读书氛围为周围几个城市折服，在我们那个地方，但凡读书优秀的孩子一定能赢来周边人的赞许。正因为有这种崇尚知识的氛围，所以并不特别聪慧的我从小便知道要好好读书，"书山有路勤为径"，而勤奋成了我读好书的、最笨的也是最有效的办法，勤奋让我跳出了"农"门。同时，当地尊师重教的浓厚风气也让我心中的教师梦悄然发芽，大学毕业那年，我以优异成绩被当地一所重点中学所录用，成了一名光荣的人民教师。

（二）扬帆起航在实中

1. 同行引领，快速入门

宁乡县实验中学（以下简称"实中"）是一所长沙市示范性中学，学生都是择优录取，教师队伍亦是名师荟萃，我至今记得，全县11个学科带头人，我们学校便占了9人。2001年毕业那年，是实中第一次招收应届毕业生为教师，而我成了6个幸运儿之一。因为名师多，拜师学艺便占了天时地利人和。这对于一个刚入门的新老师来说，真是得天独厚。现在回想起来，我内心仍旧充满感动。

记得走上讲台第一天，班里那帮调皮的孩子便给了我一个下马威。第一节晚自习，我在黑板上写的"自信、自强、自觉"几个大字，可下课十分钟的时间，它们便"缺胳膊少腿"了。盛怒之下，我放言如果不抓出"元凶"，他们谁也不能去睡觉，可眼看就寝铃响了，事情并未像我想的那样水落石出，而我在惊动了校长的情况下只能竖起白旗放他们回宿舍。出师不利让我害怕再站上讲台，第二天军训后，副班主任王老师示意我站在教室后头，他站在讲台上娓娓而谈，说得学生心服口服，而黑板上写的只有五个字"我是中学生"。下晚自习后，学生纷纷向我道歉，在我眼里成了一盘散沙的班级在王老师的一番教导之下奇迹般地又团结起来。这件事给了我很大的触动，让我明白，管好班级是需要智慧的。

因为没经验，学校给我配备了2个师父，一个教我教学，一个教我当班主任。教学师父吴孟丰老师把他的备课本给我，让我足足抄了一个月，让我悟出一些备课和写教案的一些门道；他还把他班的课程表给我，把他的课挑出来，叮嘱我随时去听他讲课。我也记得我另一个师父黄宗明老师，他曾拉着我聊了很久，他说，管理学生，一定要严厉，要讲原则，但是也要严而有爱，爱他们，才能让他们信服你。时至今日，我仍旧把他的话当成金科玉律，每接一个新班，我必定严字当头，严抓养成教育；但在生活和学习上，又对他们爱护有加，所以我和学生的关系一向和谐。

2. 初生牛犊不怕虎

工作之初，我节假日也不休息，天天钻研教材教法，那时候没几个地方有网络可以上网，我便一头扎进图书馆看专著。学习时，我牢抓学生的学习习惯，规则面前不讲半点情分；但是在生活中，我一有空便深入学生当中，与他们无所不谈，他们有什么困难总会毫不保留地告诉我，而我为了解决一个问题经常与他们畅谈几个小时。我是他们的老师，也是他们的知心姐姐。有时候，看他们学习辛苦了，我便组织一些实践活动，给他们减轻学习压力，或烧烤或春游等，有时候也会在课余时间组织一场篮球赛。功夫不负有心人，我的第一届学生在初一的时候，便因为学风浓、班风正，被评为长沙市优秀班集体，之后带的两届学生也获此殊荣。

在实中的六年，我迅速成长，用辛勤的汗水浇灌出不少绚烂的花朵。《当前中学生常见心理问题及对策》《青少年犯罪心理成因及措施》等多篇论文获得省、市、县级一等奖。担任全国百强文学社社长，并辅导张礼查等同学在国家、省级作文竞赛中获奖，我也三次被评为优秀辅导老师。我多次代表学校参加各类教学比武并取得优异成绩，"走进秋天"的作文课堂实录还录入《宁乡教育》。我在首轮"新课程理念下课堂教学升级达标活动"中的展示课被认定为县最高等级——优秀。我在实中一共担任过三个班级的班主任，其中所带 42 班入学时为年级倒数第一，但是初三毕业时共计 23 人考取一中，超过了当时同年级的两个重点班，位居全县第一。

（三）文化碰撞，风格初成

1. **拨开云雾见天日**

2007 年，经过层层选拔，我从湖南调入江门市江海区滘头小学工作。虽然在湖南的时候，我小有成绩，但小学毕竟与中学不一样，所以无论是教学还是当班主任，对于我来说都是一种挑战。记得开学那会儿，我用一周的时间便把一个单元的内容学完了，可测试成绩一出，我懵了，一个班竟然只有 60 来分的平均分。更让我抓狂的是，因为学生小，我在湖南的那一套管班方法在这里完全不奏效，教室成了"花果山"，一群"猴儿"天天上蹿下跳，我找他们谈心，他们完全不知所云。

这可怎么办？我陷入了前所未有的迷茫中。广东虽与湖南相邻，但是我发现两地的风格完全不同，湖南人做事风风火火，广东人却不愠不火。我校有个叫邓兰好的名班主任，说话细声细语，从不拍桌子生气，但是偏偏整个班的孩子都非常信服她。我亲眼见她处理过学生的问题，对孩子满脸的关爱，拉着学生的手温柔地说教，那些孩子十有八九像被菩萨点化了一般变得乖巧起来。学校还有一个叫林小云的老教师，常年担任低年级的班主任，她就像一个和蔼的奶奶，蹲下身子和小朋友聊天，还会捧着孩子的脸头挨头说话。我也耳濡目染，一改湖南辣妹子的泼辣劲，和孩子们一起说起"童言稚语"，混进孩子圈与他们游戏，节假日还带他们去户外活动，细细感受小孩子的心思，于是，与小孩子交往久了，我渐渐懂得了怎样获得孩子们的"芳心"。小学生因为年龄小，规则意识没那么容易植根在他们内心，一味严格要求他们遵守纪律还是不够的，你首先得让他们感受到你的爱、你的真诚，只有当他们主动亲近你、信任你，才会一切行动听"指挥"。

2. 开启智慧教育之门

江门的生活节奏比较适中，是一个宜居的城市，放慢生活的脚步，让我有了更多的时间去阅读有关教育教学的书籍。《给教师的建议》《儿童心理学》等书让我明白，教育是一项慢事业，需要我们耐心、从容。尤其是接触心理学之后，我懂得了什么叫马斯洛的需求层次理论，懂得了把心理效应运用于班级管理中，在进行思想教育时，我知道了要有同理心，要先共情。而萨提亚心理学更让我知晓，学生每个行为的背后都不寻常，就像冰山一角，我们只看到了它露在水面的八分之一，但是深藏在背后的才是事情的真相。有了这样的认识，我处理事情起来便从容不少。记得有一年，班上有个活泼的孩子突然变得沉默寡言了，更不可思议的是，原本学习积极的他上课总是发呆，虽然提醒几次，但是收效并不大。这是怎么回事？是因为对我的课不满意，还是前天晚上没睡好？一连串的疑问使我沉浸在思考中，我没有急于批评他，而是找他谈心，问了他最近的生活状况，矢口不提他上课发呆的事情。果然，从谈话中，我才知道他已经半年没有见过妈妈了。看着他泛红的双眼，我明白了事情的症结之所在。之后，我联系了他父亲，才知晓事情远远不是想象的那么简单——他的父母离婚了。离婚后，他跟他的爸爸一起生活，而他妈妈便只身去了外地。我积极与他妈妈联系，告诉了她孩子的现状，他妈妈知道情况后，深感内疚，便经常与儿子电话和视频联系，后来又依他要求回到了本地工作，他也慢慢从父母离婚的阴影中走了出来，脸上重现了快乐的笑容。

3. 沉迷岭南不知归路

梁启超是江门新会人，养育九子皆才俊，这是让很多人羡慕之处。作为一代导师，在很多方面他都有自己独到的见解。在梁启超的教育思想里，教育的目的是培养人，培养适合生活在社会中的人。这对我深有启发，在班队活动的布置上，我更看重活动的意义而不只是单纯地让他们开心。比如每年3月的学雷锋活动，一般是学校买好礼品，由老师带队去慰问低保老人；而我则另辟蹊径，花了整整一节班会课来探讨如何赚足慰问金，又以何种方式去慰问低保老人。学生们你一言我一语，最终确定由2个同学去批发矿泉水，去人多的广场进行义卖，通过这种方式，学生很快筹到200多元，并由7个班干部负责买好慰问品。在慰问时，他们有的帮忙打扫家务，有几个伶牙俐齿的孩子则和老人拉家常，还有几个贴心的孩子给老人捶背按摩，更有多才多艺的孩子带上吉他进行表演。正是由于这次活动真正倾注了孩子们的心血，事后，他们还多次利用周末时间去帮助老人家，而他们在进行这次义卖活动时，引起了江门广播电台一个记者的注意，这位记者还特意邀请他们去电台录制了一档节目。由这次活动做引子，那个学期我们又陆续开展了多次活动，每次活动都做足准备，尽量做到有意义。快期末的时候，学校收到一份文件，原来是广东省少工委正在进行一项"红领巾梦工场"

的比赛活动，我和我们班的孩子整理了一个学期的活动进行了参赛，果不其然，我们班的"梦之队"获得省三等奖，整个江门市江海区仅两个班获奖。

时间如煮酒，日久竟飘出淡淡的幽香来，在小学这片天地里，我又有了新的收获。我在江海区青年教师信息技术与学科整合教学基本功比赛中获一等奖，参加江海区青年教师教学比武获二等奖，参加中小学班主任专业能力大赛获二等奖。我并不甘于只做一个优秀的"教书匠"，也开始沉淀工作中的教学与班级管理的经验，撰写的论文《德育是船，活动是帆——浅谈如何发挥少先队在德育中的作用》获江门市优秀奖；《创设台阶，优化衔接》荣获江海区论文评比一等奖；《与经典通行　为孩子导航》及《人教版五年级下册　桥》教学设计在全国教育系统教育教学成果大赛中获二等奖；《老师指导重激趣　学生妙笔能生花》获江海区论文评比一等奖，并在省级刊物《小学生作文辅导》上发表。

更可喜的是，一次偶然的机会，我成了江门市第四批名教师培训项目中的一员。专家、教授的讲座向我打开了一座座知识宝库的门，他们的教学内容深刻独到，他们旁征博引、通俗易懂地向我们传递了最前沿的教学理念，广东第二师范学院的蒋友梅、高慎英、薛国军、胡继飞、殷丽萍等教授向我们指明了一条名师成长之路。说话艺术、论文写作、课堂观察、课题研究、建立教学模式、形成教学风格等内容让我豁然开朗，真是"听君一席话，胜读十年书"。

习近平总书记曾强调，教师不能只做传授书本知识的教书匠，更要做个"大先生"。这次培训，让我对自己的职业有了新的定义，开始向名师慢慢靠近。我不断接受新理念，又不断用这些新的理念支持我的教育教学，并不断沉淀，开始更专注做课题研究。在参与几次区课题研究后，我大胆主持了两个国家"十二五""十三五"课题的子课题，并获得了一次"优秀主持人"的称号。我开始用自己的理念去影响周围的同行，主持了两次讲座，并成功辅导一个年轻老师在江门市素养大赛中获得二等奖。

▶▶ 我的教学实录 ▶

"珍惜时间，精彩每一天"主题班会

（一）班会设计目标

（1）通过活动，使同学们知道时间稍纵即逝，懂得时间的珍贵。

（2）通过活动，使同学们以名人为榜样，珍惜时间，努力学习。

（3）通过活动，使同学们了解"拖拉"的危害，逐步使学生做事有计划。

（4）通过活动的准备、参与，锻炼学生的能力。

（二）班会设计流程

1. 环节一：猜谜语导入

师：同学们，班会开始前，我让大家猜一个谜语。

世界上有一样东西，它最长又最短，最伟大而又最渺小，最珍贵而又最易被人忽略。当它快到极限时，人们才发现它的重要！（谜底：时间）

（设计意图：小学生因为年龄关系，喜欢趣味性的知识，所以采用谜语的形式，既能激发学生进入本次班会课的兴趣，又能单刀直入，切入班会主题——时间。）

2. **环节二：游戏中体会时间重要性**

师：亲爱的同学们，你们能告诉我，一年又多少天吗？一天又有多少小时呢？

生答（略）。

师：一年365天（最多也就366天），一天24小时，一小时60分钟，一分钟60秒，时间对每个人都一样的。现在我们就来说一说自己在一秒钟里到底能做些什么。

生a：我可以拍一下手。

生b：我可以眨一下眼睛。

生c：我可以轻咳一声。

…………

师：其实，在小小的一秒钟里，我们也可以创造奇迹（出示屏幕）

1. 电脑一秒钟可以完成3万亿次运算。
2. 跳水运动员一秒钟可以完成空中动作。
3. 光一秒钟可以传播30万千米，大约绕地球8圈。

师：（看完后）同学们，一秒钟的作用小吗？

生：不小。

师：时间就在我们的身边，有时你觉得它很漫长，有时你又觉得时间很短暂，我们继续做一个游戏，全班四个组在1分钟内分别完成不同的事情。

生a：我一分钟可以写50个字。

生b：我一分钟可以朗读近200字的短文。

…………

（设计意图：这种小游戏既能调动学生的参与性，又能让学生更直观地明白一秒钟、一分钟也有大作用。）

3. **环节三：观看视频，发现问题并内省**

师：其实，在小小的一分钟里，我们可以做很多事情，可我们身边的同学又是怎么样对待时间的呢？（出示录像《早晨10分钟》）

（《早晨10分钟》内容：早上6点40分，小红妈妈起床做早餐，小红已醒，但是仍旧再睡了一会儿，5分钟后，小红起床却还在手忙脚乱寻找校服，好不容易找到校服穿上，整理书包时发现作业未请家长签字，然后洗漱、吃早餐……一切匆匆忙忙却还是迟到。）

师：从这段录像中，你看到了什么？你觉得小红应该怎么做？你有类似的情况吗？

（生讨论并回答。）

师：如果我们能够真正地利用好时间，那么我们就会成为知识的富翁！

（设计意图：《早晨10分钟》的录像是很多学生有所体会的，从他们生活中截取一个小片段来进行审视，更能让学生反思自己平时所作所为是不是合理，最好的教育是让学生自己发现问题并想办法解决，这比别人指出并让他改正效果好很多。）

4. **环节四：讲名人故事，明白要珍惜时间**

师：为了使大家了解我们的先辈们是如何珍惜并利用时间的，下面我们就请几位同学把他们所知道的名人故事讲给大家听一听。

李四光枕头睡觉

我国的地质学家李四光，在野外进行地质勘察时，经常用石头当枕头睡觉，一旦被石头硌醒，马上又开始工作。

列宁惜时

有一篇回忆录里回忆一位同志向列宁汇报工作，列宁批准了他的计划，并问道："那么你们什么时候开始呢？""明天开始"那位同志说。列宁却批评他说："为什么不今天开始呢：就是现在！"从中我们可以看出列宁是非常珍惜时间的。

徐特立惜时勤学

徐特立于1929年赴法勤工俭学时，已经43岁了，然而他却信心十足，惜时如金，所以不到一年时间，他就初通了法语，可以到工厂去做工，勤工俭学了。

师：从以上的故事中我们知道时间赠勤奋者一丛绿荫，给懒惰者一片枯黄。莫泊桑提醒我们说："世界上真不知有多少可以建功立业的人，只因为把难得的时间轻轻放过而默默无闻。"

光阴易逝，岂容我待。挑灯夜读书，闻鸡晨起舞。黑发不知勤学早，白首方悔读书迟。一个个勤奋的故事传诵千古，一句句名言警句震撼心灵。不如请一些同学说一些惜时名言来激励大家吧！

生a：鲁迅先生说，"浪费自己的时间等于慢性自杀，浪费别人的时间等于谋财害命"。

生b：达尔文说，"完成工作的方法是爱惜每一分钟"。

……

（设计意图：通过学习名人珍惜时间的故事以及诵读珍惜时间的名言警句，使学生知道每一位成功人士都是珍惜时间的典范，每个时期，人们对时间都是非常珍惜的。这样，更容易激发学生向名人学习的愿望以及珍惜时间的意识。）

5. 环节五：小实验，学会合理安排利用时间。

师：下面我们做个小实验，在实验中寻找安排时间的法宝。

材料：空烧杯1个，大石头3个，小石头若干，沙子1把，清水1瓶。

问：这些东西怎么放才能全部放到烧杯中？

（学生动手。）

结论：先放大石头，再放小石头，接下来是沙子，最后放清水。

师：将实验与生活相结合，大石头代表的是重大事情，小石头代表的是相对重要的事情，沙子代表的是不重要的小事，清水则代表生活中的琐碎事情。

师：同学之间的交流怎么安排才能使事情安排更合理省时？（出示文字资料。）

早晨，小红要在15分钟内完成所有事情才能不迟到，怎样做才合理？

洗脸刷牙，7分钟；煮早餐，10分钟；穿衣服、折被子，3分钟；吃早餐，5分钟。

（生讨论并完成。）

（设计意图：通过动手做实验，浅显易懂地让学生明白，在生活中，我们要掌握做事的顺序，分清轻重缓急，才能把事情有条不紊地完成。而实例操作又让学生明白了学会统筹方法，时间管理更有效。）

6. 环节六：时间巧安排，动手制定作息时间表

师：同学们，任何一个成功的人，都要懂得管理自己的时间，怎样才能让自己的每一天过得充实有意义？下面请同学们说说自己的意见。

生a：早睡早起，早上不赖床。

生b：上课认真听课，复习的时候就不用再花太多时间。

生c：合理安排自己做作业的时间表，留多点时间加强自己的薄弱学科。

……

师：开学至今已经一个多月了，我们在3月27日还进行了一次月考，大家都非常羡慕我们班吴依梦能拿到全年级第一，我相信我们班很多同学都希望自己在最后的三个月里能勤奋学习，给我们的小学生活交一份满意的答卷，那么我们不妨看看吴依梦同学假期的作息时间表，或许对你们有启发。

（出示吴依梦的作息时间表。）

依梦：我的这份作息时间表不一定是最好的，但是我一直警醒自己要珍惜时间。"一寸光阴一寸金，寸金难买寸光阴。"同学们，请你们珍惜每分每秒，也制定一份作息时间表，让生命的每分钟都活得精彩。

（设计意图：让学生讨论并探究远比老师的说教效果来得更好，通过这种方式，可以让学生重新规划自己的时间，在以后的践行中也会更主动。同学中的佼佼者一般是大家学习的榜样，出示优秀学生的时间规划表，可以起到带动作用。）

（三）班会课反思

如今的孩子生活条件非常优越，导致一些孩子学习目的不明确，对时间的分配非常不合理。很多家长经常向我抱怨，自己的孩子一回家便先看电视或打游戏，等到晚上八九点才开始做作业，等作业完成，已是将近晚上11点。怎样让他们懂得要珍惜时间、合理利用好时间去好好学习呢？说教是最直接的方式，但是收效肯定很差。经过考虑，我决定以活动的形式，巧妙地让学生认识到时间的宝贵，并能珍惜时间，好好学习，让每一天都充实精彩。因此，"珍惜时间，精彩每一天"的班会活动便开展了起来。

总体来说，这节班会课效果还不错，以下是我的一些尝试。

1. 抓住儿童心理特点，以趣促学

从心理学的角度来说，五年级的孩子虽然已经能从形象思维向抽象思维过渡，但是感知外界的时候仍然讲究趣味性。为了调动他们的学习兴趣，我选择了谜语的方式导入，特别形象生动。环节二的小游戏以及环节五的小实验，也大大提高了他们的参与性与积极性。小孩子喜欢讲故事，也喜欢听故事。故事能够打开那些直接教育无法触及的区域，使孩子们在无形中得到启发。所以我在环节四时，特意安排了三个故事，它犹如润滑剂，让教育变得温润而生动活泼。因为抓住了儿童心理特点，让学生在趣味中学习，在无形中感悟，所以整堂课轻松愉快又收益颇丰。

2. 贴近学生生活，巧用身边实例

这节班会课原本就是针对学生不好好珍惜时间、不会安排时间而召开的，所以从他们身边的事例为切入点去分析更能起到内省的效果，他们可以从中进行剖析，反思自己及周围同学浪费时间的行为表现。这种实例能激发学生强烈的情感体验。

在活动最后一部分，同样是运用实例，出示班上的小榜样的作息时间表，更无声地让他们明白，优秀的人之所以优秀，是有原因的，学会规划自己的时间是很有必要的，从而让他们明白生活中做任何事情都要珍惜时间，都要合理安排、利用时间。

3. 坚持活动原则，以悟代讲

任何一个班主任都不要指望能用一张嘴就能教育好人，即便是班会课中，也不要以教师的讲为主，而应该根据小学生年龄的特点，开展形式多样的活动，在活动中体验，在体验中感悟。在本堂课中，我设置了多个小活动，如环节二中一秒钟和一分钟分别可以做什么的活动体验，环节五中的小实验和帮小红安排时间的活动，全程都由学生自己参与，自己总结。这样的体验能加深他们对时间的感悟，留下深刻的印象，这种活动的安排，既能够调动学生的积极性，又能有效地达到教育的目的。

▶ 我的教学主张

老子说过：圣人无常心，以百姓之心为心。而作为教育者，我想说：师者无常心，以生之心为心。教育也好，教学也好，不是以教师为主体，而是应该以学生为主体，以己之心润生之心，从而真正走进学生的心灵世界，赢得他们的信赖与尊重。

（一）以心润心，需要我们用爱去滋养学生

苏霍姆林斯基说过："教育技巧的全部奥秘就在于如何爱护学生。"没有爱就没有教育，教育就是用心灵塑造心灵的事业。要想真正塑造学生的心灵，就必须用爱去滋润学生的心灵。教师对学生的爱，不仅体现在课堂上的精心授业，而且还表现在业余时间能主动去关心学生的思想、生活和兴趣等方面。对待学生，我不仅在生活上给予他们关心爱护，在精神上给予他们鼓励支持，还在学习上给予帮助与辅导。

（二）以心润心，需要我们发现学生的优点，并给予肯定

很多老师在教育学生的时候，容易进入一个怪圈——喜欢找出学生的缺点，然后批评教育，督促他们及时改正，尽可能使自己的学生优秀，甚至完美，似乎只有这样才能算个称职的班主任。殊不知，这样做的结果常常是使自己心烦气躁。其实，只需要调整思路，找出学生的优点，然后进行肯定就行了。哪怕是"百分之一的优点"，我也要扩大为"百分之九十九"的优点，用大大的肯定传递老师对他们的赏识和关心，学生才会有很好的向好心理。良好的心境能使人的认识活动和意志活动更容易被调动起来。

（三）以心润心，还需要我们对待学生有一颗公平心

苏霍姆林斯基曾经说："公正——这是孩子们信赖教师的基础。"我始终用公正的爱去对待每一位学生。每位学生虽然在个性特点、学习成绩等诸多方面有所不同，但在我眼里，他们都是平等的。我发现，当学生感觉到无论自己是否引人注目、是否取得过骄人的成绩，甚至是否遵守学生规则，自己都会和其他同学一样平等地受到教师的关注，得到教师的关心，这时，他们就会不由自主地被老师的人格魅力所折服，产生由衷的"向师之心"。所以，一个老师公平对待学生，学生便容易"亲其师而信其道"。

出生于江门的大教育家梁启超认为："必教以天文地学、地学浅里，如演戏法，童子所乐知也，必教以古今杂事，如说鼓词，童子所乐闻也。"由此可见，他除了强调教育的内容要"博"，而且还强调教育要"趣"，教育轻松愉快更被学生所乐于接受。对此，我很认同，这么多年来，我非常重视活动育人，让学生在活动中自然而然地受教育。朱永新教授也说："理想的德育，应该重视在自然

的活动中养成学生的德性,让学生在游戏和丰富多彩的自主活动中体验和感悟道德的境界。"

1. 用主题班会活动熏陶学生

主题班会是一个班级最基本的活动组织形式,也是对学生进行德育教育的最有效的途径。在每周的班会活动中,我精心设计,经常组织开展内容鲜活、形式新颖、吸引力强的班会活动,力争做到一个主题、多种教育形式。如在国庆来临之时,组织"祖国在我心中""我为祖国添光彩"等主题队会,对学生进行爱国主义教育;每年3月份举行"向雷锋学习"主题班会,培养学生乐于助人的优秀品质,感染他们的思想;举行"孝敬父母""做合格的小公民""珍惜时间""从我做起,从小事做起"等主题班会,在活动中对学生进行思想的洗礼,提高自身的素质,自立自强,树立"天生我材必有用"的自信心。

2. 用形式多样的宣传活动润泽学生

除了开展班会,平时我还善于用各种各样的宣传活动来丰富学生生活,如在清明节开展"网上祭英烈"的活动,国庆节以"祖国,生日快乐"为主题出一期黑板报,感恩节开展感恩主题的书信活动等。我还利用墙报、画廊、红领巾角等进行宣传教育。例如,"红领巾角"通常设在教室一角,还有"英雄角""图书角""科学角""友谊角"等,用来介绍古今英雄人物、科学技术成就、名人事迹等,这些宣传活动让学生耳濡目染,时刻受到教育。

3. 用实践活动塑造学生

让少年儿童在亲身实践中把做人做事的道理内化为健康的心理品格,为养成良好的行为习惯奠定坚实的基础,这就是"体验教育",即让学生"在体验中获得成功,在体验中获得成长"。我经常进行实践活动,如让学生角色互换,做个小小当家人。体验打扫房间、买菜、做饭、洗衣服、照顾老人等,获得家庭生活的真实感受,明白孝敬父母的道理,养成热爱劳动的品质,学会为父母分忧、生活自理的本领。

古希腊的普罗塔戈说,头脑不是一个要被填满的容器,而是一把需要被点燃的火把。用互动的活动取代"唐僧式"的说教,能激发学生的内驱力。活动越生动活泼,班级的生命力就越强;活动越丰富,吸引力就越大;活动越有意义,学生就越有朝气。

▶▶ 我的育人故事 ▶

智慧管班,用赞美点化学生

"世界上并不缺少美,而是缺少发现美的眼睛。"一个善于挖掘学生优点并积极引导学生的教师一定是学生喜爱的老师。

刚来江门没多久,我新接手一个赫赫有名的"差"班,这个不省心的班级,让我一开学就陷入极度忙碌之中，每天听到最多的就是告状："老师，陈子沛和张有为打架了。""老师，王金伟敲诈我。"……我像旋转的陀螺一样忙着收拾烂摊子，声嘶力竭地当着全班同学的面怒斥着那些"闹塘鱼"，并三令五申，"不准"这个，"不能"那个，可是，我每天还是重复着相同的"故事"，我感到前所未有的无助，班上这么乱，可怎么办？

一次偶然的机会，让我看到了管好这个班级的曙光。记得有一天早晨，我一返校便看到了办公桌上的一张纸条，上面写着：黄老师，看着你每天生气，我很难过，我好想有一天，能看到你开心的样子……我心一热，不由感叹：班里不是也有这么懂事的孩子吗？怎么我就忽视了呢？

这张纸条让我开始了反思，虽然班里确实有为数不少的调皮孩子，但是我怎么就没看到班上也有很多懂事的孩子呢？为什么班上做得好的地方被我忽视了，而眼光却死死盯着那些做得差的地方呢？我想，我该换下角度教育孩子了。作为一个班主任，及时发现班级问题并及时处理，这点是没错，但是如果只看到问题，天天吹毛求疵，势必会影响到班级的整体，让自己不能理智看待问题，正确评估这个班级。这个班级更需要阳光，需要班主任给予一种正能量！

冷静下来的我变得从容起来，在班级管理上不再处于被动状态。我找了许多同学了解情况，与之前的任课老师交谈，及时对班级进行分析，终于找出了造成这种局面的原因，具体如下。

（1）老师更替频繁，三年换了四个班主任，导致学生的行为习惯养成不好。一年级是养成教育很关键的时刻，但是这个班的启蒙班主任刚接班没多久便怀孕，因为这个老师原本体质差再加上怀孕后反应太大，所以隔三岔五请假，没到一年中，因为班主任请产假，中途又请了代课老师，但是二、三年级这个班的老师也因为各种原因频繁更换，错过了最佳的习惯养成的最佳时期。

（2）班上有几个孩子因为家庭原因，成了班上的"混世小魔王"。如经常打人的张有为，其实也是个可怜的孩子，是在父亲粗暴的棍棒下长大的；陈子沛则是在家庭溺爱中长大的孩子，完全不听老师管教；而王金伟这个孩子，因为父母忙于工作，长期处于无管教状态中。正因为有这三个孩子的存在，带动了好几个跟风的男生"兴风作浪"，班上经常"鸡飞狗跳"，导致所有接班的老师忙于善后，经常在班上忙于平息"暴风骤雨"，丝毫不敢放松，教育处于被动状态。

了解原因后，我及时调整心态，结合自己的观察与了解，开动脑筋，制定出了相对应的措施。

（1）制定班规班约。俗话说，无规矩，不成方圆，我首先让学生明确了小学生在学习、纪律等方面应该怎么做，并一起制定了一套班规班约，并相对应地推出奖罚措施，帮助学生养成良好的行为习惯。

（2）控制自己的情绪，学会用赞美来掌控事态朝好的方面发展。美国心理学家詹姆斯说过："人心最深处的原则就是希望得到别人的赏识。"记得有一天去上课，我站在门口扫视了一下有点热闹的教室，发现除了那十几个调皮蛋，班上还是有不少坐得端端正正的孩子！我欣慰地笑了，我大声说："我要表扬那些坐得端正的同学。"我开始一一点名了，奇迹出现了，原本吵闹的那些调皮蛋，立马把身子坐得笔直，教室出奇地安静了，这是我接班几周以来，第一次享受到这种"待遇"。我顿了一下，也点名表扬了那几个坐端正了的调皮蛋，那一节课，我上得特别轻松，被表扬的那几个孩子举手特别卖力，临下课时，我忍不住说："刚开始，我以为你们只会给班上添乱，看来我误会你们了，这节课，我看到了你们的优秀，我相信你们会越来越棒。"教室里响起了雷鸣般的掌声，那几个孩子笑得特别开心，而且羞涩得满脸通红。

（3）改变了以往简单粗暴的风格，耐心引导学生知错改错。遇到学生犯错误，我不再大发雷霆，一味用命令式口吻压制他们，而是改成课后和颜悦色地教育，并不忘鼓励他们改正错误。只要他们有改变，我便大声在班上表扬他们，让班上其他同学一起分享他们进步的喜悦。渐渐地，我发现班上的麻烦事越来越少了，班上那个牛高马大的张有为，最初违纪最多，可他不但慢慢改变了自己，还开始做起他之前几个"死党"的工作，还振振有词地说："老是给班上抹黑多不好，不如我们几个多为班上做点好事吧。"后来，这个有点号召力的孩子当了纪律班长，成了我得力的助手。

慢慢地，这个班变得越来越规矩了，调皮捣蛋的孩子也越来越少，指责的声音少了，肯定赞美的声音多了，一年之后，这个班竟成了学校优秀班级，参加"红领巾梦工场"还获得省三等奖，因为社会实践活动表现突出还被邀请去江门电台做了两期节目。

苏霍姆林斯基曾经说过："我们教育的人，不管他是个多么没有希望和不可救药的钉子学生，他的心灵里也总有点滴的优点。"我很庆幸，我能及时改变自己的教育方法，及时掌控班级走向，多一点赞美，多一点耐心，给班上洒下一片阳光，用正能量引导学生把自己的优点一点点挖掘出来，使教育收到了"点石成金"的效果。

▶ 他人眼中的我

我一直是一个不敢擅自评价别人的人，所以也不敢去请求别人来写一段文字评价我。细细想来，在学生眼里，我应该是一个相处起来比较轻松的老师，虽然平时对他们要求严格，但是仍然能尊重他们，注重他们的自我发展。记得去年回老家，我的第一届学生知道后，组织了一个小型的聚会，一个读书时有点调皮但又很机灵的男同学带着女儿从老家赶来见我，他对我说："黄老师，我今天是特意带我女儿来拜见您的，您对我的影响太大了，在所有老师都想把我的'棱角'

磨掉、对我进行打压的时候,只有您既能耐心引导我如何做人做事,又能尊重我的想法。"他的一席话,让我拉回到了当年,那时候的我对他们学习要求极高,日常行为习惯也抓得很严,但同时,我也像他们的朋友,闲暇时总喜欢和他们待在一起,班上的所有事情都与他们商量着完成,所以我们班的学生想法特别多,班级凝聚力也非常强。

严格要求学生,又能尊重他们,在思想上能引领他们,这应该就是我在学生眼里的形象吧!

在与同事相处时,从他们的只言片语里,他们对我的评价大体如此:在湖南同事眼里,我是一个活力四射的老师,喜欢组织学生活动,与学生打成一片,师生关系很好;来广东后,同事对我的评价与旧同事略有不同,在内敛的广东同事看来,我很外向直率,在学生中受欢迎程度高,更重要的是处理问题时很有头脑,工作上的点子特别多。

"真美语文"的研究与实践

● 江门市新会实验小学 黄锦文（小学语文）

● 个人简介

我叫黄锦文，是中共党员，现任教于江门市新会实验小学，小学语文高级教师。

人杰地灵的新会，历史悠久，人文璀璨，岭南文化以其独特的人文气息滋养了我，让我在语文教学的大道上且行且思、一路高歌，形成了具有粤派特色的教学风格。近年来，我曾获"广东省小语会先进工作者""广东省中小学德育科研先进个人""江门市优秀教师""江门市基础教育系统第四批名教师培养对象""江门市基础教育系统第三批学科带头人""新会区学科带头人""新会区第四

批名教师""新会区优秀教师特等奖""新会区优秀教师"等称号。在首届全国青年教师作文教学交流研讨活动中，我执教的教学课例"漫画作文"分别荣获广东省二等奖和江门地区一等奖；参加江门市、新会区的青年教师语文阅读教学比赛，均获一等奖。互聘到江门职业技术学院任教，担任教育与教育技术系语文教育专业专任教师。曾被广东省教育厅选派参加"国培计划（2013）——一线优秀教师培训技能提升研修"示范性集中培训和"第二期京苏粤浙东部卓越教师高级研修班"。

我热爱语文教学，扎根课堂。通过多年的教学实践，我以"真美语文"为教学追求，主张语文教学要言意兼得、情趣兼备、文质兼美，形成了"真、美、情、趣"的教学风格。

我的教学风格

"风格"在字典上的解释是：气度、作风、特点。教学风格指的是教学活动中教师与学生的一种本质联系，通过完美的教学过程所体现出来的一种鲜明的个性特点和审美风貌。教学风格有三个鲜明特征：一是独特性，二是艺术性，三是稳定性。我对自己的教学风格归纳提炼如下。

（1）真。真是课堂教学的生命，也是课堂教学的本色。我的语文课堂，主张真教、真学。所谓真教、真学，是相对于时下课堂教学中出现的伪教学、假教学而言的。当下有些课堂教学，表面上热闹非凡，教师忙个不停，学生沸沸扬扬，课堂教学看似十分成功，但实际上教师以串讲为主、多媒体花哨百出、课堂无效提问、低效活动等问题充斥其中，这样的课堂缺失了真教、真学的课堂教学本色，只是无效的教学。教师的课堂教学，应遵循学科教学的学理与学生学习的心理为根据设计教学，教学过程应体现以学生的学习为本，教学结果应凸显学生的实际获得。这样的教学才是真教、真学。

（2）美。语文教学中的美，体现在优美的教学语言、隽美的教学情境、和美的教学过程。伽达默尔说："谁拥有语言，谁就拥有世界。"是的，语文教学中，遵循语文课的学习规律，用我们情深意浓的精妙语言带领孩子们充分享受语文赋予的美好感觉，学会优美地表达和幸福地生活，是语文教师的本事！教学过程中，教师用富有感染力、震撼力的课堂去打动每一个学生，带领学生进入隽美的教学情境中，使学生对祖国的语言文字产生热爱之情，使学生以主动、积极、热情的态度去学好美的语文、接受美的熏陶。

（3）情。语文不是无情物。语文教学中最能打动学生的是情感，课堂上最震撼学生的也是情感。在语文教学中，要以自己对学生的深刻理解、亲切关怀和对语文真挚的爱的情怀，调动起学生全部的情感，使其徜徉在爱的海洋中，积极主动地参与到学习活动中，引导学生"披文入情"，穿越语言表意，深入文本内层，探究其中滋味。这样才能在生命律动中让孩子真正完成与作者灵魂的亲切对话，让师生在忘我的投入与同化之境中达到心灵间的自然契合。

（4）趣。充满趣味的课堂是孩子们喜欢的课堂，充满情趣的语文是孩子们喜欢的语文。语文教学不能缺少情趣，因为兴趣是孩子们最好的老师。意趣盎然的教学设计，充满情趣的教学教程，幽默风趣的教学语言，自然能吸引孩子们的眼球，激发孩子的学习兴趣，让孩子们在充满情趣的教学过程中快乐学语文，从而爱上语文。

▶▶ 我的成长历程

（一）初登讲台信念坚

2002年，我大学毕业，将正式进入学校，成为一名人民教师。记得有一位作家说过："人生的路上有无数条轨道可走，之所以选择了其中的一条，是偶然，更是必然。"临近毕业的前夕，我接到班主任的通知，说学校打算让我作为毕业生代表给全体的师范毕业生上一节语文课，既是毕业汇报，也是示范教学。我还清楚记得班主任陈老师当时的话："你的学业成绩优秀，基本功扎实，教学悟性强，也是学校的干部，这是一次学习与锻炼，机会难得，既可以展示你几年师范学习的成果，也可以给其他师范毕业生起到一个示范引领的作用。"老师的话既是对我的肯定，给了我动力，同时也是对我的鞭策，给了我压力。但无论如何，这是一次弥足珍贵的机会，我下定决心，一定要把这节课上好。

在老师的帮助下，借助当时极有限的教学资源，我选定了人教版小学语文四年级下册第3课《中国石》，这篇课文生动形象地讲述了驻守在戈壁滩上的战士们经常举行"赛石会"。一天作者在雨后又去捡石头，遇到赶车的小姑娘要作者去珍珠泉洗石头。作者和小姑娘突然发现了一块像极了雄鸡的石头，作者给他起名"中国石"，中国石在今后的赛石会上屡屡夺魁，成了战士们的至宝。从此以后，无论在怎样寂寞艰苦的情形下，这位哨兵都能克服一切困难，顺利完成人民交给他的站岗放哨的重任。祖国在他心中，"中国石"给了他巨大的力量，所以他能克服戈壁滩这个逆境。因为这位战士懂得"我为祖国站岗放哨，祖国安全我负责"。对于这样一篇思想性极强的课文，如何进行教学设计，如何让四年级的孩子了解边防战士对祖国的无限热爱，从而激发学生热爱祖国的思想感情？又如何把握好工具性与人文性的统一？说实话，当时的我，对课堂教学还是雾里看花，对于如何解读文本、确定教学内容，如何根据年段特点确定教学目标，如何引导学生以读促思、以读促研、以读促悟等教学手段，还是一知半解。为了上好这一课，撰写好教学设计，我时常一个人躲到图书馆进行备课，借阅有关的资料，翻阅大量的教学设计与课堂教学实录，了解课堂教学的有效方法与手段。在老师的指导下，我初步撰写好教学设计，但心里没底，必须进行试教。东拉西扯、生拉硬拽下，我凑够几个同学当学生，进行试教。第一次试教，由于对教案不熟悉，教学语言没有设计好，所以上得一塌糊涂。失败了再重来，我对教案进行修改，又开展了第二次试教，这一次试教有了第一次失败的经验，对教案熟悉多了，教学语言也流畅多了，但由于没有体现学生学习的主体性，教师串讲明显，整节课沉闷而没有亮点。看着正式上示范课的时间一天一天逼近，我不禁焦躁起来。怎么办？这时，我想起了图书馆里的一本杂志《小学语文教师》，其中有一篇文章介绍特级教师于永正的"五重教学法",里面说到语文教学要重情趣,重感悟,重积累,重迁移,重习惯。我突发灵感,马上对教案进行了修改,我以"读"为主线,设计了以下读的活动:初读,读准读通,整体感知;再读,自读自悟,细细品味;三读,深入探究,读美读好。在正式的示范教学中,在导入新课环节,由题眼处质疑,激发了学生学习课文的兴趣;在学习"发现中国石"时,师生合作,共同总结出了4个小标题,然后结合标题自主合作练习复述本部分内容;学习七到九段时,学生先自读自悟,然后在教师的引导下,交流读书感受。我并没有按照自己课前预设的唯一顺序进行教学,而是根据学生的发言组织教学。在理解"依偎"时,我也没有直接把需替换的词语告诉学生,而是让他们自己想可以替换的词语,再自读,自己分析品味。结课前,再对主题进行升华,让学生谈感悟。

下课后,老师们对我的教学设计和课堂表现给予了肯定,同学们也向我投来了羡慕的目光。系主任曾老师课后特地对我说:"锦文呀,你的教学悟性高,对学科特点把握得准,有当一名优秀人民教师的特质!加油呀!相信将来你会在语文教学的大道上发光发热!"曾老师的一番话,让我激动不已,我情不自禁地握住他的手,说:"谢谢您的鼓励,我一定会锲而不舍地努力,不辜负您的期望!"那一夜,我彻夜不眠,曾老师的话一直在我耳边回响,当一名人民教师的信念更坚定了,当一名出色的语文教师的信念更坚定了。

这一次示范课的成功,让我有了一个难得的工作机会,当时新会最好的学校——新会实验小学的校长通过学校了解到我的情况,有意向录用我,并约我到学校面谈。因为我家住在江门城区,离新会有十多公里,工作的第一意向当然是在江门城区,再说,当时我已经参加了江门市区的教师招聘考试,笔试成绩是全市第一名(语文学科)。面对这个抉择,我犹豫了,我该如何选择?新会实验小学雷校长的一番话,坚定了我的信念。他说:"新会人杰地灵,我们学校底蕴深厚,你在这片土地上扎根生长,相信你会长成参天大树!这里是适合你生长的土壤。"雷校长的话,让我顿悟:新会,是适合我生长的土壤。5年的求学生涯,让我爱上了这片土地——人杰地灵的新会。新会是一座有着近1800年历史的南粤历史文化名城,创造了璀璨的冈州文化,素有"海滨邹鲁"之称。在冈州文化的滋润和培育下,新会人文璀璨,英才辈出。理学泰斗陈白沙、六部尚书何熊祥、维新先驱梁启超即生于斯。新会自古民风淳朴、学风浓厚、教风务实。一切都是最好的安排!就这样,我决定选择新会这个地方,作为我梦想开始的地方。岁月不居,时节如流!不知不觉,时至今日,已有18个年头。

(二)执着追求速成长

既来之,则安之。凭着对语文教学的热爱和执着追求,我快速成长,成为学校语文教学的骨干。工作第三个年头,就负责毕业班的教学,这在当时,还是少数！2006年，我代表新会区参加江门市的青年教师阅读教学比赛，荣获一等奖！同年，在首届全国青年教师作文教学交流研讨活动中，执教的教学课例"漫画作文"分别荣获广东省二等奖和江门地区一等奖。其间，多次承担江门市大型对外公开课，课堂教学效果良好，受到江门市和新会区语文教研员的高度评价。2008年，我被评选为新会区小学语文学科带头人。为发挥学科带头人的辐射作用，在区教研室的组织带领下，到新会区崖门镇、睦州镇、古井镇、双水镇等乡镇学校进行送课下乡活动，指导农村学校的语文教学，开展教学研讨，并亲自上示范课，作教学讲座，效果良好，受到各乡镇学校老师的好评。2012年，我代表江门地区，受广东省教育厅教研室、广东教育学会小学语文教学专业委员会青年教师教学研究中心邀请，在广东省第九届青年教师教学论坛上执教作文研讨课，受到全省各地与会老师的好评，省教育研究院教研室杨建国老师给予了充分的肯定。2013年，我被评选为江门市小学语文学科带头人，并荣获广东省教育学会小学语文教学专业委员会先进工作者。

（三）坚持学习提素养

教无止境，学无止境。要想不断进步，就要坚持学习。一直以来，我从没有停止学习与求索的脚步：各级各类的比赛课、优质课展示，我都争取亲临现场观摩学习；学校内的教研课，我总是主动请缨，既作为示范引领，又是研讨交流；闲暇之余博览群书，涉猎甚广，我常年订阅《小学语文教师》《小学语文教学》等杂志……通过不断学习，提升专业素养，夯实专业基础。

近年来，由于工作出色，我被推荐参加了几个高端的培训，快速提升了专业素养。2013年，被广东省教育厅选派参加"国培计划（2013）"示范性集中培训。这次培训是针对一线优秀教师培训技能的提升，是培训者的培训。2015年，被广东省教育厅推荐参加"第二期京苏粤浙东部卓越教师高级研修班"。其间，深入学习理论知识，系统学习了浙江外国语学校汪潮教授的《语文学理》、广东第二师范学院桑志军教授的《语文与语用教学》等语文专业理论，观摩了全国著名特级教师孙双金、罗才军、窦桂梅等的课堂教学，并与京苏粤浙四地学员如切如磋，探讨四地语文教学的异同。2017年，被江门市教育局推荐参加"江门市基础教育系统第四批名教师培养对象"培训。

说到学习提升，让我倍感自豪与弥足珍贵的是：当了一回大学老师。2015年，我到江门职业技术学院进行互聘交流。互聘期间，我担任江门职业技术学院2013届语文教育专业学生"阅读教学训练"与"作文教学训练"两门专业课的教学，指导教育与教育技术系学生开展教学实习，并到其实习基地潮连各乡镇学校指导学生的教学工作。由于一线经验丰富，以理论与实践相结合的方式开展教学，我深受语文教育专业学生的欢迎，得到教育与教育技术系领导的高度评价。互聘期间，还加入江门市梁启超研究中心，开展梁启超思想学术研究，并申报

2015年度江门市哲学社会科学课题"梁启超的家教理念及成功实践的研究",并应中心邀请到江门市蓬江区紫茶小学、新会区茶坑学校、江海区新民小学、潮连镇中心小学等多所学校以"梁启超与他的孩子们"为题举行专题讲座,效果良好。"我是一名普通的语文老师,也是一名不普通的语文老师,我既教小学,又教大学。"在多个场合,我都以这样的开场白介绍自己的成长经历,小学老师能在大学里授课,指导师范生如何上好小学语文课,可以说,那是圆了自己的一个梦想,这是许多老师梦寐以求的难得经历,是一次历练,也是一次提升。

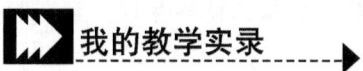

我的教学实录

《自己的花是让别人看的》教学设计

(一)教学内容

人教版第10册第八组课文第25课《自己的花是让别人看的》。

(二)设计理念

语文教学应在朴实、真实、平实的课堂中,让学生走进文本,感受语言、品味语言、感悟内涵,从而实现语文工具性与人文性的统一。本课的设计以跟随季羡林先生展开"异域风情之旅"的课堂展开,让学生从质疑课题入手,选择季老最后发出的感慨"多么奇丽的景色,多么奇特的民族"为切入点,让学生在研读课文的过程中,理解景色的奇丽与民族的奇特,从而达到点化本文的中心"人人为我,我为人人"的高尚境界。通过以读引思、以读引研、以读引悟、以读引说等教学环节推进课堂教学,从而理解文本,感受德国风情,体会异国文化,领悟"人人为我,我为人人"的人生境界,实现语文工具性与人文性的和谐统一。

(三)教学目标

(1)有感情朗读课文,背诵课文第3自然段,积累课文中的优美语言。

(2)了解作者所介绍的德国风景与风俗的特点,结合上下文与生活实际体会含义,从中受到启示与教育。

(四)教学重、难点

理解课文重点词语的意思,读懂课文;体会"人人为我,我为人人"的境界,并从中受到教育。

(五)教学过程

师:同学们,在我们五彩斑斓的世界,有许多美的东西。既有让我们引以为荣的祖国的锦绣河山,也有我们还不太了解的外国风光。今天,黄老师要和同学们一道,到世界上的一些地方去走一走,看一看。我们的第一站是德国。让我

一起来欣赏一下德国迷人的风光。（配乐播放德国迷人风光图片）

师：（教师配乐解说）德国有梦幻般的莱茵河，有雄伟壮观的建筑，有别具风格的民居，还有美丽怡人的景色。

（点评：伽达默尔说："谁拥有语言，谁就拥有世界。"是的，在语文教学中，遵循语文课的学习规律，用我们情深意浓的精妙语言带领孩子们充分享受语文赋予的美好感觉，学会优美地表达和幸福地生活，是语文教师的本事！本环节的教学，教师用富有感染力、震撼力的课堂去打动每一个学生，带领学生进入隽美的教学情境中，使学生对祖国的语言文字产生热爱之情，使学生以主动、积极、热情的态度去学好美的语文、接受美的熏陶。）

师：德国是一个极富魅力的旅游城市。早在1935年，当时才25岁的季羡林，满怀雄心壮志在德国的哥廷根大学留学十载，1945年学成回国。1980年，45年后，当他再次踏上德国——他感慨万千，写了一篇文章，同学们知道是什么吗？

生：（齐答）《自己的花是让别人看的》。

师：请同学们举起你们的手，跟着老师一起写课题。

师：哪个同学愿意读一读课题？

生：自己的花是让别人看的。

师：读得字正腔圆。

生：自己的花是让别人看的。

师：节奏停顿准确。

师：读了课题，你想提出什么问题与大家一起探究的？

生a：我想知道自己的花是怎样给别人看的？

生b：为什么自己的花是让别人看的？

生c：这个题目蕴含着什么深刻的含义？

师：真会提问题。让我们一起带着这些问题，走进课文，相信同学们一定会在课文里面找到答案。

师：下面，请同学们自由朗读课文，边读边思考：季羡林重游德国，发出怎样的感叹？请你在文中找出来。

生："多么奇丽的景色，多么奇特的民族。"

师：找得真准确。哪个同学来读一读这句话？

师：你听到他读的哪个词特别重？

生：奇丽和奇特，因为奇丽和奇特是这句话里的关键词。

师：耳朵真会听，而且善于思考。真不错。

师：为什么季羡林发出这样的感叹呢？请同学们默读课文，边读边思考，从课文的哪些句段中体会到景色的奇丽，又是从哪些句段体现民族的奇特？分别用

"＿＿＿"和"～～～"标注出来，做到"不动笔墨不读书"，找出来之后与同桌交流交流。

（学生默读课文，教师巡视。）

师：好，我们一起来交流，你从哪些语句中感受到"景色的奇丽"？

生：走过任何一条街，抬头向上看，家家户户的窗子前都是花团锦簇、姹紫嫣红。许多窗子连接在一起，汇成了一个花的海洋，让我们看的人如入山阴道上，应接不暇。

师：同学们都找到这句话了吗？请你在书本上把这句话画下来。

（学生在书上画。）

师：你能读懂这句话吗？黄老师教你一个方法，你可以在这句话里找出一个关键词，然后看看你从这个关键词里读懂什么。

（学生找关键词并思考。）

生：我找到的关键词是"任何、家家户户"。

师：不错，你能从一个词语里感受，很会学习，读书就要这样注意揣摩它的意思。能说说，你还从哪些关键词看出花多？

生：我还从"花团锦簇、姹紫嫣红"感受到花多。

师：知道什么是"花团锦簇"，什么是"姹紫嫣红"吗？

生a：花团锦簇就是指一簇簇的花簇拥在一起，竞相开放。

生b：姹紫嫣红就是指各种各样的花五颜六色，争奇斗艳。

师：真会理解！请同学看屏幕。（出示图片）

师：看到这美丽的画面，你还想到什么词来形容呢？

生a：竞相开放、争奇斗艳。

生b：五彩缤纷、五彩斑斓。

生c：繁花似锦、鲜花怒放。

生d：千姿百态、婀娜多姿。

生e：花的王国、花的世界、花的海洋。

师：同学们积累的词语真多！请同学们闭上眼睛，听老师朗读课文第3自然段，大家边听边想象，然后说说你仿佛看到了什么。

生：我仿佛看到很多的花儿竞相开放，有红的、白的、粉的、紫的……五彩缤纷，真美好啊！

师：你真会想象！

生：我仿佛看到各种各样的花儿争奇斗艳，家家户户的窗子前都是花团锦簇、姹紫嫣红。就像一个花的海洋，看完这朵，又看那朵，看完这边，又看那边，真是让人应接不暇。

师：看来你已经被这美丽的景色陶醉了。

生：我仿佛看到繁花似锦、鲜花怒放的景象，一只只蝴蝶在翩翩起舞，还仿佛闻到那沁人心脾的花香。

师：好一个"沁人心脾"啊！

师：请同学们欣赏一下这美丽的景色。（配乐出示图片。）

（配乐解说）走在德国的街头，抬头向上看，每一家的窗子前都种满了鲜花，一朵朵鲜花娇艳欲滴，姹紫嫣红。走在街上就犹如遨游在花的海洋，处处芬芳扑鼻，让人陶醉其中。

师：每天置身于如此美丽的花海之中，你的心情怎样？

生a：开心。

生b：愉快。

生c：喜悦。

师：请你带着这样的心情读一读这句话。带上我们此时的感受，再来读这段话，相信同学们会读得更好。

（学生配乐读。）

（点评：语文不是无情物。语文教学中最能打动学生的是情感，课堂上最震撼学生的也是情感。本环节的教学充分体现了教师以自己对学生的深刻理解、亲切关怀和对语文真挚的爱的情怀，调动起学生全部的情感，使其徜徉在爱的海洋中，积极主动地参与到学习活动中，引导学生"披文入情"，穿越语言表意，深入文本内层，探究其中滋味。这样的教学，在生命律动中让孩子真正完成与作者灵魂的亲切对话，让师生在忘我的投入与同化之境中达到心灵之间的自然契合。）

师：感受了德国奇丽的景色，你又是从哪体会到了这个民族的奇特？让我们接着交流。

生："家家户户都在养花。他们的花不像在中国那样，养在屋子里，他们是把花都栽种在临街窗户的外面。花朵都朝外开，在屋子里只能看到花的脊梁。"

师：你真会读书。请同学们找出这句话，并把它标记出来。

（学生在书本找出这句话，并标记出来。）

师：学习这句话时，我们可以用刚才圈关键词的方法，圈出关键词来理解，看你从哪些关键词里感受到民族的奇特？

生：我找到的关键词是"不像……朝外开……花的脊梁"。从这些关键词我体会到德国人养花真的是给别人看的！真是太奇特了！

师：同学们，你们家有养花吗？你家养的花都放在哪里？给谁看的？而德国人呢？

生：我们家有养花，但我们家的花是养在家里。而德国人是把花都栽种在临接窗户的外面。花朵都朝外开，在屋子里只能看到花的脊梁。

师：我们是喜欢养花的人才养花，而德国人是——
生：家家户户都养花。
师：我们是把花养在家里，而德国人是——
生：把花养在临街窗户的外面。
师：我们养花看到的是花的正面，而德国人养花——
生：只能看到花的脊梁。
师：也就是说：我们养花是给自己看的，而德国人养花——
生：是给别人看的。
师：季羡林初到德国，看到这种景象，他有什么感受？
生：他感到吃惊、感到惊叹！
师：你能读出这种惊奇来吗？
自由练习朗读。学生个别读，读出惊奇。
师：让我们带着这种惊奇的语气一起来读一读。
师：自己养花却让别人看，这确实是一个奇特的民族。这也是一种耐人寻味的境界，这种境界就是——
生：人人为我，我为人人。
师：你是怎么理解"人人为我，我为人人"这种境界的？请同学看屏幕。
（出示幻灯片）
每一家都是这样，
在屋子里的时候，＿＿＿＿＿＿＿＿＿＿＿＿，这就是我为人人。
走在街上的时候，＿＿＿＿＿＿＿＿＿＿＿＿，这就是人人为我。
师：我们明白了每个人要先为别人奉献，在为别人奉献的同时，也能得到很多，这就是人人为我、我为人人的境界，这种境界确实耐人寻味呀！现在，让我们一起再来读一读这句话，读出我们的感悟吧！（出示这段文字课件）
（生齐读句子。）
师：我们身边有这样"人人为我、我为人人"的例子吗？
生：有，同学轮流值日就是"人人为我、我为人人"的体现。每个人值日的时候都是尽心地为别人服务，反过来，别人值日，也是尽心为我们服务。
生：还有同学们每人带课外书到班上建立图书角，既是给别人提供了书，而别人也为你提供了书阅读。
生：在社会上也是如此，无论你干哪一行，你总是在某一个方面为别人服务；而同时，在许多方面，你都在接受别人为你服务。
师：同学们理解得真到位！你们都有一双慧眼和一颗善于感受的心。
师：45年后，当季羡林再次踏上这块土地时，又有了新的感受，他觉得"变化是有的，但美丽并没有改变"同学们找到这句话吗？把句子标记出来。

（出示幻灯片）

当我又来到德国的时候，发现＿＿＿＿变了，＿＿＿＿变了，＿＿＿＿没有变，＿＿＿＿没有变。（奇丽的花，德国人的心灵很美。他们那种无私境界的美。）

师：谈得好，在美丽的花背后，却隐藏着这么多美丽的东西，隐藏着德国人"人人为我、我为人人"的美好心灵，难怪作者说："变化是有的，但是美丽并没有改变。"

师：所以，当他走在街上的时候，沉醉在这美丽的、动人的花海中，他感慨万千（读）

（出示最后两句，齐读。）

师：同学们，当我们走进德国，走在街上，感受到德国那奇丽的景色，那奇特的民族，那"人人为我、我为人人"的思想境界，我相信，同学们一定会深有感触，有自己的感悟。

（出示小诗，让学生根据小诗的特点和学课文后的感悟，补充小诗，升华感悟。）

（点评：充满趣味的课堂是孩子们喜欢的课堂，充满情趣的语文是孩子们喜欢的语文。语文教学不能缺少情趣，兴趣是孩子们最好的老师。意趣盎然的教学设计，充满情趣的教学教程，幽默风趣的教学语言，自然能吸引孩子的眼球，激发孩子的学习兴趣，让孩子在充满情趣的教学过程中快乐学语文，从而爱上语文。）

（六）板书设计

25　自己的花是让别人看的

德国　｛　奇丽：花团锦簇　姹紫嫣红　｝　永远美丽
　　　　　奇特：人人为我　我为人人

（七）教学反思

这是一节真实、朴实、厚实的语文课，充分体现了"真美语文"的教学追求和"真、美、情、趣"的教学风格。学生在真实自然的课堂环境中先感受异域风情，开展异域风情之旅，然后跟随作者季羡林走进文本，走进德国，感受德国奇丽的景色和民族之奇特。学生在课堂中感受语言、品味语言、感悟内涵，在朗读中感知文章，感受作者的心理和心情，在朗读中感受语言的美丽和写作特点，在朗读中积累语言，在朗读中与文本和作者产生共鸣。一节课下来，学生品味到了文本的语言，感受了深刻的内涵，圆满地完成一次"异域风情之旅游"，也圆满地达至语文教学的工具性与人文性的和谐统一，自然而然，水到渠成。

整个教学过程，学生在涵泳语言的过程中得意、得言、得法，在优美的教学语言、隽美的教学情境、和美的教学过程中学习语文，在充满情趣的教与学中提升语文素养。"言意兼得、情趣兼备、文质兼美"在教学中得到充分的体现，是笔者"真美语文"教学主张的生动体现，是笔者"真、美、情、趣"的教学风格的自然流露。

我的教学主张

语文教学，当以"真美"为追求，言意兼得、情趣兼备、文质兼美，是我对"真美语文"教学风格的诠释。

（一）言意兼得

我理想中的语文课是让学生在朗读文本语言、品味文本语言、涵泳文本语言中，感受文本语言的表达图式与特点。这个过程十分微妙，让学生在不知不觉之中对文本语言有一种无法言说的体会与感悟。

（二）情趣兼备

情趣兼备是语文课的理想状态。课堂教学最糟糕的状态就是缺少情趣，因此，情趣对语文课堂尤为重要。所谓的情趣是教师对课堂热情满怀、对学生真诚以待、对文本一往情深……教师的这些情愫，直接影响学生在课堂上的情感。教师对课堂有热情，学生对课堂自然一往情深；教师对学生有真情，师生之间自然情意浓浓；教师对文本有感情，学生对文本自然能情动于中。

（三）文质兼美

理想的语文课应该是文质兼美的。所谓文质兼美，指的是教学内容与教学形式的统一与和谐，文质兼美，是语文课教学内容与教学形式的本质要求，也是语文课应有的本色与底色。从教学内容来说，教材中的文章大多是语言优美、思想性强的文章，可谓是文质兼美之范本；从教学过程来说，教师个人形象、教学语言、教学过程等，都应该成为美的引领、美的熏陶、美的体现，这样的语文课，在真实、朴实中，才不至于俗气、枯燥乏味。

在教学中，我努力实践"言意兼得、情趣兼备、文质兼美"的语文教学，追求"真、美、实、趣"的教学风格，实现"真美语文"的华丽转身。

我的育人故事

花儿笑了

教学完《儿童诗两首》后，我突然有这样的想法：我何不让孩子们模仿课本中的诗歌进行创作呢？我应该相信孩子们有这样的能力与诗情。作为他们的班主任，我应当相信每一个孩子，对他们充满信心。当孩子们写出一首首诗歌后，我要把他们的诗歌收集起来，编印成集，还要把孩子们的习作印刷成册，完成五

（2）班的诗歌习作集。这是让孩子享受成功，重获自信的大好机会。我越想越兴奋，迫不及待地把这一想法告诉孩子们，我说得异常兴奋、异常激动，仿佛这本书就已经放在我的面前，我还对孩子们说："这本书，黄老师就取名为《花儿笑了》，你们就是那朵朵娇艳的花儿，当诗集成功印刷，就是你们灿烂欢笑之时。"孩子们看我如此兴奋，个个面面相觑，一下子议论开了，有的孩子小声地说："这有可能吗？自己班印刷一本诗歌集，这不是异想天开？""我们从来没有写过诗歌，要写诗，还要印成册子，那不会惹人笑话吗？"也有的孩子说："如果真能成功，那该有多好啊！这是一件多么了不起的事呀！"我看到他的眼里充满光芒，"如果真能成功，我就是小诗人了，我一定是最棒的，我们班一定是最棒的！"听到他这样说，我紧接着他的话："对，我们是最棒的，我们一定能成功的！一定会！"

说做就做，我先教同学们创作诗歌的基本方法，教他们用眼睛去观察，用耳朵去聆听，用心灵去感受。第二天，孩子们创作的一首首诗歌便如鲜花般绽放在我的眼前，鲜艳多彩，朵朵动人，一句一句如溪水般清澈的诗句便流淌在我的眼前。接下来，修改润色，输入电脑，排版校对，联系印刷厂，版面设计等一系列工作，我都不厌其烦地去做，一个班要靠自己的力量做一本诗集，这是一项极其艰巨的工作。然而，每当遇到困难和烦躁的时候，我心中总有一个坚定的信念支撑着我：让孩子成功，让孩子自信！想到孩子们因为自己的习作能印刷成册而高兴；想到孩子们捧着自己的诗集而骄傲自豪；想到孩子们因此而兴奋喜悦，重拾自信时，一切的困难与艰苦便都抛诸脑后。为了学生，我甘于付出，为了学生，我甘愿奉献。

阳光总在风雨后，经过一番艰辛付出之后，那美丽的花儿终于在风雨中绽开了笑脸。六一儿童节那天，我如期把《花儿笑了》这本五（2）班的诗歌习作集送到每一个孩子的手里，这是我对他们的承诺。当他们亲手接过自己班的诗集时，他们是那样的激动，每一个孩子的脸上，都洋溢着幸福而灿烂的笑容。在他们心里，涌动着一种莫名的感动，这正是我所期待的。是啊，有哪个班的孩子能有这样了不起的创造？有哪个班级能有这样幸福的时刻？又有哪一个班主任能给他们如此的激励与力量。我想，这一定是他们这个"六一"儿童节最珍贵的礼物。那天夜里，我彻夜难眠，静夜里，我流泻出这样的诗句：园丁最大的幸福莫过于满园春色、姹紫嫣红。当那勤劳的汗水滴下，当娇嫩的花儿绽放，园丁便是世界上最幸福的人。

自从有了《花儿笑了》这本诗歌习作集，孩子们就有了一方展示自我的舞台，也有了一次证明自己的机会，更有了重拾自信的希望。《花儿笑了》的成功出版，让孩子们觉得自己是了不起的，他们是最棒的，他们成就了别人无法做到的创举，就这样，五（2）班终于站起来了，孩子们终于自信地站起来了。

教育，就是这样神奇！

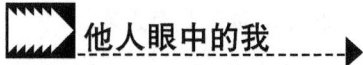他人眼中的我

(一) 学生眼中的我

他之所以被我们封为"幽默大王"，是因为他不仅文采好，而且他讲课时风趣幽默，把一节紧张的课变成一节有趣的课。真不知道我们从哪修来的福气，碰上那么好的老师。

[五（3）班　李偲颖]

黄老师长得英俊潇洒，一双炯炯有神的眼睛上架着一副眼镜，满头乌黑光亮的头发，讲课时非常幽默，因此我们都喜欢上他的课。

[五（3）班　赵国俊]

不知怎的，有时候黄老师来上课，同学们都用掌声欢迎老师，大概是喜欢上黄老师的语文课吧。

[五（3）班　汤梓茵]

在我们五（3）班，一提起黄老师，那可是无人不知，无人不晓！难道不是吗？一提起他，我们60位同学的脑海里就会浮现出他上课时那风趣幽默的语言，古灵精怪的动作、表情，有时还会给我们神秘的礼物，让我们举行精彩的辩论会。最"离谱"的是，他还经常在班上开"演唱会"！

[五（3）班　何嘉璇]

我的语文老师是一个极其幽默的人，每一位同学都爱上他的课，他总能使每一节语文课轻松而快乐。他就是——黄老师。

[五（3）班　邓雅婷]

(二) 同事眼中的我

黄老师是一位有专业追求的老师！他深爱着他所教的学科——这是他专业成长快速的关键；他深爱着他的课堂——他一直追寻在语文寻根的路上，实践"真美"语文；他深爱着他的学生——学本、学趣、学有所得；生本、生动、生有所获，足见他对孩子的尊重，也足见他对生本课堂与学本课堂的理解。相信以他的认真、执着、智慧，一定能寻得语文之根，教育之根。

（江门市范罗冈小学语文教师　邓惠如）

(三) 领导眼中的我

黄老师对教育有理想，对教学有想法，对学生有爱心，对专业有追求。

（江门市新会实验小学校长　梁一毅）

浸润华侨文化，培育侨乡新人

● 开平市长沙街道办事处澄江小学　黄丽萍（小学班主任）

● 个人简介

　　我叫黄丽萍，出生于改革开放初期，现在在广东省开平市长沙街道办事处澄江小学工作。从教十八载，我多次获得国务院侨务办公室文化司、广东省教育技术中心、江门市教育局、开平市人民政府、开平市教育局的奖励，荣获"优秀教师""模范班主任""优秀辅导老师"和"先进德育工作者"等称号。主持并参与了《基于华侨文化的小学德育实践活动方案的研究》等5个省、市级科研课题。2017年10月通过面试成为江门市第四批中小学名班主任培养对象，并在培训学习中迅速成长，成为一名业务能力强、学生喜爱、家长称赞的优秀班主任。不少人曾问我："班主任工作那么辛苦，为什么你乐此不疲？"每次我都会笑着回答："因为能当班主任的老师最幸福。"开平市地处珠江三角洲西南面，是著名的侨乡。我生于侨乡，长于侨乡，华侨文化以其独有的爱国爱乡、自强不息、顽强拼搏、开拓创新、无私奉献等特点，深深地影响着我。我以自己身为一名侨乡人而感到骄傲，把致力于侨乡教育事业作为自己毕生的理想和追求，并在工作中且行且思，逐渐形成了我的粤派教学风格——质朴、温情、细腻。

▶ 我的教学风格 ▶

　　教学风格是指教学活动的特色，是教师的教育思想、个性特点、教育技巧在教育过程中独特的、和谐的结合和经常性的表现。从教18年，我在教育、教学工作中经历了模仿—选择—反思—定向四个阶段，现将自己的教学风格定位为——质朴、温情、细腻。

（一）质朴

　　质朴就是朴实无华、返璞归真。我的教学活动从不刻意雕饰，而是引导学生沉浸文本，感受体验，理解运用。课堂上尊重学生，随势而为，因势利导，随着学生的思维活动来组织教学，激趣引思，引导学生在质疑解惑中产生学习动力，达到智慧分享。

（二）温情

温情就是师生在一种平等、协作、和谐的气氛下开展教学活动。以相互尊重为基础，以理解宽容为前提，以欣赏鼓励为动力，教学时，从学生的年龄特征和认知水平出发，将学生对知识的渴求和探索融于精心创设的教学情景之中。教师娓娓道来，与学生进行情感交流，使学生在思考中获得知识。

（三）细腻

老子曾说："天下难事，必做于易；天下大事，必做于细。""细节"问题已成为社会普遍关注的问题。作为一名班主任，我知道凡事无小事，因为"细节决定成败"。每接手一个新班级，我首先要做的是"细"选班干部，"细"化班级管理，发挥班干带、传、帮作用；然后"细"置班级环境，细心处理学生问题；平日特别注重"细"化自身行为，在合适的时机，给学生施以恰当的行为暗示，促使其纠正不当的行为。我的"细腻"还体现在课堂上采用分层教学和个别性指导，关注每一位学生的成长。善于发现学生身上的点滴进步并及时给予表扬和奖励，使学生的学与教师的教产生共鸣，形成学习合力。

▶▶ 我的成长历程 ▶

（一）浸润华侨文化，刻苦求学（1998—2001年）

我出生在广东省开平市一个美丽的小乡村，那里有一座标志性的碉楼——瑞石楼，它被誉为"开平第一楼"，是我们祖辈黄璧秀先生早年到香港打拼后回乡建造的，这座碉楼集防卫、居住和中西方建筑艺术于一体，充分体现了楼主对西方文化所表现出的从容自信、大胆接纳，以及洋为中用、兼容并蓄的华侨文化内涵。当时住在里面的是我们本家德高望重的三公，他是我们开平市最高学府——开平一中的一名退休老师。他经常给我们讲先辈如何漂洋过海在外打拼，发家致富后怎样为国家、为家乡捐钱捐物，支援国家建设和家乡发展的，也经常给我们讲一些先前在学校教书育人的趣事，我们也经常见到一些事业有成的学生前来拜访他。耳濡目染下，我在读小学的时候就有一个理想——成为一名人民教师。因此，初中填报志愿的时候，我毫不犹豫地选择了师范，也顺利考入了我们当地的师范学校。

在师范学校读书的三年，我一直以"学高为师，身正为范"严格要求自己，刻苦学习，还广泛阅读中外名著，提高自身的文化素养。还记得当时考核的一项基本功是"三笔字书写"（即粉笔、钢笔和毛笔）。由于我读师范前从未接触过毛笔，学起来有一定的难度。这时，我以祖辈艰苦奋斗的精神鞭策自己，课堂上全神贯注，生怕错过老师讲解的书写要点，同时把课余的边角时间全用来练习，周末回到家也抓紧时间读帖、临帖。功夫不负有心人,最后我的毛笔字书写顺利通过考核,并得到老师的肯定,将我和其他同学的优秀作品装裱起来做展示。2001年7月,我于广东长沙师范学校(即开平市教师进修学校)毕业后回到母校任教。由于当时的政策问题,我参加工作的头三年只能当一名代课教师,这与我的初衷有着很大的差异。许多人认为,教师是一份苦差事,况且代课老师的工薪那么低,劝我另寻出路。但我没有动摇,认为这也算是实现了小时候的理想,为能回到母校工作而高兴,并暗下决心要把家乡的孩子教育好。

(二)传承华侨文化,崭露头角(2001—2008年)

还清楚地记得,我第一次到学校报到的时候,校长对我说了这样一句话:"不要把教书当作一个养家糊口的饭碗,而应该把它当成一项事业来追求。"我被这句话深深地鼓舞与鞭策,满怀激情地投入工作。对于学校分配的任务,我乐于接受,哪个岗位需要我,我就到哪个岗位上去,毫无怨言,兢兢业业。在工作实践中,我很快意识到中师毕业的自己底气不足,迅速参加了当年的成人高考,边工作边参加函授学习,并且在取得大专学历后顺利通过公招考试成为一名在编教师。随着文化知识的增长,我的专业能力也得以逐步提高,所带的班级参加学校、镇的各项比赛均取得优异成绩,得到了领导和同行的认可,家长的赞赏。

2005年,学校安排我兼任学校大队辅导员,这是一个重担,也是学校对我的培养,领导对我的信任,是提高自己业务能力的机会,因此我愉快地接受了任务,勇敢地接受挑战。为了能顺利开展工作,我努力充"电",积极参加各项专业技术培训,认真钻研少先队工作窍门,比如如何在工作中开展丰富多彩的队活动,激发少先队员的积极性和创造性?如何重组学校的鼓号队和红领巾广播站等等。由于缺乏鼓号演奏方面的专业知识,我只好"笨鸟先飞",通过看书、看录像、向有经验的老师请教,自己利用课余时间先摸索各种鼓号的吹奏技巧,再手把手教给学生。通过努力,鼓号队能出场了,参加镇政府组织的新兵入伍欢送会,受到上级领导和群众的好评,红领巾广播站也开展得有声有色。我亦在工作中迅速提升能力,撰写的论文《对"好学生"心理健康问题的初探》被评为江门市第五届中小学心理健康教研年会论文三等奖;撰写的《意外的收获》参加开平市"班主任话细节"案例征集评选活动获二等奖;设计的开平市中小学碉楼知识宣传教育主题队会活动方案《爱我开平,爱我碉楼》获一等奖;在"开平碉楼与村落"申报世界文化遗产期间,成功协助镇政府举行大型"开平碉楼与村落"申报世界遗产的宣传与知识竞赛。由于工作出色,我先后被评为"开平市优秀教师"和"开平市中小学先进德育工作者"。

(三)多元文化冲击,遭遇瓶颈(2008—2017年)

2008年9月,我由教学能力较薄弱的农村学校调到开平市长沙街道办事处澄江小学任教。来到新的工作环境,我一如既往地勤勉工作,关爱学生。2008年12月我结婚,法定婚假是两周,但我一心想着正带着的六年级毕业班,可不能耽误了同学们的学习,婚后第三天我就回校上班了。2011年3月,我还在休产假的时候,校长打电话跟我商量,因为学校有位老师要请假做手术,询问我能不能提前回学校上课。为了不影响学校的工作,不耽误学生的功课,我忍痛把刚满三个月的儿子送回乡下交给婆婆照顾,提前回到了工作岗位。由于一心扑在工作上,一个学期来,我仅利用周末回家看过儿子几次。我的朋友说我是大傻蛋,还有的打趣说,你儿子快不认你这个妈了。但我认为在家我是儿子的好妈妈,在学校我是所有学生的好妈妈,两者同样重要。由于工作态度认真,出自内心地关心爱护学生,学生的进步都很快。我在江门市及广东省首届"阅读之星"评比活动中,均荣获优秀指导教师奖;在开平市"千万少年快乐阅读"系列活动中,被授予"阅读之师"荣誉称号。所带的班级因好人好事多,班风、学风良好,被评为"广东省文明中队",这是对我辛勤工作的再次肯定。

  醉心工作的我很快就发现了城区学生与乡村学生存在很大的差异。在日常工作中,我也越来越频繁地听到同行们在感慨:"教书这么多年,就没见过像现在这样难教的学生。"这看似抱怨的一句话,其实细细琢磨一下就会发现也是有一定道理的。因为现在的学生的确与过去的学生不一样,想让学生再回到以前的状态是不可能的,也是不现实的。在全球化背景下,多元文化充斥着我们的生活,现在的学生(尤其是城区的学生)接触到大量的信息,道德发展呈现出开放的趋势,他们视野开阔、思路敏捷,遇到问题总有自己的一套看法。部分学生对教师权威的态度已经发生了变化,教师若只用简单的说教去规范学生,学生是不买账的。高压式的管理只会得到表面的驯服,学生内心的抗争与不服将会潜伏久远,在某一导火索下爆发,激化师生矛盾。而运用基于奖励和惩罚的管教方法,看上去似乎有帮助,但因为立即制止了很多纪律问题,所以对于长期的行为改变没有效果。更何况现在有为数不少的学生来自特殊家庭,他们普遍存在消极、逆反、报复等心理,出现厌学、打架、逃课、偷窃、沉迷游戏,甚至离家出走等偏差行为。这都给我们班主任工作增添了新的难度。比如班上的沈杰同学本来有一个幸福的家,他爸爸经营一家水暖厂,家境富裕,他从生下来就生活在父母的百般呵护下。两年前,他父母因感情破裂离了婚,妈妈回老家浙江定居,很少来探望他。去年,爸爸再婚了,最近还听说他的新妈妈怀上了宝宝。生性多疑、多虑、爱猜忌的他一夜之间忽然觉得自己不再重要,觉得爸爸关心、爱护新妈妈和快要出生的弟弟更多一些。他的心理失衡就产生了,各种异常行为也出现了。他在家里跟爸爸顶撞,跟新妈妈持敌对态度,经常故意找碴,惹新妈妈生气,甚至说要伤害即将出生的弟弟。他爸爸多次跟他谈心也是收效甚微,只好向我求助来了。我了解情况后知道沈杰的心理失衡主要是由于家庭的变故引起的,却苦于没有很好的教育策略，感到"心有余而力不足"。我开始思考，怎样才能有效纠正学生（尤其是来自特殊家庭的学生）的偏差行为，引导他们健康成长呢？同时，我也在教学实践中不断摸索、尝试，却举步维艰。

（四）多元文化融合，凝练风格（2017年10月—现在）

在迷惘中摸索了几年的我于2017年迎来了教学生涯的新转机。2017年10月，我有幸得到开平市教育局的推荐，通过江门市专家组的评审，成为江门市第四批中小学名班主任培养对象。2017年12月18日—22日，江门市基础教育系统第四批第二期名教师、名班主任培养对象第一次集中培训。我深知参加本次培训对我来说意味着什么。在这几天里，我认真聆听，虚心请教。广西师范大学心理学教授熊宜勤的专家讲座《学生管理新方略——在自由与约束之间》从心理学的角度给我们分析了"学生管理之难""学校与学生管理策略之误"，最后在"教师对学生管理之路"上给我们做出了精辟的指导。广东第二师范学院教师研修学院副院长于慧副教授就什么是有效沟通、为什么必须有效沟通，教师与学生沟通的核心原则，教师与家长沟通的基本要求以及教师之间沟通的根本理念四个方面给我们做了专业指导。于慧教授的专业指导让我认识到有效沟通的重要性，尤其是她在讲授如何与学生有效沟通这部分内容时提到表达要用"我信息"代替"你信息"让我耳目一新，获益良多。于教授指出：当老师用"你信息"（如你怎么这么懒？每次作业不写完就交上来！）分析问题的时候，将学生推到了对立面，他们就会在承受指责的同时，形成自我防御机制，容易找各种理由抵制我们的教育。而当我们用"我信息"（如你每次交作业都这样马马虎虎的，我说过你很多次了，我对你的行为感到很失望。）表达观点时，是在用一种平等沟通的方式向学生表达情绪，学生比较容易接受，并常会因为教师情感的感应而对自己的行为感到内疚，产生改变的动机。来自广州市番禺区教育局教研室的李进成主任，以风趣幽默的语言，结合具体的教育案例，从"一个应对态度、两个应对立场、三种应对方式、四步谈话步骤、五个沟通技巧"与我们交流了教育的智慧沟通艺术。在学习过程中，对于许多案例我都有种"似曾相识"的感觉，只是当时没能那么科学、艺术性地去处理，因而也就没有达到自己预期的教育效果。这次学习使我深刻认识到，新时期的班主任工作是一项专业性很强的工作，应具备一定的技巧和智慧。以后该如何科学建立班级管理机制，如何建设班级文化，如何与学生有效沟通，如何教育问题学生，如何与家长联系……引发了我深深的思考。在此后的工作实践中，我时常告诫自己：假如我是孩子，我希望老师怎么说？假如是我的孩子，我希望老师怎么做？

如果说第一次的集中培训是一次"头脑革命"的过程，给了我很多的感悟和思考！那接下来的跟岗学习研修就是一个"加油站"，给了我无限的工作激情和启迪！2018年4月16日—20日，我来到了广州祈福英语实验小学，进行为期一周的跟岗学习。在跟岗期间，我有幸跟随广州番禺区教研室主任李进成主任和番禺区名班主任袁媛工作室的主持人袁媛老师分别到祈福英语实验小学、北师大南奥实验学校、番禺区韦大小学、钟村中心小学、富丽小学、石壁小学学习班主任管理工作。短短的一周，我不仅从理论上重新认识了班主任工作的内涵，实地学习如何做一名智慧型的班主任，更有幸接触了来自美国的现代教育理论——"萨提亚沟通模式"、科学的管理方法——"正面管教"和NLP（neuro-linguistic programming，神经语言程序学），让我在班级管理和与学生沟通方面有"拨开云雾见青天"之感。这次学习回来，我马上购买了《教师怎样说话才有效》《班主任有效沟通的艺术与技巧》《教室里的正面管教》《心理营养》等专著来阅读，在学习与反思中进一步明确了自己的教学追求，努力把别人先进的教育方法内化为自己的，不断提高自身的教育能力，使自己的教育行为具有鲜明的个性，并逐步形成了"自我教育，就是最好的教育"的教育理念。

我的教学实录

课题：直面挫折，逆风起航

学情分析：现在社会给予了孩子们良好的生活环境和学习环境，大部分孩子过着养尊处优的生活。许多孩子还不知道什么是苦滋味，当他们面对突如其来的困难和挫折时，大都不会用积极的态度来面对和解决，而是消极地逃避或是采取极端的做法，令人担忧。上周学校举行了一年一度的校运会，进行接力赛时由于隔壁班同学跑错道而影响了我们班交接棒，输了比赛，最后导致团体总分也排名靠后。赛后，全班同学感到很沮丧。周末，有一位家长急匆匆打来电话说孩子在写作业时遇到难题想放弃，家长唠叨两句就大发脾气，并扬言不读书了，特向我求助。为培养学生积极应对挫折的心态，增强学生意志力品质的锻炼，特组织此次主题班会。

教材解析："直面挫折，逆风起航"是人教版《品德与生活》五年级下册第一单元《成长的快乐与烦恼》第三课《尝尝苦滋味》中的一个主题。主要讲解挫折的含义，挫折难以避免的原因，分析了面对挫折持不同的态度会产生不同的结果，学习应对挫折的方法。学习本课有助于培养学生积极乐观的人生态度，特别是学会用积极的思维方式面对自己学习和生活中遇到的困难，成为生活的强者。

鉴于本班学情和本课教材特点，我将本节课的教学目标、教学重点、难点设定如下。

教学目标：

1. 知识目标：让学生懂得人生免不了要经历挫折，认识挫折具有双重影响，帮助学生掌握正确对待挫折的办法。

2. 能力目标：初步培养学生用辩证的方法分析挫折的能力。运用战胜挫折的科学方法，初步形成自我调适和应对学习、生活中遇到的挫折的能力。

3. 情感、价值观目标：教育学生树立正确的挫折观，提高抗挫能力，使学生能勇敢地面对挫折的考验，培养学生具有积极进取、不畏困难的良好意志品质。

教学重点：帮助学生掌握对待挫折的科学方法，并用以解决学习、生活中所遇到的问题。

教学难点：教育学生辩证认识挫折对人生的影响，培养学生积极进取、不畏困难的良好意志品质。

准备工作：

1. 召开班干会议，研究主题和操作步骤。

2. 布置学生课前访问、调查一位身边的大人，了解他们在成长过程中遇到过的困苦和挫折，对他们的成长有什么影响。

3. 设计展示课件。

4. 准备音乐：《阳光总在风雨后》。

班会形式：歌曲演唱、故事演讲、小组交流、观看微视频等。

课时安排：1课时。

教学过程：

（一）游戏导入、揭示课题

（1）引入心理游戏"蛋的进化"。

教师宣布游戏规则：同学两人一组通过"锤子剪刀布"决定输赢。输的同学趴在座位上，你的身份还是未孵化的蛋，赢的同学站起来进化成小鸡，小鸡和小鸡再决输赢。输的同学退化为蛋，坐下，赢的同学进化为小鸟。小鸟飞到前面来，再决胜负。依此类推，四局全赢的同学进化为人。

（2）学生按照规则做游戏，谈感受。

生1：我离成功只差一步了，好可惜呀！

生2：我过五关斩六将，终于成功了，真高兴！

（3）教师归纳、揭题：我们从游戏中体验到，人的一生，有输有赢，有胜利的喜悦，也有挫折与失败的痛苦。今天我们就一起来探讨：直面挫折，逆风起航。

【设计意图】通过玩游戏，吸引学生迅速将注意力转移到课堂活动中来，并意识到挫折是普遍存在的，懂得人生免不了要经历挫折，自然揭示主题。

（二）故事演讲，认识挫折

1. 初识挫折

师：说到挫折，同学们是怎样理解的？

生1：挫折就是生活中遇到的一些不如意的事情。

生2：挫折就是在学习上、生活中遇到的困难等。

2. 故事演讲

师：看来对于挫折，同学们都有自己的认识。其实，历史上、生活中，很多人都是经历过挫折和困难的磨炼后才走向成功的。课前，老师就布置同学们访问、调查一位身边的大人，了解他们在成长过程中遇到过的困苦和挫折，这对他们的成长有什么影响。今天，老师给大家介绍一个人物，他就是我们侨乡的骄傲——中国航空之父冯如。

（课件出示《中国航空之父》）

师：冯如屡遭失败，最后才取得成功。你从中发现了什么？

生1：我发现成功来之不易，只有勇敢面对挫折，最后才能获得成功。

生2：人生不是一帆风顺的，只有坚持不懈追逐梦想，才能品尝到成功的喜悦。

师：是啊，成功来之不易。如果一个人在生理上有缺陷，会不会遭遇更多的挫折呢？下面请静汶同学给我们带来一个感人的故事，掌声有请。

（课件出示《"坚强哥"跪行高考的故事》）

【设计意图】通过名人故事的讲述，让学生学有榜样，并懂得成功来之不易。

（三）畅谈挫折，加深认识

师：同学们，挫折是普遍存在的，是无法避免的。那你印象最深刻的一次挫折是什么？当时你的心情如何？有没有找出造成失败的原因并从中得到启示？请同学们先小组交流，合作填写表格，再派代表做汇报。

我所经历的一次失败（挫折）	
造成失败（挫折）的原因	
从失败（挫折）中得到的启示	

生1：有一次，我和几个朋友一起在公园里学轮滑。他们很快就学会了，只剩我一个在那蹒跚学步，还一不小心摔了个狗啃泥，别提有多狼狈了！我当时感

到非常沮丧，真想放弃学习了。爸爸鼓励我站起来坚持练习，最后我终于学会了。真是坚持到底才能取得胜利呀！

生2：我在上学期期末考试中语文科只考了一个"良好"，原来我的成绩可都是"优秀"的呀！为此，我很难过，感觉倍受打击。黄老师看透了我的心思，和我一起分析了这次考试失利的原因是粗心大意，没有审清题意。我以后做事一定要认真、细心。

生3：最近我迷上了做烘焙，但做出来的蛋糕总是石头一般硬。后来妈妈告诉我，是因为我没把蛋白打发好的缘故。我照着妈妈教的方法去做，终于做出了香甜又松软的蛋糕。看来虚心请教能让我们更快走向成功。

师：看来，很多同学都从挫折中找到原因并吸取了教训。最近，我们班上的诗羽同学也根据自己的生活经历，有感而发，写了一篇有关"挫折"的文章，并在报上发表了，下面我们一起来听听她是怎样在挫折中成长的。掌声有请。

（课件出示《在挫折中成长》）

【设计意图】通过听取同龄人讲述亲身经历，让学生调整面对挫折的心态。

（四）展开辩论，认清挫折

1. 过渡

生活中难免会有磨难，有人面对挫折越挫越勇，最后取得成功；有人经受不住，被挫折打倒，就此放弃。艰苦的生活环境对孩子成长好还是不好呢？下面，我们来辩一辩。

2. 展开辩论

正方同学观点：从小经历一些磨难，能激发人的斗志，会使我们多一些坚强。"吃一堑，长一智"，磨难能使人变得更加聪明，人们正是在不断克服困难、战胜挫折的过程中取得成功与进步的。

反方同学观点：从小生活环境艰苦，往往会给人带来痛苦、压力和打击，会失去许多童年的快乐，让人看不到生活中美好的一面，甚至失去生活的信心。

3. 教师归纳

不同的生活环境对我们的成长会有不同的影响。良好的生活环境，为我们的成长减轻了压力，但会使我们少了一些人生体验；贫困的生活环境确实会增加我们成长的压力，但同时也会使我们对生活有了更多的体验。看来，挫折是一把双刃剑，具有双重影响。那么，面对逆境，我们应该采取什么态度呢？下面，让我们一起来观看短片《一群小鸭子》。

【设计意图】通过辩论，让学生认识挫折具有双重影响，树立正确的挫折观。

（五）观看短片，引发思考

(1) 学生观看短片《一群小鸭子》。

（短片主要描述一群小鸭子在拼命跳上台阶，不断摔倒，但它们面对困难，没有退缩、放弃，而是不停地挑战自己，最终大获成功。）

（2）师生交流。

师：这群小鸭子最后为什么能大获成功？从这群小鸭子身上，你学到了什么？

生1：做事情不能轻言放弃，坚持到底，才能成功。

生2：挫折是成功的垫脚石，我们应该直面挫折，迎难而上。

生3：困难是通往成功路上的拦路虎，只有把它们一一打败，我们才能取得成功。

生4：想要成功，我们不能单靠一股牛劲蛮干，还要想方设法寻求突破口。

【设计意图】通过观看视频，让学生震撼于一群小小的鸭子尚且能够直面困难，勇往直前的同时，引发他们自我教育。

（六）掌握方法，学以致用

（1）过渡：看来同学们对战胜挫折都有自己独到的看法。是啊，当我们遇到挫折时，努力寻求克服挫折的良策，挫折就会成为人生的经验和财富，成为我们走向成功的铺路石。今天，老师还请来专家为大家支招，想学吗？

生齐：想！

（2）教师扮演专家向学生传授面对挫折的几种科学方法。

①冷静对待。

②请求帮助。

③自我疏导。

④换位思考。

⑤精神升华。

（3）学以致用。

师：通过刚才的学习，相信同学们遇到以下的问题会有自己的解决办法，请选择其中一点跟同学们分享吧。（课件出示）

①期中考试，分数不理想，心里很失落。

②作业没有做好，受到老师批评。

③班干职务被老师撤掉了。

④英语单词总是记不住。

⑤父母误会我，我很烦。

生1：我选择第五点来跟同学们分享。如果父母误会我了，我会以写信的方法来跟他们沟通，解释清楚。这样做，既可以让自己慢慢冷静下来，又避免了与爸爸妈妈正面争执，再次引发冲突。

生2：我想说说第四点。英语单词总是记不住可以向老师或同学请求帮助，讨教记单词的方法。

生3：如果考试成绩不理想，心里很失落。我会找个安静的地方听听音乐，使情绪得到调整，再寻求自己身上的不足，改进学习方法，争取下次取得好成绩。

【设计意图】帮助学生掌握正确对待挫折的办法，培养学生用积极的思维方式面对自己学习和生活中遇到的困难。

结束语：海水不经礁石，激不起美丽的浪花；雄鹰不经历练，不能在空中自由翱翔；人不经挫折，很难达到成功的彼岸。人生的道路不可能一帆风顺，一个人遭受挫折的打击是不幸的，只要有迎难而上、坚韧不拔的意志，每个人都能战胜挫折。最后，老师送大家一首歌共勉——《阳光总在风雨后》。

（在歌声中结束班会）

教学反思：

主题班会是学校德育的主阵地，是班主任根据学校工作要求，结合本班学生的实际情况，运用班集体对学生进行教育和开展工作的有效形式，也是学生自我教育的有效方式。《直面挫折，逆风起航》这节课的设计基于本班学情和本课教材特点，通过故事演讲、游戏活动、观看视频等学生喜闻乐见的形式，重在引导学生感悟成长，达到了预期的教育效果，也充分体现了我"最好的教育，就是自我教育"的教学主张和"质朴、温情、细腻"的教学风格。

（一）挖掘素材，用教材教

在平时的教学中，我们有时会牵着学生的鼻子走，让学生朝自己设定的方向发展，但其实学生有自己的思想，有自己的体验，在教学时教师应当要关注到这些，选取合理的因素加以利用。本课教材先出示了身边大人在成长过程中遇到过的困苦和挫折，以及这些对他们的成长产生影响的案例，引导学生思考从中受到了什么启发，这样的教学安排容易让学生感到沉闷，很难激发他们参与课堂讨论的兴趣。于是，我把这部分教学内容放到课前去做，而应课堂上以心理游戏"蛋的进化"来导入，吸引学生迅速将注意力集中到课堂活动中来，自然就揭示了主题。在接下来的故事演讲环节，我又将教材中出示的美国著名电影演员的故事换成五邑名人冯如的故事《中国航空之父》，用《"坚强哥"跪行高考的故事》代替《爱迪生发明电灯的故事》，更贴近学生的生活，更具地域文化色彩，也更能激发学生的学习热情。在学生深入认识挫折，并懂得人生免不了要经历挫折时，再通过一个励志的视频《小鸭子爬楼梯》，引发学生思考：面对逆境，我们应该采取什么态度？给学生提供思考和解决问题的空间，让其在反思中进行自我教育。

（二）创设情景，逐步渗透

本节课的教学设计由导入到故事演讲，再到辩论、观看视频，最后到方法指导，均创设情景，逐步渗透。在教学"畅谈挫折，加深认识"环节时，如果先请个别学生说说自己的事例或者老师也参与其中，谈谈自己遇到的挫折，以及在失败中汲取的经验和教训，做一个示范，那么在下面的教学中有助于其他学生的发言，不至于个别学生不知道该怎么说。然后进行小组交流，完成表格，最后进行汇报讨论情况。按照这样的程序，我们的教学讨论才真正落到了实处，而不是一个空架子。并且在学生小组讨论时，教师也要到各小组倾听他们的发言，如果有出彩之处立即给予鼓励，那么学生的积极性就更高了，在汇报时，点出来并且让他发言，又可以给其他同学树立一个榜样，形成良好的学习环境。在我的实际教学中，我只充当了一个引导者，而没有成为一个参与者。教师应该具有引导者和参与者的双重身份。

（三）授人以渔，提升实效

"授人以鱼不如授之以渔。"这句话我经常挂在嘴边，但在课堂上往往是教着教着，忘了"授渔"的事，一门心思扑到"授鱼"上去了。本节课我非常重视"授渔"。在教给学生面对挫折的科学方法后，我马上创设情景，让学生运用掌握的方法对实际问题进行分析，学生自我要求、自我完善、自我进取的精神不断加强，体现了主题班会课的实践性与实效性。

▶▶ 我的教学主张 ▶

苏联教育家苏霍姆林斯基曾说："只有能够激发学生去进行自我教育的教育，才是真正的教育。"在班主任工作中，我们不难发现，很多时候我们告诉学生的道理，其实他们都知道，可就是做不到。为什么我们讲的道理他们不接受呢？因为我们的讲话属"告诉式"德育，学生缺乏情感体验和认知感悟，因此，很难将老师所教的内化为自身的道德需求，外化为良好的品德行为。因此，启发和培养学生主体的自我教育能力，使我们的教育得到学生的认同，并内化为学生自愿的行为、自觉的要求，是教育成功的关键。然而，如今在学校的德育工作中却存在许多误区，如形式主义、强制主义，甚至其他简单粗暴的教育方式，这样的教育并不能称之为真正的教育，因为它只是浮于表面，很难深入触及学生的心灵，不能激发其自觉地进行自我教育的愿望。所以，我的教学主张是：最好的教育，就是自我教育。并在教育教学活动中以实现受教育者能够自觉进行自我教育为目标，努力把教育活动转化为学生的自我教育。下面，以一个真实的教育案例来诠释我的教学主张。

"失踪"的悠悠球

我们学校一向强调零食、零钱、玩具不能进校。不久前，校园里风靡悠悠球，我们班小浩同学买了一个300多元的，并私自带回学校，在同学们面前炫耀。由于是最新版的，吸引了不少男孩的目光。谁知大课间过后放在抽屉的悠悠球就不翼而飞了。小浩哭丧着脸来找我,我了解了事情的经过。并猜到了十之八九是本班学生所为。如果现在搜书包、抽屉,应该是可以找到悠悠球的。但这侵犯了孩子隐私,而且让这个孩子暴露在众目睽睽之下,从教育的角度而言这并非明智的做法。我来到班级不动声色地扫视了教室三遍,发现小宇脸上露出了不自然的神色,但没有证据是决不能随意说出自己的怀疑的。我只是意味深长地看了他一眼说:"凡事我们要将心比心,假如是你心爱的新玩具给别人拿走了,你的心情会怎样?老师已经知道是谁做了这件事,我相信他只是一时贪玩,没经他人同意就拿走悠悠球,现在也非常后悔自己所犯的错误了。现在老师给他一次改过自新的机会,只要他放学后主动把悠悠球放在抽屉里就行了。"我反复强调只要承认错误,老师绝对保密,还是会像以前一样爱他。放学后,果然不出我所料,在小宇的抽屉里找到了"失踪"的溜溜球。后来,我悄悄找小宇谈话,先表扬他知错就改,然后才进行教育。一直到毕业,班上其他孩子也不知道是他拿了悠悠球,而小宇也没再犯过这种错误。

失窃事件向来是班主任工作中最棘手的,如果处理不当,可能会影响到孩子的一生。因此,能引导学生进行自我教育远比破案重要。当学生犯了错误后,班主任应抓住最有利的时机,用宽容和智慧唤醒孩子内心的道德良知,这样做,既维护了孩子的自尊心,又让他们意识到了自己行为上的错误,并激起了他们改正错误的主观能动性,从根本上解决问题。

我的育人故事

不忘初心,静待花开

苏霍姆林斯基曾感叹:"从我手里经过的学生成千上万,奇怪的是,留给我印象最深的并不是那些无可挑剔的模范生,而是别具特点、与众不同的孩子。"对此,我感同身受,因为正是这样一群孩子,让我在工作中学会了反思,不断成长,并逐渐凝练了自己的教学风格和教育主张。

(一)初次交锋

接手五(4)班之前,我对梁×鸿同学的"光辉事迹"早有耳闻。他叛逆捣蛋,欺负同学,沉迷电子游戏,夜不归宿……如此顽劣的学生,得给他个下马威,好好治治他才行,我心里打定了主意。新学期第一天,×鸿同学穿着一身奇装异服,顶着一个"锅盖头"就来了。哼!太嚣张了。我强压着心头的怒火,上完了开学第一课。"老师,×鸿趁我不注意,故意拉开凳子,我一屁股坐到了地上。""老师,×鸿突然把脚伸出过道,把我绊倒了。我的手都擦破皮了!"同学们接二连三地来告状。真是个无可救药的家伙!我火冒三丈,把他叫到办公室狠狠地批了一顿,并命令他下午必须把头发理好,换上校服才可以来上学。哪知一波未平一波又起。我下午刚回校，就有同学说放在抽屉里的20元被偷了，而×鸿是第一个回教室的。我早听闻他为了买游戏币曾有小偷小摸的行为，不用说，钱八成是他拿了。我气急败坏地来到教室，找到他后，不分青红皂白，又是一顿训斥。但事情的真相让我很意外，拿钱的另有其人。虽然事后我真诚地向他道歉，并得到了他的口头原谅。但事实证明，我的冲动与武断确实让他很受伤，他更不听我的管教了，还常和我唱反调。后悔之余，我陷入了深深的反思：在对×鸿的教育上，我除了先入为主地给他贴上差生的标签外，我有信任过他，关爱过他吗？没有！其实"坏"，只不过是某些孩子想引起大人注意的表现而已。阿德勒和戴克斯等心理学家认为：几乎所有的青少年都有想得到他人注意的欲望，许多青少年认为唯有得到他人注意才有归属感，即使得到的注意是负向的也比被忽视要好。教者父母心，我的初心哪去了？我应该给予×鸿信任与关爱才对啊！

（二）打翻的垃圾桶

一天，我去上课，看见教室后面的垃圾桶倒翻了，废纸撒了一地。我缓缓走到讲台边，问："垃圾桶是谁倒翻的？"同学们的目光不约而同地射向了平日最调皮的×鸿，其中有几个同学还喊出了他的名字。可×鸿却若无其事地喊："不是我！你们别乱说！"还恶狠狠地瞪着那几个喊他名字的同学。我什么都明白了。但如果我这时火冒三丈，声色俱厉地把他批评一顿，进而使用强制手段让他把垃圾捡起来，他一定会不服气，说不定还会激化师生间的矛盾。这一次，我决计以柔克刚。于是，我把目光向全班同学扫视一遍，示意大家停止争论，然后平静地说："垃圾桶是谁倒翻的并不重要，重要的是大家都要自觉地在班里做好事，自觉维护班级的荣誉，现在谁愿意把废纸捡起来呢？"话音刚落，同学们纷纷举起了小手，竟然也包括×鸿。我心里更清楚了，接着说："大家这么爱集体、关心班级，老师很感动，你们愿意做好事的精神真值得老师学习，可这么多同学举手，该让谁来做呢？"我故意摆出为难的样子，并看着×鸿同学。这时×鸿连忙站起来大声说："老师，让我去捡吧！"我微笑着对他点点头，说："好。"他马上跑到垃圾桶旁，利索地把废纸捡得干干净净。我用赞许的目光看着他，然后对大家说："×鸿同学真是好样的，为了班级的卫生不怕脏，不怕累，一个人把废纸捡干净，为班级做了好事，给大家做出了榜样，我们用掌声表扬他。今后，我们每个同学都要养成自觉讲卫生的好习惯。"顿时，教室里响了一阵热烈的掌声。但我分明看到了×鸿脸上的不自在。课后，我刚走到办公室，×鸿就走到我身边，低着头，不好意思地说："黄老师，垃圾桶是我倒翻的，刚才我不承认，是我的错。""我知道了，你刚才不是已经用自己的实际行动改正错误了吗？"我笑着说。此时的他像卸下千斤重担，他笑了，笑得那么开心。

对待调皮的学生，教育时对他们大声斥责、施加惩罚往往难以使其自省，甚至还会产生对立情绪，即使明知自己错了，也会由于严重的情感障碍而拒绝承认错误，从此一再重犯类似的错误，使错误固着下来而不易纠正。这时就需要我们老师调整心态，转换角度，巧妙地为他们创造改错的机会。著名教育家苏霍姆林斯基说得好，只有能够激发孩子进行自我教育的教育，才是真正的教育。

（三）班干部竞选

新学期，又该选新的班干部了。我按照往常的规矩提前一周让同学们做竞选的准备。

转眼到了星期五，看着一个个准备充分的同学上台竞选，我心中一阵窃喜。"还有哪位同学上台竞选？"主持人环视了一下教室问道。

"我，我来……"一个声音从教室后面传来，那声音很小很小。寻声望去，只见一只小手颤巍巍地举起来，看得出那是一只并不自信的手。"×鸿，你？你也要竞选吗？"主持人似乎不相信自己的眼睛。同学们的目光也一起聚焦在他的脸上。"嘻嘻，凭他？……"这时不知从哪个角落传出这样一个声音，紧接着，哈哈哈，许多同学都笑了起来。那颤抖的手垂了下去，×鸿的脸早已红到耳根，头也差不多低到抽屉里去了。主持人不知所措，把求助的目光投向了我。说真的，我也一时不知怎么应对这个意外。是呀，×鸿一直是班上同学投诉最多的"捣蛋鬼"，多少次本该由我们班获得的流动红旗都因为他违纪而擦肩而过……无论怎么讲，他是不够条件的，是难以服众的。可要是以这为由，当着这么多同学的面说他不够条件，不给他上台竞选的机会，他下得了台吗？会不会伤害他的自尊？这时，所有的同学都把目光投在我的脸上。但这一刻，我愿意相信他。

我微微地笑了一下，点了点头。他似乎一下子有了勇气，大步向讲台走去。只见他捧起稿子认真地念了起来："尊敬的老师，亲爱的同学们……五年来，我一直梦想当一名班干部，可我知道自己有很多缺点……请给我一个改过自新的机会吧，老师，同学们……"念完了，他低下了头。"老师，这稿子是我帮他写的。"学习委员婉仪站起来对我说。我吃惊了：为什么他要让别人帮自己写演讲稿呢？"他昨天说，他很想当劳动委员。以前因为多次乱扔垃圾令班级没能获得流动红旗，他想当劳动委员，带头搞好班级的清洁卫生，让班级每周都能评上文明中队。可是他怕自己因为演讲不好而竞选不上，所以就让我帮他写，这可全是他的心里话。"婉仪一口气道出了其中的原委。啊，没想到这个在我眼里"无可救药"，在同学们心中"作恶多端"的×鸿，竟也暗暗牵挂着集体，关心着班级的荣辱，更没想到他会恍然醒悟，愿意用实际行动"将功补过"。更庆幸的是，自己这次没有简单武断地妄下结论，而是给了他一个机会。

从"不是我"到"我来捡"，到"是我错"到"请给我一个改过自新的机会吧"，保护学生的自尊，努力使他们的自尊心转化成为一种自信心，让孩子用自己的行动教育自己，才能逐步引导他们向我们预期的积极方向发展。今天我很感谢×鸿，让我重新认识了我们的学生，也更坚定了自己"最好的教育，就是自我教育"这个教育理念。

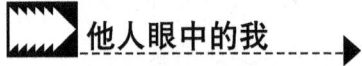他人眼中的我

（一）学生眼中的我

在我的心中，黄老师不仅是我们的老师，更是我们的朋友。她不像其他老师那样一天到晚板着脸大声训斥学生，她总是和蔼地跟每一个同学说话，就连最调皮的同学也愿意听黄老师的话。

[2014届六（3）班　吴家颖]

黄老师对我们的教育就像春雨般润物细无声。我至今仍清楚记得她在我的作业本上留下的一行行娟秀的字迹："孩子，书写潦草可不是个好习惯哟。""批改你的作文真是一种美的享受，书写工整，文笔流畅。"我就是这样在她的温馨提醒、温情鼓励下，一步步完善自我的。

[2016届学六（4）班　麦穗颖]

（二）家长眼中的我

黄老师谈吐得体自然，平时与我们说话总是面带微笑。每次家长会都会以活泼生动的形式启发我们怎样教育孩子，既轻松愉快，又发人深省。

[2016届六（4）班　麦穗颖爸爸]

黄老师工作认真、负责、细致，她不但在学校当好学生的引路人，还经常在班级微信群与我们分享科学的育儿经验，提醒我们要经常抽时间陪伴孩子，促进亲子关系。让我们意识到要想孩子天天向上，家长必须好好学习。我觉得她同时在带两个班，一个是孩子班，一个是家长班，真是太感谢她了。

[2018届六（5）班　方颖怡妈妈]

（三）同事眼中的我

黄老师知性温婉，平时很少听到她大声说话。在50多人的班讲课，她不用麦克风，也能娓娓道来。听她的课，你能感受到：温和的声音、温柔的目光、温暖的笑容，让人如沐春风。孩子们也听得入神。

（开平市长沙街道办事处澄江小学教师　张俏梅）

我经常去听黄老师的课，她的课堂教学非常质朴、自然。她能兼顾到不同层次的学生，鼓励孩子自由表达、个性表达、创意表达，关注学生的动态生成。注

重的是学生真情实感的体验，而没有迎合"观众"的作秀，很有借鉴价值。

（开平市长沙街道办事处澄江小学教师　劳惠琴）

（四）领导眼中的我

黄丽萍老师长期担任小学高年级班主任工作。她积极、务实、肯干，具有强烈的事业心和钻研精神，善于在丰富多彩的班队活动中培养学生良好的行为习惯。她虚心好学，积极参加各级教育科研活动，善于在工作中学习，在学习中总结反思，不断创新班级管理及育人方式，并取得了显著的效果，是一位成长迅速、业务能力强、学生喜爱、家长称赞的优秀班主任。

（开平市长沙街道办事处澄江小学副校长　卢施殷）

求简，求真，求深

● 江门市蓬江区教师发展中心　黄肖慧（小学数学）

● 个人简介

我叫黄尚慧，是一名小学数学教研员，数学副高级教师，从教19年，现任职于江门市蓬江区教学研究室。是广东省骨干教师，江门市名教师培养对象，蓬江区名教师，蓬江区课改先进个人，广东省小学数学专业委员会优秀工作者，江门市优秀教师，江门市优秀党员，江门市"一师一优课"先进个人，江门市蓬江区青年岗位能手。

根植江门三十三墟街，成长于蓬江河畔，水埗头、三桁瓦、青砖墙，是我梦里永恒的底色。蓬江河中，一叶扁舟，浮家来向江边住；过江舵轮，乘风破浪济沧海，一静一动之间，彰显着这座城市尚雅平和而又务实进取的独特文化韵味。岭南大儒陈白沙先生，江门新会人，明代杰出的哲学家、教育家、书法家，以"宗自然""贵自得"的思想体系，创立白沙"心学"，主张"学贵自得、学贵知疑"的教育理论，成为宋明理学史上一个承前启后、转变风气的关键人物。世代江门，烙上了鲜明的白沙印记，见证了江门人尚学仰贤的地域传统，涵养了江门人开放、包容、自信、进取的精神品格。浸润白沙文化，弘扬陈白沙先生的教学思想，我开展了"学为中心，提升素养"的课堂教学改革，以"小学生数学素养评价的实践研究""基于数学文化的课堂教学模式研究"等课题为切入口，打造数学素养特色课堂，逐渐形成了我的粤派教学风格——求简，求真，求深。

我先后主持多项省、市级课题，撰写的三十多篇教改成果、教学论文获得全国、省、市级奖励，其中十多篇发表在《广东教学》《数学教学通讯》《小学教学参考》《试题与研究》等专业教育期刊上，参与出版《新课程改革理念下的教学创新》，担任副主编，受聘于广东省作家协会《少男少女·教育管理》杂志，担任编委一职。倡导数学文化课堂，涵养数学素养，执教"认识角""小数的意义"等课例先后获得广东省、江门市优质课评比一等奖。精心指导区内十多位青年教师参加省、市级的小学数学优质课、说课比赛，均获得一等奖，我多次荣获优秀辅导奖。

我的教学风格

"求简，求真，求深"是我的教学风格，是我对数学核心素养课堂的思辨，也是对数学教育真谛的追求。我相信，它能使数学教育回归本真，让学生获取真知真能。为此，我愿意不断探索前行。

（一）求简

数学本身就是简约的。曾经的喧嚣与繁华已落幕，如今的我们呼唤更为朴实的课堂。

1. 用简洁的数学形式表达是科学的需要

历史上战国晚期的《学记》中提道："约而达，微而减。"可见，"由繁到简，由博到约"的教育思想自古就是教育的至理。布鲁纳的认知教学理论提出：任何学科的内容都可以用更为经济、富有活力的简约方法表达出来，从而使学习者易于掌握。拜读苏联教学论专家巴班斯基的教学过程最优化理论，更使我深深感受到"简约"作为一项重要原则，在指导教学设计、教学内容的选择、教学策略、教学评价的实施等方面的重要作用。学生拒绝数学，认为数学是枯燥的、无趣的，那是因为题海战术蒙蔽了学生的眼帘，使他们难以发现数学文化之美，同时，过多的、复杂的数学活动让数学成了"替罪羊"，同时也伤害了我们的学生。

数学的学习认知活动就是"抓住事物的本质属性，剔除事物的非本质属性的过程"；"求简"，就是把复杂的问题简单化，找到适合孩子亲近数学、学好数学的教学方式。

2. 脱繁入简是教学研究趋势

石中英教授的《教育哲学》，道出了人的存在与教育之间的关系："人的存在是有限的，不仅人的生命是有限的，而且由此导致了人的发展空间和发展能力也是有限的……这是任何一个有着反思能力的人所共有的感受。超越这种有限性，从而达到一种无限的境界，是人近乎本能的渴望。"这不正是当前教学现状的症结所在吗？当代数学教育中，在有限的学习时间内让学生获得尽可能多的知识,已然成为教师的职业基本功和终极追求。通过挤压其他活动时间、延长学习时间来换取学习成绩,使学生有着太多的"不能承受之重",从而产生厌学情绪,严重影响了教学的有效性;教学过度行为也导致教师身心疲惫,过早地出现职业倦怠。

"求简"教学,就是对这种教育做"减法",要留给学生更多可以支配的时间和空间,回归朴实课堂。选择简约科学的教学方式,成为数学教育的核心所在。

(二) 求真

传统纸笔测试不能完全反映学生真正的数学能力,可贵的数学高分下却隐含着照本宣科的学习方法,解决实际问题能力低下、创新意识不足是目前学生的普遍存在的症状。这种表面达成教学目标的学习,是伪学习。

真实的学习是怎样的?

1. 把学生看成真实的人

子思《中庸》曰:"天命之谓性,率性之谓道,修道之谓教。"教育要尊重人的天性。柏拉图也说过:"教育分成三个层次,第一个是激发,第二个是启蒙,最终为觉悟。""教"是为了更好地服务于"学",而不是教师表演,学生配合。陶行知进一步指出:"教"的法子要根据"学"的法子。与思哲相遇,让我顿悟:学生是真实完整的人,他们的成长应该得到尊重。

2. 在问题情境中促进学习的发生

心理学家皮亚杰认为,学习者必须积极从事真正的学习,学习变得真实,学生才能够将新知识与之前的理解联系起来。什么是真正的学习?建构主义认为,把现实世界带入课堂学习环境是促进学习的关键。可见,学习就是通过真实情况下的问题解决,使得学生形成人际关系能力,形成批判性思维,形成提出新问题的技能。

(三) 求深

2016年,由谷歌旗下公司团队开发的阿尔法狗围棋大胜围棋职业九段选手,其主要工作原理是"深度学习"。

文献资料显示,布卢姆早在1956年就提出"学习有深浅层次之分",将教学目标分为了解、理解、应用、分析、综合、评价六个由浅入深的层次。学习者的认知水平停留在知道或领会的层次则为浅层学习,涉及的是简单提取、机械记忆符号表征或浅层了解逻辑背景等低阶思维活动,而认知水平较高的深层理解、应用、分析、综合和评价则涉及的是理性思辨、创造性思维、问题解决等相对复杂的高阶思维活动,属于深层学习。1976年,美国学者马顿和萨尔约明确提出了表层学习和深层学习的概念。

对于人工智能带来的挑战，我们该赋予未来的数学课堂什么样的价值？我认为，"求深"课堂，是对数学知识观和学习观的重建。与人工智能的"深度学习"不同，学生不是像机器一样孤独地学习知识，而是应当在教师的引导下，进行循序渐进的互动学习和深层学习，追求思维方式改变、学习方式改变、价值观念改变，从而形成数学核心素养。

深度教学是当前数学教学改革的焦点，但是中小学课堂缺乏深度教学，却是不争的事实。探究以下三个问题，或许能帮助我们明晰"求深"课堂的内涵。

1. "求深"课堂教什么

首先，"求深"课堂基于知识结构化。布鲁纳认为："学习的实质就是理解学科的基本结构。"结构化知识，突破以掌握简单的知识和技能作为教学"效益"的局限，使基本概念、基本定理、基本法则等形成结构体系。有助于数学知识的理解和储存，有助于记忆的长久保持，有助于学生对知识的灵活提取应用，做到触类旁通、举一反三。

其次，"求深"课堂指向数学学科文化，包括数学的思想、方法、数学语言、思维方式、数学家的足迹、数学审美、数学产生发展的历史、数学的广泛应用、数学的理性精神和人文情怀等。

2. "求深"课堂怎么教

"求深"课堂创设合作探究活动的真实情境，以问题为导向，以渗透数学思想方法为目的，进行整体的教学设计，引导学生的反思活动的教学；以学生为中心，经历"思维碰撞的过程""暴露思维的过程""建构模型的过程"，促进学生行为参与、认知参与、情感参与，全身心参与学习。

3. "求深"课堂如何评价学习的深度

优化纸笔测试，增加数学思考、数学方法策略、学习情感价值观三个维度的测评。设计表现性评价任务，通过读数学、做数学、讲数学，评价学生对问题的理解水平，思维策略，态度、信心等。不仅评价学生"知道什么"，更要评价学生"能做什么"，"做到什么程度"，构成"教—学—评"一体化的有机系统。

我的成长历程

导师引路，务实创新

（一）为兴趣而教——在开放与包容中萌芽

我出生于木匠世家，爷爷和爸爸两代都是木匠。从懂事时起，每天看得最多的就是父辈坐在木工凳上，眯着一只眼睛，把手中的长木条端详了再端详，再放回木工凳上，用刨子在上面轻轻一推，薄薄的木花卷便瞬间绽放。木花卷的纹理细密流畅，无数的木花卷堆成了错落有致的小山，杉木的清香恬静而柔和，萦绕了我的童年时光。我没有继承父辈的工匠手艺，但传承了他们认真执着、一丝不苟、精益求精的工匠精神。兴许就是这种儿时的熏陶，支撑了我后来匠心筑梦的理想追求。

1999年，刚刚毕业的我满怀理想与憧憬，走进了朝气蓬勃的江门市农林小学。初为人师，我的课堂承包了新教师的"通病"：课堂组织不到位，学生表现涣散。这时候，我遇上了第一位伯乐——江门市梧岗小学原校长何志昂。受聘于农林小学当教学顾问的何校长，并没有指责我在课堂上的手足无措，而是通过言传身教，给予我的教学生涯中重要的启迪：兴趣是最好的老师！积极进取的我开始琢磨教学内容，从创设教学情境、提高授课艺术、营造严谨活泼的课堂氛围等角度，苦寻解决问题的良方。每次把研究所得用到课堂中，稍稍调动起学生的学习热情，便得到何校长的高度肯定；满怀成就感的我又乐呵呵地继续开展研究。就这样，在何校长的鼓励和指导下，我在入职的第一年连续承担了三次校级公开课，并送教下乡。我的数学课生动有趣，使得学生积极主动、学习兴趣浓厚，得到老师们的高度评价。现在想来，那时的我何尝不是一位"学生"，在农林小学这片开放与包容的沃土中，一次次地体验成功的喜悦，"兴趣"在正向激励中被一次次强化，成了最好的"老师"。为兴趣而教，真好！

在农林小学，我遇到的第二位伯乐是任惠贤校长。任校长是江门市"三八"红旗手、江门市十大杰出青年，凭借着对教育的执着与追求，把农林小学由一所新校办成省一级学校，办学能力有口皆碑。她鼓励年轻教师多上公开课，利用"公开"这面镜子，不断修正自己。2001年，我执教的"认识时钟"，参加江门市小学数学优质课评比活动，获得二等奖。对于一位入职两年的新教师来说，算是不错的成绩，但我却陷入了困惑。虽然为了突破教学难点、激发学习兴趣，我在创设教学情境、组织教学形式、多媒体课件制作上花了不少精力，但是学生的反应和学习效果却没有达到预期，这是为什么呢？任校长的话为我拨开了云雾：问题反映在学生身上，根源在老师身上。仅关注学生的兴趣点是不够的，吃透教材才能上好每一节课。不服输的我开始努力寻求解决方法，听课、反思、阅读，从不同学科的优秀老师身上吸取实战经验，从专业报刊书籍中了解数学知识结构、领悟数学思想方法。

从最初的手足无措到学习反思后的豁然开朗，我尝到了专业成长的甜头，课也是越上越精彩，受到了学生欢迎，以及教研室与学校领导、老师们的一致好评。

（二）为分数而教——在教与学的博弈中摸索

2003年，乘着课改的东风，我成为新世纪版教材的第一批课改实验教师，有幸经历了1～6年级的大循环教学。与新课程共同成长的六年里，通过对新课程标准和教学理念的学习，我对小学数学教育有了新的认识。一次校内的学生口算竞赛，更是触发了我对传统课堂的审视：在 10 分钟内准确算出尽可能多的计算题，这种技能的习得有多少价值？在"数学"＝"算术"的思想驱动下，数学教学过多注重技能技巧的讲解，孩子们被训练成"解题机器"，这是我们想要的课堂吗？"为分数而教"还是"以学定教"，数学教学的定位在哪里？

时任农林小学校长丁必聪老师，是广东省劳动模范、广东省名校长工作室主持人、江门市名教师。无论工作有多忙，丁校长总是带头上课，探索不止，笔耕不息。在一次作文教学的专题讲座上，丁校长用最朴实的语言给予了我最富能量的前进动力：用敬业的心做专业的事，以学定教，既要务实，也要创新。笃定了前进的方向，我开始全身心投入到教学改革。多次承担省、市、区级课改研讨课，在实践中理解教材、在理解中探索教法和学法、在探索中创造体验。

2003 年，在广东省小学数学课程改革研讨会上，我执教的"分类——整理书包"，获得时任广东省小学数学教研员曾令鹏老师的高度评价。2004 年，在全区小学数学课程改革成果展示会上执教"确定位置"，教学方法"简朴而灵活"，教学手段"实用而多样"，《江门日报》对此次课改展示会做了专题报道。崭露头角之后，我陆续获得了参加各种赛课的机会。2005 年，从区赛到市赛层层选拔，拔得头筹，我的课例"认识角"代表江门市参加全省的小学数学优质课比武，以优异的成绩获得比赛一等奖。这一路上，有赖于成长路上的恩师，蓬江区小学数学教研员冯秀益主任的辛勤指导，使得我的教学思路由关注教学形式逐渐转向形式与内容的相结合，由关注知识传授逐渐向获取知识与发现真理相结合，课堂在激发探索欲望、鼓励学生质疑反思、开辟创造性思路等方面取得突破，"学为中心"理念得到升华。

实践之余，我更勤于反思，用文字记录自己的实践，将积淀的思考变成铅字，先后刊登公开发表，《让反思成为习惯》《实施应用题个性化教学的探索》多篇文章记录了关注课改热点问题的足迹。我还被推选为江门市蓬江区青年岗位能手、江门市优秀教师、江门市优秀党员。2007 年 7 月，应邀接受《职业女性魅力风》专栏的采访，将我的教学事迹刊登于《江门日报》。

（三）为志趣而教——在思辨中建构简约课堂

2009 年 9 月，我调入蓬江区教学研究室，担任小学数学教研员。在深入一线听课研讨的过程中，我发现区域内小学数学课堂大面积存在轻过程、重结论，轻参与、重讲授的现状，教学目标依然是培养"聪明"的孩子，而不是"智慧"的孩子。我期待自己的工作能改变教师的教学行为，从"学"的视角重构简约课堂，使数学教育回归本真，使课堂变得简洁、流畅、优质，最终实现学生数学素养的提升。2010 年至今，我主持及参与 5 项省、市级课题，通过课题研究，发掘教学实践智慧，引领教师成长。冯秀益主任给予了我充分的信任，外出学习、承担讲座、上研讨课，在任务驱动下，我不断学习、反思、总结。

学习研究的过程，是对数学课堂获得更清晰认识的过程。学生是什么？学生是成长之中的人，是帮助教师提高教学能力与教学水平的人，是必定超过教师并推动社会发展的人。课堂，是控制了学生，还是解放了学生？根据课程标准和学情，教师能否不再追求教学结构的完整，不再墨守预设，而是在开放的教学过程中，让学生真正参与学习、深度学习？乘借江门市"白沙文化"打造"岭南儒城""白沙文化"进校园的东风，以陈白沙先生"学贵自得、学贵知疑"的教育理论为引领，我在区域内推进"学为中心，提升素养"的简约课堂。倡导问题驱动，让学生独立思考，提出见解；教师引导探寻数学现象背后的本质，领悟数学思想与方法、积累数学活动经验，形成良好数学素养。

2013年，我执教"小数的意义"一课，荣获江门市中小学精品课评选活动一等奖；2018年，我应邀在江门市名师大讲堂上做课，执教"认识负数"并做专题讲座"关注数学文化，提升数学素养"，受到全体听课领导与老师的高度赞誉，让充满"文化"气息的数学课堂在江门五邑地区传播开去；近年，多次受邀参加广东省教育研究院主办的小学数学教学研讨会，在大会上做主题发言，作专家点评；我还先后被评为广东省小学数学专业委员会优秀工作者，江门市"一师一优课"先进个人，蓬江区课改带头人。

今天回顾，课改十多年来，坚持不懈地聚焦课堂研究课堂，大概是童年经历留下的烙印使然；受"白沙文化"内涵的熏陶，也有意无意成就了我对"求简，求真，求深"教学风格的追求。

 **我的教学实录**

宏观把握知识脉络，揭示知识核心价值
——人教版五年级数学上册《确定位置》教学实录

【教学内容】人教版五年级数学上册第19～20页。

【教学目标】

知识技能：结合具体情境认识数对，并能在方格图上用数对表示位置，知道数对与方格纸上点的对应。

数学思考：经历确定位置的探索过程，由具体座位图抽象成用行、列表示的平面图的过程，渗透坐标的思想，发展空间观念。

问题解决：在丰富的现实背景中，获得提出问题和解决问题的感性经验，体验使用数对的必要性和简洁性，增强用数学的眼光观察世界的意识。

情感态度：感受数学知识的价值和数学文化的魅力。

【教材分析】本课属于小学阶段空间与图形领域中"位置与方向"的教学范畴，处于义务教育的第二学段，教学目标是把物体抽象成点，将点转化成数对，建立点与数对的关系。在第三学段，将学习用代数式表示点与点之间的关系。因此，本课既是第一学段用上下、前后、左右等描述物体相对位置的拓展，又是第三学段学习平面直角坐标系的基础，本节课在整个知识体系中起着承上启下的作用。本课中，对于数对的作用，如果学生的体会仅仅停留在为了表示生活中物体的位置，是远远不够的；但是在小学里不可能也不必要说清楚建立坐标系的意义。如何让学生建立数对与点的关系，感知数对产生的价值？是笔者在课前思考的焦点。

【学情分析】 学生在低年级认识了上、下、前、后、左、右、里、外；在中年级学习了东、南、西、北和东南、东北、西南、西北八个方向描述物体的位置；队列中的物体位置用"第几排第几个"来表示，学生也积累了一定的生活经验，但是表达意识不强，思考不够全面。要精准表达物体的位置，表示物体的动态和运动中的位置，是将生活经验上升为数学表达，是思维方式上质的飞跃。因此，充分利用信息技术手段，启发学生观察、分析、思考、交流，多感观参与学习活动，是突破重难点的关键。

【教学重点】 掌握用数对确定位置的方法。

【教学难点】 在方格图上用数对确定点的位置。

【教学课时】 1课时。

【教学过程】

(一) 捕捉生活现象，感悟数对

1. 谈话引入

师：老师想认识咱们班的班长，谁来说说他所在的位置？

生1：班长坐在朱小林的左边。

生2：班长坐在讲台的东南方。

师：这样表述，第一位置不明，某人的左边、前方、东南方可不止一个人；第二，要想找班长，得先找某人的位置，不方便。

师：这是教室的座位分布情况（课件），你能用第几组、第几个来描述班长的位置吗？

生：第4组第2个。

师：如果只告诉老师，班长在第4组或只说第2个，结果会怎样？

小结：要准确找到位置必须说清楚是第几组第几个，从而引出课题"确定位置"。

【教学风格看点】 简约课堂，就是在有限的教学时间内，对教学内容、教学目标、组织方式、教学手段等要素做到效益最大化。通过生活情境制造认知冲突，开门见山，抛出问题，学生的学习状态马上调动起来；通过追问，让学生感受：确定位置时，一维数据是不够的，确定位置需要从二维角度出发，这也是数对由两个数组成的来源。

2. 探究新知

（1）写一写。

师：老师想认识所有同学，你能用"第几组第几个"的方式写出自己的位置吗？

教师适时用教学助手平台共享几组有代表性的位置，并引导学生归纳出：确定第几列一般从左往右数，确定第几行一般从前往后数。

（2）试一试。

师：老师刚刚板书了几个同学的位置，感觉又累又费时。"第几组第几个"或"第几列第几行"的方式都有些啰唆，有没有简洁快捷的记录方式呢？

学生以小组为单位展开研究，并直接写在平板上，教师及时在大屏幕共享各小组的方法。

预设学生的方法：

①5列 3行　②5A3B　③5/3　④5，3

（3）评一评。

师：这些方法似乎都挺简洁，到底该选哪一种呢？

生1：第①种还不够简洁。

生2：②的字母表达的意思不明。

生3：第③种够简洁，疑似跟分数混淆。

生4：第④种简洁，没有与其他符号冲突。

师：同学们认为哪种最好？

生：第④种最好。

（4）理解数对。

师：以（5，3）为例，知道数对的读法和写法吗？

师：5表示的是什么？那3呢？

生：5表示第5列，3表示第3行。

【教学风格看点】 教育的本质，就是正确的赏识、尊重、放手、反思、引导。问题驱动的教学策略，让学生围绕"有没有简洁快捷的记录方式"寻求解决方案。写一写、试一试、评一评、说一说等多维度的活动，让学生充分感知数对产生的必要性及其简洁性，感受数学的美。"求真"就是引导学生发现真理，培养发现真理的能力，而不是向学生"奉送真理"。

（二）运用立体整合，体验数对

1. 在制表中体验数对

（1）座位图抽象为方格图（见图1）。

师：仔细观察，每位同学处于方格图中的什么位置？

生：在横线和竖线的交点上。

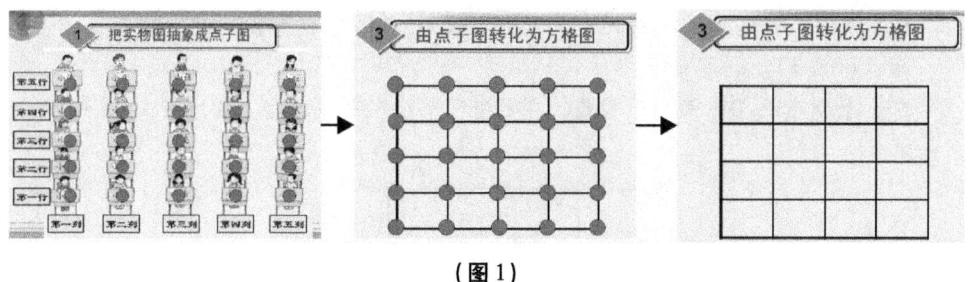

(图1)

（2）同桌合作，制作座位表。

师：以同桌为单位，学生利用平板电脑，在方格上用数对表示位置。（见图2）

① 哪一个格点是第1列第1行？把它标为A，用数对标出位置。

② 给A所在这一行的其他格点标上数对。

③ 给A所在这一列的其他格点标上数对。

④ 一共有几列，有几行？

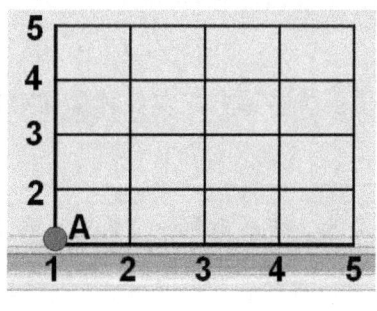

(图2)

（3）汇报总结，抽象提升。

师：现在，表格制好啦，大家知道数对的次序是怎样定吗？

生：（列数，行数）。

师：看看鼠标停留在谁的位置上？谁就站起来，其他同学在平板上标出数对。

生1：我的位置是（6，4）。

生2：我的位置是（4，6）。

生3：我的位置是（3，3）。

师：（3，3）是个特殊的数对，和它相似的数对还有吗？请在平板电脑上画出来。

师：如果鼠标停留在讲台的位置上，你能用数对表示吗？

（课件和平板电脑同步演示：方格图动态生成横轴和纵轴上的0坐标）

生：(0，3)。

师：数对(0，0)表示的位置，在哪里呢？请在平板电脑上画出来。（见图3）

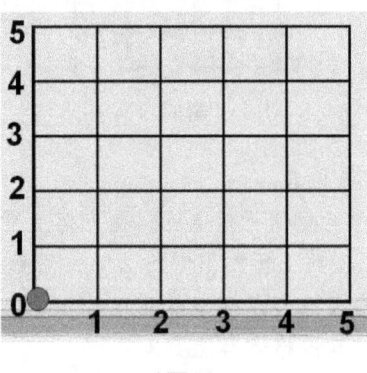

（图3）

2. 在活动中内化数对

（1）横坐标上的点。

师：请同学们看大屏幕，方格图中点A的位置（如图2），你能用一个数对表示吗？

生：(4，5)。

师：这个点向右平移2格，你还能用一个数对来表示吗？

生：(6，5)。

师：再往右平移呢？

生1：(7，5)。

生2：(8，5)。

生3：(9，5)。

师：还可以往右平移多少格？（无数格）

师：仔细观察，这些点都有什么共同的特点？

生1：都在同一直线上。

生2：都在第5行，所以数对第二个数都是5，列数不一样，数对的第一个数不相同。

师：如果要用一个数对表示这条直线上任意的一个点，你有办法吗？

生1：(a，5)

生2：(m，5)

生3：(x，5)

师：说得真好！我们就用(x，5)来表示。

(2) 纵坐标上的数

师：现在有一个 B 点 (5，y)，能猜出它的位置在哪里吗？请在平板电脑上把它画出来。

学生操作平板，反馈。

生1：第一个数是5，这个点在第5列，B 是第5列中的一点。

生2：B 是第5列中的任意一点。

师：如果把符合条件的这些点连起来，会是什么样子？请在平板电脑上画出来。

生：形成一条竖直线。

师：还能在方格图中找到具备这种特征的点？用数对表示它们的位置。

生1：(0，y)、(1，y)、(2，y)、(3，y)……

师：是的，我们可以找到无数条这样的竖直线，它们都是点的组合。

(3) 课间小游戏

请位置为 (x，6) 的同学站起来。（第6行）

请位置为 (2，y) 的同学站起来。（第2列）

请位置为 (x，y) 的同学站起来。（全体同学）

【教学风格看点】"求深"主张主动的、探究式的、有意义的学习，注重从实际背景中抽象出数学模型，探索其规律变化的过程。本环节分为两个层次，第一个层次以制作座位表为载体，让学生经历实物图—方格图的"数学化"过程。由形象思维向抽象思维的转化是小学生学习过程中的难点。为了突破这一难点，笔者充分利用信息技术的动态优势，把由实物图抽象成方格图的演变过程细化为以下三个动画：①由实物图抽象成点子图；②由点子图转化为方格图；③在方格图上用"数对"确定点的位置。第二个层次以观察、想象、操作活动为主线，配合平板电脑的使用，形象地建立点与数对的关系，深刻挖掘平面坐标系第一象限中点的特征及规律，渗透数形结合的重要数学思想，领会有序数对的数学本质。

(三) 搭建实践平台，应用数对

1. 实践回归："动物园里的场馆"

让学生完成教材第20页的例2，集体反馈。

2. 思维拓展："给数对找邻居"（如图4）

学生根据要求在平板电脑上找到 A 点的邻居

(1) 与点 A (5，4) 同一列，距离 A 点2格的邻居

(2) 与点 A (5，4) 同一行，距离 A 点5格的邻居

师：说一说，你是怎么想的？

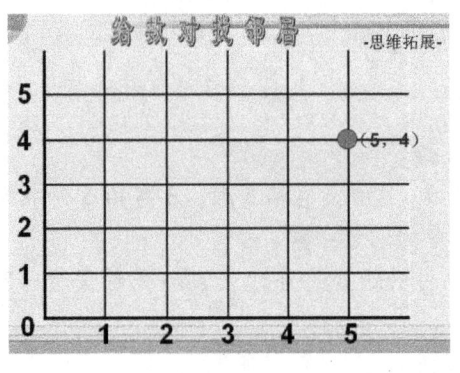

（图4）

【教学风格看点】"求真"教学注重激发探索欲望，开辟创造性思路，找邻居活动不仅进一步加深了学生对数对含义的理解，同时拓展了学生的发散性思维，通过平移找到同行或同列上点与点之间的位置关系，点与数对的一一对应关系，也渗透了绝对值的应用及平面坐标系无限延伸的特点。

3. **课外延伸："生活中的数对"**

课件视频介绍：地球仪的经纬线，电影院的座位是用数对的方法标记的；举世闻名的兵马俑，它的排列是用数对的方法加以区别的；国际象棋的比赛是用数对进行记录的。还有我们熟悉的围棋、中国象棋也和数对有着密切的联系。

【教学风格看点】浓缩的海量信息，制作成精华视频，在有效时间内实现教学效果的最大化，是简约课堂的突出表现。声色并茂的视频，把数对的知识由课堂延伸到课外，向学生展现精彩的知识殿堂。通过大量实例的介绍，不仅拓展了学生的视野，也让学生深切地感受到数学知识的应用价值。

（四）创设趣味游戏，活用数对

"棋逢敌手"游戏规则：学生分为红方和黑方两队，出示这样的一个棋局（如图5），并规定，无论哪一方先下子，都要用数对记录棋子先后的位置。例如：黑方炮2平5，用数对记录为从（2，3）到（5，3）；接着，红方马2进3，用数对记录为从（2，1）到（3，3）。

【教学风格看点】"求真"教学注重"留白"。学习是一种个性化行为，在课堂中创设一个有利于张扬学生个性的"场所"，留出时间和空间，让学生的主动性和创造性得

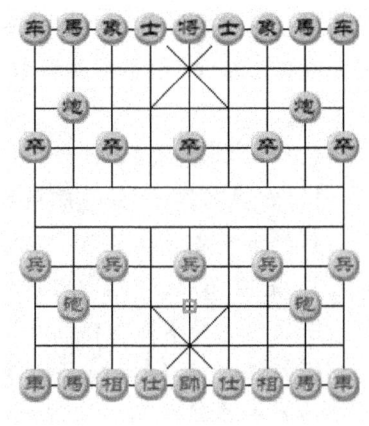

（图5）

到尽情释放,这就是"留白"的良方。活泼有趣,富有开放性和人文性的游戏设计,既让学生自觉运用了数对的知识,又潜移默化地体会到中华文化的博大精深。

(五) 全课总结

师:明代著名的教育家、哲学家陈白沙先生曾说:学贵自得,学贵知疑。同学们今天的学习表现正如陈白沙先生所说,带着问题,独立思考,自主探究,收获不少!请回忆,这节课你是怎么学习的,学到了什么?跟同学分享一下。

【教学风格看点】陈白沙先生的"心学"对江门五邑地区产生世代影响,他主张"静"中有思,"静"中有悟,与当前数学课改提倡的独立思考、自主探究是不谋而合的,"学贵自得,学贵知疑"是精髓所在。适时渗透陈老先生的儒学思想,既是对学习过程的回顾,也是对学习策略的整理,对学生反思能力、自学能力的习得都大有裨益。

【课后反思】

1. **宏观把握知识脉络,"简约"而不简单**

本节课内容看似简单却蕴藏着更为丰富、饱满的数学价值,引入数对就是要认识平面坐标系,而平面坐标系的根本作用在于表示函数图像。笔者用"望远镜"对本节课的内容进行宏观把握,纵向联系了三个学段的知识脉络,做到了三个注重:一是注重信息技术的有效应用,化不见为可见,化静态为动态,为抽象为具体,从而激发探究欲望,启发数学思维;二是注重从学生已有的生活经验出发,在情境中发现问题、归纳问题从而建立数学模型;三是注重数形结合,通过形式多样的活动搭建数对与平面坐标图中点的一一对应关系,使抽象的知识变得直观而富含思维逻辑。

2. **教学资源和谐融合,多边互动促发展**

信息技术与教学深度融合,带来的是信息共享与交流的灵活性和跨时空性。本课充分使用了教学助手平台,为教学提供多元交流的活动平台。师生互动、生生互动,促进学生的主动参与,突出个性发展,拓宽思维的广度,让智慧的火花随时绽放。在此过程中,渗透了坐标思想,激发学生的思考向纵深发展,学生对于用数对确定位置的理解也水到渠成。

3. **揭示核心知识价值,让"深度"课堂立起来**

数对的作用,远不在于为表示生活中物体的位置,"如何让学生建立数对与点的关系,感知数对产生的价值?"是笔者课前的思考,也是本课意图挖掘的知识价值所在。带着"简约,求真,求深"的数学执着,我在课前开展了大量的资料查阅。实践证明,这一核心价值的揭示,是本课成功的关键之处。

坐标方法要及早渗透,在本课实施时机正好。方格图是平面直角坐标系的雏形,从实物图到点阵再到方格图,学生的思维经历两次抽象过程,实现了学生思维的飞跃和知识的升华。本课对方格图的运用进行开采深挖，精心设计了内化数对活动，在二维空间里架起了具体与抽象之间的桥梁，"数形结合"思想的渗透落地生根。

我的教学主张

"学为中心，提升素养"是我的教学主张。

（一）坚定价值取向，让学生做学习的主人

"学为中心"是一种指导教学实践的教学理念与价值取向，是对"简约"教学风格的理论支持。好的学习，不是因为教师找到了多么新奇的教学方法，而是给学生提供了更多更好的机会去参与学习。"学为中心"的课堂，教学设计要做到简于形、精于神，将课堂时间和空间腾出来。"学为中心"的课堂，让学走在教之前，让学生自主表达，让课堂成为展示学习、交流学习、深化学生学习的真正的学堂。"学为中心"的课堂，并不拒绝"教"，而是教学设计做减法，学生活动做加法，教师通过更高水平的教来促进教学。

（二）凸显数学本质，让素养做课堂的主旋律

凸显数学本质，提升数学素养，是对"求真、求深"教学风格的最佳诠释。

陶行知先生认为，在做中教乃是真教，在做中学乃是真学，"教学做合一"的思想就是强调学生需在实践中去追求真理。所以，我主张数学课堂一方面要通过综合实践活动、研究性学习、实验探究等多种平台让学生去体验、探索和追求数学真理，引导学生从结构的角度学习数学，着眼于知识之间的联系和规律，享受探究数学本质的乐趣；另一方面要"留白"，激发探索欲望、鼓励学生质疑反思、开辟创造性思路，让学生的数学素养得以发展。

我的育人故事

让思维多飞一会儿

从教多年，在课堂中遇见了不少"意外"，这些"意外"使得课堂教学一波三折。其结果究竟是柳暗花明还是荒野迷踪，往往取决于我们的价值追求。

在一节"亿以内的口算加减法"的新授课上，我向学生提出了问题："$540-370$等于多少，你是怎么计算的？"一会儿，学生纷纷举手，说出了多种多样的计算方法：

1. $540-300=240$，$240-70=170$。
2. $540-400+30=170$。
3. $140-70=70$，$400-300=100$，$70+100=170$。
4. $540-340=200$，$200-30=170$。

5. 54 个 10 减 37 个 10 得 17 个 10，也就是 170。

交流反馈进行得非常顺利，学生的回答完全在我的预计之中。正当我准备鸣金收兵时，平时很少发言的张果果举起了怯懦的小手。我有点不耐烦，主流的算法已经全部呈现，优化算法也统一了，她还有新点子？为了不挫伤学习积极性，还是请了她回答。张果果说："老师，我认为还可以这样算：500 - 300 = 200，70 - 40 = 30，200 - 30 = 170。"果果同学真是一鸣惊人，教室里先是沉默了一阵子，接着全班都炸开了锅，孩子们开始议论纷纷。这种算法似乎说不通，可是结果正确，该怎么解释呢？草率结束恐怕是不行了。既然问题已经提出来了，就趁热打铁吧！让思维多飞一会，说不定是一次难得的教育契机。于是我改变了原来的授课计划。

经过小组交流后，同学们展开了一番唇枪舌剑：

小丁："我不同意果果的说法！虽然计算结果碰巧相同，但是小张用 70 - 40 是不正确的。因为 40 是被减数里的一部分，70 是减数里的一部分，'减数 - 被减数'是不对的！"

兰靖："我认为小张的想法没错。因为 540 - 370，如果十位上够减，那么百位上 5 个百减去 3 个百就剩下 2 个百，但是从 70 - 40 = 30 可以知道，十位上再多 3 个十才刚好够减，所以要从 2 个百里减去 3 个十，即 200 - 30 = 170，所以 540 - 370 = 170。"

小方："我也认为是对的。如果被减数再多 30，十位上就刚好够减。那么把 540 看作 570，用 570 减去 370 后再把多算的 30 减掉，就是 170。"

罗莉："对！用'70 - 40'只是为了算出被减数和减数十位上的相差数。"

吴刚："我刚才用这种方法试做了 5 道题，结果都正确。小张的想法是对的！"

王平："老师，我发现这种算法有时候行不通。我刚才做 690 - 350，'50 - 90'没法计算。"

吴刚："当十位上不够减的时候，这个方法就合用。"

小东："这个方法只有在退位减法中才适用。"

....

就这样，孩子们在多维的思维碰撞中，总结出了一条退位减法中适用的计算规律。不是教材给的，不是老师教的，而是大伙齐心协力追求真理的智慧结晶。下课了，孩子们意犹未尽，课虽完而思考未了，几个小分队还在埋头举例子，试图进一步验证结论的合理性和适用性，张果果便是其中特别活跃的一位。

这次"意外"给了我重要的启示。

（一）关注学生的发散性思维

"水尝无华，相荡而成涟漪。"面对学生的各种"意外"表现，为师者常常会担心学生说不好，尤其担心后进生的回答影响了课堂预设的紧凑性。但是，在知识爆炸的时代，孩子们所吸收到的信息和知识已经远超出我们的想象，他们的脑袋越来越灵活，想法越来越新颖，其创造性的思路，精彩的回答，不就是督促为师者不断提高自身素质、在业务上精益求精的强大源动力吗？让思维多飞一会，保护学生思维闪烁的灵光，是教师机智特质的体现。

（二）善待学生的异想天开

张果果提出的方法虽然有凑数之嫌，但也不失研究价值。善待学生的异想天开，提供平等交流、表达的机会，学生也会还我们一个灵动多姿的课堂。庆幸自己没有采取草率的态度，简单地终止学生回答。我的当机立断，保护了一群孩子数学思维的创新萌芽，也领略了众人拾柴火焰高的强大力量。与其说我是教师，倒不如说是学生教育了我。

我们给孩子什么样的教育，正是孩子给予明天世界的。

他人眼中的我

（一）学生眼中的我

黄老师是我小学阶段最爱的老师。她上课幽默风趣，妙语连珠，总有某个兴奋点让大家爆笑。在她的课上，同学们都争着回答问题，大伙儿说得兴致勃勃，黄老师就在一旁静静地听着，眼里都是笑；偶尔在中间插两句，气氛就更热烈了。

那些问题我答不上，那时的我是个公认的调皮王，上课捣蛋，课后不爱做作业。我也不明白为什么坐不住，可是黄老师似乎总能猜透。每当我想跟同桌聊聊动画片的时候，黄老师的眼光就追过来了，提醒我不要打扰同学；又或者让我做个小助手，于是我就忘记了动画片。

其实我也想做作业，但是不会做。黄老师几乎每天都给我面改，只要我做对一道题，她就表扬；如果没有对的，她就挑几道题讲解，第二天再考考我，如果做对了，就在班上表扬我，同学们可羡慕了！

回想起来，成为黄老师的学生是我童年时光珍贵的记忆。

（学生　卢峻青）

（二）同行眼中的我

黄老师是位乐观、有情趣的人。她注重培养学习、研究、反思、创新精神，对教学保持敏锐的触角，在实践中不断超越自我。她善于吸取他人的先进经验，形成自己的教学系统和方法策略，彰显自己的教学风格；不但"能说会道"，还能"妙笔生花"。

黄老师的课简约而不简单。主线清晰，抓住关键问题。黄老师的课是真实的，总能使学生产生锲而不舍的学习愿望，不知不觉进入思考当中。学生遇到问题的时候，她及时介入，声情并茂地帮上一把。黄老师的课是有深度的，她能适时变换提问的角度，选择最佳入口处，激发学生表达思维，挖掘出知识背后隐藏的数学思想和策略方法。使学生不仅知道"是什么"，还理解"为什么"，而且掌握了自主学习的方法。

（江门市发展小学副校长、广东省南粤优秀教师　李蔚媛）

今天听了肖慧老师的"认识负数"，启发良多。每次听她的课，都有新的发现。不仅有丰富的知识、智力的成长、智慧的增长，还有情感的熏陶，人格的完善，让人体验到精神上的幸福。她的成长，是与学生在一起的。对黄老师而言，"学为中心，提升素养"的课堂不是一句口号，她是脚踏实地的践行者。

此课有两大亮点：

一是用关键问题释放空间。肖慧老师选择板块化的方式，借助两个关键问题，整体架构课堂学习，激发学生的思维活力。问题1："关于负数，你已经知道些什么？"唤醒与激活学习经验，问题2："你能用自己喜欢的方式，解释这3个 -3 吗？"引导学生从现实感受上升为数学理解，并进行多元数学表征，是学生自我建构负数意义的主要载体。

二是坚守"学为中心"。从肖慧老师的课上，我读出了一种朴素的数学教学观，即数学教学应该是基于学生已有经验的一种"自然建构"，学生能够自我建构的，教师尽量不做过早干预与介入。

本课呈现多元、开放、务实、创新的品质，正是肖慧老师本身"求简，求真，求深"教学风格的综合体现。

（江门市教育研究院小学数学教研员、广东省特级教师、广东省名师工作室主持人　丁玉华）

遇见"简""真"终现"深"

"求简　求真　求深"的教学风格是肖慧老师的数学教育追求，我在想，能形成这样的教学风格，与其数学观，应该是正相关的。认为数学是一堆知识，是一个固定的体系，认识数学就是去掌握这一堆知识的集合体，这是静态的数学观。而肖慧老师对数学的阐述是：数学在发展——脱繁入简，呼唤简约教学的回归；数学会形成——真实完整，让数学学习真实发生；数学要理解——深度学习，基于经验的迁移加工；数学可运用——真实情境，问题驱动的合作学习。这是对动态数学观的理解和阐述。在这样的动态数学观之下，认识数学就意味着可以经过简约、朴实的课堂教学方式，经历问题提出（猜测）、合作（探究）、论证（争辩）、修正（归纳）等活动过程。

在黄老师的课堂里，我们看到了理念、看到了方法，更为可贵的是，我们看到了数学观。如果作为教学工作者的我们，能够进一步认识到数学观的重要性，并在实践中不断努力，让学生遇见"简""真"终现"深"，便是教育最大的价值。

（广东省韶关市浈江区教师发展中心小学数学教研员、广东省特级教师　邓莹源）

追求适合儿童情智趣的数学课堂

● 江门市江海区礼乐街道小学　黄雪珍（小学数学）

● 个人简介

我叫黄雪珍，是一名小学数学高级教师，本科学历，现进修华南师范大学在职研究生公共管理专业。我20年如一日坚守毕业班六年级的教育教学岗位；我带着对教育的梦想及心存着感恩与敬畏之心争取做"四有"好教师；是江门市兼职教研员、江海区的兼职教研员，是江海区名教师、江门市的学科带头人、江门市首批"名师、名医、名家"；也是广东省南粤优秀教师。

我"自喻"自己是：一个怡然自得的"耕读者"，一个争做"干得好、讲得好、写得好"的"三好老师"，一个执着地行走在小学数学教育教学研究领域的"小丫头"，一个坚持把"提升教师专业发展"视为自己幸福人生指标的"排头兵"，一个愿意把自己的智慧与能量奉献给小学数学教育事业的"小宇宙"。

我在教研教学中勇当先锋，在2015年到礼贤小学交流，2016年到礼乐武动小学交流，2018年到景贤小学交流，曾被国家课题组评为优秀实验教师；出版专著2部，分别是《聚焦"数学建模"核心素养课堂的方法与策略》和《好玩小学数学情智作业》；拥有发明专利——"新型的小学用具量角器"；在广东教育学会论文会上宣读论文3次。

我带着对教育的敬畏之心，不忘初心，砥砺前行，做一名幸福的"耕读"者。明代，江门有个大思想家陈白沙，为了教导学生重视学习与生产劳动相结合，写了一首歌谣曰："二五八，江门圩，既买锄头又买书。田可耕兮书可读，半为农者半为儒。"这首歌谣体现了当时的耕读文化。"且耕且读，以研究者的角色登讲台，用课堂行走诠释自己的思想和理想。"在教学实践中，我逐步形成我的粤派教学风格——"追求适合儿童的情智趣数学课堂"。

▶ 我的教学风格 ▶

"情智趣"是我的教学风格，是我对数学核心素养精髓的领会，是我对数学课堂真谛的追求，注重提升自身数学素养，关注数学内容、数学教学理论、数学教学实践与数学核心素养的有机结合，不断探索，不断积累，让我们的课堂真正有效地给学生提供能够脱颖而出努力着。

（一）"情智趣"交融，和谐共生，灵动知识的智慧

所谓"情智"中的"情"指情商——情绪、情感等心理状态。"智"既指智商——观察、记忆、想象、分析判断、思维、应变能力以及运用知识解决实际问题的能力；又指智慧——分析判断、发明创造、解决问题的能力。"趣"是指有趣、有疑、有乐、有情、有劲地进入新课的学习。

在导入新课时，我锤炼设疑，创建"愤""绯"的情境，使学生有了强烈的求知欲望，注重在知识点之间巧妙地迁移导入，达到"趣知趣三合一""趣效双赢"的效果："趣"是让学生学得有兴趣，不断体验成功的乐趣，培养高尚的志趣；"效"是指学生数学素养的提高，一定要扎扎实实。在课堂上我做到有效地调动学生的学习兴趣，激发学生的学习热情，学生积极主动地参与到学习中来，使学生真正成为数学学习的主人，激发学生内在的能动性、独立性，从而不断生长、张扬、发展、提升。这种方法可以激发学生的学习动机，关注学生的学习过程以及情感、态度、能力、价值观等方面的发展，唤起学生的求知欲望，让他们兴趣盎然地参与到教学全过程中来。

（二）以情智驱动、自主建构、智慧碰撞

"情智趣课堂"不仅是一种教学抓手，更是一种教学理念情智趣课堂教学模式，着眼于教育的两大领域——情感领域和智慧领域，并且相互促进、和谐共生。人的发展要求情感和智慧和谐统一，协调发展，我们情智课堂教学模式的最高理念就是"情智趣交融，和谐共生"。

新的课程改革，提出三维目标：一维是"知识和技能"，二维是"过程和方法"，三维是"情感、态度和价值观"。我们以为，"知识和技能""过程和方法"可以纳入"智慧教育"范畴，而"情感、态度和价值观"可以纳入"情感教育"的范畴。因此可以说，"情智趣课堂教学模式"与新课改理念不约而同，

异曲同工。

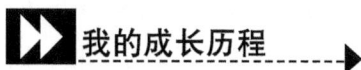我的成长历程

尚行勤耕，真爱博学

转眼间，我从事教育工作已经整整 17 年，回头看看，一路走来，心里装满了太多感悟，有委屈、无奈与无助的时候，也有过初尝成功的喜悦，这些都是我的成长宝典，我感恩一路走来遇到的人与事。

（一）我的幸福驿站之一：山不过来，我过去（2003—2009 年）

2002 年，我从江门电大毕业后来到新民小学。新民小学地处城乡接合位置，与江门市区相邻，学校服务区域为新民村、文昌沙居委会和文苑居委会。而且，新建楼住宅用房较多，人口密集，外来人口多，导致生源复杂多样。这里是平民社区，大多数家长是国有企业的职工或私营工厂工人，其中还有不少下岗工人，还有一些是小商小贩；文化水平低，60%～70% 的家长只有高中以下的文化程度。但是，我带着"干一行爱一行"的态度全身心投入。作为"新手"，要敢于吃别人不愿吃的苦头，要乐于花别人不愿花的时间，要敢于下别人不愿下的苦功。

1. 以开课为契机，展示自己

2002 年 8 月，我带着信心、充满斗志地踏入教师行业，在学校见到每一位学生，都面带笑容。开学的第一天，校长对我说，你在第四周上一节学校的公开课。这是我的第一次正式亮相，说实话，我并不害怕，反而有一种初生牛犊不怕虎的干劲，毕竟我只是刚刚走出校园的老师，缺乏的就是经验，我只有暴露出问题，才能得到其他老师的指导和帮助。这样一来，我反而不紧张也不畏惧了。

在第一次新进教师的亮相课上，我先在科组试讲，但那堂数学课上得一塌糊涂，在评课时被校领导说我是在做讲座，不是给小学生讲课，说我的角色没有转变。第一盆冷水，泼得我身心备受煎熬，当然也磨砺了我的意志。课后，刘惠玲校长的几句话才让我如梦初醒："课堂是要让学生学会自己学习，而不是一味地给学生灌输知识。"这句话深深地触动了我。原来我是走进了教学的误区，与新课改背道而驰。经过第一次试讲之后，我开始研究教材，研究教参，研究学生，从教学三维目标的角度根据学生的特点来设计教学设计；虽然这是痛苦的过程，但经过两个星期的研究，在第四周我终于以最好的状态在全校老师面前上了一节校级公开课，通过这次的公开课，以及课后的评课活动，我收获很大。

首先，我觉得作为新老师，也一定有属于我们自己的长处。例如，我根据学生的年龄特点，从学生的兴趣入手，拉近与学生之间的关系，把课堂氛围带动起来。当然，我还有很多不足，除了缺乏经验之外，还有我们新老师不能很好把握

课程的重难点,以及一系列需要在实践中再去探索的东西。这节课依然受到了一些老教师的批评:"教师讲得太少,学生讲得太多,练习量不够,等等。"被泼了第二盆冷水之后,我每天学习大量名师的教学理念和教学模式及教学风格,以促进我专业成长,诱发不竭动力,做一个勇敢的探索者。同时,我也进一步思考,若一节课的教学设计很好,教师也讲得很精彩,但是学生不能真正参与其中,那算不算是高效的课堂?

2. 改变教学模式

当时新民小学外来工子女占60%,相当一部分学生对"先教后学"课堂不感兴趣,对学习没有兴趣、积极性、主动性,从而导致课堂教学的总体质量不尽如人意。每个班级都有大量后进生,这使我对教学工作陷入被动状态,甚至觉得束手无策。正是在这段迷茫时期,我遇到专业发展的第一个贵人——刘惠玲校长,她带我走上了一条教研之路。

为了打破这种无助的情况,在刘校长的帮助和指导下,我一边勤奋探索,一边挖掘教材潜在的研究课题,我把"先学后教、当堂训练"教学法运用到数学课堂教学中,并把它延伸到课外去。课堂上,我着力培养学生的数学兴趣、合作精神,提高学生的自学能力、合作能力,强化学生个人责任感和成就感,激发学生整体积极向上的欲望。课余指导小组长组织组员在节假日进行复习,及时辅导和督促组员学习。一学年来,我所教的学生人人都喜欢学数学,不完成数学作业的现象极少发生,这是确保提高教学质量的前提条件。就这样,我在不断地改进中,总结出一套自己的教学方法,并逐渐形成自己特有的教学风格。

3. 以赛站稳讲台

"每个人心中都有一个舞台,心有多大舞台就有多大。目标有多远,你就一定能走多远!"作为一名新教师,要清醒地认识到自己的不足,尽快融入互助的群体,锁定身边的榜样,虚心向身边的人求教。要自信、果敢、勤于思考,这样才能尽快完成由学生到教师的转换,尽量缩短适应新岗位的时间。2003年,我代表学校参加区的说课比赛并荣获二等奖;2009年,在镇的青年教师基本功比赛中,我荣获小学组一等奖。我认识到了真诚的微笑是打开学生心灵的金钥匙;生动的语言,是引导学生积极参与的桥梁;精心的准备,是吸引学生参与的磁铁。

敢于挑战专业中的竞赛,这让我深深地感悟到:把前进路上的每一步当作一个目标,对每一个目标都发起一次认真的冲击,让每一次冲击都收获一回可喜的突破,在每一回突破中确定下一步的目标。在工作中,我保持正能量,在遭遇了"不顺心"时,不必懊恼,不必自怜。"不顺心",也是一种成全,是考验,也是磨炼。但是,不要让自己的日子沦于黯淡,不要让自己的心绪陷于灰颓,要赶快振翅飞翔,做一个值得大家尊重的人。"磨课"是我必修的功课。在这过程中所经历的种种"煎熬""磕磕碰碰"和"争议分歧",恰恰是提升自身专业素养的好机会。在这种"磨人"的操练中,我的教育教学基本功得到了夯实。

(二)我的幸福驿站之二:开垦方田种文字(2010—2015 年)

苏霍姆林斯基说:"教师不仅要成为一个教导者,而且要成为学生的朋友。"作为教师,首先自己要是"智慧型"教师,如果自己都不是"智慧型"教师,怎敢奢望能培养出"智慧型"的学生?因此,教师自身知识素养是非常重要的,我注重平时将对教学"碎片似的思考"变成研究的"主题",到"专题"再到"课题"来研究,注重以赛课为舞台,磨炼自己、打磨自己。

1. "磨炼"逐渐形成"适合儿童情智趣"的教学风格

2013 年 12 月,江海区教育局举办名师课堂,我给大家带来一节设计新颖独特、内容紧密连贯、环节承上启下的数学课"认识三角形"。在整个教学过程中,我非常注重学生的感官认识,让学生通过"看、摸、摆、画"等手段来加强学生对三角形的认识。从三角形概念的内涵延伸到三角形的特性,解释得非常清晰到位。比如有一个精彩环节:给三角形量身高,相同的三角形,不同的"脚"站在一起,会有不同的高度。这一环节很好地突破了三角形有三条高的难点。

此外,我在教学过程中给予学生足够发挥的时间,以小组讨论问题、小组合作制造、学生个人回答等多种手段让学生在"生生交流、师生交流"中得到升华。这种方法既培养了学生动手操作能力,真正体现了学生学习方式的改善,也体现了以学生发展为本的新理念。

2. 以科研为动力，超越自己

浙江省特级教师方方说："凡是优秀的教师，没有不搞研究的；凡是研究有成的教师，无一不是优秀的。不搞科研的教师犹如一个在黑暗中摸索的教书匠，有无科研意识是学者型教师和教书匠的分水岭。"

我一直坚持张扬教育激情，争做一名"干得好、讲得好、写得好"的"三好"老师。让学习改变思想的深度，坚持读书、读课、读人；让创新改变工作的力度，勇探索，善反思，勤笔耕；让热忱改变事业的厚度，多一份钻研的勇气和热情，多一份反思写作的激情与执着。在5年时间里，我主持了5个课题并已结题。

2011—2015年，我参加国家级课题全国实验教师技能（说课）比赛，荣获2次一等奖、2次二等奖、1次三等奖；参加广东教育学会说课比赛，获一等奖；多次参加区的公开课比赛。多年来，我辅导学生参加国家级的比赛，约60人获奖；同时，我多次获得中国教育技术中心课题指导老师特等奖、指导老师一等奖、指导老师二等奖、指导老师三等奖；多次评为"希望杯"全国数学邀请赛组委会数学竞赛优秀辅导员。在各级刊物发表教育教学论文15篇。2013年被聘为江海区名教师，2015年被聘为江门市学科带头人。

（三）我的幸福驿站之三：梦在哪里，智慧就在哪里（2016年至今）

2017年，我被聘为江海区的小学数学名师工作室主持人及江海区兼职教研员，这于我而言，机遇与挑战并存，这时角色的转变一时让我有些迷茫，不知如何带领一支团队，找不到一盏指引方向的灯。此时我遇到了我人生的贵人恩师——江海区教研室主任周锦权，他把毕生数学专业素养和团队建设知识毫不保留地教给我，促使我整装待发，加强对工作室成员的培养和培训，也让我打破了学科专业素养的思维，认清了自己的定位，指引我未来前进的方向，带我走向成功的舞台！

名师，不是靠证书的堆砌，而是靠扎实的学问、高尚的人格。当"梦"遇上"想"时，也就有了梦想。有了梦想，就有了方向。做"名师"不仅要成为"明师"，还要成为"民师"，更要成为"鸣师"。

1. 注重团队打磨

2017年，我被评为江海区小学数学工作室主持人。我开始注重打磨一支年轻的团队，让青年教师在磨课中成长，以高品质课堂为目标，勤于研读教材，善于研究学生，教出简单之内的丰富，平淡之中的高妙，普通之外的深刻。

2018年9月，我上了一节"圆的认识"公开课，作为新时代的老师，一定要有专业的追求，不局限于本身的专业，还要融合其他专业，做一名跨界教师；不仅关注学生的当下，更要着眼于学生的未来。我作为一名工作室主持人，既要注重引领，让学员逐步形成"适合儿童追求情智趣数学课堂"的教学风格，又

要带动学生主动经历观察、操练、讨论、质疑、探究的过程，让学生感受到数学学习的快乐，获得全面发展。

2. 注重示范引领作用

"工作就是人生的价值、人生的欢乐，也是幸福之所在。"我们有责任去经营幸福教学，使教学成为师生生命中的一段成长经历、幸福旅程。

（1）送教下乡。2018年1月，"送课下乡活动"走进恩平三小，3月，"送课下乡活动"走进江海区滘北小学。此活动旨在促进教师的专业化发展，进一步优化数学课堂教学、提高课堂教学的有效性；推动教师自我反思、同伴互助、专业引领，进一步提高数学课堂实效。我上了一堂二年级下册"用估算解决问题"的研讨课。课堂上，我联系生活实际，让学生经历估算的过程，通俗易懂，设置的游戏环节趣味盎然，孩子们积极挑战。整堂课气氛活跃，孩子们注意力集中，课堂效率高。之后是热烈而又严谨的评课、辩课环节。工作室的老师从目标、学生应有机会、教师提供机会等方面进行评课。滘北小学的老师们对于如何有效组织课堂、提升教师的教学能力，也各抒己见、畅所欲言，就教与学的问题与工作室的老师们展开激烈讨论。活动过后，参与教师纷纷表示获益良多。

（2）立志用科研为动力，带动他人共同进步。一是举办青年数学教师说课比赛。2018年3月1日，春暖花开，万物苏醒。在这阳春三月的第一天，由我工作室承办的"2018年江海区小学数学说课比赛"在天鹅湾小学录播室举行。

本次比赛共有来自区内各小学的29位老师参加，创下历年比赛人数之冠，从教龄的跨度来看，也是历年之最，这也从一个侧面反映出江海区老师们对自身专业素养的进一步要求。

二是名师工作室结盟。2018年12月14日下午,在江门市江海区天鹅湾小学举办江海区小学数学"图形专讨"研讨活动。本次活动首先由各工作室学员展示课程,培养青年教师站稳讲台。

麻老师上了一节"三角形的认识"的数学课。她利用微视频,唤醒了学生的知识经验,拓宽了学生的视野,拓展了课堂的宽度与广度,激发了学生强烈的探究欲望。在教学过程中,麻老师给予学生充分的思考、展示时间,通过温柔的语调循循善诱,以小组讨论、动手操作等多种教学手段,充分调动学生的多种感官,让学生经历画一画、说一说、拼一拼、辨一辨等活动,层层递进,让学生在"生生交流、师生交流"中得到提升,加深对三角形的认识,体现了"以生为本"理念。

程老师在学生提出用测量的方法来探究长方形和正方形的特征后,肯定了学生的想法,鼓励学生动手操作。在学生测量后,程老师又提出:除了用测量的方法外还有其他方法吗?当时便有学生想到用对折的方法来探究。

在这次培训中,让老师感受数学课的味道,将一个个问题串起来,层层递进,循循善诱,逼着学生开动脑筋去思考,让学生体验到"山重水复疑无路,柳暗花明又一村",开拓了学生的思维。

接下来是我给青年教师的讲座——"运用图形变式,突出概念本质"。讲座上,我指出了在图形认识上会出现的几个误区:①学生习惯认识标准图形;②学生因习惯形成的思维模式;③对标准图形的本质与非本质弄混淆。结合实例讲解,提出了在数学图形教学过程中,要善于利用图形变式,排除非本质属性的干扰,让学生从多种角度去感知图形,从而让学生对概念加深理解,为后续的图形学习奠定良好的基础。

这次活动,为江海区的小学数学老师提供了一个讨论交流的平台,拓宽了老师们的知识与视野,为江海教育贡献了一份力量!

三是共享教研、携手共进。2018年,为促进我区教师专业化发展,进一步优化数学课堂教学、提高课堂实效,促进区内数学教师学习交流,充分发挥区内数学骨干教师的示范和辐射作用,我被聘为江海区的兼职教研员。

在教研活动中,老师们获益匪浅,相信必然会把这种新的教学理念辐射到全区各校的数学课堂上,由此进一步提高我区数学教师业务素质和专业水平。我们创办了工作室评课模式,分别从目标的达成、教师提供的机会、学生应有的机会三方面进行评价,充分发挥了名师工作室的示范、引领、辐射作用。

四是敢于接受挑战。2018年12月,我参加江海区教育局组织的"四校同堂"活动，上了一节"圆的复习课"。通过信息化平台，一位老师同时控制四所不同学校的四个班，受到全区领导老师的好评。

我作为市、区兼职教研员及区名师工作室主持人，工作中应起到示范引领作用。多次开展全区教研教学工作及讲座，提高江海区小学数学教师数学综合素养，充分发挥名师工作室的示范、引领、辐射作用，促进工作室的教育教学相互交流和同步发展的目标，以"立足前沿、实践探索、互助交流，共同发展"为核心。作为工作室主持人，做到把工作室建成一个自由的"讲堂"；把工作室建成一个起飞的"平台"，多次承办江海区小学数学青年教师教学基本功大赛，通过技能比赛活动为参赛选手提供一个展示才能的舞台，通过观课辩课，探寻规律。通过磨课研课，相互促进的良好氛围，促进我县教师在"让学引思"教改之路上共同成长。做好每一件工作，不辜负老师、领导、家长、学生对她的厚望，真正起到骨干教师的带头示范与引领作用。

我的教学实录

生活课堂，感悟趣味数学
——"圆"复习课教学实录与反思

（一）复习内容

人教版六年级上册第五单元圆的整理与复习。

（二）教材分析

"圆"是数学第十一册的教学内容，是这一学期所学知识中唯一的几何知识。关于这部分知识，学生通过以前的学习，对每一个知识点已有所掌握。因此，本次复习把重点放在由学生独立地构建知识体系，从而起到系统掌握知识的目的。小学阶段，由于小学生认识能力的原因，数学知识的教学往往要分为若干层次来逐渐完成，知识点出现零散状态分布。

（三）学习者特征分析

（1）学习者是本校六年级的学生，具备一定的自学能力，会简单的计算机操作。

（2）学生对平面图形有一定认识和理解，有一定的表述能力，有良好的小组合作习惯。

（四）复习目标、重难点

知识与技能目标：①通过回忆、归纳、整理圆的基本知识，加深对圆的特征的认识与理解；②整理本单元知识点，串联知识之间的内在联系，重现圆的周长和面积计算公式的推导过程，巩固计算方法；③加深对扇形的认识；④本单元易错点回顾与分析。

过程与方法目标：整理本单元知识点，串联知识之间的内在联系，培养学生自主构建知识系统、整理与复习的能力。

情感与态度目标：让学生在整理复习的过程中自我总结、自我反思，并且在小组合作交流中学会分享、学会倾听。

重难点：引用"思维导图"，将知识串联及易错点分析，通过自主交流整理知识的过程和方法，找到知识间的联系，自主构建知识系统，灵活运用圆的周长或面积公式解决实际问题。

（五）教学资源与工具设计

本节课是在多媒体电脑室（配备有师生电脑交互机端口、触摸屏显示器、互联网服务）进行，其中教学资源有：

（1）电子白板、希沃授课助手软件、多媒体课件、微课。

(2) 为学生提供学习的"几何画板"软件、学习资料包、"作业盒子"软件。

(六) 教学过程

1. **学生回顾本单元知识点（4分钟）**

师：同学们，圆是我们的老朋友，好久不见了，今天我们一起来整理和复习"圆"。回顾一下，我们这个单元都学习了什么？

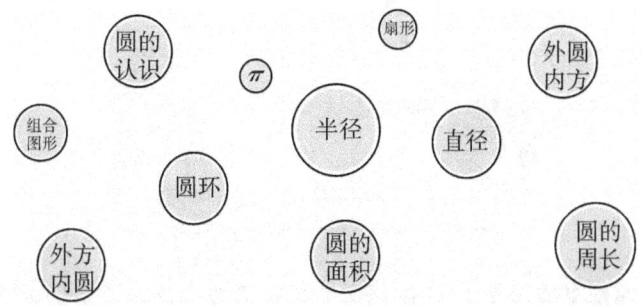

师：这单元我们学了很多有关圆的知识，这些散乱的知识点就像一颗颗珠子，需要我们用思维的线把它们分类串好。这节课我们就来整理一下本单元的知识吧！

【教学风格看点】利用信息技术展示生活中圆的知识点，利用信息资源为教学服务。新课程标准指出要将"数学问题生活化"。我利用信息技术来激发学生的好奇心，使学生的学习内容更加贴近生活，学生更容易在生活中感悟数学。

2. **梳理知识结构**

(1) 复习对圆的认识（3分钟）。

师：现在我们来重新认识一下圆。圆有哪些特征呢？

生：圆有圆心，圆心定位置，圆还有直径和半径可以定圆大小。

生：直径与半径的关系：$d = 2r$。

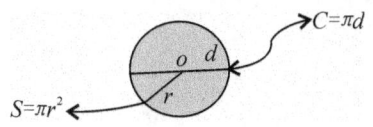

(2) 对知识圆的基本特征易错点检测（2分钟）。

师：认识了圆的基本特征。现在老师来考考你们，请看判断题：

1) 圆心决定圆的位置，半径决定圆的大小。（   ）
2) 直径都相等，半径都相等。（   ）
3) 直径是半径的2倍。（   ）

【教学风格看点】利用易错题把圆的特征串起来，达到回顾及提升的作用。

3. 品味本单元数学思想

思想1：化曲为直求圆周长（4分钟）。

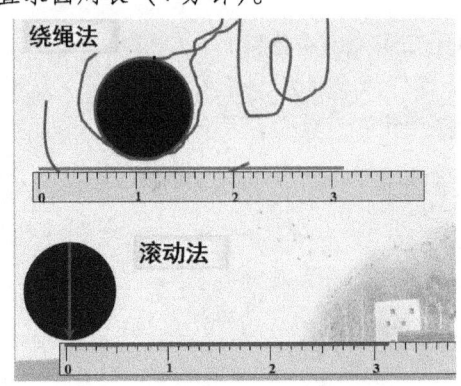

师：我们继续复习了圆的周长。你们还记得我们用什么方法测量出圆的周长吗？（绕绳法、滚动法）（化曲为直）

预设学生：学生操作［一个圆拿绳子绕一圈将绳子展开就可量得圆的周长。再通过试验证明圆的周长总是直径的π倍（3倍多一些］。

生抢答：圆周率是一个（固定的）数。圆周率是一个（无限不循环）小数。已知周长求直径，已知周长求半径。

【教学风格看点】利用信息技术进一步建立轴对称的数学模型。学生对概念的认知缺乏模型感，"动一子而全盘皆活"，我运用Flash演示动态过程，通过可视化信息技术，使课堂化曲为直求圆周长的理念更加深刻。

思想2：化圆为方求圆面积（3分钟）。

师：同学们还记得圆的面积公式是怎样推导出来的吗？

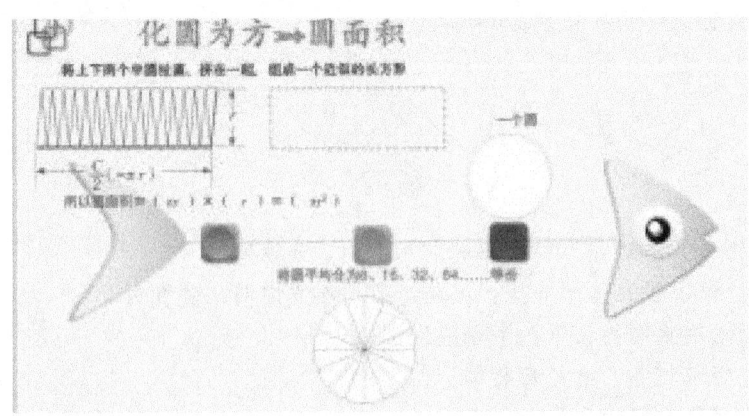

生：一个圆将圆平均分为8、16、32、64……等份
将上下两个半圆拉直、拼在一起，组成一个近似的长方形。
所以圆面积 =（πr）×（r）=（πr^2）

【教学风格看点】数学的美孕育生活的美。感受生活的美，恰当地运用多媒体技术，以形象直观的课件演示，帮助学生理解圆的面积的推导过程。特别是圆周长的一半转化成平行四边形的底，半径就是平行四边形的高这一教学环节，恰当地运用课件演示弥补了语言描述的不足，而且学生通过观察更容易理解和掌握。

4. 综合应用

（1）出示一个圆。

师：刚刚已经整理了圆的知识，看看大家能不能运用这些知识去解决有关圆的问题。

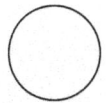

1）我给出一条半径给你，你可以求什么呢？（引导学生说出半径，知道了半径就可以求直径、周长、面积。）

2）请你在联系卡上把这个圆的直径、周长、面积算一算。（课件演示）

判断：半径是2 cm的圆，它的周长和面积相等。

【教学风格看点】利用信息技术把知识可视化，化抽象为具体：老师不仅让学生运用所学圆的知识解决生活中的简单数学问题，同时还对数学问题进行创新，让学生在问题中锻炼思维能力。在运用公式解决生活中的实际问题环节，面对圆形花坛怎样求环形面积问题时，师生的主动性、积极性都得到了充分的发挥，学生的回答生动活泼而丰富，解题能力自然也得到提高。同时把复杂的概念变成具体形象的例子，渗透了化繁为简的数学思想。

（2）半圆与圆周长一半区别。

师：同学们，黄老师给大家带来了一个魔术，请看，变成了什么？

生：半圆。

师：我们先来看看这个半圆的周长，半圆的周长是圆周长的一半吗？

（学生回答）

师：为什么是错的呢？

生：半圆周长 = 圆周长的一半 + 直径（课件）

师：那你算出这个半圆的周长是多少？

生答：10.28 cm^2

师：那怎样求这个半圆的面积呢？

（学生口算：12.56 cm^2）

师：你是怎样计算出来的呢？

生答：半圆面积 = 圆面积的一半。

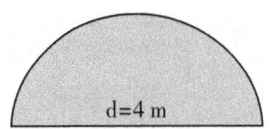

【教学风格看点】学生利用电脑答题时能产生海量的数据,通过"互联网+大数据"分析技术统计出学生的答题情况:每题的正确率、错误率,学生易错题等数据,揭示学生掌握知识的基本情况。

(3) 组合图形(5分钟)。

师:看来一个图形还是难不倒同学们,现在老师再变,增加一个图形,请看。(半个圆加一个正方形)

1)如果只知道正方形的边长,你会怎样计算这个图形的周长和面积的呢?在练习本上试一试吧!(教师巡堂)

2)师:先来看看周长,谁能说说你是怎样计算的呢?(讲完,请全班同学伸出手指跟着课件把这个图形的周长走一遍)请问这位同学,你计算出这个图形的周长是多少呢?

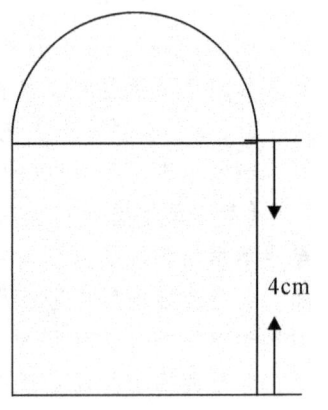

生:18.28 cm。

3)师:再来看看面积,你又是怎样计算的呢?

生:半圆面积+正方形面积。

师:你计算出这个图形的周长是多少呢?

生答:22.28 cm²。

(4) 球场(5分钟)。

师:同学们,你们真棒,老师要出绝招了,看你们怎么办?我变!

1)你们还能不能计算出这个图形的周长和面积呢?

(学生计算,教师巡堂,让2位学生上黑板板演。写完第2个同学先下去,留下算周长的同学)

师:我们先看看这个同学的计算,对不对呢?(20.56 cm)

这个组合图形的周长你是怎样计算的呢?

生:周长=一个圆的周长+2条正方形的边。请同学用手指跑一跑。

2)我们再看看第二个同学的计算,对不对?(28.26 cm²)

3)你是怎样计算的呢?(面积=一个圆的面积+一个正方形面积)

小结:组合图形的面积是怎样求的?(可以直接相加减),组合图形的周长是怎样求的?(不可直接相加减,找组合图形的最外围一圈相加)

(5) 扇形(1分钟)。

师:哇,你们这么厉害,看来老师的魔术怎么变都难不倒你们。圆不服气,还带来了3个好朋友，它们都想考考你们。

判断：两个扇形都是圆心角90度，这两个扇形大小相等。（×）

师：为什么的错的呢？（板书）

【教学风格看点】体现"数学来源于生活，同时又应用于生活"的数学理念。让学生感受到自己学习数学是有用的，从而体现学习数学的价值所在。

（6）圆环（2分钟）。

师：扇形考不倒你们，圆环也来了！

判断：一个环形，外圆半径是4厘米，内圆直径是2厘米，计算这个圆环面积列式：$3.14 \times 4^2 - 3.14 \times 2^2$。（×）

师：错在哪里？圆环的面积是怎样求的呢？

生答。（板书）

（7）正方形与圆之间有什么联系？（2分钟）。

师：圆还带来了一对双胞胎兄弟。它们分别是：（生答）

你能说出外方内圆中，正方形与圆有什么联系吗？（板书）

那外圆内方中，正方形与圆又有什么联系呢？（板书）

【教学风格看点】信息技术融合创新改变了传统的学生接受学习的方式，转变为学生自主学习。此环节针对性地培养学生自主学习的能力。学生经历自主学习后，进入合作学习和深度学习。让学生在直观的信息技术演示下，"数学错题分析及解决对策"是提高学困生学习数学的能力、提高数学教育教学质量的有效手段。教学中，经常可以发现学生对圆的知识掌握得不太理想，特别是学困生出错的情况多，究其原因是多方面的：有计算出错，有对圆周长与面积概念模糊，也有公式乱用。

5．本课小结（1分钟）

师：同学们，今天你们真厉害，把圆和它的朋友们出的难题都解决了。我们对一个单元进行复习时，先通过回忆学过的内容，进行分类与整理，在练习的过程中，要注重联系和对比，把同类型的题目串联起来。

快乐的时光总是短暂的，不知不觉这节课就到尾声了，感谢同学们积极参与，期待下次再会！再见！

【教学风格看点】立足复习内容的数学本质，立足学生的生活实际，题目设计正反结合，明暗交织，在显性的图像信息中隐含数学内容，让学生在显性信息与隐性信息之间展开思考。让学生自己系统整理所学知识，构建和理清知识的网络，这样既节约课堂的时间，学生上课分享交流也会更充分。

6. 教学板书

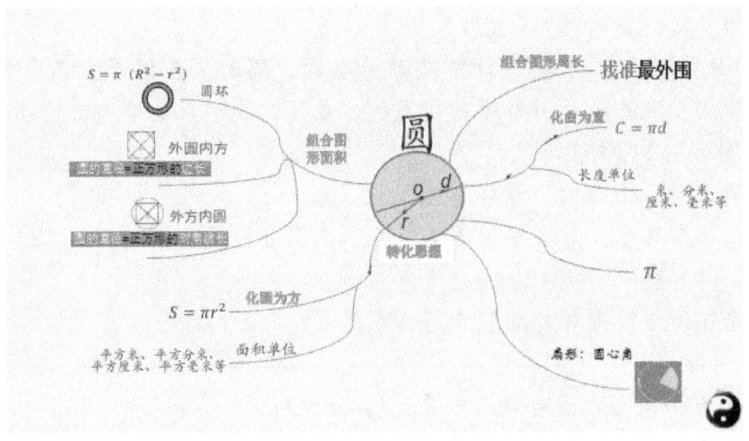

7. 教学反思

成功之处：本堂课对圆这个单元的知识进行了系统的整理和复习，主要是对圆的认识、圆的周长和面积的计算方法进行了回顾梳理，在这个过程中，我着重复习了周长和面积的区别，以进一步地让学生学会区分这两个概念，然后我通过相应的练习加以强化。学生基本能够完成这些题，已达到了预期的效果。

不足之处：部分学生对其他组员产生依赖，学生思考深度不够，不适用于所有学生等。

再教设计：在教学时，要注重任务分配的难易程度，给部分学生分配容易处理的简单的问题，注重全体学生都参与到活动中来。

▶ 我的教学主张 ▶

（一）导入引人入胜、扣人心弦

在教学中入境——启动情智，做到融情入境，用有效的方法调动学生学习的积极性。人们常说：兴趣是最好的老师，我要说：热爱是最大的动力！我们要设法让自己先进入状态，先愉悦起来，这样才能以情激情，以趣引趣。

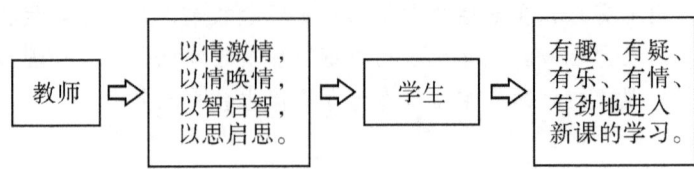

我在教学前善于挖掘好玩、有趣的数学情景。找准情智的根，通过创设融情趣性、新颖性和挑战性的数学问题情境激活学生学习之趣。因为儿童追求新奇，喜欢挑战。因此，我会用教师自身的情感力量和数学本身的魅力，紧紧抓住儿童的心。让学生解决具有一定挑战性的数学问题，最能激发其探寻数学神趣，促其积极思考，大胆探索，从中感受思考的价值和快乐。

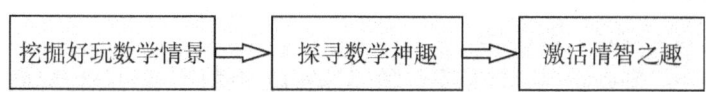

"适合儿童情智数学"课堂的基本步骤可以是：导入，启动情智，唤醒经验，激起学习欲望；在探索中激活情智，开发潜能，在合作交流中碰撞情智，拓展思维，发展分析、批判、争辩能力；练习，展现情智，提升思维，增长智慧，发展创新意识。

（二）进程跌宕起伏、曲径通幽

新课程标准重视学生学习过程和方法。在教学中，我注重探究过程的展开和深入。抓住知识的"主根"开启智慧，找到其生长点和"延伸点"生成智慧，进行"串连"中内化智慧，从而理清知识的发展脉络，构建有体系的知识网络。要贴近学生已有的知识基础和活动经验，让其在新旧知识和经验的联系中，主动地、有意义地建构新知。要"靠实"，密切联系生活实际，从生活中来，到生活中去，为学生理解数学知识找到现实的模型，借助事理理解算理。

最终达到的教学效果：开启智慧—生成智慧—内化智慧—升华智慧。

"适合儿童情智数学"课堂追求的是情智交融，寓教于乐；追求理趣和智趣，即明白道理之后的豁然开朗，思维"历险"之后的身心舒畅；追求情感与思维齐飞，知识与智慧共舞。

《课程标准（2011版）》提出："体会数学知识之间、数学与其他学科之间、数学与生活之间的联系，运用数学的思维方式进行思考，增强发现和提出问题的能力、分析和解决问题的能力。"因此，在教学时，我注重在引导学生在实践过程中，有意识把易错问题引学质疑，让学生在"玩"中悟"真知"，我注重创设鲜活的、有意义的和有挑战性的数学问题情境，积极引导学生自主探究，培养学生用"探索"促"成长"。在问题激情、激趣和激思中抓住"变"中找"不变"。在学生互动探疑中，我们紧扣问题进行合作探究，组内相互研讨和交流，相互启发和帮助中"算"中磨"智慧"。

（三）结尾情智趣共生、情智共赢

课改后的课堂里，我注重把数学知识与实际生活密切联系起来，使学生从生活经验出发，在研究现实问题的过程中做数学、学数学和发展数学，在丰富多彩的数学天地中提升数学素养,丰厚对数学的情感,使数学学习更加有情有趣,让学生真正走进"数学有用、数学好玩、数学有趣"的乐学境界。通过站在儿童的立场研究教材,挖掘数学内生性的资源,还原数学生长的本质属性,探寻知识和智慧的生长点,打造有趣、有序、有生命力的"情智教学",努力实现让学生真正成为数学学习的主体,在主动学习的过程中获得对数学的理解,实现"真正的人的发展"的教育目标。

(四) 好玩的情智作业

数学是一门基础学科,在信息计算迅速发展的时代,信息计算融合在各学科中也成为教育各界关注的焦点。小学数学作为学科的工具,在传授基础的数学知识、锻炼学生的基本技能、培养学生的各种能力等方面发挥着重要的作用。随着学校教育的进行,作业的趣味性及有效性也进入了教育者的视野。在现实生活中,学生经历了学校一天的学习后,教师依旧会布置大量的作业,这也使得小学生的学习压力越来越大。对于小学生而言,心智和身体都处于发育的时期,过大的作业压力必然会影响身心的健康发展。

现阶段,传统观念的作业存在诸多的问题,例如作业的量大、形式单一、内容缺乏多样性等。这诸多的问题逐渐地抹杀着学生们学习的热情,作业越来越被学生当作一种负担,受到学生们的排斥。基于此,我们结合自身在小学数学方面多年的教学经验和心得,利用信息计算融合教学,从数学作业入手,帮助广大教师学会去利用数学作业这一形式有效开展教学,让数学作业变得丰富、多彩、好玩,让数学作业成为学生学习生涯的快乐记忆。我们研究的情智作业共分为五大部分:第一部分对"好玩的小学数学作业"的研究项目的现状、研究情况、理论和实际意义进行了介绍;第二部分从学科整合角度入手,引入了语文、美术、实验、制作、生活五大学科,对数学作业的设计进行了说明;第三、四、五部分则分别从低年级口语化作业、中年级生活化作业、高年级综合实践活动作业三个方面进行了策略说明和案例介绍。

▶▶▶ 我的育人故事 ▶

用"心"爱学生,用"爱"铸师魂

《师说》写道:"古之学者必有师。师者,所以传道受业解惑也。"作为一名人民教师,我忘不了当年站上三尺讲台立志耕耘的初心——教书育人。是单单努力地为他们博取一个优秀的成绩单吗?肯定不是的,因为,义务教育的大纲不止一次给了我们答案,我们要全面实施素质教育,让孩子们的身心得到全面发展和健康成长。

(一) 教育是我生命里永远的牵挂

2002年,我踏上了小学数学教师的岗位,圆了我自幼就对教师这份职业心生崇拜的梦。还记得小时候,看着讲台上的教师诲人不倦而又亲切的神态,自己就会想,如果将来做一名教师该多好。多年来,这份对教师职业的印象一直烙印在我的心上,并不断深化,更直接影响了我日后的工作方向。而现在,我做到了,如今我的教育生涯已经走过17个年头。17年来,我一直用"心"爱学生,把"以身立教,为人师表"作为自己的道德境界,用"爱"铸造师魂。

2012年9月23日是星期四,是我永远忘不了的一天。因家中煤气泄漏,我因脚部被烧伤而入院治疗。入院后,学生的上课问题一直萦绕在我的心头。我焦急地躺在病床上一动也不能动,想着周一学生来了我的课怎么办,全靠我的搭档她能累过来吗?就这样苦苦地煎熬到周一的下午,大约晚上六点钟,一声清脆稚气的喊声叫醒了我,我睁眼一看,一个学生背着书包,手中捧着一袋苹果。看见我睁开眼,孩子马上立正给我敬了一个队礼,哭着说:"老师,我来看你啦,你怎么生病的?是不是我们又惹您生气了?"听了孩子的问话,我激动得热泪盈眶,忙说:"不是,不是,你们已经改掉了错误,早就成了一个听话懂事爱学习的乖孩子了,老师怎么还会生气呢?"这个学生是我班调皮贪玩的吴×愉同学,也是班里第一个来到病床前的孩子。我问他怎么知道我的病房床号,他说:"我叫妈妈送我过来,她在门口等我。"随后的几天班上的孩子们相继来看望我,给我朗诵诗、唱歌、跳舞,祝福我早日康复。在孩子们的精神鼓舞和祝福声中,我感到无比的欣慰,身心早和孩子们融为了一体。伤好后,我一天也没休息,拖着伤痛的身体坚持每天都站在讲台上讲课。现在回忆起住院的那段日子,我依然感动得眼圈发红。"自从经历了这件事,我深刻地体会到,教育是我生命里永远的牵挂!"我坚定地说。

(二)用爱去滋润,给每个孩子一缕阳光

作为教师,在一定程度上,热爱学生就是热爱教育事业。当我看到上完体育课之后回来的学生脸脏脏的时,我会把学生带队到水龙头前,让他们把一张张黑脸洗白,把一双双脏手洗净,将他们凌乱的头发理顺。我由衷地感到,老师是母爱的化身,无论孩子的外貌是美是丑、智商是高是低,也不管他们是贫穷是富有,都会把爱的阳光洒遍他们的心头。当我看到学生在作业的附言中写着:"老师我家买了微波炉。""老师你太严肃了,和我们多谈谈心吧。""老师,对不起,我错了。"我都会感到十分欣慰。比如我班上一个女生,开学第一天就让我觉得太娇气、脾气差,不会是一个很听话的女生,到后来,慢慢地也发现她在教室里不怎么和别人说话,只和要好的同学说说笑笑。一次偶然的机会,才了解到她的家庭是离异的,猛然间陷入深深的内疚,在之后的相处过程中,即使发现她的数学口算很差也不当众批评她,只是在她本子上简单地写几个字"加油""努力一把啊"。一旦考试成绩下来,看到她的应用题分数很高就会让她在全班讲解应用题,给她点表现的机会以此增加自信。一次,走到办公室告诉我突然想回家,不想到教室上课，因为坐在教室很有压力。我就让她在办公室坐下，她刚开始不肯讲，后来在我同意她回去的前提下，她才慢慢地和我说出原因，然后还讲了她的家庭情况和学习情况，那时我只是一个倾听者，看着她在我面前抽泣地讲着，我什么也没有做，而她也只是想有个人听她讲讲，倾吐心中的那段苦水。通过这次沟通，我就发现现在的学生真的很需要心的交流，当她在同学中找不到一个比她成熟的、可以沟通的人时就期待老师走近她的心灵，她需要的也不是开导，只是需要一个倾听者。当老师适时地走近学生的心灵，学生会发现老师对她的关心、爱护，会体会到那份师生情，在他们心灵会栽下一棵尊重的幼苗，当老师用爱心去浇灌，这棵幼苗必将伴随其生命的成长而成为参天大树。

爱学生，尤其要更关注那些后进生。这些学生成绩不好，对自己学习缺少自信心，表现自卑心理，但其实这些学生也和其他学生一样，很想进步，很想得到老师的关心、喜爱、帮助，只是由于长期以来，他们因为学习成绩不好，曾被老师批评过，遭到同学的嘲笑和父母的责骂，渐渐对学习失去了信心。正是他们在班级中的"地位"不如学习成绩好的同学，因而受到了同学的排斥，所以他们比其他同学失去了更多的关心和爱护。因此，我们教师在教育教学中要对他们付出更多的心血，从能够关心到他们的点点滴滴做起，用爱去感化他们。更应平等对待每一位学生，发现他们的闪光点，并及时予以肯定，这或许会成为他们人生的一个转折点。

（三）以研促教，积极探索新教法

以研促教是我在教学过程中不断探索的重点。2013年7月，我成功申报省级课题"探索'先学后教，当课训练'在小学课堂灵活运用研究"，带领学校的数学老师一起探索"先学后教，当课训练"的高效课堂教学方法，引导全校数学老师学习理论知识，并带头示范上课及评课活动，提高学校的教研和教学水平。

在新教法的探索过程中，我在课堂中建立了学习小组，根据学生原来的学习基础、智力水平、学习态度、学习成绩等因素的差异，将学生分为优、良、中、差等四个层次，重新组合成若干个学习小组，每小组4～5名学生，均含有至少三个层次的学生，再加上男女生混合搭配，组成混合学习小组。我在实践中发现，男女混合搭配的小组，学习、工作的积极性比纯男生或纯女生搭配的小组高。我清楚地记得，在组建混合学习小组之后，曾有一位男同学对我说："近来在小组里复习，兴趣比以前更积极，总是想把自己的发现与组员分享，自己不懂的问题比以前更执着地去解决，但我们也希望组与组之间能进行比赛。"根据此情况，我接纳反馈，不断完善建组模式，让学生有更多发挥的机会。

（四）用心去感动，让每个孩子都有闪光点

李德成就是一个很典型的例子，他上课总是坐不住，猴子般的小动作不断，

常常影响了正常上课。他的作业也非常马虎,字不但写得乱七八糟、上蹿下跳,还到处是涂改的线条,脏兮兮的,惨不忍睹……很长的一段时间都让我很头疼。我只好一次又一次地找他,当面让他把作业一次又一次地擦干净,指着作业的一处处让他更正……通过我一次次耐心地指正与教育,经常跟他讲古人正面故事等,李德成上课的小动作开始少了,没有了以前那种猴子般的跳脱,也没再忽然引起同学们的哄堂大笑了,坐姿端正了,成绩也开始上来了。有一次他还稚气地问我:"老师,我的数学成绩90多分了,是不是你改错了呀?"我就笑着对他说:"你学习认真了,把缺点都克服了,成绩自然就上来啰,以后还要加油哦!"

他人眼中的我

(一)同行眼中的我

这两年参加黄雪珍工作室教研活动,以及黄雪珍老师这两年给我区青年教师上的示范课,让我印象很深刻,黄雪珍在2017年至2018年成功承办5次全区小学数学的青年教师技能比赛、说课比赛等活动。通过技能比赛活动,为参赛选手提供了一个展示才能的舞台,营造了相互交流、相互促进的良好氛围,通过实践不断探索、不断反思,促进全区教师在"让学引思"的教改之路上共同成长。每次听黄雪珍老师的课,都能激发学生的深层思考和情感投入,鼓励学生大胆质疑、独立思考,引导学生用自己的语言阐明自己的观点和想法。做到重组教材,力求让学生经历探究学习的全过程。在探究活动中通过动手、动脑,亲自实践,在感知、体验的基础上,内化形成新知,而不是简单地通过讲授教给学生。

(江海区教研室主任 周锦权)

黄老师是非常注重工作室的团队建设以及青年教师的基本功的打磨,如她开展"小学数学综合与实践"研讨活动,还有"复习课的专题"研讨活动等,深化了数学活动课是以兴趣为内核、以数学知识为载体的一种自主性实践活动,有效地促进教师主动参与、合作、交流,也有效地促进了数学教师专业发展。她注重自己引领的作用,多次上示范课及讲座,如2018年6月参加了广东教育学会中小学信息与教学融合创新教学设计现场说课一等奖等。深受当地老师及领导好评。

(黄雪珍工作室成员及学员)

黄雪珍教师是一位非常勤奋刻苦的老师,他先后被评为江海区第三批名教师、江门市学科带头人及江门市名师培养对象,2017年6月被聘为江海区名师工作室主持人,2017年9月被聘为江门市兼职教研员,同年10月被聘为江门市首批"名师、名医、名家"。2018年被评为广东省南粤优秀教师。黄雪珍老师坦言，这些荣誉，既是对其工作的肯定，同时也是一种压力与责任。做好每样工作，不辜负领导、其他老师、家长和学生的厚望，是黄老师一直努力的目标，而她也正朝着作为骨干教师的路上奋力前行。用"心"爱学生，用"爱"铸师魂，可以说是她人生的真实写照。

（新民小学主任、小学数学高级教师　区树明）

（二）学生眼中的我

黄老师为人正直，只要我们班上有任何不和谐的事情发生，老师每每都会用心解决，尽量做到公平、公正。黄老师是一位和蔼可亲的老师，在我遇到不懂的题目时黄老师会耐心地帮助我，纠正我的错误。黄老师当我们是好朋友，教我们做人的道理，我爱她，她也爱我们。

（我的学生　谭同学）

黄老师是一个美丽大方的好老师。学生在学习上有不懂的地方，她都会耐心辅导，直到明白。如果学生有发生冲突，黄老师都会公平公正地解决。上黄老师的课不会感到无趣，都是充满活跃的气氛，让我们学得非常开心。黄老师经常会给我们讲一些做人的道理，激励我们学习，当我们考试不理想时，黄老师都会用鼓励的话来安慰我们不要灰心，下次努力。黄老师不光是我们的老师，更是我们的好朋友，她爱学生，我们也爱她。

（我的学生　林思美）

激趣共生　和谐共融

● 江门市蓬江区杜阮镇瑶芦小学　黄玉卿（小学英语）

● 个人简介

　　我叫黄玉卿，是一名来自农村、辛勤耕耘在教育的沃土上22年的普通小学老师，执教以来曾主持或参与多项国家级、省市级课题，曾获得广东省陈晓琼名师工作室学员、蓬江区第四批名教师、蓬江区优秀教师（教育工作者）等十多项称号。我生长在一片人杰地灵、美丽富饶的沃土，素有中国第一侨乡美誉的"大江门户，南海明珠"——广东江门，南粤先贤梁启超、岭南大儒陈白沙、近代教育家陈垣、中国第一位飞机设计师冯如、建筑学家梁思成等五邑名人灿若星辰，辉映天地。丰富的地域传统文化滋养着每个江门人，让我从小养成了坚忍不拔、孜孜以求、热情和善、吃苦耐劳的个性特点，指引我二十多年的教师生涯不忘初心、砥砺前行！我始终秉承着"厚德笃学，立己达人"的原则，真诚关心每位学生和同事，用过去"红烛"的精神和现代"灯泡"的耐力，来照亮他人前进之路。淳朴的农村孩子，成长条件略差市区，因此他们的成长道路也会相对曲折。但是教育对于每一个孩子应该是公平的，作为农村教师，我会倾注给他们更多的爱心、精力和心血，为他们创造更好的成长环境。在多年农村的教育实践中，确立了我心中对农村孩子教育严与爱的尺度，形成了我的粤派教学风格——激趣、和谐、共融。

▶ **我的教学风格** ▶

　　诸子百家的思想主张：老子的"道法自然"，庄子的"天人合一"，孔子的

"仁"和"礼",孟子的"民贵君轻""施行仁政"思想,墨子的"兼爱、非攻"思想,都体现了"和谐与共融"的理念。中华文化源远流长,我的教学风格正是努力地效仿古人教育思想。同样"渊源共生,和谐共融"是2008年北京奥运会火炬上"祥云"的设计理念,我的教学风格"激趣共生、和谐共融"有着与其相近的意义。

(一)激趣

激趣是运用各种教育教学手段,我在课堂上积极调动学生的学习热情和积极性,让学生形成对英语良好的学习兴趣。我确立了"3趣教学法"——游戏带趣、情景育趣、生活增趣,多年在课堂实践和反思,让学生倾慕于我和我的课堂。这种兴趣培养有利于学生的终身学习能力的培养,每每见到毕业已久的学生回来学校探望,跟我谈起现在依旧很喜欢学英语、英语成绩越来越好等的分享,我就由衷的快乐,这应该是作为一名老师最高的荣誉,教育的本质就是培养和发展人。只有通过教师"激趣"的教学活动,激发了学生的思维,课堂上师生智慧碰撞、情感激荡,如此的课堂才能以活激活,共生共长。

(二)和谐

和谐在辩证唯物主义中是指:不同事物之间相同相成、相辅相成、相反相成、互助合作、互利互惠、互促互补、共同发展的关系。教育的和谐是创造优质教育条件以达教育环境生态的平衡,其中包含着:一是师生之间的民主平等、尊重包容,形成良好的师生关系;二是生生之间的团结友爱、和睦相处,形成一个积极向上的班集体;三是教师之间的享受课堂、沟通合作,相互关心和接纳,体现出一种职业的幸福感;四是社会、家庭和学校之间相互理解,形成合力。有了"和谐"的教学关系,才能有良好教育生态的"共融",使教育公平公正,使学生乐于分享,让师生情感交融,让教育和谐发展。

▶▶ 我的成长历程 ▶

耕耘在教育的田园上,我为人类灵魂工程师这一职业而感到自豪!在教坛耕耘的22个年头里,我为祖国的花朵倾注着知识、智慧和情感;我用着一生中最旺盛的精力和体力,全身心地投入教育工作中。22年风雨路、22年喜伴泪,我曾经浅尝甘霖,收获喜悦;也曾经徘徊不前,屡受挫折。面对一双双纯真、信任和渴望的眼睛,无论遇到多大的困难,我从未放弃信念,因为心中有爱,对孩子、对教育最本源的挚爱!

(一)第一阶段:懵懂山娃、摸索前行(1997—2006年)

农村人的艰苦童年经历,练就了我从小就不怕吃苦、不畏困难、坚忍不拔的特质。记得只有几岁的我,就开始帮忙家里收割、插秧、晒谷……常常累得汗流浃背，父亲坚定地对我说："要摆脱贫穷，就要好好读书、认真听老师的话，只有老师才能让你改变命运。"父亲的深情嘱托，让我对教师这神圣的职业感到敬佩，并深深地埋下了向往的"种子"，立志当一名"教师"，希望能帮助更多的人改变贫穷。我如愿考进了师范学校，在新会师范严格、规范的教师技能训练下，让我的教学成长受益终生。19岁在师范毕业后，我回到了我的母校杜阮镇杜阮小学任教。这是一所镇级中心学校，学校还有很多以前教过我的恩师；这是一个向上的集体，教师们团结奋进而且给予了初登讲台的我很大的帮助与指导。在教学的前十个年头，是我教学成长的磨炼期。

作为新教师的我是满怀理想与抱负，也有满满的冲劲与激情。教学伊始，由于教学经验和职业认知不足、缺乏对学生的全面掌握，曾经有过短暂的困难。20世纪90年代的农村人对英语认识不深、很不重视，不少家长连26个字母也没学过，孩子们觉得英语课可有可无。记得第一次是给三年级的3个班教学，三年级作为英语的起点学习，我带着我的学生一起"摸着石头过河"，一步一步经历了难忘的足迹。为了形成良好的家校合作氛围和了解学生的情况，我每天放学有计划的根据表现情况不佳的学生，逐个去家访，记不清多少个晚上饿着肚子坚持到9：30才回家吃饭。回想下，一个年轻女教师在黑暗的村路上行走，有时会突如其来的遇上恶犬，有时会一不小心踩进泥坑，有时甚至会被颠簸的村路上的石头绊倒，但我面对这些从没有畏惧和退缩。

由于农村人的农活忙，通常都是晚上吃饭的时间才在家，并且，过去的农村家庭条件差，很少有电话、手机和电脑等通信工具，家访是最好的解决家校沟通的办法。虽然不容易，但家访的效用很大，我也一直坚持了十几年，只有近几年通信方式的便捷和普及之后才与时俱进。但是我依旧觉得家访才是全面了解学生的最佳方法，因为家访不只是与家长言语的沟通，更是情感的交流、家庭环境的观察，对于调整对学生的教学方案很有帮助。我坚持家访、用心沟通，渐渐地感动了家长和学生。每每家访后与他们作别，有的家长经常会拿着手电筒带着孩子领我出村口，有的追上来偷偷地塞给我自家种的蔬菜，有的家长甚至开摩托车载我回家。在我的影响下，家长们开始重视起来了，孩子们学习英语的劲头渐渐地提起来了，学习效果也有所改变，让当年的我快速地站稳了讲台。

要实现教学美好的梦想，要从源头上解决问题，最终的办法就是提高自身的业务水平。爱因斯坦曾说过："假如一个人了解了他的学科的基本原理，并掌握了怎样独立的思考与工作，那么他肯定会寻找他适合他的道路。"我深知自己的不足，但我虚心与其他有经验的老师们沟通和请教。至今还记得老校长对我说的话："我从小看着你长大，你读书时就很刻苦用功，是我们学校的少先队大队长，那时的铜管乐比赛是你负责指挥棒，带着学校的队伍为学校摘取桂冠的……在教学上你一定会做得更好，拿到更多佳绩。"老校长的谆谆教诲和用心栽培敦促着我的成长，他给我压担子、勤训练，从各种途径给我创造磨炼的机会。从教学的第二年开始，我陆续参加了杜阮镇英语公开课、新会市领导视察课、多媒体整合示范课、杜阮镇课堂教学竞赛和后来的蓬江区课堂赛（杜阮镇2002年6月由新会市划拨到蓬江区管辖），等等。各类型的公开课，不但加深了我对学科知识的深究，而且提高了自身的教学方法和教学技能。我采用各类的教学手段培养学生的学习兴趣，使学生越来越喜欢上我的英语课，学生和我一起参与的教学活动也越来越有滋有味。

"初生牛犊不怕虎"，通过历练，我在各类区镇级比赛中崭露头角：前后参加了江门市蓬江区小学英语课堂教学比赛、蓬江区中小学教师信息技术与学科整合课例比赛、蓬江区青年骨干教师培训班板书设计比赛等均获一、二等奖。近十年的工作历程里，每学期都负责三个班的英语教学，每年的教学成绩均名列于镇前茅，尤其注重对优生的培养，涌现了一大批尖子生。过去的新会市小升初可以考重点初中，每届的毕业生进入市区重点分数线的有十多人，其中胡淑妍、黄柏嘉、陈子萧等多名学生以全镇前三名的佳绩考上重点中学。我课堂中不但关注知识的输入，更加强学生对英语的口语输出，通过流利的英语表达树立学生学习的自信心，多次指导学生参加各类英语口语比赛并获奖。

"要给学生一杯水，教师就要有一桶水，甚至要有长流水。"我深知，学历水平的提升有助于教学能力的提高，于是在2003年和2006年分别取得了大专和本科函授文凭顺利毕业。另外，教学管理工作也是教学技能提升的有效途径，从教学的第二个年头开始，一直担任本镇的英语科组长达13年之久，这更是一个很好的锻炼和发挥的平台，通过组织教研、校本培训、深入听课、相互磨课等有效的科研促教，也提高了自身的专业素养。2004年参加了蓬江区"525工程"名师培养，给了我更大的成长和发展的机会，还初试开展课题研究，以"自主、合作学习方式的研究"参加名师工程科研立项课题。2003年被评为江门市蓬江区先进教育科研工作者，教学的实践和磨炼，使我的"激趣、和谐、共融"教学风格崭露头角。

（二）第二阶段：突破瓶颈、苦练内功（2007—2012年）

每个教师都应该有个人的职业梦想与发展需求，但是到了职业生涯的一定阶梯，往往会迷失自我，停滞不前。这个时期的我会被过去微不足道的荣誉和成绩冲昏头脑，进入瓶颈期。为了自身的提升与发展，我很快地调整了自己，并在2007年加入了中国共产党，以优秀党员的标准来要求自己，争做一名示范性的优秀老师，向更深层次专业发展。2008年8月，我被提拔到杜阮镇松园小学接任了教导副主任一职，面对新工作、新环境、新挑战，我一点都不敢松懈，深知任重而道远，由于勤恳和踏实的工作态度次年又被提升为教导主任。

为精彩地演绎好每一节课，我往往要花上更多的时间钻研教材、查阅资料，选择恰当的教学方法手段。因为，如果学生爱上我的课，自然就爱上学英语，我由衷地喜欢孩子们能在英语知识的海洋上快乐地学习，体会外国语言的奥妙。虽然行政工作忙，但我从不欠下学生的一节课；即使有事务冲突，也会与班科任调课补回。教书育人不能单凭埋头苦干，还应有教学的反思、经验的总结、策略的调整，才能提升教学的智慧，从而事半功倍，把自己培养成智慧型的教师。

1. 春风化雨、品学兼顾

"师者，所以传道受业解惑也。"培育学生，必需时时处处以身作则，言传身教，力求以崇高的师德修养和丰富的教学知识，培养学生德智体全面发展。德育教育是课堂教学成败的关键，热爱和尊重学生，在管理上严中带爱，以德育人，严抓学生的思想教育，才能与学生融洽的相处，实现教学真正的和谐。对后进生我会特别的"关照"，随着学生的价值观不断变化，曾经有逃学、违纪、上网和盗窃小财物等的多名学生，给我设下教育"难题"。如2007年一名成绩很差的插班生小李，多次进入教师办公室偷老师的钱，最后被我发现。转化此类"问题学生"，我知道不能单凭三言两语就有所改变的。我先用亲切的关怀来作为切入口："你虽让老师费心，但劳动积极肯干，不怕脏不怕累，这是很受大家欢迎的一点，另外，你打篮球的功夫堪称无人能敌呢！"他听了我的评价，有些感触了，我给了他一个下台阶的机会："但是所有的著名篮球员或成功人士都是认真的诚实的，可是你……"，他感受到老师真诚爱护他这棵苗子，才开始慢慢道出了偷钱的原因和用途，我指出问题的严重性和告诉他如何改正错误。终于，经过多次的教育、谈心、家访，家校共同监督、关怀，在学习上多肯定他的进步，一学期下来，他不但改正了小偷小摸的坏行为，而且期末测试成绩突飞猛进，还进入了学校尖子的行列。

又如2009年所教的四年级，接手时班风学风都很差。开学初就发现，学生上课吵闹、睡觉，课间打架、追逐，课后不做作业、抄作业等的现象屡见不鲜。尤其是学生小廖是全校公认的双差生，多手多脚，最喜欢打架，每天回家都不做作业，成绩一直都在班的最后。开学不到两个月，就把一位年轻的班主任何老师吓走了。后来接手的班主任也是一位新教师，为了帮助新教师改变班级的现象，我决定从班级管理入手，有针对性地开展教育工作。首先，在家校合作中，与班主任李老师一起跟家长取得联系，寻求家长的配合和支持。其次，在日常教学中，制定班级的规章制度，把握好奖惩的尺度、严厉执行。然后，在学生管理中，拿捏好教育的"火候"，做到严而有爱。重点关注小廖、小沛等几个最为突出的双差生，留意他们的一举一动，强化他们好的行为习惯，并善于发现他们的闪光点。终于在学期末，这几个双差生有了很大的改变，打架的现象基本没了，逐渐地还按时完成作业交来给老师。顺势我用"以点带面"的方法，使整个班风学风都有了很大的转变，给新班主任解决了班级的教育难题。

2. 激发兴趣、点燃热情

兴趣是最好的老师。培养学生学习的兴趣，最好的办法就是培养学生对学科和老师的兴趣。这种兴趣有利于教师与学生之间民主、平等、尊重、互信氛围形成，只有融洽的师生关系才能促进学生积极参与和主动学习。在英语课堂教学中，我采用各种各样的教学方法和手段，运用简笔画、多媒体、实物、图片和情景等方式教学。激趣的方式也丰富多样，我常常以"三趣教学法"贯穿课堂——游戏带趣、情景育趣、生活增趣。

"游戏带趣"是在课堂教学中贯穿游戏，这是我的英语课堂教学中必不可少的教学环节。英语游戏让小学生喜闻乐见，能引发其强烈的内心需求和主动的学习意识。如复习单词时，多采用"快速闪卡片""大小声""听音传词""做嘴型猜单词"和"Simon says"等类型的游戏。这些英语游戏存在普适性，而且操作简单，方便快捷，更能激发学生学习英语的热情，引领学生轻松愉快地参与英语学习活动。

"情景育趣"是适合新知教学，有趣的情境创设在教学中显得尤为重要。精心创设有效的英语教学情境，吸引学生主动参与、积极探究，使学生能更好地感悟、理解和运用知识。因为孩子们天生具备创造性，只要教师有效地引导，孩子们定能打开智慧之门，发掘学习的潜能。如在 Unit 7 Is this a dog? 一课，我以带学生参观动物园为情境，把教室"变"成了动物园，让几个比较活泼爱表演的学生来扮演动物 polar bear、panda、lion、tiger、rabbit、dog、cat，学生戴着头饰走 Fashion Show，他们边表演边介绍"I'm panda. I'm black and white. I like bamboo. …"全体学生欣赏着这些可爱的"小动物"学习"What's this? It's a ____. / Is this a ____? Yes, it is. /No, it isn't."在学习语言知识的同时，让学生在活动中感到英语学习的乐趣，体验英语学习的成就感。

"生活增趣"即生活教育，教师要善于捕捉孩子身边发生的趣事，观察学生身边热门事件去创设教学情景。了解学生关注最多的事情，知道学生喜爱的课外活动，如经常观看的动画片《喜羊羊与灰太狼》《功夫熊猫》《熊出没》《小猪佩琪》，以及流行歌曲、电子游戏和动画动漫等，教学设计时要尽量做到投其所好，这样才能激发学生的真实生活体验，在真切的情景中投入学习。

3. 活动践行、培养能力

在英语实践中，我深深体会到英语活动对学生能力的培养起到关键作用，因此，教学中我努力创设多元化的英语活动，英语歌曲颂唱比赛、英语故事演讲比赛、情景表演比赛、单词竞猜比赛等。历年所教的毕业班，在考试前夕，我都以举行小组英语情景表演大赛的方式来检查学生小学阶段的英语学习情况，同时促进毕业生牢固各阶段知识，争取顺利完成毕业考。大赛前，学生分好小组、制作道具、分配角色、团体合作、演绎故事，当他们一个个自信满满地上台展示、并兴高采烈的为同学鼓掌时，都使我感到快乐和欣慰。这样的情景表演活动增强了学生的学习自信心，也加强班级凝聚力。

　　课堂教学还应传授给学生生活的技能与本领。在学生实操活动中，我实施动手能力和创造力培养设计项目，如制作英语小贺卡、写英文书信、发英语电子邮件等，让学生找到英语学习的乐趣，体验学习英语的成就感。每年的新年，学生会自发地为喜欢的老师制作英语贺卡，他们那一份份珍贵的小礼物已把我办公的书柜塞满了，孩子们的心意我都珍而重之，不舍得丢弃。除此之外，我也曾以班际或校际的方式举行创编英语歌比赛、英语书写比赛、猜单词比赛等的技能活动。小学生天生好动、好玩，自然而然的沉浸在活动当中。让学生在语言实践的海洋当中畅游，使学生的英语能力得到提高。

　　团队互助、共同成长对于教育的发展尤为重要。当时，作为学校的教导主任兼任杜阮镇教研科组长的我，秉承着"助人达己"宗旨，认真开展教研活动、带头上公开课，主动关心和培养本镇和本校的青年教师，体会他们教学的甘与苦，推进他们的教学成长和专业化发展。如指导冯小江、李泳颐、刘美婷等老师参加蓬江区课堂教学、说课和基本功竞赛获得佳绩。2015年下半年本人的镇"名师工作室"成立以来，形成强大的教学团体力量。发挥工作室在课堂教学、教研科研和专业引领方面的作用，与青年教师一起研究、共同成长。发挥好工作室的辐射和引领作用，每学期举办多次的教研活动和专题活动，如2016年召开的"名师之路，携手成长"讲座等，致力于提升教师群体素养。

　　在前行当中，我不断学习积累教学改革经验，认真提高教研的能力，努力使自己从教务型转变为研究型的教育者。勤于动笔、善于思考，总结教学经验、积极向媒体投稿。多篇报道在教育新闻网、教育简讯和《江门日报》中发表，连续两年被评为"蓬江区优秀通讯员"。《互动课堂教学，激发学生兴趣》《精彩的导入，有效的开始》等多篇论文、教案和课件在全国、市、区、镇的各级评比活动中获奖。积极投身于各类的业务学习和培训，提高自身的理论水平：2006—2008年的蓬江区"小学英语青年骨干教师培训班"，2007的广东省"Guangdong Education Department English Training Program for Primary and Middle school teachers, 2007"，2010年的"第五届全国小学英语教学观摩研讨会"等学习。通过教学的理论与实践相结合，加深了对自我教学风格的深究和理解。

　　（三）第三阶段：积极进取、跨越发展（2013年至今）

　　事物的发展趋势必然是曲折的，教师要由稚嫩到成熟间的跨越式发展也不可能是一帆风顺。要想有提高和飞跃，就需要自身的不懈努力、同仁的大力扶持和个人的长远规划。2013年，我的职业发展路程中开启了新篇章。通过蓬江区的领导竞岗，我以突出的表现竞聘为学校的副校长。同时被选拔为江门市首批乡村教育之星培养对象，这使我倍受鼓舞。2017年，我的努力再次被肯定，先后通过了小学英语高级教师资格和顺利被选拔为江门市第四批名教师培训对象，感恩上级给予我再学习、再提高的机会。

2013年，参加为期三年的"江门市首届乡村教育之星"培训，正是这不平凡的一段经历——培训当中认识了不少名家大咖成了我的指路明灯，使我走出教育的误区；不少同伴学员间的项目合作与交流，让我豁然开朗、醍醐灌顶。

2017年的"江门市第四批名教师培训"更是收获满满。记得起初2月通过资料审核、现场面试等严格的选拔程序，剖析了自己的优势与不足。培训期间，聆听蒋友梅、熊焰等教授们高深的理论讲座，启发了我的教育的智慧、了解了教育的前沿与发展。闫德明教授说："每个人要找到自己人生中的导师，不能只是'被学习'。多跟岗学习，多交流挂职学习。"培训中的两次跟岗学习，给我留下了深刻的印象，找到了我人生和教坛的导师。广州跟岗的导师是西关实验小学陈俊芳校长，她指导不仅是教育教学，更多做事做人。作为校长，她善用同理心，多次在科组中鼓励和肯定科组老师，面对动荡和任务依然乐于接受，表现出她的豁达和欣慰。"凡事摆正心态、心平气和，学会梳理情绪，养心养性，做情绪的主人"是在她身上学到的大智慧，感恩遇上如此高雅的"人生导师"。第二次跟岗的老师是杭州文一街小学的陶洁校长，她的专业、敬业、亲切和热情让我久久回味，她为我们量身定做的跟岗听课活动，特意安排了她工作室的几名省级名将为我们开示范课。干货满满的七天，我收获的不只是知识，而且是人文、理念和情感，因此，感谢我的"教坛导师"。

此外，为了开阔视野、提升理论水平，我在此阶段继续参加各类培训充实自己，如广东省小学英语"微课教学"优秀案例展示活动等。每次的培训都将学习的经历提炼成心灵的感受，并善于在教学中加工和实践，用先进的教学技术让课堂变得更加生动有趣。其中，2016年参加的"广东省中小学英语3A课堂课题研究总结交流会"，让我得到了很大的进步。我认真地聆听专家的精彩讲座，积极地参与各地区课题组进行分组探讨，在研讨会上我热烈地与同行讨论，并作"如何开展网络教学的课题研究"的经验介绍，向同行探讨了课题研究的中遇到的困惑。通过学习和交流，推进了个人能力和业务素质。在自我修炼过程中，也在积极探索教学改革，不断追求别具一格的教学风格，努力将自己由经验型教师向学者型教师转型。

2013年8月，我满怀信心赴杜阮小学任职副校长，履行好副校长的行政职能，把学校建设、教师发展和学生成长作为己任，负责松园校区的全面工作。我主动协调学校事务，对学校一些中心工作、重大活动，及时提建议、做参谋，使各部门工作落实到位。管好分校区的人和事，向严格的管理要质量、要效益。为推进全体学生的全面发展，规范学生的良好行为习惯，举办全校的"书中自有香肠肉"食物银行活动，通过活动来规范学生行为，奖励行为良好和品质优秀的学生。活动调动了社会热心人士的力量，为优异的学生提供生活和学习必需品，让我们农村的学生，能够通过努力分享到香肠、大米、文具、玩具等，引导学生感恩和向善，做一个对社会有用的人。我深知学校行政的角色定位，如果学科教师课堂教学可以影响一百多个学生的成长，那么行政工作的落实就能影响到一千多个学生的发展。因此，行政决策中的整体规划和管理水平对学校的高质量发展有着重要的作用，对我的能力锻炼也是非常的重要。

2017年9月，我被调到本镇的瑶芦小学继续担任副校长，其间被评为"蓬江区第四批名教师"。由于上级的关心与重视，2018年9月以行政交流学习的方式，调动到蓬江区市区发展小学。我深怀感恩，也明白机遇和挑战往往并存。通过这一年的工作交流，我组织了一项又一项在农村学校不可能做到的教学活动：英语课组沙龙教研活动、蓬江区英语能力大赛会场工作、蓬江区英语教学评价专家讲座会场工作、江门市小学英语能力大赛会场工作和课题研讨会等市区级的大型活动。如在江门市能力大赛中，通过对活动进行全面策划和布置，对主持组、礼仪组、资料组、培训组、后勤组……深入培训和预演，同时为徒弟陈玉清老师的日夜磨炼，锻炼了自己细致入微的会务工作能力，也使活动得以圆满落下帷幕。大型教研活动有着强大的影响力，也让老师们教育理念得到了升华，为教育教学氛围注入了新活力，也促使自己努力成为学校工作的推动者与引导者。

花儿的绽放离不开阳光雨露的沐浴滋养，个人的专业成长离不开"理论引领、创新实践、终身学习"的厚积薄发。我昂首走在逐梦的路上，坚忍不拔、永不言弃……

1. **勤研探究，磨炼自我**

我不仅认真教学实践，而且善于反思总结、勤于动笔，在论文发表和课题研究上都收获颇多。《小学英语感知学习风格教学策略初探》《如何构建民主、和谐、平安的农村校园》等多篇论文在国家及地方期刊中发表，主编的《感知学习风格理论论文及案例》顺利出版，该论文集展现了教师们英语教学的新思路，汇编了优秀的教学案例。2016年，我首当副主编，参与编写的6册德育教材在校内全面铺开使用，提高了学生的素质修养。笔耕能有效提升理论水平，教育反思和总结是个人教学成长不可或缺的部分，《让英语课堂融入喜怒哀乐的情感》《如何促进未成年人的良好行为养成》等多篇论文在省、市、区中获奖。

2. **科研教改，完善自我**

在创新探索方面，我加强课题研究，努力实现科研促教、科研兴教。2015年6月和9月，我主持的江门市和广东省两项课题分别得到了立项。在课题的背景下，以我校英语教研为主阵地，分别开展了丰富多彩的课题研究活动，有效促进了教学，培养了学生的能力。主持的江门市级课题"基于感知学习（VAK）小学英语教学模式的研究"，感知学习风格的教学模式的研究，促进教师对教学策略与教学技能进行适度调整，探索出适合各年级的不同教学模式。主持的广东省级课题"网络环境下中小学生英语自主学习能力的培养"课题促使师生运用好网络教育平台，提高了网络操作的技术。网络环境下的学习大大提升了学生的主动参与性，更利于学生的自主学习。课题的研究把教学实践和理论相结合，让我更好地找到自我成长的方向并总结教学的风格。

3. 笑迎赞誉，提升自我

我从教 22 年来，荣获了"江门市蓬江区名教师""江门市蓬江区优秀教师（教育工作者）""蓬江区教育系统优秀通讯员""蓬江区小学课程改革带头教师"等诸多光荣称号，心里充满了感动、感激和鼓舞。我感恩学生对我的爱戴、家长对我的信赖，以及同事的关心和领导的培养。尤其令我感恩的是本年度有幸加入了广东省名教师陈晓琼工作室，使我得到了一次很好的锻炼和提升的机会，跟着高端名师的足迹，一步一脚印地让自己变得更优秀。由于一路的坚持不懈，我参加各类竞赛也收获满满，如在蓬江区首届微课制作大赛、蓬江区青少年教具设计大赛分别获得了一、二等奖。

承前继后，展望未来。人的价值和高度是由自己决定的，提升自身能力、见证学生成功和帮扶同伴成长是我一直以来的追求目标。把教育苗圃上的花朵浇灌得更加艳丽，让我们的人生从此与众不同。江门市名师培养项目给了我一个快速成长的摇篮，通过第二师范学院专家、教授们精确和耐心的指导，结合我在教学实践中不断反思和探索，"激趣、和谐、共融"的教学风格逐渐生根、发芽、开花、结果……

▶▶ 我的教学实录 ▶

一、教学实录

（一）教学目标

（1）运用熟知的句型 What's this? 引入新句学习，熟练询问远处单数物品句型 What's that? 的问答。

（2）一般疑问句 Is that a…? Yes, it is. /No, it isn't. 的运用。

（3）颜色类形容词在生活中的灵活运用，如：a yellow door, a black window, a white lamp 等。

（二）教材分析

本课为《开心学英语》三年级下册起点英语的教学内容。上一课 colors 刚好有了很好的铺垫，对学习本课 black 和 white 两个颜色的单词有很大的关联，因此本单元也采用了"以旧引新"的方法引入当天的学习。同样第一册学习的"What's this?"句型，为学生更好地理解和运用本课句型 What's that? 有很大的帮助。关键解决本课的重难点：如何灵活地运用颜色类词语形容相关名词，表述物品的颜色。

（三）学情分析

三年级学生刚接触英语半年，词汇量较少，语言表达能力也不强。但他们的学习的兴趣性相对较高，容易投入到教师的活跃的课堂中来，调动学习的积极性相对容易。有见及此，教师要针对该学段的学生特点设计形式多样的教学方式，以切合学生的实际需求。

（四）教学现场

Title：Book 2 Unit 3 My Room

Key Words：black，white，door，window，lamp

Key Sentences：What's that? It's… Is that a hat? Yes，it is. /No，it isn't.

Teaching aids：PPT，color pen，Chinese Magic Face

Teaching Process：

Step One Warming up（课堂热身、以旧引新）

1. Game 1：Sharp Eyes（游戏激趣，引起关注）

T：Hello，boys and girls. How are you?

Ss：I'm fine，thank you.

T：Do you remember what's this?（指着教室提问）

Ss：It's a classroom.

T：That's right. Today we're going to learn My Room.（引入课题）

T：You're so Smart. Let's play a game Golden Eyes. Answer my question：What's this?

Ss：It's a desk/chair/pencil……（表扬和激励优秀小组）

2. Sing a song（歌曲带趣，师生互动）

T：Can you sing?

Ss：Yes，I can.

T：Do you like sing?

S1：Yes，I do.

T：Let's sing "Red，yellow，blue and green".

3. Game 2：Magic Face（中国变脸，复习引入）

T：Do you know that?（出示中国变脸的各种颜色脸谱，复习颜色单词）

S1：It's a face.

T：That's right. It's Chinese Magic Face.

T：I can play the Magic Face with the different color. Let's see. What color is it?

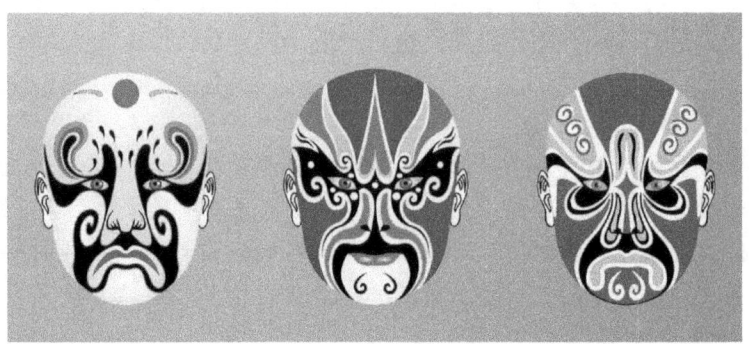

Ss：It's red.

T：What color is it?

S23…：It's yellow/blue…

T：Can you come and play? I will ask eight students to the front.

S4… What color is it?

Ss：It's red/yellow/blue…

Step Two Lead in（创设情景，引入新课）

T：This game is funny. I'm very happy. Are you happy, boys and girls?

Ss：Yes, I am.

T：Tony is happy too. He takes us to the zoo.

T：What animal can you see and what color is it?

Ss：It's rabbit fish hippo…

Ss：It's red yellow blue…

T：Who can say out the colors and the animals? The whole class say out the color. One student says the animal.

S：rabbit—fish—hippo—cat—elephant—horse—monkey—dog

Ss：pink—yellow—purple—red—green—brown—blue—orange

T：Can you make more sentence?

Ss It's a red cat. / It's a yellow monkey. / It's a blue fish. …

Step Three Presentation 1（联系实际，以旧引新）

T：Look, Another animals is coming. This animal is short and fat. What's this?

Ss：It's a panda.

T：What color is the panda?

Ss：It's black and white.

T：What color is ××'s shirt/pants…（随机使用学生身上的衣服，进行课堂操练黑、白色和其他颜色）

激趣共生　和谐共融

S1: It's white.

S2: It's black.

……

T: What color is this zebra?

Ss: It's black and white too.

T: The colorful zebraiscoming. Is this black and white?

Ss: No, it isn't.

T: What color is that zebra?

S1: It's pink, blue, yellow, black and white.

Step Four Presentation 2 （结合情景，学习新知）

1. **Leading in and learning the new word door**

T: We're happy. but we're tired. Tony invites us to his home

T: Listen! "Tap-tap-tap." What's this?

Ss: It's a door.

T: What color is the door?

Ss: It's yellow.

T: Tony's door is yellow, a yellow door.

Ss: a yellow door/a yellow door.

T: But our Classroom's door is silver.

T: How many doors are there in my classroom? (Use the door in the classroom.)

Ss: Two doors.

T: Classroom's door is silver. Two silver doors. This door is silver. That door is silver, too.

2. **Learning the new sentences**

T: Gogo can fly. He asks us difference What's this? What's that?

T: What's this? And what's that?

S1: It's a pen.

S2: It's a book. (Writing on the board)

T: What's this?

S1: It's a a blue window.

T: How many windows are there in my classroom?

S2: There are four.

3. **Talking and saying**

T: Read after me the Sound am— lamp.

S1,2…: am—lamp.

T: Listen to the tape and read after it.

T: Read the dialogue in your group.

…………

T: Now, Show the dialogue in the front.

Ss: What's that?

S1,2: It's a pink lamp.

…………

Step Five Practice 1 (填空练习，学以致用)

T: Please finish the exercise in the paper.

What's that?

1. It's _____.   一个红苹果

2. It's _____.   一只粉象

3. It's _____.   一个橙色的盒子

T: Good writing. (Check out the answer)

Step Six Chant. (齐唱歌曲，巩固知识)

1. Hat and cat

T: An animal is coming. What's that?

S1: It's a hat.

T: "Miao, miao" Is that a hat?

S2: No, it's a cat.

2. Bear and chair

T: What animal can you see? Is that a bear?

Ss: No, it isn't.

3. Chant.

T: Ok, Let's chant together.

4. Make a new chant (改编歌曲、发展潜能)

T: I have a new chant. Can you make a new chant with your partner?

S1: Is that a rabbit?

S2: No, it isn't. It's a monkey.

T: OK. Writing down your new chan, please. (Check out the answers.)

Step Seven Practice 2 (拓展练习，运用新知)

1. Game（游戏复习，巩固新词）

T：You did a good job, boys and girls. Now let's have a game of Sharp eyes.

Ss：pink—yellow—purple—red—green—brown—blue—orange

2. Color your own room（课堂绘画，形象生动）

T：I have a picture of a new room. But no color on it. Color it please.

············

T：Talk your room with your classmates. e.g. a blue window.

Ss：a yellow window/ a red door/ a pink lamp…

3. Finish the line and the phrases（homework 作业）

T：Write dowm the phrases. Can you say out the phrases

S1：a yellow window/ a red door/ a pink lamp…

Step Eight Summary.（知识小结、思想教学）

T：This class we know the more animal and things. The animal is lovely. We must take care of them.

二、教学反思

本课为《开心学英语》三年级下册的教学内容，在学生才刚刚接触英语半

一、连线

red yellow blue green purple orange pink brown black white

window chair door dog cat table book desk lamp ruler pen

二、写出物品的颜色。例：a black fish

1. _____   2. _____
3. _____   4. _____
5. _____   6. _____
7. _____   8. _____

年的背景下所上的一节教学公开课，教学设计符合了三年级学生的具体学情，有效地激发了学生的学习兴趣，收到了良好的教学效果。

（一）有趣的导入，和谐的气氛

课堂教学艺术是一个整体，而"课堂导入"是整个课堂教学中一个十分重要的环节。好的导入犹如乐师弹琴，第一个音符就悦耳动听，能起到"先声夺人"的效果。教师的巧思、妙导，会激起学生的积极情感，使学生对英语学习产生浓厚的兴趣，有效地吸引学生的注意力，使其尽快进入英语学习的状态，使他们主动、快乐地参与教学过程。My room 教学中，除了简单的 Free talk 和 Games 等热身活动之外，主要采用一种传统文化——Chinese Magic Face 中国变脸的元素进行中外融合教学，使英语课堂趣味横生。将学过的旧知识贯穿到游戏当中，使学生产生一种新奇和兴奋的心理状态，激起积极的情感，调动他们主动、快乐地参与教学，创设了轻松和谐的课堂氛围，为整个教学过程顺利、优质地完成做良好的铺垫。

（二）巧用信息技术，激发教学活力

充分运用多媒体教学，将信息技术与学科整合，不但能使教师教得轻松且能充分发挥学生的主体作用，调动起学生学习的积极性、主动性和创造性。通过鲜明的图像、有趣的声音刺激学生的视觉和听觉，生动的影像刺激右脑的记忆，吸引学生的注意力，创造浓厚的学习兴趣，从而有效地提高学习效率，极大地改变了传统的、枯燥无味的英语教学模式。My room 教学中，把视频歌曲 Red, yellow, blue and green、动画故事 Tony invites us to his home、单词 a door 切入声效"Tap-tap-tap"等图、文、声、像的形式交互使用，增添了课堂的趣味性。

（三）生活化的教学，让教育生态共融共生

三年级学生虽然英语的知识面不大，但创造力和好奇心很强。我在本课教学中，采用贴近他们生活的方式设计教学，如把 rabbit、fish、hippo、cat、elephant、horse、monkey、dog 等小动物染上特别的颜色，让他们交流和训练；又如巩固新知的时候，让学生给自己的房间涂上喜欢的颜色后与小组分享和谈论。使学生在真情实感中实践和体会知识，把知识运用到课堂情景中去，提高学生的知识运用能力。特别是在教学中插入"中国变脸"这种元素在英语中的运用，既让课堂具有新鲜感，又让英语教学不失对中华传统文化的传承。英语是一门培养语言交际能力的实践课，如果语言脱离了情景，就失去了真实的意义。在本节英语课堂中，贯穿了语言操练、情境对话、角色表演、看图叙述、小组讨论等活动，培养了学生的创造性思维和合作能力，让学科知识融入生活，以达学以致用的教学目的。

我的教学主张

教育是培养人的活动，应该将教书和育人作为最高宗旨。英语教学不单是知识的传授和技能的训练，更不能忽略的是情感的切入和品格的培养。积极丰富的情感能促进学生的认知和意志的发展，健康向上的情感有助于学生积极参与语言学习活动。因此，我的教学主张是："英语融入喜怒哀乐的情感体验和人生感悟"，以情动人、情感交融、激发兴趣。

（一）以"喜"带趣，课堂充满欢笑

幽默和谐的课堂，能给学生带来激励、唤醒和鼓励的作用，还能调节学生厌学的心理和带动愉悦的课堂气氛。教师要善于运用幽默化解尴尬，促进课堂和谐。在每节课的后半段，是学生最容易分神的时候，我习惯攻其不备地给学生讲一两句他们感兴趣的笑话。如教动词现在分词的时候，我发现陈斌分神了，正在东张西望。"今天陈斌的朋友找他来了，原来是窗外的小鸟，怪不得他总是看着外边。Look! The bird is flying. Are you flying with the bird, 陈斌?"这时候的课堂顿时响起了一片片的笑声，就这样，把"开小差"和"打瞌睡"这类课堂的"天敌"吓跑了。

有一次，教学动词比较级"fast, faster 和 fastest"三个单词，请出 3 名学生在课堂互动，让他们分别示范在教室走道上竞跑，最后，文浩同学最快。我灵机一动赞美一句："文浩你要比刘翔还要快！我们今后管你叫'文翔'好啦！"教室里哗的一声笑开了，文浩也露出了自豪的笑容。我顺势教了"fastest"和"文翔 is the fastest of the three."。那一堂课，学生的朗读声特别响亮，学习热情高涨，愉悦的气氛延续到最后。

学生的学习情绪和教师的教学情绪是相互传递、相互影响的，教师作为课堂的主导者，懂得调控情绪是和谐课堂关键。面对学生突发的行为，要机智、巧妙地用幽默的、贴近知识的语言代替严厉的批评，看似轻描淡写，实质是一种婉转的批评和善意的提醒。幽默的语言能让老师成功的掌控课堂的走向，化解师生间可能存在的对立情绪，有效促进课堂和谐共生。

（二）以"怒"正身，课堂另辟德育蹊径

怒，并不代表单纯的责骂，而是要在教学活动中开展一种挫折教育。现在的学生通常是缺乏吃苦的精神和克服困难的勇气，因此要通过一系列的活动给学生一定的"挫败刺激"，从而提高他们对挫折的心理承受能力，培养乐观向上的生活态度。在教学中渗透挫折教育，让学生懂得如何正确对待挫折。理想往往是美好的，但实现却是曲折的、漫长的、艰巨的，要鼓励学生培养战胜困难的勇气，不怕吃苦，不畏挫折。

例如，在课堂教学中设计一些竞争性强的课堂活动，让学生懂得胜不骄败不馁。我在每组选出一位学生代表进行"单词接龙"游戏，规则是每组组员可以提示读音，但是必须是由该同学代表拼写出单词。这时，有的同学为想不出单词而着急，有的就为同学代表拼写不出来而气愤。比赛总会有输赢，最后输掉的整组同学要接受"大惩罚"，当他们正准备互相埋怨的时候，我立刻进行了心理疏导。"同学们，马克思说过：'在科学的大路上，没有平坦的大道，只有不畏艰险、沿着陡峭山路攀登的人，才有希望达到光辉的顶点。'只要你们是相互信任的，大家都尽力了，输赢成败并不重要。"

情感是相向的，教学的激励性评价很重要，但有时候也需要让学生感受到老师的"怒"。面对开小差的学生，我常常通过皱眉注视和突然提问等方式提醒。这种暗示性的挫折提示，既不影响教学进度，又能将学生不良的习惯纠正，快速地投入学习中。通过课堂中的挫折教育，告诉学生"吃一堑，长一智"的道理，让他们接受暂时的挫败，因为，具备抗挫折能力才能影响其一生。因此，要让学生正确对待学习过程中的挫折，逐渐形成持之以恒学好英语的动力和信心。

（三）以"哀"导善，课堂感悟人生百态

哀伤的情绪常常可以唤起心灵深处细腻的情感，在课堂中创设出让学生感动的情景气氛，能找到学生感情的交流共鸣。因此，我在教学设计中常以一些感人的事例作切入点，找到促动学生感动的突破口。

在设计《开心学英语》Book 8 Unit 7 I have a bad day 一课时，我结合近期发生的自然灾难：四川"5·12"汶川大地震、"4·20"雅安地震、日本海啸等渗透到课堂教育。我用日本卡通人物 Doraemon（哆啦A梦）作主线，介绍他的一天："He had a bad day. Many places had earthquake." 还介绍 Doraemon 如何帮助灾民。最后，给学生布置作业，用英语和灾区小朋友写慰问信，表达对他们的关心和支持。通过悲伤、感人的事例教育学生懂得感恩和珍爱生命，同时通过表心意激发学生在灾难前要有同舟共济、齐心协力的精神。

哀伤的情感共鸣是课堂教学的"活化剂"。真情、真诚、真挚的感人事例不但能打动人心，更能使学生在真情实感中深刻的掌握知识，并把知识融入生活。

（四）以"乐"促学，课堂充满阳光能量

愉悦的心情能带动起乐学的氛围，学生的乐学是一种通过学习而获得的自身满足感和幸福感的体现。乐学会上升到爱学、善学，它能带来持久的学习动力和兴趣。教师在课堂上要善于采用多样的教学形式，借助和运用快乐的情感力量，激发学生的好奇心、求知欲，使他们在愉悦的情境中乐学。

首先，我以"生生互动"的方式，设计课文的情景表演，搭建一个可以展现个性的舞台。用这种创设课文情境的方式开展情感体验，在表演中让学生尽情发挥，使英语课堂成为他们展现自我的大舞台。根据每课的教学内容，组织学生以 group work 或 pair work 的形式进行情景表演，使他们敢于表达、大胆创新。通过课文表演，学生们会逐渐地掌握技巧。如在角色的分配上，他们会将简单的部分留给成绩较为中下的同学，话语较长的角色就由尖子生承担；在朗读的技巧上，学生会融入句子的感情中，达到情感上认识。同时，同伴间能相互聆听、相互学习，当遇上难点可以共同地解决。这样，通过同伴合作、自主探究地学习，让学生感受学习英语的乐趣。

其次，我以"师生互动"的方式，正面评价和激励学生，帮助他们树立学习信心。并在教学中善于发现学生的闪光点，做到及时有效地表扬。学生在课堂上的尝试和出错，都渴求老师的肯定和鼓励，这时，只要老师的一个默许的眼神，一句鼓励的话语，一声由衷的赞许，都会极大地调动学生学习的积极性。"You're wonderful!" "Don't be shy, You can do it." "Good try, Try it again!" 在老师真切期望和热情鼓励下，学生形成自信积极的心态。

最后，我以"游戏互动"的方式，让学生边玩边学，创设出和谐的教学环境。小学生天性活泼好动，结合教学内容，设计适度的游戏，让他们在"动中学，学中动"。设计的游戏环节使课堂趣味无穷，有利于调动学生的学习热情，提高学习效率。越是让学生感觉有趣、愉快的任务，就越能激发其参与学习的欲望。以学生的兴趣为支点，让学生乐于参与，我尽心设计每一个游戏，把教学内容巧妙地融入游戏当中。如教一些语音类单词时，为了让学生辨清单词的不同发音，我惯用"看嘴型，猜单词"游戏来开展游戏。又如教了动物类单词，我让个别学生扮演动物的声音或动作，让全班学生猜单词。再如教动作类单词时，为了让学生更快地掌握单词的动作意思，我较多使用"Simon says"这个听单词做动作的游戏来巩固新知。每一个游戏都能将课堂气氛推向高潮，让学生在愉悦的

心情中学会了知识。

英语教学要注重对学生情感、态度和价值观的培养。我的教学主张关注学生的情感因素，重视开展情感教学，积极培养学生的情感态度，培养良好的学习习惯，发展学生的积极向上的个性。把"喜怒哀乐"贯穿于课堂之中，激发学生的学习动机和兴趣，以情导学、以情促教，创造学生更乐于参与、主动学习的和谐教学环境。

我的育人故事

"同理心"让花儿开得更加娇艳

从任教的第一天起，我就下决心把自己毕生的经历奉献给教育事业。良心告诉我：你面对的是祖国的未来和希望，你的一言一行都会深深地影响到每一个孩子的成长。因此，我一直把"敬岗爱业"放在首位，严谨治学、教书育人，时刻要求自己尽好一名教师应该有的本分，把爱心奉献给每位学生。但身在农村，深知教学的"异象"不一，但善用"同理心"构建心灵的桥梁，常常让我所遇到的教育难题迎刃而解。同理心不等同于同情心，同情心只是一种情感体验，源自人的善良品质。而同理心是社会交际过程中所表现出来的与他人交往、相处、共事的能力，懂得站在对方的角度思考和处理问题。当采取积极的同理心和主动的方式去解决教学中出现的问题，认真聆听他人的心声，才会对他人感同身受，处理事情的时候才能运筹帷幄。

再顽皮的学生内心都有柔软的一面，只不过要看那件事对他的触动有多深。有的影响可能一瞬而逝，有的改变一两天，可是也有的会影响一辈子。但是如果学生面对的一个自以为是、板着面孔的老师，他们就不敢吐露心声、表达情感、改变现状。如何在教育中让学生"顽石点头"？首先要拉近学生与你的距离，学生才愿意与你谈心里话，你才能有机会倾听到学生的心声。然后做到"润物细无声"，真心实意地理解、关心学生，才能赢得孩子的认可和信赖。

我不会忘记有一年的一位插班生——六年级的李浩，他长得高高帅帅的，看个头完全不像是小学生，乍一看还以为是社会青年。经过一段时间观察，我发现，他不但有社会青年的样子，更有社会青年的脾性，经常像"大哥大"一样叫唤班里的同学，有几个调皮鬼有时还跟着他去捣蛋。经过深入了解，原来他在老家是放任式读书，喜欢上学就去，不喜欢就逃学、到处游荡，老家的祖辈监护人从不过问，以致问题越来越严重，父母才把他带到身边来管教，但毕竟孩子现在已经步入青春期，要一下子改变谈何容易！

面对这"顽石"，我费了不少的心思。从他的"领导力"看，他是一个很聪敏的孩子，只是过去的成长经历让他走错了方向而已。于是我决定从他的学习自信心方面着手，采用"同理心"来博取他的"同情心"。据了解，这个外来工子弟在老家从没学过英语，可以说一点基础也没有，初来乍到一下子让他上六年级的英语课，可真是难为了他。我利用课余时间帮他从基础开始补课，而且对他的点滴进步不但即场表扬，更在班里大肆宣扬，巩固他的"大哥大"地位。有一段时间发现他表现好，还让他当起了小组长，我就鼓励他说："老师觉得你是一个好料子，成绩落后只是暂时的；而且我还认为你很有领导力，有信心当一次小组长来锻炼一下自己吗？""真的吗？老师，以前没有老师相信过我，我试试看！"当他的脸上流露出又惊又喜的表情，后来这小小的"芝麻官"让他欣喜了很长一点时间。渐渐地，半个学期过去了，我发现他的课堂专注力开始集中了，有时还能听懂老师的口语。我赶紧把他的改变告知他父母，同时要求父母在家多给予鼓励和肯定，并利用这个机会弥补与孩子亲情的缺失，修补彼此心灵的鸿沟。

这种"涉世"的孩子特别容易洞察别人对他的感情好坏，当他领会了老师的真心，进步可以说是一日千里。期末考试到了，谁也没有想到零基础的他能够拿到了及格。临毕业前，他把班里的个别"捣蛋鬼"也帮忙"收服"了，班风班纪得到各任课老师的一致好评。老师给学生传递的情感和付出的真心，让学生感受到被理解和尊重，产生温暖感和满足感，换来了孩子的不断改变，最终走出人生的雾霾。

同理心是一种教育的唤醒，可以融洽师生的关系。在教育教学过程中，我很享受与学生发生的种种健康的情感，与其同乐、同忧、同进步，让彼此聆听心灵的声音。采用同理心的教育教学行为，最终能赢得学生的认可和信赖，促进教育教学的和谐健康发展。

▶▶▶ 他人眼中的我 ▶

（一）专家眼中的我

那一段段朴实的求学经历感人至深；那一行行的育人故事回味悠长；那一堂堂课改的实践飞扬着志趣——走近黄老师，就仿佛读着一本厚实的书，在这本书上，写着对教育的热爱和奉献；走近黄老师，就仿佛聆听一首优美的歌谣，在这首歌中，唱着永恒的责任和担当——一切为了孩子的成长。黄老师"激趣共融、和谐共生"的教学风格，在实践中实现师生心灵的对话、思维的碰撞，给予学生极大的唤醒、鼓舞和激励，很好地诠释了教育的真谛。教学风格将不断地焕发出新时代的动人风姿。

（江门市教育研究院英语教研员、教育部教师司"国培计划"专家、小学英语高级教师、广东省特级教师、全国小学十佳外语教师　陈晓琼）

(二) 领导眼中的我

黄玉卿老师所任教班级的班风正、学风好，我对其无私奉献的敬业精神、严谨求真的教学态度以及激趣善导的育人风格感受颇深。黄老师思想觉悟好、教育观念新、理论水平高、专业技能强，既是优化教育管理的学校领导，又是投身于教学一线的英语教师，身兼数职，工作勤恳，敢于创新，勇于探究，带头深入开展科研教改工作，在日常教学实践中一丝不苟又循循善诱，既教书更育人，所任班级效果突出，教学质量名列前茅，深受家长们的信任和支持，也深受学生们的喜爱和欢迎。

（江门市蓬江区教研室小学英语教研员，英语中学高级教师　李雯）

(三) 家长眼中的我

我女儿说她和班上的同学们可爱听黄老师的课啦，学习英语的兴趣非常浓厚，同学们在黄老师创设的美妙情境中以及"激趣共生，和谐共融"的理念引导下积极思考、广泛讨论，争先恐后地开口讲、大声说，培养了良好的英语学习习惯，不仅笔试成绩好，而且口头表达能力也进步快，同学们学习英语的热情持续高涨，英语综合水平显著提升。孩子们的茁壮成长离不开教师们的"阳光雨露"，作为家长，我为黄玉卿这样的优秀老师叫好点赞！

（杜阮小学的家长　玉娟爸爸）

(四) 学生眼中的我

您幽默风趣，温文尔雅，说一口流利的英语，您博学多才，工作认真，我们都很敬佩您！在您的课堂上，让我们感受到中国与外国的不一样！从讨厌到喜欢英语课，因为您的课堂总是那么有趣，特别是英语课的小游戏，让我们在快乐中学习英语，这是多么有趣的方法啊！我们都很喜欢听您的课。您像妈妈一样关心我们、爱着我们，我永远不会忘记您对我的鼓励与帮助！您有时候很严格，有时候又很温柔，我们知道您心底是很爱我们的！黄老师，您永远是我们心中的最好的英语老师！

（杜阮小学六年级学生　陈子萧）

培育"真学班级",打造"朗朗品牌"

● 江门市蓬江区荷塘镇良山小学　李殷(小学班主任)

● **个人简介**

我叫李殷,是江门市蓬江区荷塘镇良山小学的一名普通教师,1979年出生于"世界水电之都"——湖北省宜昌市。2001年,在栀子花悄然飘香的夏天,我步入了教坛,担任语文教学及班主任工作,从此,和烂漫的童真、稚嫩的笑脸结下了不解之缘。2007年,我踏上了南下的列车,来到了广东省江门市,进入蓬江区荷塘镇一所普通的公办小学工作。12年来,我在以务实求真、知行合一为特点的江门五邑侨乡文化的影响下,一路耕耘,一路收获。"江门市名班主任工作室成员""江门市蓬江区语文学科带头人""蓬江区中小学教学指导团优秀导师"……一个个荣誉称号,记录着我日日耕耘的汗水,也成为我不断提升自己的动力。本着"遵循自然之道,着眼终身发展"这一初心,秉承"求真学、真求学"的学生培育理念,自2011年起,我着手打造"朗朗班",主动向学校申请小学一年级至六年级大循环教学,走个人班级的品牌建设之路,坚持引导学生学习对终身发展真正有用的知识,真正经历学习的过程,围绕"学什么"和"怎么学"大胆尝试,收效明显、广受赞誉,于是逐渐形成了勤学善思、简约自然、灵活沉稳的粤派教育风格。

▶ 我的教学风格

在多年的教育教学实践中,我逐步形成了以下教学风格。

(一) 勤学善思

1. 注重学习

陶行知先生说:"想要学生好学,必须先生好学。唯有学而不厌的先生才能教出学而不厌的学生。"从教十几年,我始终保持"充电"的状态,网络自学、读书研究、同伴交流、实地跟岗、反思总结……务求让学习使自己随时具备"战斗力",用自己求学上进的状态来影响一届又一届学生,努力实现高效带班。多年来,我坚持反思、笔耕不辍,撰写的多篇论文、案例发表在《班主任》《辅导员》《小学语文教学》等国家级知名刊物上。

2. **善于规划**

《战国策·触龙说赵太后》中，左师公有句话说得好："父母之爱子，则为之计深远。"班主任是一个班级的大家长，因此，我注重从长远出发，着眼学生的未来，做好教育的规划，打"有准备之仗"。习近平总书记在全国教育大会上强调，培养什么人，是教育的首要问题。未来社会无论怎样变化，都离不开知识的支撑，孩子们将来想要在这个社会上立足，必须要有足够的知识储备，那么，博览群书，则是最有效的方法，这也是我创立"朗朗班"的初衷。我向学校领导申请一至六年级大循环教学，就是要为学生做好六年的培养规划，有步骤、有计划地磨炼出腹有诗书气自华的"朗朗学子"。1～6年级共12个学期，我都会列好各个学期的"班级行事历"，每月一个教育主题，形成系列。

（二）简约自然

1. **朴素简单**

由于我的带班理念明确、中心突出，就是带着打造"书香型班级"这个朴素而又简单的目标，所以我在班级管理工作中，总是抓住班级发展纲领，所有的德育活动都紧紧围绕着班级的发展理念进行。"朗朗班"的培养目标，一开始就以"书"为中心点，开展的班级活动在朗读、背诵、写作上大做文章。

2. **温情和善**

夏丏尊先生说过："教育不能没有情感，没有爱就如同池塘没有水。"在工作中，我总是以轻松诙谐的语言、亲切和善的态度、温暖动人的情感，面对每一个孩子、每一位家长。我从不吝啬微笑、握手、赞美、拥抱，也经常给孩子们写信，或提醒、或交流、或感谢、或勉励，在一次次的感动中，我与学生、家长建立了深厚的感情。

（三）灵活沉稳

1. **新颖多变**

李镇西认为，生动有趣的活动，是让班级迅速形成凝聚力的途径之一。学生在丰富多彩的活动中，能够建立情谊、提高能力、树立信心。因此，我总是以活动作为德育的切入点，结合学生出现的问题，反复琢磨、推陈出新。"小小朗读者"是根据中央电视台"朗读者"衍生出来的活动，旨在改变孩子们阅读时走马观花的毛病，引导其关注精彩段落；"超级演说家"是专门治疗"胆小症"，培养自信心的活动；"亲子练字"则是为了让家长和孩子一起亲近汉字，加深文化交流……在新颖别致的活动中，家长、学生、老师携手发展，班级向心力显著增强。

2. **乐于等待**

教育孩子，不像生产商品，绝大多数时候，我们的教育效果并不能立竿见影。因此，我总是愿意接受孩子的缓慢转变、接受教育效果的延后，相信每一个孩子终将绽放。

我的成长历程

从教 18 年，我一直牢记着初为人师时，母亲对我说的一句话，她说："你做了老师，以后吃的可就是一碗良心饭了，千万不能误人子弟呀！"作为一名班主任，我深知身上的责任，凡事都尽自己最大的努力，如今，尝尽了为师的酸甜苦辣，却依然保持着对教育的那份热忱，从未后悔。

（一）第一阶段：初尝·求索（2001—2007 年）

我的家乡在全国教育强省——湖北，这里是楚文化的发祥地；宜昌，是"世界水电之都"，山清水秀、人杰地灵，孕育了"世界四大文化名人"之一——屈原、"中国古代四大美女"之一——王昭君。这里教育氛围浓厚，学习竞争激烈。

1. **恩师躬亲示范**

我工作的第一所学校是宜昌市西坝小学。一进学校，领导就安排了区骨干教师李丹老师做我的师傅。师傅为人谦和，特别爱笑，她并不口授我任何教育教学的知识，但我的视线，却从未从她身上离开过。课堂上，她细致入微地观察着每个孩子的学习状态，平等地与学生对话；课间，她总是在操场上和学生踢毽子、跳长绳、猜谜语；空堂时间里，她经常抱着一本厚厚的专著，边看边写笔记，或是对着字帖，反复临摹；与家长交流，她始终面带微笑、耐心倾听、合理引导；开展教研活动，她积极思考，大胆发言，谦虚表达自己的构想。她看似什么也不教我，但她身上所散发出的独特的人格魅力，却格外迷人，让我在不知不觉中学到了很多很多，为我日后形成的教育风格涂上了厚重的底色。

在师傅的影响下，我大量阅读各类教育教学书籍，提高自己的理论水平；努力钻研课堂教学和班主任育人方法，承担各级各类公开课、展示课、研讨课、竞赛课，积累实战经验；我还向师傅学习如何管理班级、亲近学生、贴近家长。我很喜欢屈原说过的一句话："路漫漫其修远兮，吾将上下而求索。"身处屈子的故乡，从小被他那种博学与坚守精神所深深感染，我时常想，自己的学生将来如果能有屈子的才学，该是一件多么值得骄傲的事情！所以，我经常给小朋友们讲古今中外名人勤学苦读的故事，在他们在幼小的心灵里，种下"万般皆下品，唯有读书高"的种子。

2. **短信积聚动力**

教书第一年，我班里有个学生叫方志晟，他的父母在他很小的时候就分开了，由于长期独自抚养孩子，他的妈妈显得非常消极，跟她谈话，她说得最多的，是工作上的不如意、生活上的各种艰辛和对孩子教育问题的担忧。我从心底里可怜这个孩子,也同情这位妈妈。课堂上,我总是多给志晟一些发言的机会;课间,我经常询问他的生活情况,了解他的喜好;作文本上,我帮助他修改句子、锤炼语言,辅导他在国家级的作文刊物上发表文章;运动会前,我陪他苦练200米,最终一举拿到年级第三名的好成绩;放假时,我常常打电话和他聊天,有时还和他妈妈一起带他去江边放风筝、骑自行车⋯⋯在我和他妈妈的共同努力下,志晟的成绩提高得很快,人也变得开朗了,他妈妈紧锁的眉头也日渐舒展。一天晚上,志晟的妈妈发来一条信息:"李老师,感谢你,让我,让我的家,有了希望!"那一刻,我的心真的温暖极了,我第一次感到,身为一名班主任,原来自己可以拯救一个孩子、一位母亲,甚至是一个家庭!这件事给了我很大的触动,从此,我更加积极地去探索班级管理、学生沟通、家校结合的方法和规律,霍懋征、李镇西、魏书生,一个个名师大家,成了我仰望并追寻的方向。

(二) 第二阶段:遇见·突破(2008—2010年)

2008年,我来到广东省江门市蓬江区荷塘镇良山小学工作,在这里,我又开始了教书育人的新征程。

1. 心学引发思考

刚到江门,我便听说这里是"中国第一侨乡",五邑华侨华人遍布世界107个国家和地区,自近代以来,他们凭借着顽强拼搏的精神,为祖国的发展和进步做出了巨大的牺牲和贡献。这里曾出过一位儒学大家——陈白沙,他是广东唯一一位从祀孔庙的大儒,是明代心学的奠基者。白沙先生主张"学贵自得,学贵知疑",以"宗自然""贵自得"的思想体系,开启了明朝心学的先河,并逐渐形成了江门学派。我利用业余时间,学习了陈白沙的生平和心学的思想体系。身为侨乡的孩子,如果我的学生能够进行自我管理,养成良好的行为习惯和学习习惯,学会"自得",那不就为他们今后各个学段的学习奠定了坚实的基础吗?小学生自控能力差,需要管理和督促,能否以小组的形式,让学生互相监督、共同进步呢?以往的课堂都是老师当"主讲",学生当"听长",能不能打破以往的课堂教学模式,发挥小组协同作战的优势,发扬华侨奋勇拼搏的精神,让他们自己去探索并完成学习任务呢?一个个新的改革措施在我心里萌芽。

2. 家书撩动心弦

一次偶然的机会,我和同事一起去参观位于江门新会的梁启超故居。梁启超是我国著名的思想家、文学家和教育家,同时也是一位了不起的"育儿家",他一生有九个子女,个个成才,各有所长,所谓的"一门三院士,九子皆才俊",充分说明了他在家庭教育上的巨大成功。梁启超用400余封家书,教育子女要把个人努力和报效祖国联系起来。看着看着,我不由得被这位了不起的父亲所感动,如果在我的班级里,每一位家长都能够尽职尽责、科学育儿、长情陪伴,这将对孩子的人生形成多么大的推动力啊!于是,我在心里感叹道:"牵手家庭教育，方为带班上上之策！"此后，我在家校沟通方面进行大胆尝试，培训家委会成员、制定家委会章程、召开家委月例会、开展户外亲子实践活动、举办家教沙龙和专题讲座……我将自己的实践撰写成家校合作教育论文——《唯有心诚，方能动人》，发表在了《广东教育》上，荷塘中学的德育领导还邀请我去分享家校沟通经验。

（三）第三阶段：耕耘·收获（2011—2017年）

1. 书香浸润集体

2011年，我的班级管理改革之路正式开启。我将新接手的一年级新生班级命名为"朗朗班"，这个名字有三重含义：第一，活泼开"朗"，希望孩子们能够有阳光般的性格；第二，书声"朗"朗，寓意孩子们在书香中浸润；第三，乾坤"朗"朗，期望孩子们能刻苦读书，拥有美好前程。我把"朗朗精神"归纳为12个字：勤锻炼、常微笑、多阅读、品自高。这既是期许，也是目标，更是班级活动的指导纲领。并且，我向校长申请，允许我进行一年级到六年级的大循环教学。就这样，"朗朗班"从入学开始，就朝着"书香型班级"的风格去打造，力求实现"在书海中求得真正的学问"。"阅读""背诵""写作"是"朗朗班"的三大主旋律，也是班级活动的三大主要元素。

我把教室的每一面墙壁都利用起来，设置了"读背小达人""亲子练字""朗朗阅读擂台""小作家长廊"等板块；在班务栏的旁边开辟了以"静心"为座右铭的"朗朗书吧"；学生人手一本《阅读存折》，由家长协助，每天记录阅读课外书的进度。每学期家长会，我分别举行"阅读成就孩子一生""如何建设家庭读书角"等专题讲座，从阅读习惯的培养方法、亲子阅读的形式，到课外书的选择、书籍的摆放，都手把手教给家长。为了推动课外阅读的进行，我利用"第二课堂"时间，开展演讲活动，将学生需要运用到的方法通过20次"演讲微讲座"传授给他们。每周举行一次"聊书会"，学生轮流上台聊聊自己近来看的一本课外书。我撰写的论文《以演讲推动小学生课外阅读初探》在江门市"2017年度基础教育优秀教学论文评选"中荣获一等奖，并申报了相关的课题，获得立项。

我和"朗朗班"的孩子们坚持写日记，这是每天唯一的书写作业，从一年级就开始尝试投稿，当黎学斌的日记《学习对人很重要》发表在《小学生阅读与写作》杂志上时，我和全班同学、家长都兴奋极了！到六年级毕业前，全班共有31篇习作发表在《小学生作文》《创新作文与阅读》《作文世界》《江门日报》等国家级、市级报刊上，全班有过作文发表、获奖经历的学生达到40%，小考时作文这一题的平均分达到90.3分。

2. 分组加速成长

为了保证"朗朗班"的孩子"求真学，勤阅读"，我尝试用分组竞赛制进行班级管理，与数学老师、英语老师协商，三科统一步调，让每个孩子真正经历学习的过程，人人参与、个个行动。我们把全班分为4个大组，每个大组又分为3个四人小组，每组设大组长1名，小组长3名，每天从考勤、学习、劳动、纪律四个方面进行考核评比，放学时由四大组长填写当天的常规记录表，然后碰头核对当天的分数，每周五下午放学后计算每个大组一周的总分，根据4个大组的名次，分别在"朗朗擂台"一栏贴上相应的分数，获得周冠军的大组在下周一进行表彰奖励，并同步在家长微信群公布。班级各项常规都是以组与组之间的竞赛来进行，这样，互相帮扶、合作进步的风气悄然形成。分组管理加速了整个班级的成长速度，凡是来我班上课的老师，都夸赞我班班风正、学风浓。2017年7月，"朗朗班"在小升初考试中，以全荷塘镇第一名的优异成绩顺利毕业。

（四）第四阶段——前行·拓展（2018年至今）

1. 管理不断完善

2017年9月，我迎来了第二届"朗朗班"的孩子们。我依旧秉持"求真学、真求学"的理念，继续完善这个书香型班级的管理。除了在文化建设方面，沿袭了第一届"朗朗班"的做法之外，我又增加了"国学经典晨诵"活动，我班以南方日报出版社出版的《小学国学经典教育读本》为班本教材，制定好日计划、周计划、学期计划，坚持朗读、背诵，让学生的心灵接受中华优秀传统文化的洗礼。除此之外，我开始尝试开展"课外阅读考级"活动，每学期开学初，向家长提供推荐书目，由家委会组织统一购买课外书籍，学生阅读之后，用选择题的形式，检测阅读的进度和效果。孩子们自主阅读、互相竞赛，尽管现在才二年级，已经迷上了看书，习惯了日记，懂得了积累，主动求学可谓蔚然成风。

2. 校园走向小区

有一天晚上，我在一个家长的朋友圈里，看见我们班的几个孩子相约去广场玩轮滑。我心想，既然孩子们课外能够一起玩耍，也应该可以一起读书啊！于是，我广泛搜集家长的意见，经过思考，出台了"朗朗班家庭抱团阅读"方案，以家庭住址为依据，将全班学生划分成五大居住区，每逢双休日、小长假和寒暑假，就近的同学聚集到一起，进行家庭式的"抱团阅读"，分享好书、好文、好段，让假期也充满浓浓的书香味……活动开展至今，家长们都说孩子的假期更充实、更有意义了，小朋友们也争相展示自己的读书成果。如今，课间的时候，我常常看见几个孩子席地而坐，一起阅读；或是倚靠在走廊的栏杆旁，谈论书中的内容，那一双双清澈的眼睛，透射着智慧的光芒。

十几年我一路走来，虽然辛苦，但从不后悔。

我的教学实录

（一）活动目的

让学生树立提高注意力的意识，了解注意力和学习力的关系，掌握集中注意力的基本技巧，培养良好的学习品质。

（二）活动准备

每人自备一张纸、一支笔，老师准备课文录音、课件。

（三）过程实录

1. 做小游戏，引出话题

老师：同学们，拿出你们的纸。屏幕上有一小段《三字经》，请你一边读《三字经》，一边在纸上默写《弟子规》。开始！（学生开始游戏，时间3分钟。）

老师：怎么样？

学生：（七嘴八舌地）嘴里读着，手里都写错了！读反了，也写反了！好难哪！

老师：大家的发言都很真实！是的，读《三字经》是很容易的事情，我们班二年级上学期就已经全都能背诵了；写《弟子规》也不难，一年级时我们就全班能过关了。但是，刚才这个小游戏，大家都觉得难，什么原因呢？你们想过吗？

生1：因为这两件事情同时做，有点顾不过来。

生2：同时读和写，很混乱，速度就很慢。

生3：因为一心不能二用。

老师：没错，你们都很会思考，一下子就看到问题的关键了，那就是——一心不能二用。（板书：一心不能二用）这节课，我们就来聊聊专注力的问题。

【设计意图】《三字经》和《弟子规》这两本书，我班学生在低年级的时候已经背过了，单独读或者写都不是难事，但由于都是三个字一句，容易混淆，更主要的是同时做两件事，兼顾不了。用这样一个小游戏让学生体验"一心二用"的坏处，这比让他们口头说的印象更加深刻，也更有利于形成切身的感受。

2. 盘点现象，自我反思

老师：同学们，在日常生活和学习当中，你有没有过一心二用的时候呢？

生1：我有过，在家里写作业的时候，我有时候会去听隔壁的电视声。

生2：有过，上课时我有时看窗外的小鸟。

生3：我也有过，背诵课文的时候我脑子里想起昨天晚上看的动画片。

……

老师：看来一心二用的现象还是比较普遍的，能不能回忆一下，当你这样做的时候，结果怎么样？

生1：我边写作业边听电视里面的声音，字就写错了。

生2：我上课看窗外的小鸟，老师讲的话我就没听见。

生3：脑子里想着动画片的时候，背课文就背不下来。

……

【设计意图】通过学生回忆自己平时出现的一心二用的现象，引导学生进行自我反省，将生活中出现的问题摆在自己眼前，学会剖析，透过现象看本质。

3. 活动体验，巧用锦囊

老师：刚才大家都尝到了一心二用的后果，说明我们做事情要专心致志，集中注意力，其实啊，专注力强的人，学习力也比别人强。（板书：学习力）你们想不想拥有强劲的学习力？

学生：（齐声）想！

老师：老师也希望你们每一个人都能拥有巨大的学习力，那么，有没有什么方法可以提高我们的专注力，推动学习力的提升呢？当然有！下面，老师送给同学们三个锦囊，想不想要？

学生：（齐声）想！

老师：那好，我们一起进入三个小活动，来找出三个锦囊！

（1）活动一：火眼金睛。

老师：请看大屏幕。请同学们在1分钟的时间内观察这段话。（《治家格言》片段：居身务期质朴……言多必失。）

学生：（看1分钟）

老师：好的，谁来说说刚才这段话中，有多少个"之"字？

学生：（面面相觑）

老师：答不出来？咱们再看一次，但这次我只给大家30秒。（再次出现文字）

学生：（全班都能回答）

老师：第二次只有一半的时间，怎么大家反而都知道答案呀？

学生：第一次不知道老师要我们观察什么？第二次直接去找"之"字，就很快。

老师：哈哈！你真是一语中的啊！就是这么个道理。同学们第一次没有目标，第二次目标明确，人人都能做到，这就是老师给大家的第一个提高注意力的锦囊——板书：明确目标。

（2）活动2：超强大脑。

老师：我们班同学的记忆力都不错，老师想来做个实验，请两位最会背诵的同学上来打擂台。你们推荐一下，哪两位同学平时背诵最厉害的？

学生：黎芯瑜！梁梓轩！韦植健！方晓雯……

老师：有请黎芯瑜上台。（出示《论语》的其中一段。）3分钟时间，看看你能够背下来多少，开始！

芯瑜：（背诵）

（3分钟以后，黎芯瑜背下57个字。）

老师：这样的古文，3分钟能背这么多，真了不起！掌声！有请韦植健。（播放音乐作为干扰）同样时间，挑战开始！

植健：（背诵）

（3分钟以后，韦植健背下24个字。）

老师：韦植健，刚才老师看你皱着眉头，为什么呀？

植健：音乐让我没法静下来背，太着急了！

老师：同学们，有了外界的干扰，注意力就没法集中了，你们说是吗？那么，我们平时学习的时候，就要选择安静的环境。李老师给大家的第二个提高注意力的锦囊——板书：选择环境。

（3）活动3：左右开弓。

老师：下面，请每组同学围成一个圆圈，每个同学向左右伸出双手，左手掌心向上，放在左边同学手掌下面大约10厘米的地方；右手的掌心向下，放在右边同学手掌上面大约10厘米的地方。老师放一段课文录音，当你听到"我的"这个词的时候，每个人的左手要"逃"，不要被别人打到；右手要"追"，快速拍打别人的手掌。假如被别人打到了，就淘汰。来，老师先找几个同学示范一次。（师生示范游戏规则）明白了吗？来吧！

（学生听课文录音，做游戏。）

老师：好玩吗？玩完想说什么？

生1：开始觉得很简单，但是玩起来才觉得好难。

生2：看起来容易做起来难。

老师：是啊！很多很小的事情，往往会让我们掉以轻心，所以要集中注意力，还要提高警惕，这也是老师要送给你们的第三个锦囊。（板书：提高警惕）同学们，记住李老师给你支的这三招了吗？

【设计意图】这个环节通过三个游戏，让学生继续体验，感受只有一心一意才事半功倍。借助"锦囊"这一形式，充分激起了学生的好奇心，让枯燥的理论知识变得生动起来，印象深刻。

4. 归纳总结，众说收获

老师：同学们，这节课学到这里，你有什么收获没有？

生1：有，我知道了专注力能够用三种办法去练。

生2：有收获，我在想，我以后要好好集中注意力去上课。

生3：我明白了提高专注力就等于提高了学习力。

……………

老师：同学们说得都非常好，其实要提高专注力，除了以上三个办法，还要保持充足的睡眠，或者深呼吸也是很有效的办法，希望同学们在平时的生活中多去练习，让专注力推动学习力，祝大家学习更上一层楼！

（全班学生鼓掌……）

（四）课后反思

法国著名的生物学家乔治·居维叶曾经说过："天才，首先是注意力。注意力就是知识的窗户，没有它，知识的阳光就照射不进来。"

注意力又叫专注力，在心理学上，它是指人们对一定对象的有选择的集中现象。专注力是记忆力、思维力和想象力的准备状态，是智力发展的基础。儿童专注力的研究专家曹云昌曾经指出，儿童学习成绩的优劣，其实并不是由智商决定的，而是在于其对学习是否具有专注力。注意力不集中，是小学生最常见的行为问题，近年来，注意力不集中的儿童呈快速增长的趋势。鉴于专注力对学生身心发展的巨大影响，结合我班学生的行为问题，我设计了这节以"专注力，学习力"为主题的班会，希望通过本次班会，让学生树立提高注意力的意识，了解注意力和学习力的关系，掌握集中注意力的基本技巧，培养良好的学习品质。这节课我主要尝试从以下几个方面去突破：

1. **对症下药，体现实效性**

俗话说："体育不好出废品，智育不好出次品，德育不好出危险品。"这句话充分说明了德育的重要性。梁启超九个子女，个个成才，就是因为他极为重视对子女们品行的教育，在他的教育观里，德育比智育重要。班会课是班主任的德育阵地，也是师生就班级管理交流思想的重要途径，它的目标是要解决已经出现的问题或预防班级可能出现的问题。

我计划召开这次班会，是因为我观察到在平时的课堂上，有部分学生总是出现做小动作、发呆或者随意交头接耳的情况，一开始，我找来有这样行为问题的学生，单独谈话，学生在办公室里和我下保证、定目标，但是一回到教室，立即故态复萌，我感到教育效果不明显。为了让他们真正意识到专注力对于学习的巨大作用，掌握集中注意力的一些基本技巧，我决定召开本次班会。课前，我搜集了大量关于专注力的资料，阅读了李进成的《班主任有效沟通与技巧》、李季的《小活动，大德育》，从中寻找灵感。整节课紧紧围绕"专注力"展开，引导学生在游戏体验、总结反思中去发现自身存在的问题，并且获得解决问题的方法。整节课主题鲜明，中心突出，从大处着眼，教给学生受用一生的方法；从小处着手，时而背诵，时而默写，时而竞赛，以小见大，平中显奇。

2. 经历过程，具有自构性

我以往所上的班会课，大部分具有传统班会课的特点，偏重讲道理、谈感想、喊口号、看表演，但是实际效果总是不尽如人意，无法让学生真正从行为上得到转变，降低了班会课的功效。白沙先生主张"宗自然，贵自得"，我深以为然，只有真正亲身经历过了，才最有体会，最"入心"、最有实效的德育一定是走进学生内心的德育，让学生由感动而感悟，由感悟而自构。

(1) 自己发现问题。

这节课采用游戏导入，让学生一边读《三字经》一边写《弟子规》，当学生有了很困难的感觉时，老师启发学生去想一想原因，学生通过交流，发现问题出在"一心二用"上，很快找到了症结所在。

(2) 自己剖析思考。

引出"一心二用"之后，我让学生回顾一下，在日常生活和学习中，有没有做过一心二用的事情。有的说自己边写作业边听电视，有的说上课时眼睛望向窗外看树上的小鸟，还有的说背诵课文时脑子里还想着动画片……我就顺势问学生一心二用时做事的效果怎么样，他们纷纷表示容易出错、速度变慢、影响学习……其实这就是他们剖析自我的过程，有了这个过程，就能帮助他们透过现象看本质，让他们意识到这其实就是注意力不集中所造成的不良后果。

(3) 自己找到途径。

课到此时，老师顺势告诉学生，专注力强的人，学习的效果比别人好，让学生明确专注力和学习力的关系。然后，通过三个体验式的游戏——"火眼金睛""超强大脑""左右开弓"，抛出三个"锦囊妙计"，让学生掌握提高专注力的基本方法，即明确目标、选择环境、提高警惕。由于学生真正经历了体验的过程，所以印象特别深刻，在活动中达到了知识的内化，实现了自我建构，自然而然会落实到行动中去。

《中小学德育工作指南》（以下简称《指南》）在"德育实施途径和要求"中指出："要精心设计、组织开展主题明确、内容丰富、形式多样、吸引力强的教育活动，以鲜明正确的价值导向引导学生，以积极向上的力量激励学生，促进学生形成良好的思想品德和行为习惯。"这节班会课力求达到《指南》的要求，融入了我个人的教学主张，设计新颖、教育性强、参与度高，取得了较好的教育效果。

▶▶▶ 我的教学主张 ▶

（一）学风引领，文化内驱

习近平总书记在全国教育大会上指出，教师要"教育引导学生珍惜学习时光，心无旁骛求知问学，增长见识，丰富学识，沿着求真理、悟道理、明事理的方向前进"。我认为，学校教育应该打破"上学却不读书"的怪现象，教师要"教书"而不是"教题"，使学生经过小学阶段的培养，从而具备终身受用的"学习力"。要取得良好的教育效果，一定要营造浓厚的学习风气，用文化建设来驱动班级发展。

1. 创立品牌

《教育学》这样阐述班主任工作的意义："班主任的工作质量，在很大程度上决定着一个班的精神面貌和发展趋向，深刻影响每个学生德智体的全面发展。"我认为班主任作为一个班级的灵魂人物，要根据个人的管理理念、个性特长、学生特点，打造一个属于自己的班级品牌，同时赋予这个班级品牌深刻而丰富的文化内涵，努力让学生形成这个品牌所蕴含的人生观、世界观、价值观，从而形成鲜明的班级特色，形成班级所特有的向心力。

2. 文化建设

《中小学德育工作指南》（以下简称《指南》）就"营造文化氛围"做了具体要求："建设班级文化，鼓励学生自主设计班名、班训、班歌、班徽、班级口号等，增强班级凝聚力。"班主任要建设好"硬文化"和"软文化"，即教室的环境布置和班级凝聚力。教室的环境布置，主要是要体现这个班级的奋斗目标和行为准则，要符合学生的心理特点，展示学生的点滴所得，树立学生的个人自信；而师生、家长之间凝聚力的培养，则需要靠丰富多彩的班级活动去达成。

（二）双班共进，以情育情

《指南》提出，要"坚持协同配合，发挥学校主导作用，引导家庭、社会增强育人责任意识，提高对学生道德发展、成长成人的重视程度和参与度，形成学校、家庭、社会协调一致的育人合力"。我认为，班主任要带好"学生班"，首先得带好"家长班"，用心换心，以情育情。只有家校充分合作，发挥最大合力，才能使家庭教育和学校教育获得双赢。

1. 亲近家长

当一个孩子进入班级时，实际上班主任接收的是这个孩子所在的整个家庭。要教育好这个孩子，光把功夫下在孩子身上还不行，还得在孩子的家庭上、在家长身上下功夫。班主任应当把每个家长都当作自己的合作伙伴，并以朋友之道相处。平时碰面的点头微笑、充满真诚的短信问候、发自内心的善意提醒、平等和谐的促膝交谈……用慧眼观察，从细节出发。无论孩子的成绩是好是坏，都不应该影响班主任对家长的态度，只有做到一视同仁，才能让每一位家长都乐意和班主任交往。

2. 感受成功

有人说，中国的家长是最爱孩子的，但也是最不会爱孩子的。作为班主任，有责任用自己专业的知识和丰富的经验，去协助家长教育孩子。

首先，帮助家长量身订制学习方案。每个孩子在学习上出现的问题是不同的，对于怎样辅导自己的孩子，很多家长往往感到束手无策，班主任应该针对每个孩子的不同情况，给予家长不同的建议，提供切实有效的辅导方案，整理出符合孩子实际情况的辅导资料交给家长，让家长在家里指导孩子更加方便高效。

其次，帮助家长体验教育的成就感。体验到成就感的孩子进步最快，其实，这个道理，放到家长身上也是一样，尤其是中层生和后进生的家长，他们往往很难有成功体验，教育的自信心会削弱，这就需要班主任关注这部分家长群体，留心孩子和家长的优点和特长，以自己专业的知识和丰富的智慧，为他们展示自己创造机会，多角度、全方位地去正面评价，激励他们和其他家长一道，共同提升。

（三）群体抱团，激励竞争

陈白沙主张"学贵自得"；陶行知也说过，"好的先生不是教书，不是教学生，乃是教学生学"。江门作为大湾区建设的一员，面临前所未有的机遇和挑战，作为江门侨乡的学子，理应从小树立竞争意识，敢于挑战自我。我认为，班级可以以分组的形式进行日常管理，采用抱团发展的激励方式，引导学生自我监督、合作竞争。

1. **建立规则**

要让学生服从管理，首要的，是事先和学生约定好"规则"。班规最好在班主任、学生、家长、科任老师四方的共同商讨下制定完成。无论是四个大组的竞赛规则、四人小组的管理规则，还是两两结对的"竞争对手"之间的争夺规则，都要事先公布并且认真学习，集体通过之后，一旦施行，必须人人遵守。班主任要让每个孩子都在群体中发挥重要作用，让他们合作竞争，抱团发展。

2. **运用激励**

梁启超这位"育儿家"能够把每个子女都教育成才，秘诀不过"激励"二字，他爱而不溺，严而不苟，重表扬奖赏，常安慰勉励。班主任在学生心目中的分量举重若轻，哪怕是一个眼神、一个动作、一句话语，都能给学生无穷的希望和动力。班级活动的激励制度可以分为班级奖励制度和家庭奖励制度，可以是物质上的，但更多的应当是精神上的，让学生鼓励中成长，这样，学生的自信心、主动性会明显增强。

▶ 我的育人故事

我们常常听到"医者父母心"这句话，其实，作为老师，尤其是班主任，我觉得也应当有一颗"父母心"，只有怀揣着对孩子满心的爱，才会主动去思考怎样教育好孩子。方法千千万万，唯有用心用情，才能让孩子乐于靠近、敢于接受、勇于改变。

故事一：一朵木棉

华艺轩是第二届"朗朗班"的孩子，他头脑灵活，热心肠，但是缺乏自控能力，行为习惯比较差。由于父母离异，妈妈回了河南老家，与其极少联络，爸爸从事装修工作，跟着施工队四处漂泊，因此他长年跟着奶奶生活。

有一天，一个同学告诉我，艺轩又打人了，我教育完他之后，随口说了一句："等你改正了，爸爸妈妈看见你该多高兴啊！"这个倔强的小男子汉突然一下子红了眼眶，轻轻地说："我好久都没有看见我妈妈了。"我的心里微微一颤，轻声问他："想妈妈了？"他点了点头，眼泪滴在地板上。我轻轻地抱住他，拍了拍他的肩膀，让他先回教室。我向艺轩的爸爸打听到了艺轩妈妈的手机号码，加了微信，反映了艺轩在学校的表现。他的妈妈很是意外，没想到千里之外的老师对他的孩子这么上心。在征得了母子俩各自的意见之后，第一次视频电话接通了。屏幕的这边，小艺轩特别兴奋；电话的那头，艺轩妈妈也格外激动。从这以后，每隔一段时间，艺轩都通过我的手机和妈妈"见面"，告诉妈妈他在学校里经历的有趣的事情，妈妈也经常提醒他要听老师的话，做个懂事的孩子。渐渐地，我发现，艺轩违反纪律的情况似乎少了，妈妈的再次出现，让他变得柔软了、上进了。一天早上我走进办公室，看见桌子上放着一朵红红的木棉花，下面压着一张小纸条："李老师，送给你！"我认得出，那字，是艺轩的……

故事二：零食风波

一天放学，我照常带队到操场等家长来接孩子，杨悦林的妈妈见到我，走上来说："二妈，有件事情想和你说，我家悦林这段时间买那些地摊上的零食，都吃上瘾了！"旁边好几位妈妈听到了，都七嘴八舌地议论起来，说自己家的孩子也是这样。看着妈妈们担忧的表情，我心想：这事得想想办法，那些"三无"产品吃进肚子里，对孩子们的身体会造成多大伤害呀！如果我的儿子把这些东西吃上瘾了，我也准得着急！

第二周星期一，开班会。我拿出一些地摊上零食的包装袋，让孩子们读一读"成分表"，一个个化学名词让他们特别好奇，我再上网查给他们看，看看他们吃进肚子里的究竟是什么东西；然后，我拿着正规厂家生产的食物包装袋给他们看，教他们学会识别；接着，我打开一段新闻视频——《是什么让这个孩子患上白血病》，看完之后，我拿着地摊上的零食问："还吃吗？"教室里没人说话，特别安静，我也没强迫他们表态，就下课了。过了大概两个星期，悦林的妈妈就告诉我："二妈，我家悦林最近好像没怎么买地摊上的零食了，她说她不敢吃了。"一旁陈佩兰的妈妈也马上说："是的，是的，佩兰也不怎么买了。"我听完笑了，心里想，大概是那节班会课，起了作用……

故事三：满墙的字

范舟，身材高大、浓眉大眼。父母离异之后，跟着妈妈和外婆住在一个不足30平方米的出租屋里。妈妈是保险销售员，经常出差，平时母子之间很少交流。这孩子心地善良、极为敏感，却也特别叛逆，经常扣班里的纪律分。

那天我去范舟家里家访，一进他家客厅，他外婆便牵着我的手走到墙边，指着墙上密密麻麻的铅笔字说："李老师，您看！"哇！我禁不住叫出声来！原来，这孩子用铅笔在整面墙上反复写了一句话："李老师，你有儿子吗？"我回过头，把范舟叫到身边，问他为什么这样写，他不好意思地低下了头，说："那次上完体育课，我把衣服脱掉了，回到教室的时候，你看见我光着胳膊，就把衣服给我披上，让我当心别感冒，所以，我就想……"我的鼻子一酸，把他抱进怀里……晚上回到家，我给范舟的妈妈打电话，她一听到我的声音，不禁哽咽了："我知道我儿子非常喜欢你……我是个不称职的妈妈……但没办法……只能在深夜回到家后悄悄地亲亲他的脸……第二天还得继续出去打拼……"我理解一位母亲的无可奈何，也懂得孩子确实需要母爱的天性，于是，我给范舟妈妈出了个主意，让她一有空就给范舟写纸条，告诉儿子自己一天中去了哪里、做了什么，哪怕几个字、一两句话，晚上回来就放在孩子的枕头边。我又教范舟学着给妈妈回纸条，把自己在学校里看见的有趣的事情、受到的表扬、点滴的进步，说给妈妈听。就这样，母子俩用一张张小小的纸条，传达着对彼此的关心和挂念……后来的范舟不再那么叛逆了，因为，他知道，也肯定，这个世界，真的有人在默默爱他……

▶ **他人眼中的我** ▶

我和李老师既是同事，又是朋友。她博览群书，极富智慧，满脑子都是别人想不到的好主意。她对学生用心用情，对家长的指导很实在。经她培养六年的班级，德、智、体各方面都非常优秀。我向她学到了很多班级文化建设的方法，我的"小书虫班"现在也初显特色了。

（江门市蓬江区优秀教师、荷塘镇优秀班主任　周瑛）

听李老师上班会课，好像是一位大姐姐在和小朋友们聊天一样，毫无痕迹，却又处处体现着她高超的教育水平，她设计的班级活动特别新颖，充满着时代的气息，又贴近学生的生活。她还很善于用各种方式激励学生，评价学生的方式也丰富多彩。

（小学语文高级教师、江门市紫茶小学副校长　蔡惠吟）

我们平时都叫李老师"二妈"，因为我们家长感觉到，她就像孩子的第二个妈妈一样，无微不至地关怀着每一个"朗宝"的成长。和她合作了六年，我从她的身上学到了很多很多，不光是家庭教育的方法，而且还学会了很多生活的智慧，我自己也养成了阅读的好习惯。"二妈"没什么架子，不太像那种传统的班主任，她和我们每一位家长交流，都是非常亲切随和的，我很庆幸我的孩子能够遇到这样一位好老师，像她这么热爱教育事业的老师现在已经不多了，我和她通过六年的交往，也成了非常好的朋友，希望"朗朗班"在她的带领下能够一届比一届强！

（高颖岚同学的妈妈、第一届"朗朗班"家委会会长　胡丽娟）

遇到李老师，是一件非常幸运的事，她的课轻松幽默、形式多样。她把我从一个懵懂无知的孩子，变成了现在这个热爱阅读的少年。我带领学校足球队参加江门市比赛拿到冠军，也要感谢李老师，是她用书中一个一个的故事，鼓励我克服困难、勇于拼搏，我这辈子都不会忘记李老师！

（第一届"朗朗班"体育委员、江门市蓬江区"优秀少先队员"　刘康）

简单真实　幽默风趣　严谨睿智

● 江门市新会区平山小学　梁奕笑（小学语文）

● **个人简介**

我叫梁奕笑，来自南粤历史文化名城——新会，是小学语文高级教师。我1996年大专毕业，2005年取得汉语言文学本科证书，23年来一直在江门市新会区平山小学任教，一直任教小学语文。我是一名朴实不张扬，内敛不外露的普通教师。记得小时候有人问我：你长大后想当什么？我稚嫩的童音道出：老师。或许是目标的指引，或许是时代的巧合，1991年9月我真的踏进了广东省新会师范学校，而且一读就是五年，大专毕业后，平山小学林海校长招聘面谈时问我，平山很辛苦，行吗？我的回答是："'十年磨砺锋利出，宝剑只待君来识'再苦再累，我都愿意一试，'吃得苦中苦，方为人上人'我一定会尽自己的努力做到最好。""一言既出，驷马难追"，我在百年平山的孕育下，变得豁达、幽默，也倍感语文的精彩，逐步追求"灵动课堂"，让学生在学习语文的过程中享受语文学习的乐趣，在"灵动课堂"深度与广度的凝练中，不知不觉加快了我从普通老师到科组长、级组长，再到副校长的成长，并获取了"广东省南粤优秀教师""江门市优秀教师"等称号，其中，2012—2013学年度代表广东省赴香港进行为期一年的教学指导，并获得国家教育部颁发的"优秀指导教师"奖。

▶ 我的教学风格

（一）真实

真实是指老师在课堂上能根据学生的反馈做出选择，并且能根据学生的需求临时调整，在预设的方案中开放地纳入弹性灵活的成分，以学定教，而不是以案定教。课堂上学生的精彩回答往往是稍纵即逝的，教师要敏锐地不断捕捉、判断、重组有效的信息，及时调整教学内容和教学进程，形成新的教学步骤，使课堂教学更贴近每个学生的实际状态，使教学过程呈现出更多与众不同的创新成品。课堂上的真实是一种自然的、真实的反映，是师生之间一种和谐的互动形式，更是师生之间思维碰撞的呈现，虽说课堂是艺术，艺术也允许有遗憾的美，但我个人喜欢真实的艺术、遗憾的艺术。

（二）幽默

这里说的幽默是指教学幽默艺术，指将幽默运用于教学，并以其独特的艺术魅力在学生会心的微笑中提高教学效果和水平。教学幽默艺术的特点是，既要有幽默的一般性特点——机智性和娱乐性，又要有其特殊规定性，即在教学中的教育性，可以说它是"形神兼备"："形"是幽默，"神"则是教育。教学的幽默艺术是一种使教学活动在意外的倒错或矛盾中表现出某种教学意图，并使学生感到轻松、愉快，"是教师在组织教学、传授知识时所表现出来的一种机敏、风趣和巧智"。德国学者海因兹·雷曼麦指出："幽默的方式说出严肃的真理，比直截了当地提出更为人接受。"现代的教学观念中，具有幽默感、亲和力的教师越来越能走近学生。课堂上，这种风格可以使教师的讲课变得风趣诙谐，幽默睿智；可以使师生和谐、使教与学统一；并创造出一种有利于学生学习的轻松愉快的气氛，让学生在这种气氛中去理解，接受和记忆新知识，使教学达到事半功倍的效果。

（三）严谨

指教学严谨，即治学严谨。治学，语出鲁迅《书信集·致台静农》："郑君治学，盖用胡适之法，往往恃孤本秘籍，为惊人之具。""治"的意思乃严谨研究学问，温故而知新，所以合在一起就是探究知识、研究学问。作为教师，不断学习专业知识，努力钻研业务，探索教育教学规律，改进策略和方法，提高教学和科研水平，这是基本要求。作为语文教师，更是要知识广博、学问精深、眼界宽广、具有较雄厚的理论基础，进而形成较高的理论层次，并能灵活运用这些理论知识于语文教学实践。例如文章的写作，如果自己都不能写出令人称心如意的作品，甚至根本拿不出手，又怎能轻松自如地进行写作教学呢？要达到学业精湛的境界，在教育教学过程中就要求真、求精、求善、求美。对于学生的教育，我同样是严格要求、慎重对待的,特别是对于学生良好的学习习惯的培养,有时甚至是到了苛刻的程度。此外,我还善于从微小的角度改变学生的不良学习现状。

▶▶ 我的成长历程 ▶

千教万教教人求真,千学万学学做真人

做人要真,做事要诚;享受"工作着,快乐着,美丽着"的过程,定有意想不到的惊喜!——这是我生活与工作最真实的写照。我读师范时的一次偶然机会,读到了中国著名教育学家叶圣陶先生的这句话——"千教万教教人求真,千学万学学做真人",如获至宝,那时起,我把它当作座右铭,指引自己成长。二十多年来不断追寻教育真谛,一直在教育的这块沃土上,默默地奉献着青春,挥洒着汗水,彰显着人格魅力,为实现教育梦砥砺前行。

(一)求学追梦

生长在农村的我,小时候只知道上学放学、干农活、完成家里的家务,有时还要接一些手工活来补贴家用。直至六年级的开学第一天,又换一位班主任——苏艳娇老师,苏老师进入课室后马上进行点名,这次的点名可是读书六年以来(没上过幼儿园)首次的被尊重,我觉得苏老师有水平,说话很流畅,声音很甜美,一口标准的粤语(因为当时我们的读书是用方言,没有普通话),顿时,我上课精神百倍。在六年级的学习中,苏老师任命我为学习委员,于是有了站上讲台的机会,深深地记得那一次:在板书完黑板转身望向同学们的一刻,齐刷刷的几十双眼睛望着我,我心里顿时萌发着一个小小的念头:我以后也想做老师!悄悄地,我的学习热情高了,但遗憾的是只有短短一年时间就毕业了,小学毕业后依然就近入学——源清中学。于是在初中的三年,我更坚定了学习的目标——做一名师范生,以后当老师。因为我清楚地记得初二那年,妈妈说过的一句话,有能力就读,没有能力就去工作;而舅父说,只有读书才有机会改变出路。初二,师范毕业的钟老师担任我们的班主任兼语文教师,在师范老师的熏陶下,我第一次接触到了学习带来的惊喜!课堂上,钟老师对语言文字的斟酌推敲,对人物的品悟,对作文的撰写指导,是多么生动到位,课堂简直是舞台!于是,初中毕业前的志愿报考,老师问我报什么,我毫不犹豫地说:师范。经过初中三年的苦读,我如愿以偿。我于1991年9月踏进了新会师范学样,而且一读就是五年。三年的学校生活,让我经历了"三笔字"的训练与提升、三年普通话的练说,读了教育名家的著作,游历新会风景名胜——小鸟天堂、圭峰山风景区,磨炼了学习的意志,三年级时被评为南粤优秀师范生,并于毕业后顺利读上中文大专,成为新会师范学校第一批中文大专生。而后两年的学习,我拜读了更多名著。可能是因为在成长中逐渐成熟了,认识到了阅读的重要性,于是,从大专开始,我

自觉地开始了解家乡的名人——梁启超，我了解到，梁启超幼年时从师学习，8岁学为文，9岁能缀千言，17岁中举，后从师于康有为。此时，让我明白，读书是从小培养起来的，那么我以后在工作中，要如何培养学生呢？我又了解到，梁启超9个儿女，个个成就不凡，我在想：在现代，培养一个孩子都不易，梁启超在那时候能让每个子女都这么优秀，可见他的能力有多强！于是，我一次又一次告诉自己，童年失去读书的机会，现在得好好补救！在梁启超及他的儿女的故事中，让我再次醒悟，知识能改变命运！有时在想：难道光凭书本知识教授学生就够了吗？应该需要更丰富的见识吧。于是，我带着学习与追寻的心，再次走进了小鸟天堂、圭峰山风景区。

经过两年的大专学习，让我有了足够的底气追求梦想！

1996年7月，我带着憧憬，带着教育梦踏进了平山小学。当时拥有70多年历史的平山小学有着深厚的文化底蕴，教学楼典雅独特，让我倍感幸福。在教育教学的工作岗位，我认识到，为人师者的责任和情怀与其他职业不同，教育任重道远，教育是千秋大业；也明白了，要给学生一滴水，自己就应有一桶水。于是，2002年9月主动参加函授本科汉语言文学专业学习和2006年研究生教育经济与管理学习并结业。2010年6月至2011年4月，参加广东省中小学骨干教师小学语文学科省级培训，获得优秀学员称号。无论工作多繁忙，精神食粮如《班主任工作漫谈》《教学工作反思》《名师教学实录》等经常伴我左右，利用2004年和2005年两个暑假，参加中小学心理健康教育的B证、A证的培训学习，并取得广东省心理健康教育A证。以此奠定了语文学科与心理健康教育的融合，形成语文教学"幽默"的风格。正因为有了心理教育这一基础，赏识学生、尊重彼此成了我的教育宗旨，学生们都喜爱我、敬佩我；家长、同事们都喜欢我、信赖我，这些都让我在学习与生活、工作中得心应手，成了同行们的楷模。2007年、2009年分别被评为市、省优秀教师，为我追梦夯实了力量。在2010年广东省语文骨干教师的培训，我被首选派出学习，为自己的语文教学的进步又提供了深厚的基石。正因为我不断地汲取，不断地改革创新，教学上不断涌现出佳绩，2011年被评为新会区名教师。2014年幸运地被选派参加省级校长培训学习，此行大大开拓了我教育的眼界，也让我结识了各地区的名校长，使学校管理工作呈现了多样性与实效性。为教育梦不停步，2017年12月，我又参加了市名师的培养学习，这为我的课堂教学改革带来了新的机遇与挑战。

（二）工作筑梦

1996年开始，我一直在语文教学路上默默耕耘，从"跟着师傅"到"成为师傅"，从只希望"学生成绩好"到希望"学生能力好"，从"教书匠"到"教书能手"，从死教书到科研引领……一步一个脚印，印证着平山小学的创始人平山先生的写照：爱勤、乐善。我把语文教学当作一个抓手，开展课题研究，以课题促教学，以课题促发展，形成"实、活、新"的课堂教学特色，深得听课老师、学生的好评。由我任教的班级始终名列前茅，此外，我还指导学生的习作，××年学生陈莉晴参加江门市"映美杯"中小学生文学创作大赛荣获市三等奖，2018年，辅导学生郑靖民、林昊炫等4人次分别获新会区书信比赛一、二、三等奖，我也荣获优秀指导老师奖，其中指导陈莉晴写的《忆抗战岁月，绘美好中国梦》收录至新会区第十一届中小学生书信比赛作品集2015年首篇。推荐并指导学生陈莉晴参加2014年"全国卓越·奇趣作文杯大赛"初赛荣获（江门赛区）小学中年级组一等奖，并且代表江门市参加决赛，最终荣获全国小学中年级的金奖和全国人气小作家冠军，我被评为全国优秀指导老师奖。指导学生的习作于2015年9月—2016年7月共有10篇习作刊登在教育刊物《青苹果》的不同版面中。

　　教育的宗旨是育人。作为副校长主抓教学的我，大胆带领老师开展课堂教学的探讨，从2016年至今一直坚持与"肇庆大旺中心小学"建立姊妹学校，开展高效课堂的研究，至今已进行8次教研活动，涵盖科目有语文、数学、英语、体育、心理，社团活动有书法、管乐团等，并且彼此交流教育教学管理经验，全面提升学校教育教学效能，提高教师们的教学水平，见识姊妹学校先进的教学理念，更新我校的教育理念，并在思维碰撞的过程中，寻找适合学校管理方案。2018年9月，我们与香港梁黄惠芳学校结为姊妹学校，推进粤港两地的文化交流，促进了港新教育教学新想法，培养了文化自信。我敢于带领老师们开展"小组合作"教学模式探讨，追求高效课堂，为学生有效学习做铺垫。共同搭建平台，让老师们在各项基本功的训练下，夯实业务基础，提升学科专业素养，教师们、学生们在参加各类型的赛课、活动中均取得优异成绩。因此，毕业仅三年，我就被推选为学校党支委委员，后一直都在党支部，还担任过宣传委员、组织委员、副书记，2001年被学校任命为语文科科组长、级组长，2005年被中心小学聘为教导副主任，2008年，破格聘任为学校副校长。一次又一次的晋升，我也意识到责任的重大，只有不断地探索，才会不断地进步，才会不断实现自己的教育梦。

　　（三）赴港寻梦

　　2012年8月，带着亲人的叮嘱、领导的期望，我和来自全国18个省市的56名教师一起赴香港担任教学指导工作。通过在香港一年的工作与生活让我重新审视了自己的教育与教学，也对于人生的成长有了全新的认识。"学然后知不足，教然后知困"，能够深入了解香港的教育是一种难得的经历，也是历练人生的难忘日子，是提升自身素养的宝贵时间，是广交朋友的大好时光。

　　早听说，香港是一个魅力社会、诚信社会、法治社会、专业社会和国际化社会。通过一年的学习交流，让我深深懂得"知识决定命运"的硬道理，只有实干付出才有收获。

教育部港澳台办的宋主任说："你们代表着自己、代表着学校、代表着所在的教育局，也代表着你们省。你们是内地基础教育工作者的代表，你们的一言一行都代表着内地教师的形象。"记着这一番话，我时刻以党员的标准严格要求自己，自觉遵守香港的法律制度，努力做一名优秀的粤港交流使者。在一年的教学指导活动中，我根据香港教育局的工作安排，每周驻校两所，逢星期三在教育局进行业务学习、提升，这一年来，主持校本专业发展活动共8场，总参加人数82人，出席专业发展活动共28次，总时数为114节。主持校本专业活动分别是：两场全校性的专题讲座"在观课中成长""以读促教，提升学与教效能"，两节全校性的示范课"放小鸟""一场小风波"，两次全校性的教研分享和两次协作交流计划商讨会。另外，还进行每周两次的教学研讨会，撰写不同种类型的教学设计共20余篇，整理观看报告28份，开展普通话广播室活动一次，整理每月驻校报告20份等。我通过一次又一次的交流指导，得到了两边学校领导和老师的肯定与欣赏。为此，为搭建并加强粤港两地的学习交流的平台，2013年1月18日组织平山小学英语老师到圣公会马鞍山主风小学参加"粤港两地学术交流"活动之"阅读乐缤纷"，后又分别于2014年4月25日、26日和6月15日组织平山小学科组长以上的学校骨干老师到香港学校参观、学习，共50多人次。并于2014年3月1日组织粤港语文教学交流暨赴港教师文化考察活动，地点在平山小学，由第八批赴港教师陆常波、香港上水学校张影玉主任分别执教内地教材与香港教材，提供会城街道各兄弟学校的领导观摩学习，活动最后由香港教育局麦丽霞女士作"学生学习差异"的专题讲座，让内地老师大开眼界，促进了内地与香港的教育发展和交流。

在这一年中，香港教育的特色——多元性、开放性、民主性和国际化为平山小学带来了新挑战！

我的教学实录

（一）教学内容

《搭石》（第二课时）《义务教育课程标准实验教科书语文四年级（上册）》第六单元21课。

（二）教材分析

《搭石》是四年级上册以"人间真情"为专题的一课，安排这一课的目的是继续引导学生感受人与人之间纯真的感情，体会到人与人之间只有相互关爱，生命才更有意义，人生才更幸福。因此，这是一篇充满人间真情和爱意，拨动学生爱的心弦的好课文。课文写的是乡亲们摆搭石、走搭石、让搭石的一幕幕情景。

语言质朴，意境优美，字里行间洋溢着浓郁的生活气息，体现了乡亲们无私奉献的精神和一心为他人着想的人性光辉。

（三）学情分析

我所任教的四年级学生已经具备一定的阅读能力和学习方法，在本册第一单元的学习中，强化了"边读边想象，从作者生动的描写中想象画面"的阅读方式。学生们可以比较准确地把握文章的主要内容，但对于中年级学生来说，虽然已会用查字典或联系上下文的方法理解词语，可是要想抓住关键词句，体会他们在表达情意方面的作用，还是会有一定的困难，因此，教学本课要重点引导学生通过体会重点词句，感悟课文内容。

此外，我所任教班级的学生大部分都是在城市里长大，缺乏农村生活的体验，让他们体会文中所描述的搭石的美，以及理解连接着故乡的小路、联结着乡亲们美好的情感的状态，具有一定的困难，所以，教师如何引领学生走进文本，想象人们走搭石当时的情景，体会乡亲们的朴实善良，也就成了本课的教学重难点。

（四）教学目标

1. 知识与技能目标

（1）以随文识字为主要方式认识本课生字，积累词语。

（2）正确、流利、有感情地朗读课文。

2. 过程与方法目标

（1）运用边读边想象画面、联系上下文、创设情境、联系生活体验等方法，理解"协调有序"等重点词句，体会搭石所蕴含的美。

（2）学习作者仔细观察、生动描写的方法，培养留心观察、用心感受的习惯。

3. 情感态度、价值观

体会搭石上所蕴含的善良美、和谐美、谦让美、敬老美，使学生们感受到乡亲们的美好情谊，并从中受到感染和熏陶。

（五）教学重点、难点

教学重点：运用边读边想象画面、联系上下文、创设情境、联系生活体验等方法，理解课文，体会搭石所蕴含的美。

教学难点：体会作者是怎样通过平凡的事物让我们感受到美的。

（六）教学准备

用PPT进行教学。

（七）教学过程

1. 复习引入

师：同学们，快乐的心情你准备好了吗？带着这份心情，我们再次来到小溪旁。听，小溪唱着欢快的歌儿向前流淌，它流过田野，经过果园，滋润着土地，浇灌着良田，它就像一条铺满水晶的路，蜿蜒曲折，缓缓向前。咦，这是什么？

生：搭石。

师：通过上节课的学习，我们对搭石有所了解了，请同学们打开课本103面，谁最勇敢第一个为大家说说什么叫搭石？

师：哦，原来这就是搭石，是给人们带来方便的一些石块。如此普通的搭石，却吸引了刘章爷爷的目光。这节课，我们就跟随刘章爷爷去乡村游览一番，去"触摸"这些平凡而可爱的搭石。

师：是啊，没有搭石时，人们出工、收工需要——（生：脱鞋绾裤），赶集、访友，来来去去需要——（生：脱鞋绾裤）；有了搭石后，人们出工、收工不再需要——（生：脱鞋绾裤），赶集访友、来来去去，都不需要——（生：脱鞋绾裤）。

也许正因为如此，搭石——构成了家乡的一道风景。（板书）

2. 围绕画面，自主寻美

师：那是一道怎样的风景呢？让我们捧起课文，静静地默读第2～4自然段，用波浪线划出你感受到美的相关语句，再想一想那是一幅怎样的画面。

3. 深入体会，品味搭石

（1）画面一：整搭石。

师：我看到很多同学在很多语句上都画上了美丽的波浪线，那么现在咱们来交流一下。哪一件事是最让你感受到美的？

生：整搭石。

师：你从哪些句子中感受到它的美？

生："上了点年岁的人……"（朗读）

师：你找得真好，同学们，让我们也来读读这一句。

师：刚才同学们读得真投入，假如我们能时时注意设身处地地用心读书，一定能更有收获。

师：假如你是那位上了点年纪的人，我来问问你：你急匆匆地去哪？刚刚你已经走了为什么又回来？不平稳会怎样？你搭好了又在上面走了几个来回又是为了什么？如果还是不平，你又怎样？

师：多善良，多细心的老人啊。现在，你觉得这老人美在哪？

生：我觉得这个老人心灵很美、很勤劳、很为他人着想……

师：家乡的长辈们多么淳朴啊，遇到事情总是想得更周全、做得更多，他们在搭石上所体现出来的这种情感值得我们学习,我们再来读读这个句子赞美这些老人吧。

(2) 画面二:走搭石。

师:还有哪一件事让你感受到美的?

生:我认为"走搭石"。

师:你从哪些句子中感受到它的美?

生:我找的是"每当上工、下工,一行人走搭石的时候,动作是那么协调有序!前面的同学抬起脚来,后面的同学紧跟上去,踏踏的声音,像轻快的音乐;清波漾漾,人影绰绰,给人画一般的美感"。

师:(课件出示语段)你找的是这幅画面。

师:你们从哪些词语体会到这幅画面的美呢?

生:我从"协调有序"体会到美。

师:怎样的动作才是协调有序的呢?

生1:就是很有顺序,配合得很好。

师:这是从字面上理解。

生2:就是"前面的抬起脚来,后面的紧跟上去,踏踏的声音,像轻快的音乐"。

师:你联系下文理解了。让我们加入走搭石的人群中,(指一组学生:前面的……后面的……前面的……后面的……)咱们合作着读一读。

师:(指这组问)你们现在走在哪?

生:搭石上。

师:不好走啊,走得不好要掉进水里,有信心吗?

生:有。

师引读:每当上工、下工,一行人走搭石的时候,动作是那么协调有序!前面的——

生1:抬起脚来。

师:后面的——

生2:紧跟上去。

师:(速度渐快)前面的——

生3:抬起脚来。

师:后面的——

生4:紧跟上去。

师:(速度再渐快)前面的——

生5:抬起脚来。

师:后面的——

生6：紧跟上去。

师：抬起脚来，紧跟上去，抬起脚来，紧跟上去，抬起脚来——紧跟上去——踏踏的声音，像——

生齐：轻快的音乐。

师：像——

生齐：轻快的音乐。

师：让我们继续走在搭石上。（小组读）

师：没有人踩脚，没有人跌入水中，该是有人指挥吧，（生摇头）对，其实又没有人指挥，那么默契，那么有序，这样的动作就叫作——

生：协调有序。

师：体会得好。你们还从哪儿体会到画面的美呢？

生：我从"清波漾漾，人影绰绰"体会到画面的美，我感受到水波和人影都很美。

师："绰"是生字，课前大家查了字典吗？

生：查了。

师：遇到不认识的字查字典，这是学习的好习惯。"绰"在字典中有三种意思，出示：A. 宽，不狭窄；B. 宽裕，富裕；C. 形容姿态柔美。

师：想一想，"人影绰绰"的"绰"是什么意思？

生：我认为是"姿态柔美"的意思。

师：不错，还有一个词语叫"绰绰有余"，"绰"又是什么意思？

生：是"宽"的意思。

师：是吗？你知道"绰绰有余"这个词语的意思吗？

生：就是很宽。

师（微笑）：老师告诉你，"绰绰有余"不是"很宽"，而是"很宽裕，用不完"的意思，知道是什么意思吗？

生：我觉得是宽裕，富裕。

师：理解了吗？（生点头）那么"清波漾漾，人影绰绰"在文中描绘的是怎样的画面？想一想。

生1：我好像看到水清得可以看见水底的石头，一阵风吹来，水面漾起了波纹，人影倒映在水面上，美丽极了。

师：体会得真深刻，很有画面感，你是在用想象力来丰富、体会这两个词语，这种方法值得大家学习。

师：还有谁想来描绘一下，说吧。

生2：我仿佛看见清清的溪水漾起了粼粼的波纹，姿态柔美的人影倒映在水中，像画一样。

师：听你这么一描述，我感受到了水光、人影两相和的美！像画一样——（打开手势）请读读这两个词语。

生2：清波漾漾，人影绰绰。

师：你的朗读仿佛把我带到了画前，谁能把大家带进画里呢？

师：（指举手的生3）你来读。其他同学闭上眼睛，想象画面。

生3（声情并茂地）：清波漾漾，人影绰绰。

师：身临其境吧？

（生点头）

师：还有想读的，全班一齐读。

（全班读）

师：水波在轻轻地荡漾呀，再读。

（全班再读）

师：真美！这既像是一幅美丽的画，又像是一首清丽的小诗，你看——（点击变成诗的语段，音乐起）

每当

上工

下工

一行人

走搭石的时候

动作

是那么协调有序

前面的

抬起脚来

后面的

紧跟上去

踏踏的声音

像轻快的音乐

清波漾漾

人影绰绰

给人

画一般的美感

师：谁来读？读出诗一般的韵律美。来，咱们推荐一位同学吧。

（全班同学推荐一生读，生读，台下热烈的掌声）

师：同学们，刘章爷爷在大山里工作了13年，每年都有200多天走在搭石上，每一天他要走上62道搭石啊，他常常看到这样的情景，读——

师:"刘章爷爷在搭石上一遍遍走,一遍遍数,一天走上62道,一共是踏过了166400道搭石啊,他怎能忘记这样的情景",读(诗变回文中的语段)——

(生再次融情朗读)

师:是呀,这一行人在搭石上走出了音乐美、画面美,这的确是家乡的(指板书)——

生:一道风景。

(3)画面三:让搭石。

师:一行人走搭石是美丽的风景,如果有两个人面对面地走搭石,又是怎样的情景呢?谁来读读文中的句子?

生:"如果有两个人面对面……"

师:能谈谈你对这幅画面的感受吗?

生:我觉得家乡的人能够互相地谦让。(板书)

师:好一个谦让,你读懂了文字里蕴含着的美。来,谁喜欢这份谦让美的可以站起来读。

(生齐读"如果有两个人……")

师:你们读得多好啊,真是有心人,把掌声送给自己。

师:送给自己的掌声不需要谦让,来,我们再一次为自己鼓掌。

师:两个人面对面走搭石,是谦让的美,那么"青年人"和"老人"来走搭石,又是怎样的情景呢?

生:"假如遇上老人来走搭石,年轻人总要伏下身子背老人过去,人们把这看成理所当然的事。"

师:你会带着问题读书,这有个生字(课件中"伏"字变红),齐读三遍。

生:fú fú fú(齐读三遍)。

师:这个句子读一遍是不够的。你们再读读,读着读着,有的词语会让你的心头轻轻一颤,你就抓住它,多读几遍。

师:哪个词语打动了你?

生1:"理所当然"打动了我,因为家乡的人觉得是应该这么做的。

师:有你的读书体会,还有其他的吗?

生2:我觉得"伏"字打动了我。

师:是的,每个同学都有不同的读书体验。我们先来看看"伏","伏"是什么意思?

生:就是"弯"的意思。

师:现在我是那位老人,谁来做年轻人?请个小伙子。

师:请你做做"伏"的动作。

师：（手搭生的肩）你真是年轻人的知音，这样，老人就能轻而易举地趴在你的背上，舒舒服服、安安全全地过小溪了。

师：（扶起年轻人）到了对岸，你需要老人向你道谢吗？

生：不需要。

师：为什么？

生：因为家乡的人都习以为常了，把这看成是理所当然的事。

师：多好的年轻人，（问另一位同学）老人没有向年轻人千恩万谢，年轻人会生气吗？

生：不会。

师：为什么？

生：因为人们把这看成是理所当然的事。

师：听了你们的回答，我就在想啊，当这位老人年轻的时候，他一定也曾经（指课件文字）——

生齐：伏下身子背其他的老人。

师：因为（指课件文字）——

生：人们把这看成理所当然的事。

师：当这位年轻人老了的时候，也一定会有——

生：年轻人伏下身子背他。

师：因为——

生：人们把这看成是理所当然的事。

师：透过这个"伏"字，你看出了什么？

生：尊老敬老。

师：你们的这份美好情感也是（指向板书）——

生：家乡的一道风景。

师：透过这一代又一代人的"理所当然"，你又看出了什么？

生1：我觉得家乡的人一代一代都是这么做的。

生2：家乡的人十分地谦让，十分地淳朴。

师：我注意到你的发言中有两个"十分"，那也就是说，这已经积淀成山村淳朴的乡风、民风。景美情更美，这更是家乡的——

生：一道风景。

4. 激发想象，练习表达

师：同学们，在搭石上凝结的动人画面只有这几幅吗？一天天，一年年，有多少人走过搭石啊，假如怀抱着宝宝的妈妈来走搭石，这里的人们会——

师：假如……假如……谁总会怎么做，人们也把这看成理所当然的事呢？发挥你的想象，先想一想，再写写你心中的假如吧。

师：这真是一道联结人们美好情感的风景！还有很多的"假如……假如……"，人们都把它看成是理所当然的事，那么，同学们，你认为我们身边理所当然做的事还有哪些？

5. **总结全文，情感升华**

（1）搭石上有美，搭石上有情，所以作者说（生：齐读最后一段。）

（2）哪些美好的情感在搭石上闪烁着光芒？（谦让、互助、为他人着想……）

（3）这是家乡的亲人用心搭成的一座桥梁，这是一座心与心搭起的桥梁。这里的景美但人的心灵更美，希望大家睁大发现美的眼睛，用心感受生活，人间处处是风景。

6. **作业**

我们课文后面有个小练笔，把你生活中的美写下来吧。

7. **板书设计**

搭石

家乡的一道风景

善良美　　和谐美　　谦让美　　敬老美

（八）我的教学反思

《搭石》是人教版语文教材四年级上册的一篇精读课文，人教版语文《课标》教材编排特点之一，就是以主题组织单元。本组教材的主题是——人与人之间纯真的爱。我所执教的是《搭石》的第二课时。重点是体会乡亲们之间淳朴的爱，难点是体会作者是怎样通过平凡的小事让我们感受到美的。课后静心反思，感触颇多。现将本节课教学反思整理如下。

1. 着眼于全面提高学生的语文素养，注重学生的听、说、读、写的训练

在课堂中，通过多种方式的读，简单真实地让学生充分接触文本，与文本对话，与作者对话，通过自由的朗读、思考，用笔勾画，深入理解课文内容，通过有感情地朗读，体会文章的思想感情。加强说、写的训练，设计了通过老师的朗读，引导学生思考、互动的环节，询问学生：你想到了那些动人的情景？在我们的生活中，哪些事情让你感受到了美？你又做了哪些事，让别人感受到了美？把你感受到的美写下来……以此来进行说写训练，训练学生的思维、语言训练与表达。通过朗读——评价，描述画面——评价，培养学生认真倾听的良好品质。整节课环环相扣，层层深入，让学生更有深度地思考，不断与文本产生碰撞，达到思维的高度。这就需要教师严谨的思考，在课堂上做一个睿智的引航人。

2. 注重传授学习方法，提示学习规律

教是为了不教，授人以鱼不如授人以渔。让学生了解学习规律，掌握学习方法，是使学生保持终身学习的必要前提。在词句教学时，我不光引导学生了解意思，还提示其理解方法，如抓住重点词语理解，联系上下文理解，以培养学生自学能力。在总结全文，提示写法时，揭示"生活中并不缺少美，只是缺少发现美的眼睛"。让学生明白生活中处处蕴含美，生活处处是文章。有生活经验的人都会对这个句子有更深刻的理解，因此，这个环节的设计是简单的，却又是非常重要的，因为学习源于生活，生活也是为了更好地学习，因此，教学方法的传授既要简单，又要真实。

3. 努力做到工具性和人文性的和谐统一

追求三维目标（知识和能力，过程和方法，情感态度和价值观）的达成。在对学生进行听说读写基本功综合训练的同时，我注重对学生关爱他人的美好情感的熏陶，以及正确的情感态度和价值观的引导。比如在朗读中潜移默化的感染，在过渡语、小结语、激情语中渗透。从而让学生感受到：勤劳是美、助人是美、谦让是美、和谐是美、美就在我们的心里，只要我们奉献了爱，我们的生活就充满了美。

语文学习的快乐，源于"灵动课堂"的生成，教师个人的幽默风趣直接影响着学生及其学习的质量。学生爱语文，喜欢学习语文，是每一位教师毕生追求的梦。因此，新课改的探究之路还很长，追求语文课堂的真实简单，教师个人的幽默风趣，教与学的严谨睿智，打造"灵动课堂"，是我今后教学思考和实验的主旋律。

我的教学主张

以生为本，因学习语文而精彩

语文的教学重点不再应该是"我们教些什么，你们就学习什么，而应该是我们该如何创造一些条件去改变教师的教学方式和学生的学习方式"。新课程标准中说，小学语文教学的主要目的，在于激发和培养学生学习语文的兴趣和积极态度，使其树立自信心，培养一定的语感和奠定良好的语音语调基础，使他们能够进行简单的日常交流，为进一步学习语文打下良好的基础。同时，创设浓郁的课堂氛围，让学生养成良好的语言学习习惯，因此，我提出了"以生为本，因学习语文而精彩"的教学主张。

（一）建立新型的师生关系

新型的师生关系应体现以人为本，重视师生间情感的交流，培养学生的学习兴趣。教育是一个充满情怀和爱的事业，若离开感情层面，将不能铸造人的精神世界。我要建立的新型师生关系完全是平等的，要做到"你不想学习，我来吸引你学；你不会学，我来教你学；你学不会，我来教会你学"。"吸引"就是激发学生学习的兴趣，让学生乐于学习、愿意学，这样就会使学习真正达到目的。通过建立和谐的、尊重的师生关系，使师生间达到心灵的沟通，共同分享成功的快乐，进入学习的最佳状态。有时，我更喜欢"蹲下来"看学生，站在学生角度来思考和解决问题，有些事情的解决是顺其自然胡事半功倍的了。

（二）营造赏识的学习氛围

美国著名心理学家威廉·詹姆士说："人类本质中最殷切的需求是渴望被肯定。"每个人都渴望被赏识，在我们的课堂上，每个学生也都期待被老师赏识。著名教育学家周弘所说："赏识取得成功；抱怨导致失败。"的确，赏识是学生成长的催化剂，可以使学生以积极的态度面对困难、面对学习，作为教师，我认为我们要学会用赏识的眼光看待学生，发现学生的优点，尽量为每个学生的成长营造愉快和谐的学习氛围和环境。教育应以赏识为底色，一视同仁，发现每个学生的优点，但有时在赏识中也需要蕴含批评，这不仅于身心健康而无害，而且还有利于培养学生正确的人生观，塑造良好的心理素质，促进其身心健康发展。如果我们每天都微笑着对待每一位学生，每时每刻都能用发现的、赏识的目光来鼓励我们的学生，营造轻松活泼的课堂氛围，我想我们的语文课堂教学会更加和谐！我想我们的教育将会带来更丰硕的果实和无限的生机！

（三）教会有效的学习方法

作为教师，素有"传道授业解惑也"的重任。我国著名教育家叶圣陶先生有句名言："教，是为了不教。"要达到"不教"的这一境界，重要的一条就是要教会学生学习的方法，让他们具有自学能力，即使离开学校，也能在知识的海洋中畅游。因此，我主张，授人以鱼不如授人以渔。人的能力并不是靠"听"会的，而是靠"做"会的，如教育家陶行知先生提倡"行是知之始，知是行之成"一样，只有动手操作和积极思考，才能出真知，因此，我们不能让学生在课堂上做"听客"和"看客"，而是要让学生做学习的主人，动口、动手、又动脑，亲身参与课堂和实践，包括知识的获取，新旧知识的联系，知识的巩固和应用的全过程。学习方法的掌握，应始终贯穿在学生学习过程中，引导学生善于探索和发现，培养学生坚强的意志，从"教会学生知识"转向"培养学生学习方法"，激发学生学习的积极性和主动性，使学生乐学、好学，激发学习兴趣和养成学习习惯。

▶▶▶ 我的育人故事 ▶

享受人文课堂，见证孩子成长

小学语文教材中不乏人文教育的因素，在教学过程中，可以随时挖掘文本，进行引导，达到文本与思维的碰撞，让孩子得到心灵的洗涤。记得在人教版五年级上册第六组单元中的一篇略读课文《学会看病》时，就给我留下了深刻的印象。课文从母亲的角度描写了一个母亲为培养儿子独立生活的能力，鼓励儿子一个人去看病，细腻地描写出了母亲感情变化的心理历程，体现了母亲浓浓的爱子之情。授课过程中，我站在"以生为本"的角度，通过调动学生的思维参与度，激发他们的学习兴趣，使他们"有所思，有所得，有所悟"，真正成为课堂的主人，而不是"匆匆过客"。我不时提出自己的观点：文章中的母亲的举动，确实培养了孩子的独立性，在我们自己的身边有没有体现你独立性的事情？有没有曾经学会过关心体贴别人的呢？总是让孩子把文本的学习引发到个人的思想行为上来，明白这是一个行为的转化过程，也是一个行为语言的转变。学生时而理解文本，时而思考人生，当学生听到同学们的肺腑之言时，必定羡慕佩服，听得也津津有味。授课完毕后的15分钟，我让孩子写下心中最得意的独立性举动，其中这位同学的语言既风趣又流露其素养之高，这样的结果令我印象深刻。

登 山 记

妈妈一直觉得从龙泉那边到绿护屏的路难走，不敢带我攀爬，怕自己照顾不了我。今天爸爸有空，一家三口向绿护屏出发。我蹦蹦跳跳地跑着上，走到没有护栏的地方总是停下脚步等妈妈，然后牵着妈妈的手走过危险的地方，走得太快往回看不到妈妈的时候，总是停下来等妈妈下山；走到比较陡的梯级，总停下来牵着妈妈的手："妈妈，小心！"走着走着，我突然笑了，调侃道："妈妈，我觉得你是个运动困难户！"妈妈说："为什么？"我继续说："不是吗？我一直还照顾你来着！"说完又加紧一句："妈妈，你需要休息一下吗？""不用"我连忙说。"妈妈，没关系了，快到山脚啦！这里的路不陡，你自己慢慢走，我和爸爸走快一点。""嗯"妈妈可能为了快一点追上我和爸爸，"啊！"随着声音，只见妈妈脚一滑，两个膝盖跪在地上，裤子破了，膝盖流血了。我连忙跑回妈妈身边，笑盈盈地说："还说不是呢！"说着，我和爸爸一左一右地扶着这位"运动困难户"下山了。临睡前，我在不经意经过爸爸妈妈房间时听到了妈妈和爸爸的交谈：我觉得儿子长大了，会照顾别人，会感恩！常听人家说闺女贴心，今天我才发觉我们的儿子也很贴心哦！说着说着，他俩笑了。刹那间，我眼眶里的泪水直打转，原来我一直都是爸爸妈妈的好孩子："我为我生活这个家庭而骄傲自豪！我爱你们，爸爸妈妈！"我快速回到房间，那一晚我做了一个甜甜的梦！

透过一段段的文字，我读懂了，在这堂课上，不少学生能结合自己的生活体验去体会文本透露的情感，他们不仅走进了文本人物的内心世界，理解文中的母亲那独特的爱子方式，更感悟到母爱的真谛，也正因如此，在现实中，孩子对母爱的赞美与感激之情溢于言表，也用着独特的方式爱着母亲，照顾关心着母亲。

"勿以善小而不为，勿以恶小而为之"，课堂上，我关注教材中的人文素材，与孩子探讨生活中每一个真实的细节，告诉孩子要真切地体验生活，在生活与学习中不断成长。

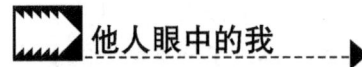
他人眼中的我

（一）专家眼中的我

梁老师责任心特别强，为人友善，她一言一行彰显人格魅力，一举一动体现师者风采，一字一句包含谆谆教诲，是一位出色的跟岗学员。

（深圳市华丽小学校长、省朱先云名师工作室主持人　朱先云）

（二）学生眼中的我

梁老师是一位很有魔力的老师。语文本是一门枯燥的学科，可是梁老师在语文课上引经据典、博古通今，把语文课上得富有感染力。富有亲和力的梁老师言谈大方得体，举手投足间彰显魅力。每次的比赛活动均现场指导，似乎有用不完的方法。

（插班生　何倩莹）

（三）家长眼中的我

致恩师

传道授业三载情，良师益友一世恩。

——献给尊敬的梁奕笑老师

梁老师，在孩子心目中，您是良师益友，既和蔼可亲，又严格要求。正因有您精彩生动的教学，孩子对语文无比热爱，最终在毕业考中取得第一名；正因有您的循循善诱，孩子能不断认识自我，完善自我。您精益求精的工匠精神让我们家长放心。您幽默的教学，活跃的课堂，人文素养与正能量的渗透，让我们在一次又一次的家长会上享受着！

（聂凯盈家长）

（四）同事眼中的我

梁老师知识渊博，教学经验十分丰富，上起课来既生动又活泼，尤其她在课堂上讲解作文的时候是那么风趣、引人入胜，因此，她所任教班级的孩子与家长都被她专业的文化素养和丰富的人格魅力征服了！梁老师还拥有一双慧眼，懂得欣赏孩子们的长处，善于培养孩子们健康人格，使孩子们心灵美、三观正，常怀感恩之心。

（年级组里的语文老师、年级科组长　陈丽珠）

激情 和谐 求真 求活

● 江门市江海区滘北小学　聂丽春（小学英语）

● 个人简介

我叫聂丽春，是一名扎根在一线默默奉献的普通老师，先后获得小学英语高级教师，广东省骨干教师首批培养对象，江门市第四批名师培养对象，江海区名教师、优秀教师、优秀校长、优秀教育工作者、优秀共产党员、师德建设先进个人等称号。江门素有"中国第一侨乡"的美誉，自古以来人文荟萃，英才辈出，有丰厚的历史文化积淀。这里诞生过岭南杰出的人物陈白沙、梁启超。作为一名土生土长的江门人，深受岭南文化的影响，被这些先驱的精神燃火鼓舞着我。从小就想当一名英语老师，终于梦想成真，高考以优异的成绩考上师范大学。1998年师范毕业后我分配到一所农村中学任教，从此就踏上了教育这一片热土，面对困难险阻没有被压倒，我总是以满腔的激情投入到工作中，我一直在坚守"缩短城市与乡镇孩子之间英语学习水平差距"的理想信念，追求以境为基础，以情为细节，以真为核心，以活为途径，以身边事物为源泉的"真""活"课堂，历经21个春秋的研磨，我在学、思、悟、行中奋发前行，逐渐形成我的粤派教学风格——激情、和谐、求真、求活。

▶ 我的教学风格 ▶

激情，就是以情动人，以志激人。教学艺术是一种塑造人的艺术，我要让自己有一种感动人心的魅力，让学生在我的英语课堂如沐春风，并潜移默化受到影响。我以极大的热情钻研教学艺术，孜孜不倦，精益求精，用对生命的热情和对事业的执着追求来影响我的学生。只有热爱学生，才能从内心深处迸发出一种强大的力量。我知道，只有把教学作为一种艺术性的事业来认识和追求，才能享受到教书育人的乐趣，而这种乐趣又会反过来强化教师对教学艺术的追求，这就形成了乐教过程中的良性循环。

在英语课堂 I have a Magic hat 的设计上，我精心营造"亮点"，带上一顶黑色的高帽，表演一个魔术，让课堂教学高潮迭起，给学生留下深刻鲜明的印象，并激发学生最富于感情表达的时刻，这时师生双方的积极性达到最佳配合状态，及时教授句型"I have a…"并让学生用这个句型造句，一瞬间，孩子们滔滔不绝说出好多句型。我在课堂教学中牢牢地抓住学生的注意力，不失时机地精心制造教学的亮点，把课堂教学推向高潮，使学生达到情绪高涨、智力振奋的积极状态，使课堂教学的效果倍增。

和谐，体现在学习生活的点滴上，在英语课堂上我会营造一种和谐氛围，因为，和谐的师生关系是知识传授的润滑剂，可以保证知识在传授过程的顺畅。

当人际关系和谐融洽、当人的心情处于愉快轻松状态时，学习效率会大大提高，学习潜力可以得到更大发挥。教师对学生的温暖关怀是学生对学科形成积极态度的一个重要因素，会使学生获得学习的自信心。在教授 Fruit 一课，当我拿着一只香蕉问："What's this?"学生会立刻回答："One banana"。当我拿着两只香蕉问："How about this?"学生回答不出来，这时我会摸摸他的肩膀说："Never mind."这样一来，学生虽然不会，但和谐融洽的师生关系，能够使学生感受到自己的价值，如果有学生回答正确我会及时表扬，让他充满自信，使学生学习的主动性、学生的智慧潜能得到最大程度的发挥，教学工作收到事半功倍的效果。同时，良好的师生关系，还可以减少学生心理疾患、减轻学生各种心理负担。由此可见，情感不但是师生关系的润滑剂，也是学生学习活动的助推剂，更是学生心灵世界的支撑点。

"亲其师，信其道"深刻而精辟地点明了和谐、融洽的师生关系在教学活动中的重要作用。苏联教育家苏霍姆林斯基曾这样认为："师生之间是一种互相有好感、互相尊重的和谐关系，这将有利于教学任务的完成。"基于以上观点，广大教师在教学过程中一定要注意构建和谐的师生关系，使学生在轻松自由的氛围中愉快地学习。

求真，是真实情感的体验。现代外语教学主张学生在语境中接触、体验、理解和学习真实的语言。《义务教育英语课程标准（2011年版）》建议教师要通过创设接近实际生活的各种语境，采用循序渐进的语言实践活动，培养学生用英语表达、沟通、做事情的能力。课堂教学活动是否真实关系到学生是否能够准确理解语言在语境中的使用。小学英语课堂中的教学活动应体现出在真实生活中的语言应用，促进学生在真实的语境中理解语言，使其学会使用语言表达真实。

由于小学生受认知水平、理解能力、生活阅历等因素的制约，在学习英语时对情景的依赖性更强。因此，教师尽量创设符合或指向真实生活的情景，"活化"语境，帮助学生更好地理解并掌握特定情景中的语言形式、意义和用法，有效地使用语言进行交际。例如，在学习购物一课中，我设置了一个任务，要求学生扮演售货员和顾客，创编选购衣物的对话。为了模拟真实的情景，我在讲台前放置了各种不同类型衣服，并在活动开始前复习了相关词汇，如 shirt、sweater、skirt 等，以提供词汇支持。在情境中，学生基本都能使用本课的目标句型。

Shopping

A：Hello! Can I help you?

B：Yes, I want a sweater for my son, please.

A：How about this one?

B：Oh, good. The size is OK.

C：Mum, I don't like the colour.

A：Do you like this purple one?

C：Cool! That's my favourite colour.

B：How much is it?

A：Sixty-eight yuan.

B：Here's the money.

A：Thanks.

学生不仅完成了购物，还表现了十分活跃。

求活，就是灵活，活学活用。教师可以活化教材内容，活化教学手段，活化训练方法等，把知识与生活紧密联系起来，让课堂活起来，调动学生的积极情绪，增强学习自信心，促进学生对知识的理解，提高课堂的学习效率。

我通常会用直观手段，激发情趣。如在四年级 Helping at Home 一课中，我充分利用色彩鲜艳、形象生动的实物、挂图、投影机、录音或多媒体辅助教学等手段进行直观教学，教授词组 sweep the floor, clean the windows, wash the dishes, fold the clothes, clean the desk, wash the clothes, 甚至让学生配上动作，激发学生对学习的兴趣，对调动他们的积极性、激活课堂等具有重要作用。教学活动多样化，将游戏活动贯穿教学，因为游戏是小学生最乐意接受和参与的活动。根据教学要求，我尽量把知识和游戏融为一体，设计一些适合教材内容的游戏。比如学习 color 一课，教授完 yellow、blue 后，学习 green，我巧妙地设计魔术游戏，把两个盛有黄色、蓝色颜料的瓶子注入水后再摇动，把两种颜料混合立刻变成绿色，大大增加了学生的学习兴趣。我又准备了一些彩色铅笔和其他各种颜色的物品，让学生小组合作大胆设计喜欢的作品，学生边说 "I like" 边画。寓知识于游戏中，把枯燥、机械的语言学习变得生动、有趣。通过学生饶有兴趣的参与，在不知不觉中让学生学会和巩固所学的知识，让不同基础的学生在每个环节中都得到语言的实践锻炼，使学生在学习英语的整个过程中充满激情与欢乐，从而激发他们学习英语的兴趣，增强自信心，体会到成就感。

我的成长历程

努力耕耘　终有收获

江门是"中国第一侨乡"，是一片充满灵气的土地，这里山环水绕，人杰地灵，我特别爱这片土地。江门人有着"开放、包容、自信、进取"的精神。这里诞生过岭南杰出的人物陈白沙，他是明代著名的思想家、教育家、书法家、诗人，他提出了涵养心性、静养"端倪"之说，使得明代儒学由理学向心学转变，成为儒学发展史上一个重要的转折点。他开创了著名的"江门学派"，集四方贤才，兴一代儒风；他的学术理念是中华民族优秀传统文化的瑰宝，对岭南文化做出了不可磨灭的贡献，其思想在中国思想史上独树一帜。今年乃纪念陈白沙先生诞辰590周年，由广东省委、省政府牵头传承和弘扬白沙学说，传承侨乡历史文脉，推进以"白沙文化"等为代表的优秀传统文化，打响侨乡文化品牌，增强我们的文化自信和民族凝聚力，为江门在广东"四个走在全国前列"的新里程中发挥更大的优势。这项举措不仅是弘扬中华民族优秀传统文化的一种精神力量，同时对维系社会长治久安与和谐发展具有重要的现实意义。江门又是粤港澳大湾区与粤西连接的重要交通枢纽，水陆交通发达，经济实力不断增强。我亲身经历了家乡经济和教育事业的蓬勃发展，作为家乡的教育工作者，对此引以为荣，我会用最真挚的热情和行动为家乡的教育事业贡献力量。

时间过得真快，一眨眼从事教育工作已经21年了，回首过去，有太多的感悟，一路披荆斩棘，砥砺前行，有汗水、有泪水、有笑声、有掌声，但我始终保持工作热情，坚守自己的理想信念，走好人生的每一个阶段，当好学生的引路人，默默耕耘着我的那一片土地。

（一）第一阶段：一路颠簸，一路前行（1998—2005年）

1. 师生情谊，坚定专业思想

（1）心随境迁毅留下。毕业后我来到江门"龙舟之乡"——礼乐镇。在礼乐镇第二初级中学一干就是7个年头，当时农村的教师比较缺乏，我便毅然地走向了孩子们最需要我的地方。回想当初我来到这里的情形真是感慨万千：一踏进校园，我顿时心里凉了半截，呈现在我眼前的是残旧的教学楼、破旧的厕所、水泥堆砌而成的乒乓球桌、煤渣跑道，进校两千米的泥路坑坑洼洼。我每天要骑着自行车一路颠簸一个多小时才能到学校，路是多么的坎坷，我不记得摔了多少次，摔了又爬起来继续一路前行；条件是多么的艰苦，教室是一排排的平房，每到下雨天水顺着瓦缝流进屋来，地面瞬间成了水塘。那时真想走回城里不当老师了。但是，爸爸对我说："孩子们需要你，条件越艰苦越考验一个人的意志，吃得苦中苦方为人上人，坚持就会成功。"后来，他这番话一直激励着我前行，我也在用青春热情努力地改变一切。

（2）点燃热情暖心灵。当时我来到这里最大的感触是这里的人特别热情，当我走进教室的时候，孩子们第一眼看到我就很喜欢，眼睛发亮，能看得出他们很想扑向我、抱着我，因为学校很久没有进年轻的老师了，我的到来给校园注入新的活力。我的性格比较活泼、开朗，喜欢和学生玩在一起，每到下课时间，孩子们争先恐后围着和我聊天，分享他们的童年趣事。孩子们最喜欢的运动是爬龙舟，礼乐的龙舟竞渡是最受乡民喜爱的体育竞技运动，闻名于珠江三角洲。每逢端午节，孩子们就邀请我去观看龙舟竞渡，场面激烈，人心激动，锣鼓喧天，水花飘洒，鞭炮齐鸣，人人都高兴极了。这里民风朴素，孩子们天真可爱，这时在我心底里种下了"用自己的青春、激情点燃孩子们爱学习的心灵"的种子，于是我留下来了。后来的日子里，我争取让每一个学生有被尊重的体验；做学生的"大朋友"，真挚坦率地与学生平等相处，创造出一种轻松和谐的学习氛围，建立起融洽和谐的师生关系。

（3）做学生的良师益友。初为人师，我就担任初一（1）班班主任和英语教学工作，那时还有点懵懂，不知道该怎么做。我便思考，班级管理要怎样做才会让孩子们听我的呢？让孩子们接受外来文化不容易，首先得让孩子们接受我这个"外来人"因此，我要尽快适应农村的生活，和孩子们融为一体。放学后，我和孩子们经常到甘蔗田里一起收割，一起"打野战"。草地上，我和孩子们促膝交谈；田地间，我们砍甘蔗、收玉米；小河里，我们一起赛龙舟。我始终保持一颗年轻的心态，和孩子们玩在一起，端午节我们约定一起共渡龙舟，孩子们叫我"龙母娘娘"，我叫他们"小龙女""小龙儿"，随着锣鼓响声，我们"一二、一二"使劲地爬，水花飘洒，笑声阵阵，激情澎湃，我们徜徉在村里的河流中，乡间的小路上，孩子们真情流露，不经意哼起了我教的歌曲"row row row a boat ..."我们的学习精神就如龙舟精神一样，团结合作，勇往直前，迸发出智慧的浪花。每逢来到有着百年历史的跨龙桥上，孩子们总喜欢配上音乐"London bridge is falling down"，甚至将其改编成"Kualong bridge is falling down"就这样，我和我的学生融在一起，相亲相爱，和谐共处。

2. 学习探索，思考教学方法

（1）激发学生的学习兴趣。兴趣是最好的老师，为了调动学生学习英语的兴趣，我会想方设法，精心设计各种活动、游戏，让他们在真实的体验中感受生动的英语课堂，在我的英语教学中，我总是带着饱满的热情走进课堂，每次走进课堂前，首先调整好自己的心态，带着微笑，带着童心，走向学生。上课时就把自己全身心地投入到课堂中，用我的眼神、表情和夸张的动作去吸引学生的注意力。如教授 School Activities 时，我设计学生喜欢的活动，打篮球、唱歌、画画等，并配上相应的动作展开课堂活动，孩子们特别兴奋，个个好像打了鸡血一样，全神贯注，对于老师的提问都是抢着回答。瞧，孩子们听得多么的专心！我也多么的享受和孩子们一起学习、一起成长的快乐！一年后，我和孩子们的努力终于迎来了好消息，期末考试我们班的英语成绩全校排名第一；经过两年的努力，我们更进一步的，英语成绩全镇排名第一。我被评为礼乐镇优秀教师；三年后，我任教的毕业班有6名学生考上江门一中，这是学校历史性的突破。

(2) 努力探索，提升自我。英语教学才刚起步，自我感觉教学理念储备比较肤浅，专业也是需要研磨，进一步扎实自己的理论水平。于是开始进一步研究教材教参，以及研究教学方法，我利用课余时间阅读大量书籍和刊物，如《中小学英语教学研究》《广东教学报》《英语课程标准》《中小学英语教师发展丛书》《第56号教室的奇迹》《英语课堂教学形成性评价研究》《赏识你的学生》《学习的快乐——走向对话》《好用的英语游戏》等。"纸上得来终觉浅，绝知此事要躬行"，读后发现我的教学方法可以更灵活，于是我尝试把更多好用的英语游戏用在教学实践中，学生学习的热情一下子调动起来，收到良好的效果。同时，我的专业知识也有了很大的提升。为进一步提升自我，在教学期间我还报读了江门五邑大学英语专业本科，用3年时间完成了本科的课程，以优异的成绩顺利毕业。

3. 同事帮助，体验教育成功

为进一步提高教育教学水平，我积极参加了江海区举办的新教师教学比武大赛，接到任务后，只有一周的准备时间，感到身上压力很大，我自问没有比赛经验，课堂教学仅3年，经验不足，我凭什么可以赢得比赛？于是我只好找同事帮忙，虚心请教，读透教材和教学大纲，寻找大量的资料，经过备课、上课、磨课，收集大家的建议，再反复修改，最后通过努力，获得了新教师优质课比赛一等奖，这是我工作后的第一个奖项，捧着沉甸甸的奖，我又有了继续前进的动力。接着，我又参加了江海区说课比赛，获得二等奖。2003年，我辅导学生参加全国英语奥林匹克竞赛获奖，被评为优秀辅导教师。我坚信只要努力，一定会活出精彩。我越来越喜欢这里的孩子们、家长们和同事们。我多么享受和孩子们度过的每一节课，七年的时光是那么的短暂。

(二) 第二阶段：一分努力，一分进步（2005—2012年）

1. 华丽转身受挫

第一个七年的"龙舟之恋"告一段落，我从普通教师到骨干教师，又开始了第二个七年。2005年我被调到小学，从初中教师到小学教师华丽转变，既是一个转折点，又是一个不小的挑战。踏入新征程，心境上的跨度是很大，本来我以为一位初中英语老师去教小学会很容易，于是充满自信，谁知几节课下来，才发现，想教好一个班级、带好一个班级并不是想象中那么容易，由于授课对象变了，但我的教学方法、授课用语没能及时扭转过来。所以两周下来，身心疲惫，情绪低落，没有了在中学任教时的游刃有余，自信心被击垮了。我一时间摸不着头脑，不知该如何是好。

2. 坚定重塑自信

难道就这样被"小娃娃"击倒啦？不，我一定会想到办法的，我要重塑自信。于是我每天都坚持学习理论知识、专业知识，刻苦钻研小学英语教材教法、小学英语课堂、小学生心理特点等，一边带娃，一边备课，为了上好每一节课，有时备课至深夜。但我始终保持工作热情，虚心向他人学习，向老教师们取经，在老师们的帮助下，我很快转换了角色。经过一个学期的努力，我的教学工作逐渐走上正轨，也重新找回了自信。刚接手，五年级有一位因白化病而弱视的学生叫麦×华，他看不清两米以外的东西，我特意把他的位置调到最靠近讲台的位置，下课也安排同学和他一起玩，还教育同学们不要取笑他，要更加关爱他，让爱充满五年级的教室。就这样，我用生命呵护生命，用爱心激励爱心，用一颗真诚的童心去接纳每一位学生，孩子们很快就喜欢上了我。

3. 矗立展翅飞翔

根据小学生活泼好动、好奇心强的特征，我想方设法点拨、引导，激发他们对学习的兴趣，从而推动学生进入积极思考的状态，激活学生的思维。我尤其注意一堂课的开头导入，刚开始学生的注意力往往比较集中，我就利用这个黄金时间设计精彩的导入，如歌曲、竞猜游戏等等来引人入胜，拨动学生的心弦，为精彩的课堂教学做充分的准备。接下来，课堂教学活动往往就能顺利进行，课堂气氛也会变得有趣活泼。英语最难就是记单词和阅读，为了突破这些难点，我专门开展"小学英语单词记忆的方法研究"和"小学英语阅读技能培养的探索与研究"课题研究，在研究实践中发现，孩子们背单词和阅读能力在不断增强。看着孩子们的进步，我暗暗自喜，我会继续努力，坚持我的梦想，加强专业素养，丰满人生的羽毛，历练人生的翅膀，总有一天会飞翔在天地间。

（三）第三阶段：一分耕耘，一分收获（2013—2019年）

1. 坚守信念，凝练风格

七年磨一剑，来到第三个7年了，我的教学水平快速成长，在这一阶段，我从骨干老师到名教师，开始走向了成熟。为了实现"缩短城镇孩子之间英语学习水平"的信念，我用心探索、积极投身教育教改，不断加强理论学习，在实践中发现的问题我会变成课题开展教学研究。带领科组老师开展集体备课、研课磨课、课件制作、教具制作、微课设计等，亲自上市、区各类公开课，为了应对挑战，我利用一切空余时间，日夜挑灯，熟读教材，在网上寻找大量资料和课件，在团队的帮助下，经过本人努力，获得了江海区青年教师教学比赛一等奖；江海区小学英语教师"教学＋反思"比赛一等奖；江门市英语优质课比赛二等奖；教学设计 Unit 6 It's a vocation 获广东省中小学信息技术教育教学设计二等奖等。以比赛为契机，我努力学习众人所长，吸取精华。在整个过程中，因为阅读、学习、借鉴、吸取了很多优秀教案的设计和课件制作方法，自己教学水平得到了进一步的提升，科组全体老师的整体素质也提高了。我校教学质量连续多年获得教学质量一等奖，我被评为毕业班优秀教师。渐渐地，我的课堂形成了自己独特的教学风格——激情、和谐、求真、求活，深受学生的欢迎。课堂上我尽力创设真实语境，形成一种真实灵活的交际氛围，如 Toys 一课，为了创设真实语境，我在讲台上摆放了好多玩具，布置成玩具店，让学生自由选择，学会运用"What do you want? I want..."句型。学生通过接触、体验、理解真实语言，然后在正式语境中学以致用，在自然的语言交流中习得语言，从而激发学习兴趣。

比尔·盖茨说过："很多人问我成功的秘密，其实没有秘密可谈。我只是选择了我爱做的事，该做的事。其实，我不比别人聪明多少，我之所以走到了其他人的前面，不过是我认准了一生只做一件事，并且把这件事做得更完美而已。"教学研究也是如此，一个教师只有养成长期关注一件事情的习惯，教学研究才会有深度。如果我们只停留在教书本，我们最多是个教书匠。就这样，在我的带领下，全校英语老师的教学艺术得到了进一步的提升。

问题就是课题，研究改进实践，我主持区"十一五"重点课题"英语'讲学稿'应用研究"和"提高小学生英语阅读能力的方法研究"这两个课题研究成果被评为江海区一等奖。主持区"十二五"重点课题"外来工子女良好行为习惯养成教育的实践与研究""外来务工人员随迁子女良好行为习惯养成教育策略的实践与研究"顺利结题。2018年主持市级课题"国学经典诵读与小学生良好行为习惯的培养"。通过以研促教，提高了全体英语老师的综合素质。

2. 阳光总在风雨后，多年努力见彩虹

成长的过程虽然是苦，但收获总归是甜的。经过多年的努力，我被评为江海区优秀教师、"江门市优秀女工积极分子称号""江海区优秀共产党员"称号、江海区师德师风先进个人、江海区优秀教育工作者、江海区优秀教育工作者江门高新区（江海区）"英才成长基金"优秀校长、江海区工会优秀工作者，成为广东省骨干教师首批培养对象、江门市第四批名师培养对象等。

学习路上也收获颇多，聆听了广州第二师范学院蒋友梅博士"中小学教师科研论文写作"讲座，读了张爱华编辑的《谈论文写作与发表》，明白了教研论文的特点及撰写基本要求、如何选好题，论文有哪些基本规范，等等，我的论文写作水平也不断提高，撰写的论文《小学英语词汇有效教学的策略研究结题报

告》获省三等奖，《师生共用讲学稿——搭建师生共同成长的平台》获区一等奖，《家校友好合作，培养良好习惯》获区二等奖，《小学英语阅读技能培养的探索与研究》发表在《启迪与智慧》上，《外来工单亲家庭子女的心理问题及教育策略》发表于《文理导航》，《外来务工人员子女良好行为习惯养成教育策略的实践与研究》发表在《江海教育》上，《拓宽德育教育渠道增强德育工作实效》发表在《江海教育》上，《家校友好合作，培养良好习惯》获江海区教育管理创新奖。

每个名师的漫漫人生征途中，都有自己的成长节奏，都有自己"面壁十年图破壁"的不懈奋斗，都有自己"教育人生竞风流"的成功惬意。我深知，一个教师从走出师范院校的大门到成为一名成熟的专家型、学者型教师，需要一个漫长的过程。这一成长过程是敬业精神形成并发挥作用的过程，是教育教学素质不断提高和更新的过程，是一个不断学习、不断实践、不断创新的过程，是一个不断利用外部资源和条件进行优势积累的过程，更是一个不断实施自我监控、自我调节和自我超越的过程。

从教21年，在学生、家长、老师、领导的支持帮助下，我从一名普通的老师做起，通过学历进修、市培、省培等各种培训提高教育教学能力，从初出茅庐的稚嫩与青涩，经过在教学中的探索与努力，才有了现在的成熟。逐渐成长为江海区名师、小学英语高级教师。我会用生命的热情和对事业的执着追求继续影响我的学生。

教师的专业成长需要不断学习。我先后参加了省骨干教师培训、名师培训、名校长培训、德育干部培训等多个高端项目培训。在培训中，我接触到了最前沿的教育教学理论，拓宽视野，还结识到一班优秀的学员，相信，与优秀的人在一起，我也会变得优秀。自参加江门市第四批名教师培养以来，在众多的优秀老师指导下，如广东第二师范学院闫德明博士的"教学风格的培育与实践案例的分析"让我耳目一新，知道了教学风格的形成需要不懈追求，21年的教学历程，我一直在学、思、践、悟中审视自己的教学行为，并逐渐凝练出"激情、和谐、求真、求活"的教学风格。

▶ 我的教学实录 ▶

《开心学英语》三年级下册 Unit 2 Color 教学实录

（一）教材分析

《开心学英语》这套教材是以外星人 Gogo 来到地球发生的有趣故事为主线来编排的。每单元都选择与学生日常生活密切的题材编一个独立的故事，其中融合单词、对话和语音的学习。本单元是以询问颜色为话题，本节课设计以四个单词"red, yellow, blue, green"和一个句型"What color is this? It's yellow."为第一课时。本课的词汇、句型贴近学生的生活，使学生更易理解，通过唱歌、玩游戏等活动强化记忆，使学生在对各指令的反应中自然习得语言。

（二）学情分析

（1）由于三年级学生的年龄还比较小，自我约束、控制能力不强，针对此特点，在本课中我尽量运用游戏、chant活动等多样化的教学手段，结合多媒体，调动学生的学习积极性，把动口、动手的机会留给学生，培养他们养成良好的学习习惯，从而有效实施课堂教学。

（2）本节课学习 blue、green、yellow、red 这几个颜色单词，学生对于色彩这方面内容较感兴趣，我就利用画画的方式，将各学科融合，给学生提供一个有趣、轻松、活泼的环境氛围去学习，课堂应当源于生活、服务于生活，学生才更易理解，学得更快。

（三）教学目标

（1）知识目标：能听，说，认读，拼写 red、blue、yellow、green 四个颜色单词，掌握本课句型"What color is this?"及回答该句子，能在情景中运用。

（2）技能目标：让学生熟练运用所学颜色单词，并能对身边的事物进行简单描述。

（3）情感目标：激发学生学习英语的兴趣，调动学习的积极性，引导学生积极与他人合作，在活动中培养学生的合作精神和竞争意识。通过色彩与美术结合进行美育教育，让学生学会感受美、欣赏美、发现美、创造美。

（四）教学重难点

（1）重点：能听、说、认、读四个颜色单词并熟练运用，能对身边的事物进行简单描述。

（2）难点：读准单词和正确运用句型来询问颜色。

（五）教学策略

（1）本课主要创设情境，运用游戏、互动交流，评价等教学策略，让学生积极主动地参与课堂活动。

（2）运用画一画、唱一唱、演一演和游戏充分调动学生的学习兴趣。

（3）利用多媒体创设教学情境，让语言环境接近生活，在特定的语境中培养学生灵活运用知识的能力。

（4）课前准备：画板、彩色颜料、彩球、教学课件等。

（六）教学现场

Step 1 Greeting

T：Hello!

S: Hi!

T: How are you?

S: I'm fine. Thanks!

T: Nice to meet you!

S: Nice to meet you, too.

T: Look! What's this?

S: Caihong or Rainbow.

T: We can say "rainbow". Do you like rainbow?

S: Yes!

T: Yes! It's colorful. Can you sing "color song"?

S: Yes!

T: OK. Let's sing.

S: Sing together!

T: Wow. You are so cool.

(设计意图：课前谈话，拉近师生间的距离，构建和谐民主的课堂氛围)

Step 2 Presentation

T: Look! How many colors of the rainbow? （PPT 展示）

S: Count. One, two, three...

T: They're red, blue, yellow, green...

Do you like it?

S: Yes!

T: Can you draw "rainbow"?

S: Yes!

T: Now we'll draw a beautiful rainbow.

We are going to learn red, blue, yellow, green.

Now let's begin. Show a red pen. What's that?

S: It's a pen. ／It's a red pen.

T: What color is this?

S: It's red.

T: Follow me red r-e-d （贴上英语卡片，板书 red. 练读，个别读、小组火车读。）Wow, You're great.

What color is this? It's... 板书句型。

自编歌曲巩固句型。

What color is this?

What color is this?

It's red.

It's red.

What color is this?

What color is this?

It's red.

It's red.

T: Show a yellow pen. What's that?

S: It's a pen. /It's a yellow pen.

T: Look, What color is this? It's yellow.（画黄色, follow me yellow y-e-l-l-o-w 贴上卡片, 板书, 练读, 小组读。）

T: What's that?

S: It's a pen. / It's a blue pen.

T: Look, What color is this? It's blue. （蓝色, 边画边教授单词 blue, 贴上卡片, 板书, 练读, 个别读、小组火车读。）

Magic show

T: Look, What color is this? （准备两个矿泉水瓶分别装上黄色、蓝色颜料。）

S: It's yellow. It's blue.

T: I'll mix blue and yellow. What color is this?（老师把装上黄色、蓝色颜料的瓶子分别注入水摇动, 把两种颜料混合就变成绿色。）

S: Wow! It's green.

T: Yes, blue and yellow is green.

Green, draw green, What color is this?

S: It's green.

T: follow me green. （板书, 个别读、小组读。）

（设计意图：通过歌曲、游戏、竞赛等方式开展形式多样的课堂活动，激发学生的学习兴趣、学习动机。利用画画的上课方式，学科之间融合，给学生提供一个有趣、轻松、活泼的氛围去学习，源于生活、服务于生活。学生更易理解，学得更快。）

Step 3 Chant activity

（设计意图：设计 chant 是复习所学的几种色单词、句型。）

Step 4 Exercise（PPT）

Step 5 趣味练习

（设计意图：练习的设计学以致用，活学活用）

Step 6 Pair work（准备彩球、Color pens、其他）

A：Hello...

B：Hi...

A：What's this?

B：It's a...

A：What color is it?

B：It's...

A：Thank you.

B：You are welcome.

（设计意图：小组练习，引导学生积极与他人合作，在活动中培养学生的合作精神和竞争意识。）

Step 7 Listen and color.

1. what color is this? it's blue.
2. what color is this? it's yellow.
3. what color is this? it's green.
4. what color is this? it's red.

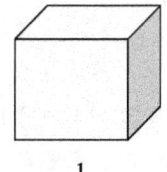 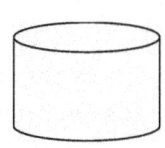  

1.　　　　　　2.　　　　　　3.　　　　　　4.

（设计意图：听力训练，学会提取有效信息。）

Step 8 Summary

What color is this?

It's yellow/red/blue/green.

（设计意图：总结归纳。通过色彩与美术结合进行美育教育，让学生学会感受美、欣赏美、发现美、创造美。）

Step 9 Homework

1. 与同伴分享你喜欢的颜色。

2. 自己画一幅画，向爸爸妈妈介绍这幅画，用上今天学习的颜色。

3. Talk with your partners about your pencils' color, books' color and clothes' color.

（设计意图：巩固知识。）

Step 10 Blackboard design

（设计意图：利用思维导图设计板书，便于理解。）

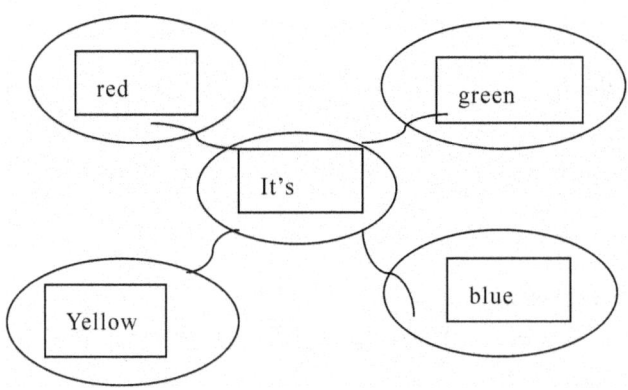

（七）教学反思
1. 激发动机，掀起学习热情

本节课设计思路清晰，结构完整。上课伊始，老师和同学们的自由交谈，力求建立和谐的师生关系，把学生分几个小组进行比赛，赢的小组获得奖励，用比赛、奖励方式激发学习动机。同时，检查学生对旧知识的掌握情况。

新课的导入巧妙地选用与生活关联的七彩虹演变成 colors，引入课题，课题的出示独具一格。美丽的彩虹一下子吸引了学生的注意，学生的学习兴趣被激发了，在感受、欣赏美的同时，对本课所学的颜色有了一个整体的感知，为后面的教学活动做了铺垫。本节课重点学习 blue、green、yellow、red 这几个颜色的单词，因学生对于色彩这方面内容较感兴趣，故利用画画的方式，将不同学科融合，给学生提供一个有趣、轻松氛围，学生更易理解，学得更快。英语课上，我巧妙利用英语歌曲，在整体呈现了本课的颜色单词以后，利用歌曲的简单旋律来帮助学生加深印象。不仅能活跃气氛，增强英语课堂的趣味性，引起学生兴趣，激发起更强烈的求知欲，同时让学生初步接触到句型，为教学的开展迈开成功的一步。

单词的教学如果总是简单地呈现，然后带读，未必能充分激发他们的学习兴趣。正如布鲁纳所说的："教学过程是一种提出问题和解决问题的持续不断的活动。"英语学科并不是孤立的，英语课堂要把英语与其他学科巧妙结合，会使课堂魅力无限。本环节设计一个 Magic show，就是利用学生强烈的好奇心，让他们在好奇心的驱使下不知不觉地学习到本课内容。然后在活泼的 Chant 中，进一步强化知识，训练学生的开口能力。听录音跟读能训练学生的语感和学习纯正的语音。而 Color and talk about it 为学生创造情景，训练学生开口说的能力。

2. 激发思维，营造理想环境

最精彩的是闯关部分，形式新颖活泼，极大地调动了学生的积极性，激发了学生的热情，是我设计过程中最满意的部分。其次是拓展部分扩大了学生的知识面。在教学中，对学生不准确的问答，不立即纠正，而用温柔的眼神给予抚慰，以鼓励的语言增强学生的自信，但对其存在错误的句行回答仍给予纠正，该注意的重点句型领着学生齐读。在教学过程中从生活经验出发，根据实际情况处理教材，鼓励学生大胆开口、积极参与，在精心创设的情景中获得最直接的体验并用于生活的日常交流中。为了激发学生学习英语的兴趣，我在内容、形式、方法等方面都充分考虑学生的学习需求，使学生们感到亲切自然，趣味幽默，乐于学习；教学中的语言结构简洁实用，使学生学了就能使用，享受成功，增强自信，让学生在形式多样的趣味活动中感受到学习英语的快乐。同时，我采用"寓教于乐"的原则，利用灵活的教学方法、科学的教学手段、艺术性的情境创设，使学生对授课的形式和内容感兴趣，能大胆开口，乐于用学到的英语与人交往。会用"What color is it?"句型，也能回答。引导学生积极用英语思维思考，用英语交际，从而提高听说能力。我善于鼓励学生发挥主观能动性，让学生在用中学，在学中用。本课自始至终都体现了实践性原则，给学生充分实践的机会，创设适当的真实情境，把英语会话与学生的日常生活紧密联系起来，做到学以致用，培养学生用英语做事情的能力。

马克思曾说"让每个人的个性得到自由地发展"。设计梯度性作业。这样可以让不同层次的学生在做作业时都有成就感，继而激发他们的学习积极性。实践性的动手作业更能培养学生的综合实践能力。自己画一幅画，向爸爸妈妈介绍这幅画，用上今天学习的颜色。在你的家里是否可以找到我们今天学习的所有颜色？

3. 激发热情，燃起智慧浪花

在课堂讲授中，根据课程结构设置、内容特点、课型特征以及学生的实际和教学环境，采用灵活多变的教学方法和手段，达到最佳教学效果。整节课我用激情演绎英语课堂，在真情的互动中追求以境为基础，以情为细节，以真为核心，以活为途径，以身边事物为源泉的"真""活"课堂。通过本课的学习，学生们可以深刻记忆颜色的单词，我还通过各种游戏活动丰富课堂、巩固知识，通过奖励获胜者，让学生体会到学习英语的成功喜悦，大大激发学生的学习热情，燃起智慧的浪花。教学效果好，教师的魅力在课堂上得到了尽情释放。

▶▶▶ 我的教学主张 ▶

情景体验　灵动课堂

（一）营造宽松和谐的课堂环境

好的开始是成功的一半，和谐宽松的课堂氛围至关重要。如在 time 一课的教学中，我开头用猜一猜的方式导入，充分把学生主动求知的热情激发出来，让学生主动去学习、去探究，当学生猜到最后一个是钟时，我会让学生数出 one-ten，再把 time 配上变成学习时间 one time，当数到 eleven、twelve 等不会的数词时，我会巧妙地把重点突破。然后设计漂亮钟面争抢答，这时学生把手举得高高的，争相希望老师叫他回答。只有制造精彩的课堂，才能吸引学生的注意力，才能引领学生迈向学习之旅。让每个孩子在"活""动"中自我发展，在这个过程中使自己得到展现。我把后面汇报环节交给小组合作完成，采访她们的朋友什么时间做什么事，把学习的过程变成一个能够积极参与且实现自己价值的过程，在这个过程中得到快乐，体验成功，让学习变得轻松自如，让学生积极表现自己，逐渐成为课堂主角，才能实现高效教学的目标。

（二）创设英语教学的理想情境

在任务实施中我会设计有意义的课堂活动，创设较真实的情景。我选择制作教具或用生动多媒体课件创设情境，让他们在小组活动中得到真实的体验。英语课堂上，我尝试改变传统的座位模式，变成六人小组围着坐，让学生之间可以有更多的交流，这样一方面学生开口练习的机会增多了，也在一定程度上培养了学生的自信心，让教学氛围更加融洽。我甚至会走到中间摸摸学生的头、肩膀，让学生有一种亲切感，置于一种轻松愉快的环境中。我还会设计多样化的活动，如自由演讲、对话表演等等。如在教授 time 一课，我分成六人小组围着座，利用自制的教具创设情境引导学生学习时间的表达法：half, quarter, past, to, 并利用教具钟进行演示教学，通过拨动指针来引导学生学会表达时间的方法。其中，时间的"英式表达法"对小学生来说属于难点，为让学生理解并熟练掌握，我在黑板上画两面钟，一面对比教学"half, quarter"，一面对比教学"past, to"，将"past, to"标在钟的两侧。通过这样鲜明对比，学生很快懂得了时间小于或等于一半时用"past"，时间超过一半时用"to"。这样设计教学活动强化了学生的认识，体现了教学的灵活性。利用多媒体课件把外国和中国的时差对比，展现大家做的事有所不同。由此可见，课堂教学中教师选择一些操作起来简便易行的直观手段来辅助教学，可以大大提高学生听说读写的效率。这样可以引起学生的注意，激发学生的兴趣，让学生很快进入课堂角色，也让我们的课堂真正"活"起来，也让我们的学生爱上英语课。

（三）采用灵活多样的教学方法

1. **课堂参与的面要广**

我把游戏或者比赛的方法引进课堂上，形成一种竞争的机制。如复习 shopping 一课的单词时，我用抢读法，促使学生注意力高度集中，抓住孩子爱表现的天性，发掘学生的潜能并且开发思维。给学生一些词进行组词，如 shirt、skirt、 sweater，学生会翻开书本找，和书本充分对话，毕竟，让学生参与到学习过程是重点。另外，小组之间的合作也是基础。我每次上英语课都会安排六人小组座位，目的要让每个学生都参与到课堂教学中来，发挥学习小组的优势和作用，让学生有机会展示学习成果，使学生真正参与到学习过程中。学生参与的项目有：朗读比赛、字母、单词比赛、拼读单词的速度比赛等。我们根据所涉及内容，进行评价，提高教学效果。

2. **多样化的课堂活动**

玩游戏、唱歌、做动作、抢答竞赛等活动，使课堂氛围既紧张又活泼，在轻松愉快而又紧张刺激的氛围中学习，学生的学习积极性高，不会感到厌倦，学到的知识记忆得特别牢固，教学效果会大大提高，课堂教学"活"起来，让学生充满激情，思维活跃，勇于探索，真正成为学习的主人，才能表现出自己的特点，发挥自己的长处，获得更多的成功机会。从实践中证明，只有多样化的教学课堂才不会让学生感觉听课疲劳，也能更快地积极运转思维。

我的育人故事

以 爱 育 爱

世上有很多东西，给予他人时，往往是越分越少，而有一样东西却是越分越多，那就是爱。作为一名教师，面对的是一群天真无邪、渴求知识、有着五彩斑斓般梦想的孩子们，对他们更应该给予无私的爱。唯有爱的雨露才能催开最美的花朵；唯有爱的交流，才能搭起师生之间心灵的彩桥。有了爱，我们的教育就像春风那样慢慢吹开学生的心扉。我作为一位平凡而普通的教育工作者，用自己的心血和汗水在风雨中守护，在信念中坚守，用自己的爱心照亮孩子们的心灵。

我不会忘记2013年所教的班里有一名叫林×的学生，他父母离异后，跟父亲一同生活。因为缺少双亲的关爱，林×行为离群，经常迟到、旷课，常因一点小事就向同学大打出手。看到这一切，我并没有因他违纪而训斥、挖苦他，而是像母亲一样地关心他、爱护他。在一个秋风萧瑟的早晨，我在教室里见到林×，却见他只穿了一件薄薄的衬衣，小脸冻得煞白，不停地哆嗦，急忙脱下自己的大衣给林×穿上，这个倔强的孩子轻轻说了声："我不冷。"顿时我的心凉了。后来，从他口中了解到因为爸爸昨晚没回家，他没能进去家门，在家门口待了一夜，饭也没吃，整个人饿得直不起身，于是我领他去吃饭，给他递上一杯热水。寒冷的冬天，林×有一次烧水洗澡不小心被热水烫伤了，烫伤的面积20%，父亲不在家，他也不敢和父亲说，直到第二天红肿发烧，没上学，我来到他家找他，一打开门，看见躺在床上的林涛，这才发现他被烫伤，看到他痛的样子，我心里特别难受，他的泪水也夺眶而出。这时我马上抱着林×往医院跑，找医生给他治疗，然后通知他爸爸，他爸爸知道后也赶往医院，住院期间，我每天都来看他，帮他补习，他爸爸深深地感受到老师对林×的爱，深深地向我鞠躬。

面对这个可怜的孩子，我感觉到，仅仅给他买饭、谈心、补课还是不够的，最关键的是要让他有一个温暖的家。在老师的劝说下，爸爸同意让林×住进了疼爱他的姨妈家。得到了温暖的林×从此像变了一个人似的，性格开朗活泼起来，能严格要求自己了，学习也努力了。看到林×的进步和快乐，我的脸上终于露出了欣慰的笑容。我用真诚去感化，用情感去开导，用信心来支撑，用恒心来坚持，把更多的爱心倾注在这个学生的身上；理解学生的内心，以教师一颗平等的心唤起一颗看似"冷漠"的心，以一个师长和朋友友善的心走入一颗孤寂的心，这时很有满足感。

有人说，人的内心有两根琴弦，一根是魔鬼的琴弦，一根是天使的琴弦，而教师的责任就是拨动学生心中那根天使的琴弦，而只有天使般的爱心才能拨动学生心中那根天使的弦。我认为，挽救一个问题学生比培养一名优秀学生对社会的贡献更大。2014年，在我带的五（1）班有一个淘气得闻名全校的学生赵×，他打架、旷课、迟到、撒谎、顶撞老师，凡是坏学生能做的他都做了，真想象不出一个瘦小的男孩竟有如此的胆量。我感到非常棘手，决定从了解学生的过去开始，于是，我花了一周时间，走访了他的很多低年级同学、老师、街坊邻居，终于掌握了第一手资料。原来，赵×一、二年级时一直聪明好学，但到四年级时，家庭发生变故，父母都外出打工，他一下子成了无人管的"孤儿"，成绩一落千丈。针对这种情况，我对赵×更加关注了，通过班会，让赵×感受到了班集体的温暖；与优秀学生的交往让他感受到同学们的真诚；不声张地为他申请团委的助学金，让他感到自尊心受到了保护。每次发生冲突，总是耐心倾听他的申诉，每一次申诉之后，总是耐心地帮他分析对与错。逐渐的，他打架闹事得少了，大闹课堂的现象不见了，慢慢地，赵×将我视作最亲的人，有什么想法都找我谈心。升入中学后第一年的教师节，赵斌居然买了一张贺卡送给我，并在上面写着："感谢您的辛苦照顾，我会永远记着您！"

每个孩子都有自尊心和荣誉感，即使后进生也不例外，要用耐心和信心给孩子一份期待，一份宽容，因为自尊、荣誉往往是孩子向上进取的力量。我们当教师的既要有一张严父的嘴，又要有一颗慈母般的心，只有这样才能尽到做一个教师的责任。就是这样，我默默的付出拨动了无数根天使的琴弦，因为在我的眼里再小的花也能开得很美。

21年的教育生涯，我与孩子们一起经历着一个又一个动人的故事，虽然没有什么豪言壮语，但我以自己的实际行动与工作业绩演奏者一个教师的人生价值。在这一个个平凡的故事中浇灌的是心血，绽放的是鲜花，开启的是希望。在这平凡的教育事业中用爱奏出美丽的人生乐曲！

> 他人眼中的我

（一）专家眼中的我

聂老师是一位工作高度认真负责的老师，对教育事业有理想有抱负，工作始终保持热情，潜心钻研，对教学艺术的追求精益求精，教研工作观点新颖独特。她上课最大的特点是能把孩子们全部调动起来，让学生积极参与体验，学生与学生之间的互动，老师与学生之间的互动，对孩子的爱体现在课堂的点滴，用激情演绎教育，在真情的互动中追求以境为基础，以情为细节，以真为核心，以活为途径，以身边事物为源泉的"真""活"课堂，教学效果好，个人素质高，教师的魅力在课堂上尽情绽放。

（特级教师、广东省名师工作室主持人　吴巧菁）

（二）领导眼中的我

聂老师是江海区名教师，优秀校长，科研能力强，个人素质高，教学方法灵活，教学效果好，成绩显著，深受家长和学生的喜欢。短短几年，从教学骨干老师成为本地区具有一定影响力的名师，辐射带动全校老师和周边兄弟学校。在担任学校副校长工作时，即使很忙还积极参加各类研修，主动承担各级各类公开课、示范课、微课、赛课等等，带领英语科组老师开展课题研究，指导青年教师参加教学比赛，积极撰写论文，是老师们学习的榜样。

（滘北小学校长　陈长华）

（三）同行眼中的我

聂老师工作求真务实，严于律己，勤奋敬业，拼搏进取，关心帮助同事，性格活泼开朗，勤于学习，而且不断提高自身专业水平和教育教学能力，积极探索英语"真""活"特色教育。同时担任学校行政工作，在高强度的教学任务、超负荷的工作面前，聂老师经常废寝忘食，像开足马力的马达在高速运转。正是这种认真、执着、忘我的工作态度，在教学上成绩显著，所带的班每次在区的统考排名第一。带领科组老师开展高校课堂探索活动，以问题为导向，开展课题研究，如"提高小学生英语阅读能力的方法研究""小学英语单词记忆的方法研究"，效果显著，老师们都很喜欢她。

（滘北小学英语科组长　朱健祯）

聂老师在生活中总是那样的热情，乐于帮助别人，只要同事有困难，她总会积极伸出援助之手，尽自己的力量帮助别人。她勤奋好学，积极进取，经常和我们交流课堂活动的一些现象，自己的一些思想，相互倾听对方的建议，在交流中提高，在虚心中吸纳，在碰撞中领悟。这样的同行真好。任何时候看到她都是神采飞扬，保持活力，她很有大局意识、团队意识，她在用心打造一支业务精良、团结合作、和谐融洽的教师队伍，理念新，眼光独到，思维活跃，带领老师们勇敢地向前冲，我们在她的带领下变得积极向上。

（滘北小学老师　陈炜娟）

（四）家长眼中的我

聂老师是我们心目中的好老师，不但孩子非常喜欢她，家长也很喜欢她，她任教的班级班风好、学风浓，其教学方法和手段灵活，每次考试成绩排名全区第一，我的孩子经常回来夸奖聂老师，我不知道她有什么"魔力"罩住了孩子，在她的英语课堂永远是很开心的、有趣的，很会用赏识的眼光激励孩子们，把孩子们当成她的孩子，就如妈妈老师、老师妈妈一样，这样轻松愉快的课堂环境学习效果很好。记得我的孩子小袁有一次被热水烫伤了，伤得很严重，老师带着孩子们到医院来，还给女儿补课。我的女儿在医院期间坚持学习，英语学习不用催促，乐学好学。孩子能遇到这么好的老师，我们家长很放心也很满意。在老师点点滴滴的教育和悉心照顾下逐渐成长着，孩子一天天地进步。由一只初出茅庐的雏鹰变成了一只蓄势待发的小鹰，我的子女放在她班上很放心。

（玩具厂老板　袁若曦妈妈）

老师工作责任心强，心地善良，关心爱护学生，教学方法灵活，和孩子们相处和谐，我儿子之前不喜欢英语，聂老师接班后，我孩子就像着了魔一样爱上了英语，课堂特别专心，每天回来主动学习英语，学习兴趣大大增加，有点尝到了学习英语的甜头，英语成绩从 75 分增加到 92 分，有她这样的老师，我们家长十分满意。

（江海区个体户　刘冠廷爸爸）

（五）学生眼中的我

听聂老师的课是一种享受。她对我们特别好，生活上关心我们，学习上帮助和鼓励我们，她的英语课特别有趣，用体验和游戏教学方式让我们在学中玩、玩中学。她画的简笔画惟妙惟肖，生动形象的身体语言吸引了我，她经常会把句子和单词编成歌谣，我们一唱就会，我觉得很容易学，我们真是幸运儿。

［三（1）班学生　蔡思琪］

亲爱的聂老师，虽然我毕业了，但很想念你，你教会我们做了好多生活技能，如中秋节做月饼、端午节做粽子，还有做蛋糕、蛋挞之类的，我发现我们班的同学很会做吃的，他们动手能力很强。我最喜欢的科目就是英语课，我很期待每天都有英语课，可惜一周只有三节，太少了，英语课简直就是一种享受，学得轻松，容易掌握，你讲的我们听得很专注，上英语课就像打了鸡血一样精神，因为我最喜欢你。你教会了我做人的道理，你的言传身教影响着我，我爱你！

[初一（8）班学生　黄颖芝]

融于简朴，焕发色彩

● 江门市新会实验小学　苏艳玲（小学语文）

● 个人简介

不畏浮云遮望眼

我叫苏艳玲，是小学语文高级教师，现就职于江门市新会实验小学。弹指间从教小学语文教学已26年，获得南粤优秀教师、全国教育科研优秀教师称号。我长于启超故里——广东新会，葵乡，鸟的天堂，陈皮之乡，得天独厚的文人文化孕育着我成长，念着"美哉，我少年中国，与天不老；壮哉，我中国少年，与国无疆"长大。家乡的质朴、自然的民俗、民风洗涤我的心灵，家乡浓郁、深厚的文化孕育着我成长。一方水土养育一方人，作为粤派教育中的语文教育工作者，秉承其特点，移植兼容、博采众长、凝聚风格，"融于简朴，焕发色彩"的教学风格在课堂教学中逐渐凝成，彰显粤派教育特色，课堂回归自然，尊重生命，彰显语文课魅力，焕发学生生命色彩。我在语文教育路上追求朴素，因为我知道，洗尽铅华的朴素更接近本质，并力求在字斟句酌中带领学生走进文本，走近作者，获得与之同步的心潮起伏、情感激荡，让学生习得语文能力的同时拥有人文情怀，把语文色彩化，使语文课堂"情""文"并茂，"语"重"心"长，绚"丽"多"彩"。

我在多年的教学研究实践中，不断探讨课堂教学，逐渐形成了自己的教学风格——融于简朴，焕发色彩。我的课堂教学得到专家、学者、同行的肯定，被评为新会区的名教师，并担任江门市小学语文兼职教研员。我坚持走在教学的第一线，常走出学校为本区的教师上示范课，做经验介绍。曾随上级领导、教育专家到河北、江西、广西、杭州、广州、珠海、韶关、香港、澳门等地上示范课，进行专题讲座，推广我的教育主张。

我的教学风格

我的教学风格是"融于简朴，焕发色彩"。

简朴，即教师的课堂教学语言简洁、朴素而不失幽默，心诚意切；教师的课堂教学手段灵活而不花哨，重实效轻形式；教师的教学形象是亲切自然，是"随风潜入夜，润物细无声"云淡风轻的舒适，更是"轻舟已过万重山"脱俗欢悦的畅快。

色彩，是指颜色，也比喻某种情调或思想倾向。在我的教学风格中，色彩指课堂有色彩、语文有色彩、教师有色彩，更是指学生生命富有色彩。我认为，世间一切皆有色彩。在课堂上，书声琅琅，学生自信的表达就是课堂色彩；教材中课文的美丽语言、丰富的情感就是语文色彩；老师在课堂引领学生读、感、悟，与学生一起感受语文带来的乐趣，这就是教师身上的色彩；学生在课堂上对字、词、句、段、篇的理解与感悟，用自己的语言表达出来就是学生生命的色彩。课堂上皆有色彩，皆能被焕发，它是丰富的，是融合的；是有情调的，是有思想的；是跳跃的色彩，是灵动的色彩，是纯粹的色彩。

"融于简朴，焕发色彩"，我在课堂上表现亲切自然，向学生展现朴实无华的教风，没有矫揉造作，也不刻意渲染，与学生间的交流是侃侃而谈，娓娓道来，师生之间平等、协作、有默契，师生之间将对知识的渴求和探索融于简朴、真实的教学情景之中，学生静静地思考、积极地表达、默默地内化。我的课堂教学彰显的是平实而不失灵魂，简单而不失灵动，课堂是提升学生的语文综合素养的天地，是让语文富有丰富的色彩来焕发学生的生命色彩。

语文，是人文社会科学里的一门重要学科，是人们相互交流思想的汉文及汉语工具。我理解的语文是，它俯瞰芸芸，包罗万象，上至天文时空，下至地理人文，品味人间真情，体悟人生真谛，历经社会百态，感受名著魅力；走进语文，触摸读者们的心灵，与之欢欣、与之忧伤、与之热情奔放、与之神往感伤；语文是美丽的，是多情的，是动人的。经过20多年的语文教学，我逐渐形成自己的学科教育观，我坚持"以学生的学为本"的教育，坚信"孩子是天生的学习者"的道理，深知"学生就是学习的资源"的事实，潜心做"为学生好学而设计的教育"。在语文教学中坚定"先做后学，先学后教，以学定教，不教而教"的教学原则，来夯实学生学习的方法，提升语文素养，丰富学生的人文情怀。

我在杭州文苑小学上了一堂"个性化作文"的课，杭州名师魏丽君老师点评："苏老师知性温婉，温和的声音，温柔的目光，温暖的笑容，温馨的课堂，瞬间"秒杀"所有的孩子。经验丰富的苏老师懂孩子，珍视孩子独特感受，鼓励孩子自由表达、个性表达、创意表达，让孩子感受到书面文字表达的饱满感、畅快感。"

我在澳门上了《明日歌》后，该校长感叹道："苏老师平实的语言、大气的课堂，让学生学于无形无声中懂理明知，让人回味无穷。"

我在广西宁明上了《片段训练之心理描写》后，该班级的语文老师激动地说："这班孩子平时是惧怕写作文，苏老师能到我们山区小县来上作文课是多有勇气、多有底气，课堂充满着欢愉，学生充满期待，听课的老师醉于课中，太舒服的一节课了……"

在澳门的教业中学的附属小学上《明日歌与今日歌》中，我与学生一起品读诗文，走近诗人；我们一起感悟诗文，碰撞心灵。我们在美好的气氛中触摸语文，学生焕发出无穷的个人魅力。

家乡的博大、丰腴滋润着我成长，我跟着自己的感觉走，凝练朴实、自然的教风，让学生在语文学习过程焕发出生命的色彩，让学生的生命色彩斑斓。

忆往昔，于漪老师、于永正老师、王崧舟老师、闫学老师等名师是我的偶像，他们在语文教育舞台上如夜空星辰，闪烁着迷人的光辉。于漪老师《于漪语文教育论集》是我的案头书，于老师"教文育人""文道统一"的语文教学精神影响着我，其教养与教育的和谐统一的教学情怀温暖着我；其"目中有人"的教学主张打动着我；其环环紧扣、节奏鲜明、抑扬顿挫、起承转合、张弛有度、波澜起伏、引人入胜的教学艺术吸引着我。王崧舟老师的《诗意语文》是我的闲书，王老师认为诗意语文是对语文教育理想境界的一种追寻，也是对语文教育本色和本真的一种深刻自觉和回归。王老师对语文教学风格的阐述让我深深思索，"一切风格鲜明的语文教学，无论素朴还是绚烂，无论激情澎湃还是理趣盎然，无论散发着平民气息还是充满了贵族气质，在它们之上，必有皎皎如明月、灿烂似星辰的诗意流布其间、充盈内外"。各大名师们强大的个人教学魅力影响着我，让我在语文教育路上追求朴实、厚实又不失生气、绚丽的课堂，让语文富有色彩，散发魅力。王老师对语文的解读及其修行是我凝聚自己教学风格的一盏明灯，发现自己心灵深处的一些感动、一些悲悯、一些纯真、一些美好，于是逐渐形成"融于简朴，焕发色彩"的教学风格。

▶▶ 我的成长历程 ▶

平畴交远风　良苗亦怀新

我是广东江门新会人，新会是南粤历史文化名城，素有"葵乡""鱼米之乡"之称。葵乡之水养育着我成长，我一直有一个语文梦——让语文课堂朴实、丰厚、绚丽。从教26年，坚守语文教育阵地，致力于课堂教学改革研究与实践，在这个舞台上让自己的教学专业化、艺术化，逐渐形成自己的教学风格。

（一）凝练个人教学风格三部曲

1. 窗下无人问，五年修一"技"（1993—1997年）

"技"，教学技巧、技能也，乃站稳讲台之基础。首次踏上讲台，我就被身边的一位广东省特级教师梁瑞兰老师的课堂教学魅力深深地吸引着，她的课堂充满乐趣，她的语言充满灵性，她的举止充满智慧……她成了我的偶像，我的心追随着她。一个初出茅庐的新手，从在课堂上懵懂地、笨拙地教学，幸运地被梁老师的潜移默化影响了5年的时间，逐渐掌握了教学技能，落落大方地站在讲台上有模有样地教学，享受教学的乐趣。

2. 雏鹰翅初展，十年磨一"剑"（1998—2008年）

"剑"，教学思想也，是提升个人教学素养之根本。功夫不负有心人，经过5年的拜师潜心学习，我的课堂教学得到了恩师的认可，得到了同事的赞扬，终于有机会向上踏一级台阶。在1998年参加新会市小学语文"读写结合"课堂教学观摩课比赛获一等奖，是"初生牛犊不怕虎"敢作敢为的精神坚定了我的信心，开启了我的语文梦。那节课，我上的是二年级的《日月潭》一课，整堂课学生学得热情，我演绎得也很成功，为我追寻个人的课堂教学方向奠定了基础。

2000年9月10日，人民教育出版社吕达副主编、省教育科学研究所郭教授、江门景贤学校校长来到我的班级听我上一年级的一节识字课。课后，几位专家就文化的角度与我一起谈语文，我才明白，原来语文不是简单地让学生学字、学文，而是通过这门学科引领学生走向大语文。我模模糊糊地认识到一味地模仿别人会制约自己的进步，一味地追求华丽的课堂是没有底气的做法，是没有个人灵魂的课。"如何让课堂由热闹变得简约而不简单呢？"于是，我进入另一个摸索、探究的阶段。我开始看名师实录，参加各项培训，阅读专业书籍，改革自己的课堂，寻找一种思想理念来支撑自己的教学。

2001年，我接到一个任务，为来自省内生本教育实验学校的老师、区骨干教师上一期教研课，每周一节课，共四周。接到任务后，我开始琢磨：如何让课堂不再仅有热闹而没有内涵，如何让课堂上有学生思维的过程的呈现，如何让课堂是师生一起进行思维碰撞的"宴会"……我带着很多的想法备课。这次的课是我课堂教学形式的蜕变，课堂没有从头到尾的热闹，没有了学生预设的"表演"展示，有的是学生的思考，有的是师生间为了一个问题进行的讨论，有的是学生对语言文字的感悟。后来，《脱险的叶形鱼》的课例刊登在《新会日报》上。这一期长达一个月的课堂教学探讨活动，与来自不同地区的老师们共同研究，把语文课延伸到课外，带学生跳出书本，更广更宽地学习语文，实现"以读引读""以读引思""以读引议""以读引悟"的大语文观,这次的研讨活动是我语文课堂教学的一次华丽转变,是教学风格的初模,让我对语文教学有了更深刻的理解:课本是一个载体,是狭义的;以读一篇为本,拓展读多篇,让语文课的外延更宽,是广义的。

这是关键的10年。自省研讨活动结束后,我以岭南人的敏捷、敢闯的个性,不断丰富自己的学识,不断地研磨课堂教学,不断地走出自己的课室,到各地上课,与同行交流、探讨。我逐步固定了自己的语文课堂教学思想:以学生的学定教,以教师的教定教;学生是天生的学习者;学生就是学习最好的资源。接下来,我的足迹遍布不同的地区:2001年12月,受省教育科学研究所邀请,带领全班56名学生到广州,为来自全国各地的专家、教师上示范课;2002年年初,香港龙岗学校的校长、老师观摩了本人执教的《月亮姑娘做衣裳》;2002年11月,带领20名学生随新会区教育局访港团到香港龙冈学校进行4天考察活动;2005年5—6月,为来自广东地区参加生本教育实验工作的老师上了4节研讨课;2006年10月,到澳门劳工子弟学校上示范课——澳门教材二年级语文《松鼠》;2006—2007年,4次分别到香港的蓝田小学、圣文德天主教小学等学校为香港的老师们做"生本教育"培训;2007年10月,受邀到崖门镇为乡村教师上一节示范课《雷雨》;2008年11月,在江门市教研室带领下到台山市两镇送教下乡上示范课《小枣树和小柳树》。

在这个过程中,我获得南粤优秀教师、江门市优秀教师等荣誉。成绩以及荣誉让我有一种高处不胜寒的感觉。同时,课堂教学的探讨也进入了一个瓶颈,我又一次进入了迷茫困惑期。在这时,我的导师至诚地告诉我:你要把浮躁的心放下,把过去的成绩、荣誉放下;你要潜心读书,增长智慧;你要静心思考,找准方向;你要重塑自我,形成个人教学风格。我又开始了诵读诗词,开始了阅读名师专著,开始了做课题……为实现个人价值踏上新征程。

3. 水滴能穿石,悉心炼一"格"(2009—2019年)

"格",指我的个人教学风格。踏进教学工作的第三个阶段,我静静地读书、研课、上课、思课,静默地凝练个人的教学风格,务实地开展课题的实践研究,提升个人的理论水平,提高个人的实践能力。从2000年9月,我就开始做课题的研究与实践,到现在,共主持省级课题2项,参与国家级课题4项,参与多项市级课题的实践研究。

2009年2月,受省教育科学研究所邀请,我到广州进行教师培训活动,主讲"生本语文高效阅读教学""生本作文教学"。2011年9月,区教研室举办课改研讨课活动,我承担了"识字教学"经验介绍;2012年3月,我随新会区教育局访问团到澳门教业中学进行教学交流,上了一节研讨课——澳门教材五年级语文《明日歌与今日歌》;2012年5月受邀请前往河北省邯郸市进行学术交流,亲自到当地六所学校听课、评课，指导教师开展实验工作；2012年10月，受邀请参加邯郸市丛台区第二期生本教育小学语文培训会，进行一场"作文有法，但无定法"主题讲座和上一节展示课；2015年1月，到江西会昌培训生本教育实验老师，上了《鸟的天堂》示范课，并进行了"作文教学""彩色语文教学""如何开展课题研究"三场的专题讲座；2016年4月，新会区教研室组织的教学调研活动，执教《临死前的严监生》；2016年7月，到韶关曲江指导生本教育教师开展教学研究，为来自生本实验的语文教师进行课堂教学指导，上古诗《山行》示范课；2018年10月，在杭州市为学生上了一节"个性化作文"习作课；2019年4月，在广西宁明为学生上了一节现场作文课"片段训练之心理描写"；2019年4月，在珠海为学生上了一节古诗课《江畔独步寻花》。

葵乡儿女，启超乡里，秉承着朴实、坚韧、海纳的个性，这十年里，我坚持上示范课、上研讨课，校内校外一路在上课，一路在研磨，一路在思考自己的课堂，我的语文课堂教学技能也在经历着一次又一次的磨炼，个人的教学风格就在无形中，在不动声色中逐渐形成——"融于简朴，焕发色彩"。

（二）教研路上带学助教不停步

我潜心做"为学生好学而设计的教育"。在语文教学中坚定"先做后学，先学后教，以学定教，不教而教"的教学原则；坚持"以生为本""孩子是天生的学习者""学生就是学习的资源"来夯实学生学习的方法，提升学生的语文素养。我的课堂教学独树一帜，追求"粤派"语文课堂的简朴、丰厚、绚丽，经多年的研磨终成学校语文教学的一面旗帜。我坚持在学校每学期上一次展示课，尝试不同的课型，以此为契机给教师们示范引领。

作为江门市和新会区的兼职教研员，我积极参与市、区教研工作，到台山市广海、海晏两镇，到新会区崖门、双水、司前镇"送教下乡"，指导当地的教师开展语文教学研讨活动；携手学校教师团队，创新语文课堂教学新思路。"以读引读，以读引说，以读引议，以读引思，以读引写，以读引研"是我课堂教学的方法。我曾随教育专家、上级领导到广州市、香港、澳门、河北省邯郸市、江西省赣州市、浙江省杭州市、广东省韶关市、广西宁明县等地上示范课、教研课和进行专题讲座，把我的"粤派"语文教学课堂主张——"朴实、丰厚、绚丽"在各地与同行者分享。

我克己奉公，在承担江门市兼职教研员工作中，认真完成市教研室安排的工作：多次承担江门市教学论文评委工作，承担江门市语文青年教师技能大赛的评委工作，承担江门市汉字听写大赛的评委工作，承担三届江门市先进教研组评委工作，承担学生现场作文评委；完成江门市诗词大赛的命题工作，承担新会区、江门市的教师资格认定及教师招聘考官工作。

（三）青山不老，绿水长流

我就如农夫耕地，多年孜孜不倦地在我的语文课堂上躬耕，同行、上级领导的关怀、鼓励，让我有了前进的动力。同时，我也获得了一些成绩：获得广东省南粤优秀教师、全国教育科研优秀教师、江门市优秀教师、区师德先进个人等荣誉称号，被评为新会区名教师、区小学语文学科带头人，被聘为江门市教育学会小学语文兼职教研员、江门市教育学会小学语文研究会委员、新会区小学语文兼职教研员，被评为全国教育科学课题组科研先进个人、教育部规划课题组先进个人、广东省教育厅课题组先进个人。

我还有7篇论文在省级、市级刊物发表，30篇论文在国家级、省级、市级、区级比赛获一、二等奖，获国市级、区级多项"优秀辅导教师奖"，参加省、市教师硬笔书法比赛分别获二等奖，当选为新会区第十二届人大代表。

在岭南文化的包容中，在梁启超先生"人生在世，常要思报社会之恩"的影响下，我深感责任之重，为家乡的教育尽其所能是我工作之动力。

我的教学实录

走向"彩色语文" 演绎美丽语文
——《我看中国地图》教学案例

（一）教材分析

1. 课文分析

小学语文第四册第32课《我看中国地图》第二课时。《我看中国地图》全文从孩子的好奇眼光角度来着笔，写下儿童在《中国地图》上对祖国的了解，是一篇很好的爱国主义教育材料。整篇文章以总分总的结构安排行文，使得层次清楚，按东北—华北—东南—南—北京的方位顺序观察与写作，条理清楚，每一方位都介绍了该地的特点。围绕一个"看"字，既是看中国的过去，也是看中国的现在，更是看中国的将来。

2. 教学思路

本课分为两个课时，根据教材的内容，我估计学生最喜欢探究中国地图里有什么，希望从中知道些什么秘密，因此，我安排了以"授人以渔"为主题的第二课时阅读教学活动。

3. 教学目标

（1）知识与能力目标：能在具体语言环境中，边读边想象，联系上下文，正确理解"富饶、呈现、宝库、昂首挺立、欣欣向荣、纵横交错、历史悠久、灿烂辉煌"等词语，让学生积累丰富的词语。

（2）过程与方法目标：通过研读课文，培养学生敢于质疑、大胆解决问题、组织小组学习、培养合作精神、收集整理信息、培养探究性学习的能力；让学生看《中国地图》，并尝试找出看地图的方法，培养学生的观察的能力。

(3) 情感态度与价值观目标：看《中国地图》的同时，引导学生读课文感受祖国的繁荣，培养热爱祖国的感情，焕发生命色彩。

4. 教学重点、难点

重点：引导学生有感情地朗读课文，感受语言的魅力。

难点：结合课文的描述加以品读赏析，了解自己的祖国。

5. 教学准备

(1) 教师准备：中国地图，有关祖国历史文化、名胜古迹等图片和资料，教学课件。

(2) 学生准备：课前学习看《中国地图》，收集、查阅有关祖国历史文化、名胜古迹的图片和资料，每个小组准备一张家乡的地图。

(二) 课堂实录及分析

最简朴的课堂就是最接近学生的课堂，也是最自然的课堂。

下面是课堂实录片段及分析。

1. 初读文本，品味语言，触动情感，抹上语文色彩

(1) 在黑板贴出大幅的《中国地图》，引起学生的注意。接着在学生窃窃私语中，问：同学们，你们看到了什么？

我引导学生在小组中交谈中国地图并让学生讲他知道的事情。

(2) 引入课文，我们学习《我看中国地图》，请同学们独自读课文，读读课文写了什么？

(3) 学生读完后纷纷讲自己读了课文后知道了什么。

师：在谈什么，这么有趣？

生：中国地图！（学生欢快地说。）

师：今天，我们学习《我看中国地图》，请同学们读课文，课文写了什么？

（学生翻开书，有的默读，有的小声读，有的和同桌一起读……）

生1：我知道了在雄鸡头部有富饶的东北，那里有景色迷人的小兴安岭。

生2：我知道了在雄鸡的背部有辽阔的华北，那里生产许多粮食、棉花。我国第一颗卫星"东方红1号"在那里成功发射的！

生3：我知道在雄鸡腹部有富裕的东南，那里有上海、广州等繁荣、美丽的城市，有深圳、珠海等经济特区，还有回归祖国的香港、澳门。

生4：我知道在雄鸡的足上有两颗璀璨的明珠——海南岛和台湾岛。

……

教学分析：

学生越说越兴奋，越说越想说，教室里一片"我知道了"的欢腾声，由个

人向全班发言变成了个人向小组同学汇报读书成果,学生是自然而然地投入到学习中的,他们回归本真、畅所欲言、说了个痛快。

2. 再读文本,自我内化,自主生成,丰富语文色彩

（1）小组学习：小组长组织学生在组内读课文。

（2）自主学习：选择自己最喜欢的两个内容反复品读,想一想,这里打动你的原因。

（3）展示学习：你最喜欢文中写的哪部分内容,为什么?讲给小组的同学听,再准备向全班汇报。

师：你最喜欢文中写的哪部分,为什么呢?

(学生再次按捺不住兴奋的心情,教室里又掀起学习的热潮。)

教学分析：

尊重学生的天性,让学生自主地探索学习的方法,学习欲望被激发出来。达到授人以渔,"教是为了不教"。

3. 合作探究,丰富文本,提高能力,舞动语文色彩

通过组织学生的品读课文,研读自己最深刻的文段,学生对能理解课文的内容,并在诵读中得到了情感的熏陶。我安排学生进行实践研究来丰富文本。

师：你们讲到的东北、华北、东南等,能在地图上找到吗?

生：能！(异口同声)

(请个别学生边指地图边介绍,同学们讲得认真,听得入神。)

师：我们祖国地大物博,有着丰富的资源,有谁想了解祖国其他的地方,提出来,让大家一起找,一起谈。

生1：我想知道塔里木盆地在哪?

生2：谁指出长江、黄河流经哪些省吗?

生3：我想知道与我国相邻的有哪些国家?

生4：我想知道日月潭在哪?

生5：我想知道五岳在哪里?

……………

一声声"我想知道",让教室响起一次次"我找到了！我找到了！"的欢呼声。学生不但仔细地在地图上找,还认真地介绍各地方环境、气候等情况,教室里还不时响起热烈的掌声。

教学分析：做最简单的事、做学生喜欢的事就是最好自然、最质朴的教。在《中国地图》上寻找准确的位置,通过学生用自己的语言介绍祖国各地的情况,让学生乐在其中,学在无痕之中进行。

作为老师的我,被学生热情感染了,课堂中没有了教师"苦教",学生在不知不觉中攫取、理解、巩固、应用了知识。我也随着学生在"看",仿佛看到祖国的过去，看到祖国的现在，更看到祖国美好的明天。

4. 憧憬未来，展现自我，显真性情，焕发生命色彩

（1）学生开展小组活动，看家乡地图，说家乡风情。

师：我们家乡也是历史名城，请同学们在小组中细看家乡地图，讲家乡地茂，说家乡风情。

学生在小组中指着地图上的一处做介绍，其他同学认真聆听，当一学生介绍完，其他的同学提出补充内容。

生1：我的家乡是新会古井，古井烧鹅是驰名特产，它肉香，皮脆汁美。

生2：我的家乡新会盛产蒲葵，葵叶宽大，家乡素有"葵乡"之称。

生3：我的家乡是新会崖门，有"崖门失玺"的故事。

生4：小鸟天堂是我的家乡旅游景点，一棵榕树三百岁，鸟儿成千上万。

……………

教学分析：通过在课前布置作业让学生了解家乡的乡土人情，学生有了充分的准备，在课堂上开展"说家乡，爱家乡"的口语交际活动，学生在小组中专心聆听，并对比自己收集的资料进行补充，小组交流后再向全班学生汇报。

（2）让学生在课后用自己的笔描绘心中的祖国，并用自己认为用精辟的语言进行描述。（在第二天的口语交际活动中，学生欢喜地举着自己的作品做介绍。）

生1：我心中的祖国是鲜花遍布的国家，人们家家户户都种满植物，到处都是花的海洋，到处是芳香。

生2：我心中的祖国的四季都是秋天。秋天的果园果实挂满枝头，凉凉的风让人们觉得很舒服。

生3：我心中的祖国是很干净的，我的图画里地面是没有垃圾的，天空是蓝蓝的，树木的叶子是绿绿的，小动物们和我们是好朋友。

……………

教学分析：学生通过自己的画笔把心中的祖国展出来，一幅幅稚嫩的图画，一颗颗美好的心灵让人感动，虽是用不流利的语言表达的，但是体现出学生对祖国的未来充满美好的向往。

（3）作品在班级宣传栏展示，渲染课堂的色彩。

教学分析：一幅幅色彩斑斓的"中国地图"粘贴在教室墙壁上，一行行稚嫩的、美好的文字显露了学生们天真烂漫的心灵。学生看世界除了是用眼看、耳闻，更多的是用心灵看。让教学融于简朴，才能真接近学生，才能焕发出生命的色彩。

（三）教学反思

教育家杜威说：给孩子一个什么样的教育，就意味着给孩子一个什么样的生活。我想：老师在乎什么，学生就发展成什么。

1. 给学生一个情感的课堂，充盈语文的色彩

我注重课堂的情感熏陶，让学生们充满激情地参与学习，在《我看中国地图》的教学中，我一句句"你们看到了吗？"让孩子们莫名地激动，他们一声声"我看到了……"是那样激动人心。我与学生一同看中国地图，一同诵读，一同聆听，当美丽的中国地图呈现在孩子们面前时，我是那样真真切切地感受到他们渴求的眼神，他们太想了解自己亲爱的祖国了，这样的课堂充满了情感，充满着色彩。

2. 给学生一个开放的课堂，挥洒语文的色彩

课堂是什么？课堂是学生求知、创造、展示、体验的平台，是学生健康成长的地方。学生潜能无限，天生是个学习的能手。在《我看中国地图》的教学中，孩子们对中国的地理地貌很感兴趣，通过反复朗诵，学生的语言能力得到了很好的训练。学生在小组中交流、聆听，是那么积极地参与，思维是那么活跃，他们大胆地交换意见，自信地展示自我，快乐地体验成功，看着孩子们那无忧无虑的样子，我是多么满足呀！语文的色彩淋漓尽致地挥洒在课堂上。

3. 给学生一个简朴的课堂，描绘语文的色彩

我要给学生一个怎样的课堂？这节课后，我做了个短暂的反思：自己在课堂中的教学语言是否准确、明了；语言富有幽默感了吗，吸引学生聆听了吗？课堂教学环节有序吗？符合学生的学吗？学生的学有效吗？在教学《我看中国地图》一课时，我处理得很好：课堂语言简洁不失风趣。我教学用言简单扼要而幽默，学生听得有滋味，领会到位；课堂设计简单不失生机。我为师生之间创设一个宽松的思考空间，制造了一次次发表自己见解的机会。

（此课例是2015年在江西赣州举行的生本教育研讨活动中的展示课。）

莫道今年春将尽，明年春色倍还人。我追求如何让语文课堂更朴实更简单更自然，如何让语文更大扩张、延伸，让语文更具色彩，让学生的生命色彩更鲜更美。"融于简朴，焕发彩色"，在课堂上笔底春风、匀红点翠，明年必将——满园春色关不住！

▶▶▶ 我的教学主张 ▶

我主张生命自然，教学自然，课堂自然。人类是大自然的一部分，是大自然的宠儿，人类的生命和智慧都是大自然给予的，我的教学原则是遵循大自然的规律，顺应学生的成长规律，我读"道法自然"时明白我们更需要聆听中国古代智者的声音，比如说"地法天，天法道，道法自然""道不可道""道数不可言传"……我们不能代替学生做一件哪怕是非常简单的事，或者代替他们思考，只有顺应自然，遵循学生成长的规律，只有尊重学生的教才是最朴实的、最真诚的课堂。如教学《读，与感同行》，我与学生一起读《绿山墙的安妮》一文，与学生同台写读后感，课堂上，师生双方在过程中平等地进行思想交流与碰撞，我们一起设计思维导图，理清人物的关系，我们一起归纳写作技巧，课堂上是富有情趣、尽情思考、互相尊重的课堂，是和美的、质朴的、欢愉的，课堂有了色彩，心灵才能生出斑斓的色彩。一路走来，我和学生一起与语文结下不解之缘。我们追求让语文色彩化，或朦胧的云烟之色，或金黄的稻田之色，或茫茫的雪山之色。我们在语文课堂上寻找逝去的岁月，释放跃动的心声，拨开迷茫的云雾，畅想人生未来。我们因吟一首短诗，博得满堂喝彩而欢喜；我们因写一篇美文，赢得大家青睐而欢喜；我们因问一个问题，收获无限精彩而欢喜。我们走进《绿山墙的安妮》与红头发的安妮一起成长；我们读《三国演义》数风云人物；我们背诗词、文赋，触碰经典的脉搏。我们学习一篇散文，会在缠绵悱恻中感受作者肝肠寸断的凄苦；学习一首诗歌，会在朗读中演绎超凡脱俗的宁静；学一部小说，会在潮起潮落中充满无限憧憬的向往。我们走进文学，探索文学神秘的殿堂，我们在自己的心灵镌刻语文的美妙！我遵循自然教育，打开孩子们能力的闸门，让他们自然地在合适的河道奔涌，健康地成长。

我的育人故事

一朵带刺的玫瑰

莹是我班的一个女生，对她的教育可真让我头痛。这个女孩子真让人摸不透，她脾气差，学习没有积极性，没有朋友，经常与男生吵架甚至打架。

一天放学的铃声响过后，同学们迅速地收拾好书包准备回家。我把学生送出校门，走回课堂门口，就看到了人称为"身上长刺"的小莹坐在座位上，或许她听见了我的脚步声，她马上转过脸面对着我，双眉紧皱，双目放光，瞪着我不放。

我想起今天早上科代表向我汇报，莹什么作业也没交，我还没来得及批评她，她竟对着那同学又吼又叫："我不是没做，只是没带来！真是多管闲事，与你有关吗？有关吗！有关吗！"那样子认定是那位同学冤枉了她，吓得那同学望着我不知所措。真不讲理，三天两头就闹一次。我也不甘示弱，走到她面前，厉声说："谁冤枉你，她如实汇报，错在哪？"莹见我帮着那位学生，更气了，狠狠地盯了那位同学一眼，气冲冲地回到座位，用力地捶打书本，歇斯底里地骂着什么。见到她这样，全班学生也不觉奇怪，没有一个搭理，各做各的。本来我想与向常一样，走到她身边"教育"她一轮，但这次见到她这个样子，有一种说不出的怜悯，我走过去，低声说："如果你想与老师谈话，放学后留下来。"

一个早上的课，课堂上学生学习热情洋溢，原以为莹的事已不在心中了。没想到，此刻她在瞪着我。她会怎样呢？承认错误？为什么那么"乖"地留下来呢？我走过去，见她鼻子呼着粗气，双肩一上一下地动起来，气得不得了的样子。"我要走，我不留下！"她大声叫，她不安起来，在课堂来回走动，边走边哭边跺脚。看到她这痛苦的样子，我都心酸了，走过去拉着她的手，但被她甩开，我只能无奈地望着她，真想抱着她、帮她。"她很可怜，很需要帮助！"我的心在颤动，用手搂住她的肩膀轻轻地拍着，"我知道你不开心，对吗？"我轻声说。"他们都笑我，没有一个人喜欢我！"莹又激动起来。"是吗？我帮你。"莹开始平静下来了，这一次，我不知哪来的动力准备与她推心置腹了。"莹，其实老师也做得不好，有时还没有好好与你谈，当我认为你做得不对时，直接地批评你，没想到已经让你受到伤害了，真对不起！原谅我吗？"莹没有说话，但我感觉到她的呼吸已经平稳了，我相信她能好好地听我说了，"你知道吗？当我看到你生气时，我有多焦急。但每当这时，我们又没有沟通好，大家都没把心里话相互告知，因而我们之间有了隔膜，是吗？""是。"莹低声说，这虽是很细的声音，可对我来说有如甘露，看到了快枯萎的小苗的希望，我搂得更紧了，声调稍大了一点，"那好吧，让我们彼此改变自己，一同进步！"这次，她竟用力地点点头。我站起来，送她出门，她回过头来和颜悦色地对我说："老师，再见！"听到学生说"再见"真多，但这一声让我甜到心田里，这朵带刺的玫瑰！

事后，我更多地关注她，约几个小助手主动与她亲近。在我的课堂上，想办法让她更自信。半年后，莹现开朗了，做事积极了。我相信她明天会更好！这朵带刺的玫瑰将会开得最灿烂！

写在纸上的爱，一个早晨就可以读完；说在嘴上的爱，一转身就能忘记；唯有老师和母亲的爱是写在大地和天空中，永远藏在心底的。让学生的生命焕发色彩，最简单的方式就是亲近、了解、包容。

他人眼中的我

师者之风　山高水长
——记心中最美的老师

"生命是一粒种子，只有撒进泥土里，它才会发芽、生根、开花、结果。走进学校，笔者遇见了一位播种的园丁——苏艳玲老师。

清晨，她迎着曙光踏着露水进校；黄昏，她送走夕阳的余晖轻拨发梢的粉笔尘离开校园。眼前的苏老师一脸的阳光气息，她笑说自己因长年与孩子们在一起，沾了满身的孩子味。这位年轻教师真是很年轻，她说要感谢她的学生给了她青春的活力。……"

这是我保留至今的《新会侨报》，报刊登的这个人，是我的小学语文老师，与我们一起走过五年小学生活的苏老师。文章的题目是《师者之风，山高水长》，这是多么贴切啊！回忆起我们的启蒙老师，那渐渐远去的记忆又甜美地荡漾心头。

看过《窗边的小豆豆》这本书的人都会羡慕小豆豆遇上了小林校长，来到了他的巴学园开始了快乐的童年生活。我们遇上了苏老师也是幸运的，她也有一个巴学园，让我们55个小豆丁在这个巴学园里快乐地度过童年生活。在我的印象中，她是个——

有童趣童真的味"故事"老师

苏老师最喜欢讲故事，我们最高兴的是听故事，整个小学都是在老师的故事中成长。老师每次讲故事都是当作送给我们的一次奖励。哪一天，我们课前静静地看着书等老师来，就得到一个故事；哪一天，体育老师表扬我们上课精神面貌好，就得到一个故事；哪一天，我们的作业写得特别好，就得到一个故事；甚至，某一个顽皮的学生哪一天不顽皮了，因他的表现好全班又一次获得一个故事……故事是多么动听，低年级总听她自编长篇动物小说《小蛇的故事》，还听她讲童年时，乡村的趣事，那里有三只小猫；那里的端午节，小孩子们为了不长痱子，到河边洗龙舟水；凤凰花一开就是吃粽子的时节……太多太多美好的故事了，我们是在故事中长大的。她的教育是那么自然，那么耐人寻味，她是那么聪颖，那么受人喜欢……她还是个——

有春风化雨般魅力的"妈妈"老师

面对苏老师，总让我们看到妈妈的影子。记得在一年级，我们班有一个男生年龄是最小的，顽皮又怕事。那时放学了，学校门外的车多、人多，那位男生每天放学必须要拉着老师的手出校门，让我们看得很羡慕，私底下悄悄地谈论，真希望有一天老师也能拉着自己的手出校门。很遗憾，"大手拉小手"放学的愿望一直没实现。但在其他时候，我们是享受过让老师拉手的瞬间，我想，每个同学都和我一样的感觉，太温暖了，太像妈妈了。我们最喜欢连续两节语文课了，因为当第一节课上得好时，苏老师就会奖励我们第二节课带上一本课外书来到操场看书或开交流会，语文课能在课外上是我整个读书生涯中再也没遇到过。此时，往往总让我想起一个"老鹰捉小鸡"的游戏，苏老师就是我们的鸡妈妈，在她张开的臂弯下我们是那么安全，那么快乐，那么自由。这样的老师让我们又敬又畏。敬的是，她对我们所付出的爱，我们能感受到；畏的是，做得不好时不想让她知道，因怕她失望，怕她生气。她的课堂让我们感受到大地盎然生机，感受到小草也快乐地张扬自己的生命，她多么亲切、自然，她本人是带有色彩的，她化身为一支笔，把身上的色彩在学生的心田描绘，让我们始终在一个色彩斑斓的地方健康地成长。她还是个——

常说"书中自有黄金屋"的"读书"老师

苏老师很爱读书。记得我们一年级就在她的带领下认识了两千个汉字，开始阅读课外读物。我们的语文课我们看书，老师也看书。开始，老师看的书我们是看不懂，但等我们慢慢长大了，就能与老师看同一本书，我们是多么自豪，语文课常常开展读书交流会，我们轮流上台介绍自己读书的乐趣。还想起一件特有趣的事，从一年级起，每当苏老师说："书中——"我们就异口同声地说："自有黄金屋！"这一说就是五年。如今拿起书就会不由得念一句"书中自有黄金屋"。

与苏老师在一起的五年时光里，我们就像在巴学园里一样，无忧无虑地生活、学习，离开苏老师的那一年，大家是多么舍不得，一段时间里，大家都怀念与老师的每个故事，每次经过老师的班都翘首张望，想看看老师，也想老师看到自己。苏老师质朴的教学，让我们的生命焕发美丽的色彩。

这是十多年前的事了，回忆与苏老师、同学们共同的生活，是甜美的，这位受学生无比喜爱的老师让我们永远难忘。

祝愿苏老师的"巴学园"越办越好，祝愿这位纯朴的老师用她"融于简朴，焕发色彩"的教学之风，让语文课永远焕发青春的色彩！

（现就读于加拿大不列颠哥伦比亚理工大学　黄锡斌）

活实灵动　快乐语文

● 江海区礼乐街道新民小学　伍顺燕（小学语文）

● **个人简介**

　　我叫伍顺燕，是小学语文老师。笑着站在学生堆里，我俨然也是一副学生模样，青春又愉快；脸颊上一个明朗的梨涡盛满着笑意，亲切又开怀。我用幽默装点知识，用妙语述说智慧，用表情包展现一份专属的魅力。"70后"的我师范毕业后便进入了乡村学校，怀着美好梦想，要让青春燃烧在乡村学校的三尺讲台上；怀着满腔热血，要把知识传递给每一位渴望成才的农村孩子。师范生，示范者。"倾其所学，助汝成才"激荡在我的心头，"春蚕到死丝方尽，蜡炬成灰泪始干"编织着我的梦，迷住了学生，守住了课堂，赢得了效果。

现在的我担任江海区礼乐街道新民小学校长，主管学校全面工作，小学语文高级教师，江门市名师名医名家、江海区名教师、广东省第三批骨干教师培养对象，江门市冯家传教育专家入室学员，受聘为广东省小学生文学社常务委员、江门日报《青苹果》教育周刊特约顾问、江门市邑起大联盟校园阅读推广委员会委员、江门市教师资格考试面试考官、江海区小学语文兼职教研员。先后获评广东省小学生文学社优秀主持人、市优秀教师、市优秀小记者辅导员、市全民阅读推广工作先进个人、市"阅读之星"优秀指导老师、区先进教育工作者、教研积极分子等。

我对语文一往情深，当归功于孩童时代所受的熏陶。直至今日，我依然记得，那年我7岁，为省下坐车的钱，妈妈牵着我的手，硬是翻过一座小山，走路整整2个多小时，来到江门新华书店买了50多元我喜欢的名著。在20世纪80年代初，为小孩买几十元的书，那是对教育的何等重视！那一本本厚厚薄薄的书，陪伴着儿时的我追逐春天的柳絮，细数夏日的繁花，轻抚秋天的落叶，乐披冬日里的银装，构筑了我最美的童年！我不信佛，却笃信缘。我结缘小学语文教育已21年，在小学语文里打滚多了，"天在山边，走近山边，天又远；月浮水面，拨开水面，月还深"，渐渐读懂了这句古话。或许，这正是我不断走近语文的动力吧。其实，语文教师一直在语文学习中寻求积淀与突破，一代代语文人的探索凝成了一道母语教学、研究的风景线。我能成为这风景中的风景，何其幸矣！

▶ 我的教学风格 ▶

攀才知峰的高！"操千曲而后晓声，观千剑而后识器"，我立足文本，立足课堂，立足生活，不断积淀，并"遍觅金针辟蹊径，取他山石自成体"，逐步形成了自己的"快乐课堂"教学模式。"举重若轻，行云流水"，是我追求的课堂教学境界——无论是公开课还是平常的课。备课时，我深入挖掘文本的精神内核，感悟其深刻厚重的文化内涵；但是在课堂上，则尽可能尊重学生的认知水平和能力基础，将课文深刻的思想内容和学生的生活打通，让他们轻松地感悟课文内容。因为我知道任何脱离学生实际而让学生不知所云的"精彩讲解""深刻分析"，都不过是教师"举重若重"的自言自语，这样的课堂何谈"快乐"！在我的课堂上，学生们随时进入"轻快疏放"之境，或"春风得意马蹄急"，惬意滋生于情景的谐和；或"自在娇莺恰恰啼"，生命享受于无边的自然；或"谈笑间，樯橹灰飞烟灭"，风度翩翩于真正的举重若轻。听过我课的老师评价我的课堂"含笑春花暗结果"。

我们身在一线的语文老师都感觉作文难教。怀着"明知山有虎，偏向虎山行"的冲劲，我尝试走"超常规"的路子，实践"快乐大作文"的新思想和新方法，开拓一条通向快乐的作文大道，让孩子轻轻松松学会摄取生活素材；设计一系列的作文训练课程，使孩子快快乐乐掌握写作技能，使作文教学达到了"易于动笔，乐于表达"的境界。

（一）变课堂为欢乐大聚会，推孩子走向快乐作文大道

我认为：作文教学不能把孩子教死，要让孩子玩，从"玩"中玩出悟性来，写出童真来。在我的作文课堂上，"快乐"是主题，许多兴奋的场面在孩子们欢笑声中呈现：做汤圆、番茄炒蛋、吃橙子、做水果拼盘、玩文字游戏、画鼻子、扳手劲、玩纸杯传水、我说你猜、成语接力……每堂课简直就是一次40分钟的欢乐大聚会，孩子们小眼发亮，小脸通红，小手高举，小嘴咧开。如在一节"智力考试"作文课上，我给孩子发一张试卷，题目很简单，只有9题，要求在5分钟内完成。可结果呢，50位孩子只有4名全对。怎么回事？细心的孩子会发现：最后一题的题目是"只做1～5题"，多做的反而没满分。当宣布结果时，孩子们跺脚、哀叹、摇头，千姿百态。以"玩"为线，以"说"领路，学生在玩中兴趣浓厚，玩得轻松愉快，各种的快乐化作了千言万语，这样的作文课水到渠成，又何愁孩子怕写作文，畏作文如虎呢？

（二）搭建驰骋的舞台，让孩子乐意在作文大道上迈开步子

我将作文教学与学校各科教学巧妙地联系起来，形成一个和谐的教学整体，为孩子提供大量创造性的作文形式：配合复习考试，学写学习小经验；结合科学课的实验观察，写《钢笔为什么能写字》之类的小论文；召开家长会，安排学生展示自我环节，写《介绍我自己》《爸爸妈妈我想告诉你》等作文；班级实行班干部轮换制，让孩子们写一日班长感言，内容有"我眼里的同学""我的建议""我当班长的这一天"等。这些举措，为学生的个性化表达提供了更多的形式，为孩子创设了一个驰骋的舞台，不经意间一篇篇小文章在学生笔下诞生了。

（三）进行专业系统的指导，引导孩子在快乐作文大道上走得更快

学生有了素材，不一定就能写出好文章，这就需要老师专业的指导。我不要求学生刻意模仿，一切都从学生的实际出发，做到心中有数、因材施教。如我布置单元作文《我的校园》当堂成文，收来一看，哭笑不得，学生东拼西凑二三百字。我将其装订成册，集中指出共性弱点。接着利用一节活动课，把学生分成10个活动小组，让他们到校园高处、校门前、升旗台下等地方自由参观，而后每组画出校园平面图，描述交流。再次写作文时，就有了质的飞跃。我乘胜追击，举行"魅力校园我的家"摄影展，展示学生所拍摄的晨读夕练校园一角，

并印发同类范文一篇，分组互评互改后，第三次成文。本次作文融指导、修改、讲评为一体，学生参与全过程，异常活跃，举一反三，效果就远非"套"范文可比，学生得法于课内，增益于课外。

我始终认为，关注生命，关注生命成长，关注生命发展，首先是关注一个要害词语："享受"。生命课堂，就是师生享受课堂，在看似随意的课堂上享受学习、享受交流、享受生命。学生对于学习语文的惊恐，内核是缺乏"享受"。我们作为老师，要让学生有一个享受学习的快乐流程，学生与老师一道跑、说、动、笑、写，进入一种"快乐课堂"的境界，这就是一种享受。当课堂成为享受的场所时，当学习成为享受的追求时，当写作成为享受的必需时，你说，这不是生命课堂、快乐课堂，那又是什么？

▶▶ 我的成长历程 ▶

且学且耕且悟

在我看来，教育，不仅仅是一份工作，更是一种精神上的信仰。曾有朋友问我："在你的生命中，哪样事物能让你感到最大的快乐和满足？"我的回答是：教育！二十多年来，教育已经融入了我的生命，我活跃在三尺讲台，挥洒智慧与灵气，诠释执着与勤勉，演绎精彩与感动。教育，让我感到最大的快乐和满足！

（一）在学习中积淀，不断学习、不断超越，做学习者的表率

从教21年，在挚爱的教育热土上，我积淀、博彩、蜕变、有心、至善，孜孜不倦地钻研，善于借鉴，不断感悟，有所创新。经历了由"追求课上得好—追求学生成绩好—提高教科研水平"到现在的"教学教研，相得益彰"的教学实践历程。学生语文能力最重要的标志是"会写"，身在一线的语文老师大都感觉作文难教。我怀着"明知山有虎，偏向虎山行"的冲劲，尝试走"超常规"的路子，实践"快乐大作文"的新思想和新方法，开拓一条通向快乐的作文大道，让孩子轻轻松松学会摄取生活素材；设计一系列的作文训练课程，使孩子快快乐乐掌握写作技能，使作文教学达到"易于动笔，乐于表达"的境界。近年来，我指导学生写的150多篇作文在《快乐语文》《少先队员》《江门日报》等报刊发表，指导学生参加作文比赛且多人次获奖，本人也多次被评为市、区征文比赛优秀指导老师奖。我将继续在作文教学上做更深入的探讨，力求孩子们在作文的大道上快乐起步，获得"喜看稻菽千重浪，倾听幼竹拔节声"的喜悦。

作为市名师名家、区名教师、省骨干教师培养对象，我深知，这份荣誉不是结束，而是一个崭新的开始。亲历教育改革的点点滴滴，走在课改的前列，学习自然成为首当其冲的事情。我通过各种渠道了解课改的新动向，沉潜下去，静心学习，教育生命的广度得到进一步拓宽，在学习中不断丰富内涵，提升自我。善

于总结教学中的得失，化作文字，撰写的 30 多篇论文在《中小学心理健康教育》《教育家》《生活教育》等报纸杂志发表，多篇论文在省市获奖。精心组织的护蛋活动经记者采访，在《江门日报》作专题报道，深受家长及社会人士赞誉，反响很大。

（二）在引领中成长，不断研讨、不断互助，做青年教师的领路人

"一枝独秀不是春，万紫千红春满园。"我多次参加区教学比武均获得一等奖，课例在省市获奖。除了自己在教育教学道路上的不懈探索，我还积极主动地帮助青年教师，用自己的经验、能力带动他们共同进步。在我的带动下，学校里的青年教师很快成长起来。我悉心指导青年教师王莹、黄小燕、陈丽君等老师参加市、区教学比赛均获一等奖。在这一系列的"传帮带"的引领活动中，我享受的是知识传播的愉悦，同时也让自己的成长之路更加坚实。

作为学校文学社和"小记者站"的主要负责人，我认真负责组织学生参加小记者活动及各种征文比赛。组织学生参加各种征文比赛屡获佳绩，学校多次获得市、区优秀组织奖，获得省书香校园、省小记者优秀社团等荣誉。我被评为市优秀小记者辅导员，市"阅读之星"优秀指导老师。

（三）在研究中提升，不断创新、不断改革，做教育科研的先行者

在学习、引领之余，我以饱满的热情积极投身于教科研工作，认真总结教育教学、教育科研方面的经验，并以课题研究为桥梁，探索研究解决教育教学中的问题。目前，主持省级课题 1 个，市级课题 2 个。主持的省级课题"小学语文个性化作业设计与探索"成效显著，2018 年 1 月 24 日《江门日报》以题为《让学生爱上作业？不难——银泉小学探索语文教学改革让孩子们受益匪浅》详尽报道了学校语文科组在我的带领下进行作业改革和探索的成功之道。课题研究使我的视野更加开阔，理论基础更加夯实，也为教育教学的活动开展奠定扎实的基础。

在这 20 年的教育生涯里，我学习着、成长着、快乐着、收获着，在各级部门搭建的"名教师"的平台上，编织着自己斑斓的教育梦。

在教学实践中，我不断思考：自己距离"名师"究竟还有多远？怎样才能成为"名师"？怎样让自己的专业素养得以提高、完善？我期盼在名师、教育专家的引领下，践行而成，寻道而长，不断提高自己的理论水平和理论素养；通过双向听课、上课评课提高自己的教学能力和教学水平，形成自己的教学风格和教学特色；通过参与课题的研究工作提高自己的科研能力和科研水平；在向名师、同行的学习、交流、借鉴的过程中，提升自己的师德师风，打造专业持续发展的精神支柱，再创职业生涯的新高。

> **我的教学实录**

《纪昌学射》教学实录

教材分析：

《纪昌学射》一文是人教版四年级下册第29课的一则寓言故事。这则寓言故事选自《列子汤问》，讲的是纪昌拜飞卫为师学习射箭，飞卫告诉他先要下功夫练眼力，一是"眼睛要牢牢地盯住一个目标，不能眨一眨"，二是"练得能够把极小的东西，看成一件很大的东西"。纪昌一一照做。等练好了眼力，飞卫才开始教他开弓放箭。后来，纪昌成了百发百中的射箭能手。故事以生动的事例阐明了无论学什么技艺，都要从学习这门技艺的基本功入手的道理。

教学目标：

1. 随文认识生字"昌、妻、刺、绑"，理解"聚精会神、百发百中"等词意思。

2. 正确、流利、有感情地朗读课文。

3. 联系有关词句，体会纪昌勤学苦练、持之以恒的品质，明白学习本领要练好基本功的重要性。

学习要点：

1. 以表格"牵一发而动全身"，让学生将读、想、说结合，揣摩人物心理，感受人物品质。

2. 理解寓意，鼓励学生发表自己的看法。

学情分析：

已经具备一定阅读理解能力的四年级学生，读一遍两遍肯定就能了解故事的情节，纪昌的品质也可以通过品读的方式来体会。对于像《纪昌学射》这样的寓言，限于学生寓言阅读经验的不足，刚一接触，会出现原有阅读认知图式与新材料之间的冲突——学生会按照以前阅读过的、寓意单一寓言的方式阅读这篇课文，进而得出一个简单的结论。这就需要教师加以引导，丰富学生的阅读图式。另外，因为阅读经验的不足，生活阅历的缺失，这则寓言的一些启示也是学生自读领悟不到的，这也需要教师在解读方向上给予指导和帮助；有些启示学生只能模糊地感受到，却无法清晰地说出来，这同样需要教师提供相应的帮助和辅导。

设计理念：

新课标指出："应尊重学生在学习过程中的独特体验。"本文是多元理解的好文本，在不脱离主旨——"苦基本功"的前提下，启发学生多元理解人物的品质。张田若先生说过："阅读教学，第一是读，第二是读，第三还是读。"本课我引导学生通过读词—品句—解疑，即抓住重点词句品读，联系上下文体会故事中人物品质，让学生在读中领悟课文所蕴含的道理。

教学过程：

(一) 谈话导入，揭示课题

师：听说四（3）班的同学能歌善舞，多才多艺，你们最拿手的是什么？（合唱）老师板书（合唱）请学生唱一段。就要上语文课了，歌暂且不唱，（师将"唱"的"口"擦掉），今天我们来认识一位射箭能手——纪昌，（指名读）。这节课，我们不研究纪昌如何射箭，而是看看他是如何学射箭的。（板书：学射 学生齐读课题）

(二) 略读课文，了解大意

1. 自由读课文，按照提示概括一下这篇课文的主要内容。

师：概括课文内容之前先看课文里写了那几个人物？

生：纪昌、妻子、飞卫

2. （板书"妻"）学习生字"妻"

师："十"代表发簪，"彐"指手，表示女子手拿发簪在盘头，盘起头发才能出嫁为人妻子。

师：三个当中重点写谁？

生：纪昌。

师：弄清谁是主角，现在可以说说主要内容了。

生：纪昌拜飞卫为师学习射箭，飞卫告诉他要下功夫练眼力。纪昌一一照做。等练好了眼力，飞卫才开始教他开弓放箭。后来，纪昌成了百发百中的射箭能手

（板书：练眼力）

(三) 读文习"言"，体会人物

师：那我们就来研究，在学练眼力方面，飞卫对纪昌提出什么要求，纪昌如何练，结果怎样，请大家读一读第2、3自然段，读后填表。

出示思考题： 练眼力

	飞卫提出什么要求	纪昌如何练	练多久	纪昌练的结果
第一次				
第二次				

（提示：抓住关键词句填写就可以了）

1. **明要求**

师：谁来说说飞卫对纪昌提出的两次要求。（生读）

师：飞卫师傅对纪昌的要求说得很明白，能不能简单地概括出来？

生：一是"眼睛要牢牢地盯住一个目标，不能眨一眨"，二是"练得能够把

极小的东西，看成一件很大的东西"。

师：谁想当一回师父，琢磨师父对纪昌说这两次要求时大概是怎样的语气？

生：严肃、认真。

2. 悟勤奋，晓结果

（1）学习第一次练眼力。

师：纪昌是如何在"牢牢地盯"下功夫呢？

①出示句子。

纪昌回家之后，就开始练习起来。妻子织布的时候，他躺在织布机下面，睁大眼睛，注视着梭子来回穿梭。

师：读这个句子的时候，不要着急，慢慢地读，品一品，句子中最能体现练眼力的关键词是哪些呢？（好眼力）

生：盯、注视。

②层层剥笋品读"注视"。

师：怎样看才算得上"注视"？

生：这不是普普通通的看看而已，是专注地看，是专心致志地看，是心无杂念地看！

师：纪昌让自己注视什么练眼力？（穿梭着的梭子）

（出示梭子图片）教师介绍：梭子是古代织布用的工具，形状像小船，中间是空心的。这几个词都是用梭子形容时间过得快。

师：我们试试"睁大眼睛注视着"梭子，感觉怎样呢？

生：眼睛很累苦、花、头晕、眼花缭乱、好像很多支笔在晃。

师：孩子们，你们只注视了30秒而已，而纪昌躺在织布机下面，足足看了两年！

我们想象700多个日子里是什么使纪昌坚持了下来。是什么让他坚持到最后？

当他眼花的时候，他想：_____，所以，他睁大眼睛，注视着梭子来回穿梭。

当他疲惫的时候，他想：_____，所以，他睁大眼睛，注视着梭子来回穿梭。

当他快要支持不住时，他想：_____，所以，他睁大眼睛，注视着梭子来回穿梭。

师：即使是炎炎夏日，蚊虫叮咬，在妻子织布的时候，纪昌（课文句子）_____；冬天，北风呼呼，寒气逼人，在妻子织布的时候，_____。

师：透过"注视"这个词，我们看到一个怎样的纪昌？

生：有决心、有毅力、有恒心、认真刻苦、坚持不懈、吃苦耐劳、不轻言放弃。

师：你们真是纪昌的知心人。这就是纪昌，他（指着板书让学生说）。他的潜心苦练有了什么结果？

生：两年以后，纪昌的本领练得相当到家了——就是有人用针刺他的眼皮，他的眼睛也不会眨一下。

师：相当到家了是什么意思？练得很熟练了，别人没法比。

师：好到什么程度？

生：就是有人用针刺他的眼皮，他的眼睛也不会眨一下。

师：这里有个生字"刺"，注意左边这部分与木有关，表示枝条上长了刺；表示刺很多，就变成了"棘"。会不会真有人拿针去刺呢？这是寓言常用的夸张的写法。

（2）学习第二次练眼力。

师：刚才我们在学习纪昌第一次练眼力时，抓住了关键词句，根据生活实际展开想象，感受到了纪昌的恒心和毅力。下面让我们组成学习小组，用刚才的方法，就纪昌第二次练眼力，谈谈自己的理解。（学生小组交流谈体会）

①学生汇报。

师：这一回纪昌盯的是什么？

生：虱子。

师随机引导学生学习生字"绑"——帮。

师：你知道纪昌这样一站，站了多少年吗？原文是这样写。大家看资料袋二读读。

课件出示："旬日之间，浸大也；三年之后，如车轮焉。以睹余物，皆丘山也。"

师：用五年时间练习眼力，你看到怎样的纪昌？

生1：持之以恒的纪昌。

生2：有恒心、有毅力。

（四）揭示寓意，多元理解

师：五年之后，纪昌的眼力练得相当到家了，飞卫才教他开弓放箭，最后纪昌成了——生齐说——百发百中的射箭能手。

1. 拓展阅读与理解寓意相结合

师：想不想知道纪昌的本领高到什么程度？老师给大家带来了一个故事。大家读资料袋三，谈谈你的体会。

纪昌贯虱

及以燕角之弧、朔蓬之簳射之，贯虱之心，而悬不绝。

生：百步穿杨、箭无虚发、一箭双雕。

师：现在明白飞卫为什么让纪昌先练眼力而不是先学开弓放箭呢？

生：要先练好基本功。

师：是啊，用飞卫的话就是"你要想学会射箭，首先应该下功夫练眼力"。所以，课文把练眼力这一内容写得那么详细。我们在写作的时候也是一样，最想告诉别人什么，就要围绕这个意思写详细！

师：有人说，寓言是个魔袋，袋子很小，却能从里面取出宝物。你从寓言《纪昌学射》这只魔袋里得到了什么？

生1：俗话说：万丈高楼平地起，如果地下的基石不牢固的话，万丈高楼定会倒下。我希望自己能像纪昌一样苦练，练好基本功，把各门功课学好。

生2：这个寓言告诉我们：学跑之前先学走。对此我深有体会，我对数学聪明题很感兴趣，经常找一些难题与同学一起解答，却忽视了基础知识，在考试中经常是计算错误而丢分。老师帮我找出原因，我开始重视基础知识的学习，每天都做十题计算题，计算过关了，这次期中考试中我计算没再丢分，取得了很好的成绩。

师：18世纪意大利著名画家达·芬奇不厌其烦地画鸡蛋，苦练绘画基本功，后来创作出《蒙娜丽莎》《最后的晚餐》等世界名画，成为一代大师。

生：这个故事，让我想到了一句歇后语：水滴石穿——非一日之功。做任何事情，如果想成功，就一定要持之以恒。例如，我刚参加合唱训练时，老师天天让我练声，非常枯燥无味，练了不久，我有点不耐烦了，不想学了。当学校举行第一次元旦文艺汇演时，我听见台上的合唱同学唱出动听的歌时，我很受启发，以后我老老实实地练声，学了3年，我终于成为合唱团的主力了。

师：你唱得好除了自身努力，还离不开教你的孙老师。就像我也有一位好师傅，就是你们熟悉的余校长，他在教学上的指导，让我受益匪浅。

生：我在资料袋四里看到这样一句话：锲而舍之，朽木不折；锲而不舍，金石可镂。刻几下就停下来了，腐烂的木头也刻不断。不停地刻下去，金石也能雕出花饰。这句话和纪昌苦练眼力的做法让我明白要"锲而不舍"地学习本领，要有毅力，如果不肯勤学苦练，那么做什么也是难以成功的。

师：你知道吗？这句是我的座右铭，看来我们是同路人。我们从不同的角度来思考就会有不同的收获，这就是寓言的魅力！我们来读读资料袋四中的名言，也许能成为你们座右铭。

（五）布置作业

师：《纪昌学射》选自《列子·汤问》一书，我们熟悉的"呆若木鸡、杞人忧天、愚公移山"等故事就出自这本书，下课请大家找来读一读。

（六）板书设计

帮棘妇　　纪　　　　　　　放箭
绑刺妻　　昌
　　　　　学
　　　　　射　　　　　　　开弓
　　　　小看成大　　　　　　　　　盯
　　　盯 不眨眼　　练眼力　　注视
　　　　　　练好基本功

附：　　　　　小资料袋

一、填表

练眼力

	飞卫提出什么要求	纪昌如何练	练多久	纪昌练的结果
第一次				
第二次				

（提示：抓住关键词语填写就可以了）

二、《列子·汤问》

旬日之间，浸大也；三年之后，如车轮焉。以睹余物，皆丘山也。

注释：十多天过去了，虱子慢慢地大了起来，练了三年，这只虱子竟有车轮那么大。稍大一点的东西，就像一座小山那么大。

三、拓展阅读与理解寓意相结合

纪昌贯虱

及以燕角之弧、朔蓬之竿射之，贯虱之心，而悬不绝。

注释：纪昌用燕国的牛角当弓，用北方出产的篷竹作箭杆，用牛毛拴住虱子，悬挂在窗口的，然后用箭射那只虱子，箭穿透了虱子的心，但牛毛没有断。

四、请你将名言记在心中并付诸行动

1. 欲高飞先展翅。　　　　2. 万丈高楼平地起。

3. 学跑之前先学走。　　　4. 千里之行，始于足下。

5. 绳锯木断，水滴石穿。

6. 锲而舍之，朽木不折；锲而不舍，金石可镂。

7. 世上无难事，只怕有心人。　8. 台上一分钟，台下十年功。

9. 水滴石穿——非一日之功。

10. 宝剑锋从磨砺出，梅花香自苦寒来。

（七）教学反思

新课标指出："应尊重学生在学习过程中的独特体验。"《纪昌学射》是多元理解的好文本，在不脱离主旨——"苦练基本功"的前提下，启发学生多元理解人物的品质。根据课文特点，在处理教材时我从以下几方面入手。

1. 凸显"实"，注重读中感悟

张田若先生说过："阅读教学，第一是读，第二是读，第三还是读。"本课我引导学生通过读词—品句—解疑，即抓住重点词句品读，联系上下文体会故事中人物品质，让学生在读中领悟课文所蕴含的道理。

文中两次练眼力的目的是不同的，第一次是第二次的基础。所以，我在教学中，把重点放在了第一次练眼力上。为了引领孩子感悟纪昌苦练的品质，我引导孩子紧抓练眼力语句，在品词品句、层层深入中品读句子。一读，让孩子理解"注视"的字面意思。这则寓言中重点描写了纪昌练习眼力的过程，这既是故事情节的重点，也是语言表达上的重点，如练习眼力的句子"妻子织布的时候，他躺在织布机下面，睁大眼睛，注视着梭子来回穿梭。两年以后，纪昌的本领练得相当到家了……"因此，在课堂上我抓住这句话中的"注视"一词进行细细地品读，通过视频演示体会注视梭子的疲惫，通过情景渲染感受练习过程的艰难，从而体会纪昌的决心和毅力，并把这种感受带到朗读中。二读，让孩子通过亲身体验与联系自己的实际，体会在纪昌的注视中含有的那种坚持不懈、认真刻苦的品质。三读，通过想象，感悟只有认真刻苦还不够，还要有恒心，有毅力，让学生在品词读句中层深入地感悟纪昌的学习品质。同时在教学时，我试图让学生联系生活实际来说、做动作体验等方法来达到充分感悟。在研究纪昌的第二次练习时，我适当的放手让学生自己去对比体会，思考一下"从哪里看出练习的过程更加艰难的？"学生能够抓住一些重点的词句进行体会，是学生懂得了抓关键词句体会在表情达意上的作用的方法。在此基础上再把句子读出感情来。

2. 彰显"活"，注重生生交流

本节课的交流主要体现在三个层面，第一层面：生本交流。学生深入文本，走入字里行间，和文本对话，在这一层面的交流中，孩子们扫清了文中的生字、词语障碍，初步感知了主要内容，紧扣课文提炼出了本节课需要解决的问题：飞卫是如何教的？纪昌是如何练习的？第二层面的交流：师生交流。教师引导学生运用读课文、找句子、谈体会的方法学习第二自然段，在学习的过程中，通过理解重点词句初步感受人物的品质，通过朗读促进学生对于文本的理解，通过及时总结学习方法做到对后边的学习有章可循；有了这个自然段的学习，在第三自然段的学习中，教师放手，采用小组合作的方法让学生通过与同伴间的探究、合作学习第三自然段，在生生合作中，学生已不单单是学生，可以使一个小老师；而老师也不单单是老师，还是学生学习的组织者与合作者，于是我们看到了小老师的精彩呈现，看到了课堂上的随机生成。纵观这几个梯次的学习由浅入深，从文到情，通过几次交流的过程，既让学生深入文本，与文本充分进行充分交流，从重点词语、句子中感受人物品质，又走出文本，获得思想启迪，达到学以致用的效果；纵观整个教学过程，听说读写紧密结合，孩子们在自己的课堂上成为自主学习的小主人。课堂上，学生不仅仅是学生，还可以是"小老师"，老师也可以不仅仅是老师，还可以是学生学习的伙伴，甚至是一个孩子，师生合作，师生互动，教师引导学生驰骋于知识的海洋，体验自主获取知识的乐趣！

3. 展现"灵动"，注重整合资源

我们的课本是一座资源丰富的宝山，怎样充分、合理地开发和利用这座宝山，使原本简单的知识和学生原本简单的思维得到拓展与升华，能力得到最大限度的提高？这就要求教师能潜心研究教材，精心备好课，使教材资源得到充分的开发与利用。教学中，我没有仅限于教材而教，而是潜心钻研，适度挖掘教材资源，在学习在理解"纪昌一站就站了多久"时，我加入"旬日之间，浸大也；三年之后，如车轮焉。以睹余物，皆丘山也"。在情境的感染下，从他们的眼神中，我们看到了这些幼小的心灵被震撼，被触动，被启发，他们明白了生活中的自己应该怎样做，悟与用的环节，从领悟寓意到结合自身谈作法，抽丝剥茧，水到渠成！在学完本课后，我加入了《纪昌贯虱》的故事作为拓展阅读。目的有两个，一是让孩子们深入体会打好基本功的重要性；二是将对学生学习方法的培养由课内延伸至课外，真正达到学以致用的目的。

通过教学这则寓言，我深刻地感受到，阅读教学中要想培养学生的学习力，首先教师对文本要有深入的解读，这是培养学生学习力的基础，同时教学的实效性来自教师对文本的解读，这是最为根本的。总之，这节课我力求做到充分尊重学生，发挥学生的主体性，孩子们也许收获了自信，也许收获了学习方法，也许领悟到了做人的道理……同时，我也和孩子们一起收获意外，收获精彩！

▶ 我的教学主张 ▶

活而有道　实而有效

目中有人，心中有本，教中有情，课中有智。简单的语文更需要大智慧，教师应根据课堂中的学生情况，灵活地调整教学进程和教学内容，随机应变，顺势挖掘，巧妙引导，激活思考。苏霍姆林斯基说："教育的技巧并不在于能预见到课的所有细节，在于根据当时的具体情况，巧妙地让学生在不知不觉之中做出相应的变动。"我善于在平实的课堂中捕捉灵感，适时、随机地拨动学生诗意的心弦，点燃学生理性的火花，升华学生语文的情怀，让他们在简单实在的语文学习中迸发智慧、生成思想。学生体验到了求索的愉悦和探知的快乐，师生的智慧之花在互动与对话中绽放。只有这样的课堂教学才不再是教师按照预设的教学方案机械、僵化地传授知识的线性的过程，而是根据学生学习的实际需要，不断调整，动态发展的过程。这种动态生成的课堂，促进了学生语文素养的提升，人格

素质的积淀，教学因此而涌动着生命的灵性！

语文课有多种上法，不能定于一尊，我追求的是一种自然、潇洒与"随意"。课堂上我乐意"大写意"，愿意课堂上有一些"突发情况"——这最能激发我即兴发挥的教学灵感；不要把课堂填得太满，留一些空间给学生，留一些空白给自己，让孩子能时时处处感受自由与幸福。我顺势而动，择机而行，随事而唤，教学的流程随课堂现场的情况而自然推进，我的"教"和学生的"学"融为一体，教师和学生不知不觉地走进彼此的心灵，同时也走进课文的深处。就如我随机布置的一项特殊作业（护蛋）。

（一）让爱与学习能力在特殊作业——"护蛋"活动中升华

周三下午放学前，我给一年级的孩子布置了为期24小时"护蛋小行动，生活大真情"的特殊作业："伍老师给你们每个人发一只生鸡蛋，你们要把这只'蛋宝宝'当成孩子，给他们起个好听的名字，为他们精心打扮，晚上还要带着'宝宝'一起睡觉。明天早上带回学校后，除了体育课等剧烈运动外，要时刻带在身边。一天之内，你们必须与它形影不离，尽心尽力地保护好这个小小的生命，不让蛋宝宝破碎。明天这个钟点，老师会把鸡蛋回收，看看你们护蛋成果如何。"

"授蛋"仪式非常隆重，学生挨个走到我面前，先行一个队礼，再双手接过我递过来的鸡蛋，并听着我的叮嘱："这是你的宝宝，请用心呵护它，爱护它，爱它如同爱自己一样。"

（二）传统教育，未尽人意

这个深受孩子欢迎的点子是怎么想出来的，这颗蛋是怎么"生"出来的？

还记得学校在"三八"妇女节前组织了"感恩"活动，让孩子们读感动生命的文章，做一件家务活，写感恩母亲的作文。孩子们都按要求做了，感受爱了，但这远远不够。我想去寻找蕴藏在他们心灵深处的、他们自己还没有意识到极为珍贵的某些东西。刚好前段时间我身体出现问题，让我对生命和亲情有了更新、更深的感触。让孩子亲自体验，不是比苦口婆心的说教和传统的活动来得更实、更入心入肺吗？教育与教学，不就是更有机地契合在一起，不是单单为了教而教吗？

（三）身份升级，角色转换

于是乎，我想到了鸡蛋，让学生保护鸡蛋。因为一个鸡蛋就是一个生命，生命只有一次，需要我们用心呵护；鸡蛋易破，很脆弱，更需要精心爱护。另外，在家长和老师眼里，孩子是"弱者"，需要百般呵护，但在这个"护蛋"行动里，孩子却是"强者"，鸡蛋是"弱者"，该如何保护这个特殊的"弱者"呢？这就需要孩子付出智慧，这也是一种角色转换。

（四）全心投入，精心护蛋

保护一个生命，责任重大！一年级的孩子好不容易把蛋宝宝带回家，立马发挥创意，用各种方式赋予蛋宝宝灵动的情感。他们给蛋宝宝取了好听的名字，上了美丽的妆容，穿上了漂亮的衣服，还给蛋宝宝搭建了舒适的小床，当天晚上还带着"孩子"一起睡觉……

周四早上，一进教室的孩子托着书包，横侧身子穿梭在小组之间。一旦遇到来往的同学，也懂得互相谦让了。除了体育课等剧烈运动外，孩子们都把这只蛋宝宝当成孩子，时刻带在身边，都乖乖地坐在座位上，随处晃悠的孩子寥寥无几。尽管爸妈们对各自的蛋宝宝呵护有加，可意外还是时有发生，有的蛋宝宝很快就在粗心的鸡爸爸、鸡妈妈手中夭折了，教室内不时传来"啊！我的蛋碎了！""哎呀，蛋宝宝流血了！"这样的"哀嚎"，当然，更多的蛋宝宝却在爸妈们细心的照料下，安然地度过了一天……

当天活动结束后，每个孩子拿出早上数学课上拼好的七巧板拼图，在上面写下自己的感受和收获，最后还写上对妈妈的祝福，放学回家送给妈妈，作为母亲节特殊的礼物。我看到一年级孩子纯真的语言：

我到学校的时候把书包放在桌子上，它不小心滚了出来，没有破，只是裂了一个小小的缝。——邱康泽小朋友

下午放学时，我可怜的"蛋蛋"被胡倩菲撞成了"蛋汤"。我有点明白妈妈十月怀胎的不易，我也不会怪那位同学。——张雨欣小朋友

我在给宝宝化好妆检查时，不小心掉在地上了，我好伤心呢，以后一定要小心。——卢宇晖小朋友

我感到保护一个蛋宝宝真不容易，而我们的爸爸妈妈却一直保护着我爱着我，真的太谢谢他们啦！——孙嘉忆小朋友

我用心保护着"小丁当"，通过自己的努力把蛋做出了我心中的"小丁当"，"小丁当"是有生命的啦，我要爱护她，保护她！——刘振理小朋友

随后，我将拍录下来的孩子们护蛋过程中的特写镜头——播放，笑声、欢呼声此起彼伏，幸福写在每个孩子的脸上。最后，我为"护蛋"成功的学生颁发"最佳爸妈"奖并拍照留念，成功"护蛋"的孩子们面对镜头都十分兴奋，有的宝贝甚至大喊道："我做妈妈成功啦！"

（五）用心教育，伴爱成长

看着孩子们那兴奋的眼神，听着孩子们那滔滔不绝的陈述并由衷发出了感恩父母的心声，感受着孩子们那纯真质朴的心灵，我知道，我与他们共鸣了。此时此刻，我不由得发自内心地感慨：谁说我们的孩子没有爱，不会爱？谁说我们的孩子娇惯自私？谁说我们的孩子懒散任性？你看，他们正在渐渐地长大，他们正

在通过这样一种特殊的方式学会观察美丽可爱的世界,感受身边的另一种生命的蜕变过程,并且学会与人分享,学会承担责任。正如张钰林奶奶在活动后留言道:"这样做,不仅教育小朋友热爱生命,珍惜生命,还能提高自我保护意识。既让孩子们体会成长的艰难,又培养了爱心,使他们在今后的日子里慢慢学会珍爱生命,珍视亲情!"李鑫睿妈妈大赞:老师的"护蛋小行动"设计真好!伍老师设计这样的活动好温馨,让小朋友懂得感恩父母的养育,感受到生命的脆弱,懂得珍惜生命,也培养了孩子们的耐心和毅力,大爱!……

我设计这样的活动,将语文的写作、美术设计与创意、数学图形设计等学科有机融合在一起,使学生在动手、动脑的同时学会了与家长心灵沟通,人文性与工具性凸显。

用心,无论我们处于什么样的角色,担当什么样的责任,完成什么样的任务,只要用心去想、去做,无论结果如何,我们都会问心无愧。孩子是需要我们塑造的,我们就是要抓住生活中的一点一滴来和孩子一起成长!而这种成长不仅仅在学校,也是在家里,也是在我们社会的每一个角落!孩子们,我们共成长!

我的育人故事

践"行知"思想,做有爱的教育

"没有爱,就没有教育",苏联教育家马连柯这句话道出了陶行知教育的真谛。我特喜欢冰心说的"爱在左,同情在右,走在生命的两旁,随时撒种,随时开花,将这一径长途,点缀得鲜花弥漫。"在对待学生和工作上,我把"爱"与"责任"放在首位。在我的工作生涯中,最大的事就是践行陶行知的教育思想,用爱滋润每一个孩子的心田。因为我深深懂得:教育是爱的事业,教师的爱不同于一般的爱,她高于母爱、大于友爱、胜于情爱。这种爱是"一切为了学生,为了一切的学生,为了学生的一切"的博大无私的爱,包含了崇高的使命感和责任感。虽然有时我会因学生的调皮而埋怨,因他们的退步而急躁,因他们的违纪而失态;虽然有时也感到很累,很烦,但心中总会涌起一种强烈的责任感:我是老师,我要给这些寻梦的孩子引路,在他们心里写一本最美的书。这种强烈的信念不断激励我以真诚去拥抱每一个学生,乐其所乐,忧其所忧,用师爱引导他们走向光明、走向未来。

(一)"爱心"中换位思考

陶行知先生说:"你的教鞭下有瓦特,你的冷眼里有牛顿,你的讥笑里有爱迪生。"我由此反思自己,刚步入教坛时,有时自己工作很忙,有学生来告状的时候,也不问清前因后顾,就对被告者一顿狠批;有时学生成绩考得不理想的时候,会直接一个电话打给家长。现在回想起来,那时的我是一点都没有站在学生的立场上想过啊！如果换位思考一下，我是学生，老师原因也不问的就把我狠批一顿，我能心服吗？就算是我的错，也该给我一个解释的机会啊！如果我成绩考得不好，老师告家长，回家肯定是一顿骂或者打，对于这样的老师，我能喜欢吗？学习陶行知先生之后，我能这样去想一想了，不再鲁莽行事。他提醒我做事情之前多为学生着想一点，有时换位思考一下，可能就不会那么生气了。面对现实，试着真心实意地去帮学生一把，不管你的这一把有没有用。当我们对学生产生"恨铁不成钢"的思想感情而一时不理智地做出有伤学生人格的事，是否想到这学生也许是一块特殊的钢坯，需要更多的爱去熔炼锻造呢？

记得星期一下午五点，乌云密布，电闪雷鸣，一场大暴雨即将到来。教师会议终于结束了，我轻轻地吁了口气，快步向教室走去。脚刚跨入教室门口，班长就气冲冲地来到我跟前说："伍老师，刚才自习课时，少俊在吃糖。"班长的话就像炸弹似的在班上炸开了，教室立刻沸腾起来，孩子们你一言我一句议论起来。堂堂一个班长，竟带头犯规，这还行？我一听火冒三丈，看看孩子们：有的一副幸灾乐祸的模样，有的显示出迷惑不解的神情，有的在等着看"好戏"；再看看少俊，一声不吭，目不转睛地看着我，好像有千言万语要向我述说。平时他是一个懂事、乖巧的好学生，今天怎么会明知故犯，难道内有乾坤？是立马处置他还是容后再说呢？我边思索边不由自主地瞟了少俊一眼，刚好又跟他的眼光碰在一起。他眼中有委屈，有悔恨，有企盼。让我不由得想起我当班主任的座右铭：信任，让批评成为打开心灵的钥匙。我强忍心中的怒火，平静地说："同学们，先别吵了，大雨将至，赶快收拾书包放学。至于少俊，你留下来，给老师一个解释。"

（二）"细心"中运用宽容

孩子们纷纷离开后，我拉着少俊的手回到办公室，他把玩着手指，忐忑不安地站着。我不作声，就等着他开口。过了一会，他才低声说了一句："老师，能不能不批评我吗？"我没听错吧？他的话令我惊讶万分，做错了事还不想接受批评，真是岂有此理！我刚想发作，但转念一想，他一直都是品学兼优的学生，细细数起来，好像还真的没说过他一句。也许这次是他无心犯错，而且他不会无缘无故犯错，看他怎么说再作处理。"要我不批评你，总得说个明白。"我板着脸。"老师，我知道这回让你失望了，但……我真的是无心犯错。你真的能原谅我，不批评我吗？"少俊诚恳地望着我，迫切地问道。我郑重其事地点了点头。"老师，事情是这样的。"少俊一边拭着眼泪一边说："自习课时，同位小峰拿出糖来吃，我看见了就马上阻止他，叫他不要吃。谁知他竟然要跟我打赌：如果我把糖吃了，以后他都听我的；若我不吃，以后我不能管他，任凭他捣蛋。我真的希望他以后能遵守纪律，不惹是生非，所以我就跟他打赌，把糖吃了。"原来如此，我听后如释重负。小峰很调皮，平时是"不尽祸事滚滚来"，成绩单上"大红灯笼高高挂",我特意让少俊跟他坐在一起,目的就是想少俊帮他一把。幸亏刚才我沉住气,若在班上不分青红皂白就批评、数落少俊,那后果将不堪设想。尽管他吃糖不对,但他的出发点是好的。有着一颗善良、热情的心的孩子,我能忍心骂他吗?不,绝不!我拍拍少俊的肩膀:"孩子,我读懂你的心,老师不批评你!"

可见,当学生犯错误本该受到责罚时,如果我们满怀爱心,以童心去理解他们的"荒唐",宽容他们的"过失",有礼貌地对待他们,用平等和气的态度点明他们的错误,真情感化着他们,让他们时时体验到师生情,这就可能成为他们改正错误的内在驱动力。否则,只能引起他们的反感和对抗心理。

(三)"耐心"中收获幸福

第二天早上,阳光灿烂。在班上我把昨天少俊吃糖的前因后果向孩子们娓娓道来。孩子们听了,先是沉默不语,接着爆发出雷鸣般的掌声。我走到小峰跟前,轻声问道:"这个赌,你还要赌下去吗?"小峰红着脸,在掌声中站起来:"老师,这个赌我一定要打!"他话音刚落,掌声再次响起,经久不息。

这件事就这样悄无声息地过去了。然而可喜的是,从那以后,这个小峰也正如我和班长少俊所期待的那样,每天都进步一点点,慢慢地改掉了爱欺负同学的这个坏习惯。不仅如此,而且变得听话了,只要是我和班长说的,他都会默默地按要求去做。我们彼此间竟形成了这样一种有默契的信任,这是何等的幸福呀!

一个孩子一次善意的错误和包容,促使了另一个孩子进步。正如陶行知先生告诉我的:"真教育是心心相印的教育。"我坚信,皮格马利翁能用真情使石头变成少女,我们也一定能以一片至真至诚的爱心、持之以恒的耐心感动上帝,这个上帝不是别人,就是我们面对的全体学生。正如苏霍姆林斯基所提出的一个著名口号:"让每一个学生抬起头来。"我认为信任就是唤起学生心灵中最美好的东西,激发他们的上进心,这信任的力量远远大于批评和指责。对学生多一点期待,多一点信任,皮格马利翁效应定会在我们学生的身上出现,每一个学生也会在老师信赖的目光中成为皮格马利翁所讲故事中的那漂亮"姑娘"。

信任,成为打开心灵的钥匙。请相信,这信任的力量,会让你感到无比的幸福!

▶他人眼中的我

一提起伍顺燕,教育局的领导都竖起大指头,她从科组长做起,到主任,到副校长,办事能力强,一个顶两个用,教学科研等都在区起引领作用。她是一位有灵性、悟性高的才女,听过她的课,灵动活泼,扎实高效。

(江海区教育局副局长 班冰)

伍顺燕优秀豁达，心怀趣致。她是热情的，也是激情的，她的课堂是激情四射，是人文的课堂；她是诗意的，她的课堂充溢着诗意；她是执着的，我看到她不断尝试着语文教学的新领域。

浪淘沙·顺燕

银泉伍顺燕，秀美翩翩，起早贪黑站讲台。热心教学情不变，无垠无边。

从教十多年，童心未泯，江海教育谱新篇。待到新岗重回时，焕发新颜。

（江海区教育局教研室主任　周锦权）

听伍老师讲课可以说是一种享受。她的教课方式与众不同，课堂上同学们可以各抒己见，十分活跃。我们和伍老师在一起一点儿也不感到拘束，就像大朋友和小朋友之间那样，我们在一种轻松、愉快的环境中学习，学习成绩自然好。

（学生　王泽邑）

略带"川味儿"的粤派风格

● 江门市范罗冈小学　肖兴波（小学音乐）

● 个人简介

我叫肖兴波，是小学音乐高级教师，任教于江门市范罗冈小学。弹指一挥间，我站上三尺讲台已经20年，人生也匆匆走过了40个年头。在这40年里，我一半在四川，一半在广东；在四川成长学习，在广东传道授业。所以，我既有了广东人的务实，又保留着四川人的豪气；我学会了广东人的细致，但也不失四川人的粗犷；我变得像广东人一样"清淡"稳重，但我骨子里还有四川人的火辣；我学会了广东话，但广东话里还带着"川味儿"。

我坚持以爱施教、以研促教。在追求理想教育的道路上成长，在追求教育梦想的实践中收获。我先后被评为广东省音乐骨干教师、江门市"名教师"培养对象、蓬江区"名教师"，曾获"江门市优秀教师"称号。我多次荣获市、区艺术教师基本功比赛一等奖；曾发表了多篇论文，主持了多个省、市级课题；多次指导学校合唱团、管乐团等参加市、区中小学艺术节比赛荣获一等奖。

江门蓬江历史悠久，有大理学家陈白沙，有教育家陈垣，还有着深厚的华侨文化。20年来，我已经成为一名真正的蓬江人，蓬江人"开放、包容、务实、创新"的精神已融于心。正是四川人的性格和蓬江精神的碰撞、融合，促成了我教学风格的形成，那就是：创新和美课堂，小施"川味儿"做法！

▶ 我的教学风格

用情用心用功　编织七彩梦想

回顾20年的从教之路，我在教学中不断努力与摸索，尝试追求一种平和而不失热情、朴实而不失风趣的教学风格——创新和美课堂，小施"川味儿"做法！实际上就是用一些四川文化符号、四川文化风格提炼出来一些小方法、小窍门，让课堂变得和谐、平等、有趣，从而实现对课堂教学的趣味性、有效性的至美追求。

▶▶ 我的成长历程

品味成长苦辣　追寻教育梦想

（一）梦想初体验——微辣阶段

1999年，我怀揣着一个教育的梦想，从四川来到江门市北苑小学成了一名音乐教师。北苑小学也是刚办了两年的学校，学校只有一到三年级，刚到学校就接到任务，参加江门市教育局组织的中小学生器乐比赛，我顿时懵了，怎么办？学生最高年级只有三年级，没有任何器乐基础，用两个月的时间训练、参赛，怎么可能？但是，我骨子里的"麻辣精神"起作用了，不怕苦、不怕难，于是我开始精心策划，从选乐器、选曲目、选队员、排练计划都深思熟虑，由于学生没有基础，我就选择了口风琴合奏，让学生既能快速上手，又能达到一定效果。在排练中，我一点一点地教，时时提醒自己：孩子们是没有任何基础的，要耐心。经过一个月的时间，我教会了学生吹奏曲目，然后再加入打击乐器，终于有点小乐队的感觉了。比赛的那一天，我告诉孩子们："我们今天去比赛，重在去学习，但是我们也要告诉他们，我们是小青椒，我们很快会变成大辣椒，辣倒他们。"最终比赛虽然只是三等奖，但孩子们的表现得到了老师们、家长们的赞扬，因为这是孩子们第一次走出校门参加比赛，已经是很大的成功了。

（二）坚持的理由——小辣阶段

从那以后，让孩子们开心地唱着"哆来咪"就成了我的工作，让孩子们愉快地徜徉在跳跃的音符中就成了我的责任，让每一个孩子喜欢音乐并享受音乐就成了我的梦想！但是，在追梦的道路上我也遇到瓶颈，一个大男人来教小学，一是很多专业知识用不上，二是感觉人生好像没有了目标。我很多朋友都纷纷离开教师岗位下海了，其中也有人劝我：一个男人整天跟掉着鼻涕的小孩在一起，有什么意思？不如去闯一闯吧！我也有点心动了，但在一次教研活动后，我改变了这个想法。

那是2000年，在中山小学（现已经合并）一次音乐教研活动中，教研员毛老师安排我上一节音乐公开课，我上了一节《西风的话》，当初我觉得上一节音乐课是一件简单而轻松的事情，我设计了教案，准备了教具，轻轻松松就去上课。谁知一节课下来，我满身是汗，因为整节课很沉闷，学生不配合，我在那里干着急。在评课的时候，毛老师告诉我："不要以为上一节音乐课很简单，我们不只是准备教案、教具，还要熟悉教参、了解课标、了解学生，一节好的音乐课也要花很多心思去准备的。教研不只是教，研也是重中之重，音乐教学也要去深入研究，做到教、研结合，你才能成为一名真正的音乐教育行家里手。"我茅塞顿开，原来音乐教学中的学问很多啊！这时我不服输的"麻辣精神"又起作用了，我一定要坚持下去，把音乐教育当成我终生的事业来追求，所以我选择了坚持！我想应该还是因为我的内心深处一直埋藏着一个教育的梦想吧！

（三）成功的喜悦——中辣阶段

追梦的道路绝不是一帆风顺。追梦的道路上有鲜花也有荆棘，有甜蜜也有苦累，有收获也会有遗憾。

2001年，我调到江门市启明小学。来到启明小学后，校长有一天找到我说："学校有一批管乐放置在队部室一直没用，太浪费了，你能否用起来，搞一个管乐队。"这，确实是一个不小的难题，因为我既没有学过管乐，更没有管乐训练的任何经验。好吧！从头学起吧！骨子里不服输的"麻辣精神"在激励我，我先找到江门有经验的管乐老师学习，自己先熟悉一两样乐器，再学习乐队组建的知识和训练方法，然后配置乐器、选队员、制定训练方案，我都是从零开始学习。同事见到我辛苦的样子，都劝我：别搞管乐队，很辛苦的，而且很难搞出成效的。我想，我既然接受了这个任务就要坚持下去，无论成功与否。于是，在专业老师的指导下，在不断学习、训练、摸索中，校管乐队慢慢成形，可以吹奏简单的乐曲，我时常让孩子们到学校操场展示，孩子们有了成功感，就更有兴趣了。为了办好管乐队，我牺牲周末休息时间，陪孩子们训练，经过磨合，孩子们能担任周一升旗仪式的演奏任务了，还能参加各种演出活动了，并且还在蓬江区中小学艺术节器乐比赛中获得了第一名。我想这就是对"天下无难事，只怕有心人"的最好验证吧！

（四）爱与奉献同行——麻辣烫阶段

俗话说："人往高处走，水往低处流。"在专业成长的道路上不断积累、不断学习，我慢慢成长为小学音乐高级教师、蓬江区"名教师"；同时，我还担任了学校中层干部，专业成长与行政工作兼顾，让我的生活更加充实，也带来了更大的挑战，如何找到平衡点？如何处理好各种错综复杂的事务？这成了我拼命想理顺却理不顺的生活"麻辣烫"！

想专业上想钻研得更加深入一些，但行政工作中又有很多挑战在等待着我。

正因为这样,我每天都是迎着晨曦、披着晚霞,拖着疲惫的身子才回到家中。儿子生病了,我没有时间陪他去医院;儿子上幼儿园,我没有接送过一次;假期回老家,也是去也匆匆,回也匆匆!我经常对自己说:人生就得要奉献,不能老想着自己,对比起山村教师的无私,对比起优秀教师的卓越,这算不了什么!

我的教学实录

《音乐小屋》课堂实录

(一) 教学内容及设计意图

《音乐小屋》是人音版第四册第七课《小音乐家》里的一首儿童歌曲,2/4拍。这是一首风趣的歌曲,轻松、愉快。旋律以三度下行的音程起句,构成起伏的旋律,和着舒展的节奏,给人一种柔和的感受。描绘了"叮咚"作响的音乐小屋给人们的快乐,抒发了热爱音乐的孩子们的愉快心情。

二年级的学生以形象思维为主,比较好动。本课在设计时紧密结合二年级学生的生活实际,以"音乐小屋之旅"为主线,课堂内容突出趣味性、游戏性,关注学生的主体参与性。教学活动力求符合儿童的心理发展和艺术学科能力发展的需要,培养儿童对音乐的热爱,培养其想象力、创造力、合作力。

(二) 教学目标

学生能用轻快而甜美的声音演唱歌曲《音乐小屋》,体验学习音乐的乐趣,表达对音乐的热爱之情。通过趣味性的情景创设,激发学生对音乐的好奇心和探究愿望,并拓展学生的思维。学生能准确地拍节奏,并能在教师的引导下进行简单两声部练习。

(三) 教学实录

1. **故事创境　巧导新课**

师:同学们,今天,老师带来了一位动物小朋友,让我们看看它是谁?(出示小猪手偶)

生:是一只小猪。

师:这个小猪住在一个很漂亮的小屋里,这个小屋叫音乐小屋。

(板书:音乐小屋)

【设计意图:以小朋友最易接受的小卡通动物形象直接导入课题,让学生立刻有了兴趣,被课堂吸引。】

2. **设计旅程　创设情境**

师:听,小猪有话对我们说,"小朋友们,你们好!非常高兴邀请你和你的小伙伴来我的音乐小屋玩,不过我的音乐小屋在比较远的地方,要经过一座桥和一座山,那里也有两个动物朋友在等着你们,你们过了那座桥和那座山,就到我

的音乐小屋了，快来吧，我等着你们！"（一边讲述一边进行手偶表演）

师：哇，这么好玩，现在请同学们跟老师一起坐上音乐火车去小猪的音乐小屋吧，不过在坐火车之前，我想问同学们火车的声音是怎样的？（和学生一起进行发声练习游戏）

师：好，现在我们一起坐上火车，出发吧！（播放开火车视频，学生起立进行开火车的动作律动，小组转圈）

【设计意图：用神秘故事导入，创设神秘色彩，让学生立刻有了兴趣，被课堂吸引。】

3. 创设场景　巧授新知

师：我们第一站到哪里啦？

生：小桥。

师：刚才小猪说了，这里有一个动物朋友在等着我们，我们看看是谁？

生：是小狗。

师：小狗还有话要对我们说，我们听听它说了什么？（播放小狗的音频：小朋友们，你们要想过我的节奏小桥，必须打好我考你们的节奏，加油吧！）（点击课件出现节奏小桥四个字）。

【设计意图：通过小狗形象的设计，以小朋友更易接受的方式进入节奏的学习】

师：哦，原来小狗要考验我们，我们看看小狗考验我们什么样的节奏练习？（点击课件）

2/4　XX XX ｜ X XX ｜ X X·X ｜ X 0 ｜

师：同学们先听老师示范一次。

师：同学们自己来练习一次。

师：同学们，第三小节有个小圆点，是什么啊？

生：是附点。

师：那附点节奏怎么拍准确呢？老师先对比一下有附点和没有附点的节奏练习，大家看看有什么区别？

生：有附点的节奏前一个音会长一点。

师：请同学们完整练习一次。

师：谁愿意来表演一下？（抽个别学生表演）

师：真不错，我们看看小狗会不会让我们过去？

（播放课件——画面出现小狗说话音频："呵呵，孩子们，真棒！没想到你们这么快就把节奏打对了，快过去吧！"）

师：孩子们，我们过关了！

生：耶……

师：好，赶快坐上音乐火车继续出发吧！（播放开火车视频，学生起立进行开火车的动作律动，小组转圈）

【设计意图：通过闯关游戏，学生通过对比、练习等，解决课堂中的难点乐句中的附点节奏，做到在游戏中学习知识，真正做到寓教于乐。】

4. 循序渐进 突破难点

师：我们第二站到了哪里？（播放课件出现小山）

生：一座小山。

师：刚才小猪说在这里也有一个动物朋友在欢迎我们，我们看看是谁？

师：哦，是灰太狼，我们听听它在说什么？（点击课件出现歌词小山四个字，播放课件中狼的音频：孩子们，你们想过我的歌词小山，必须把我考你们的歌词读会了，我就放你们过去，哈哈哈……）

【设计理念：借助多媒体技术，创设浓浓的艺术氛围，开启学生的多种感知通道，打开学生情感的闸门。】

师：哦，灰太狼也要考验我们，我们看看它考我们什么样的歌词？（课件：出现歌曲歌词）

师：同学们先听老师示范一次。

师：同学们自己来练习一次。

师：其中第几句我们刚刚练习过。

生：第三句。

师：现在老师想跟同学们来进行一个接龙游戏，老师读上一句，同学们接下一句，看谁读得又准又好。

师：叮咚，叮咚，打开小门。

生：叮咚，叮咚，推开小窗。

……

师：请同学们完整读一次。

生：叮咚，叮咚，打开小门。叮咚，叮咚，推开小窗。

师：真不错，我们看看灰太狼会不会让我们过去？

（播放课件——出现灰太狼说话音频："呵呵，孩子们，真棒！没想到你们这么快就会了，又被你们打败了，啊，我会回来的！"）

师：我们打败了灰太狼，同学们，赶快坐上我们的音乐火车出发吧！

生：耶，出发罗！（播放开火车视频，学生起立进行开火车的动作律动，小组转圈）

【设计意图：通过闯关游戏，学生按照节奏朗读歌词，既解决歌曲中的难点乐句，又让学生熟悉歌词，为进一步的学唱歌曲打下良好的基础，同时，老师与同学进行接龙游戏，又增加了学习歌词的趣味性。】

5. 层层递进　乐中学歌

（播放开火车视频结束，音乐小屋出现）

师：我们到了小猪的音乐小屋啦，来，我们按一下门铃，小猪出来欢迎我们了，当然，音乐小屋的主人应该是用什么来欢迎我们啊？

生：音乐！

师：那我们听听小猪送给我们什么样的歌曲！（点击课件播放《音乐小屋》范唱）

生：《音乐小屋》

师：你听了以后有什么感受或者有什么发现？

生：歌曲很欢快！

师：听，小猪在说什么？（播放小猪说话音频：小朋友们，你们把我送给你的这首歌学会了，你们才可以进来，我这个小屋里有很多好听的音乐呢！）

师：小猪也要考验我们，来，我们一起学一下这首歌曲。

师：现在老师想同学们用小蜜蜂的声音模唱歌曲（播放范唱）。

师：同学们看看谱里面有哪些记号是我们没学过的。

生：三角形符号不认识。

师：这个是重音记号。

生：两条竖线加上两点的符号不认识。

师：这个是反复跳跃记号。老师范唱一次，同学们要分清第1、2间房子的区别哦。

师：请同学们轻声跟钢琴完整演唱。（老师伴奏，学生演唱）

师：请问歌曲一共有几个乐句？

生：共四个乐句。

师：你觉得哪一句比较难唱？（学生提到哪一句就练习哪一句，逐步分句解决）

师：歌曲中还用了很多"0"这个记号，请问是什么记号？

生：休止符。

师：老师演唱没有休止符的和有休止符的，大家对比一下，有什么区别？

生：有休止符的轻快、跳跃一些。

师：为什么？

生：因为要唱出开心、快乐的情绪。

【设计意图：引导学生演唱时声音要轻快而富有弹性，发挥学生的主动性，解决每一个乐句演唱的要求。】

师：请跟伴奏演唱。（播放伴奏）

师：刚才有同学说我们这首歌曲是开心、快乐的，为了表达我们的开心快乐，除了唱歌，我觉得还不满足，我们还可不可以用其他什么方式表达开心的心情？

生：跳舞。

生：打击乐。

师：我们先用舞蹈动作来表现歌曲，请同学们自己创编动作。

【设计意图：引导学生加上简单动作表演，通过学生创编发挥学生的主动性和创造性，并通过个别展示和全班展示，使歌曲情境创设更有课堂气氛。】

师：同学们会唱这首歌了吗？

生：会啦。

师：那我们来看看能不能进入小猪的音乐小屋？

师：哎呀，门铃不见了，怎么回事？可能是门铃坏了，小猪换门铃了。

6. 拓展创造　锦上添花

师：（出示小猪手偶，模仿小猪的声音）小朋友们，音乐小屋小门铃坏了，现在换了大门铃，所以歌曲有了变化，你们唱会了变化的歌曲再进来吧。（出示歌谱）

师：对比跟之前的歌词有什么不同？

生：叮咚后面各加了一条横线。

师：这是增时线，大门铃的声音长了，响的没有那么快了。下面我们一起来学一学大门铃的音乐。

师：下面老师想和同学们玩一个游戏，你们扮演小门铃，老师扮演大门铃，一起演唱。进行两声部游戏。（师生互动）

【设计意图：通过老师和学生扮演小门铃和大门铃的角色，进行师生、生生互动演唱两声部，使学生对两声部演唱有初步体验，使学生不仅掌握了音的高度，也掌握了唱旋律音程的方法，又开拓了思维。】

师：大门铃、小门铃我们都学会了，这次小猪应该没话说了吧？

（播放小猪说话的音频：小朋友们，你们成功地完成了任务，快进来吧，我还有几个好朋友，他们正准备表演节目呢，欢迎你们一起观看！）

（播放电影《音乐之声》片段）

师：你们喜欢这个表演吗？

生：喜欢。

师：为什么喜欢？

生：因为电影中小朋友表演得很精彩，很有趣。

师：孩子们，这就是音乐的魅力，这个片段是电影《音乐之声》中的一个片段，音乐改变了剧中七个小朋友的性格，让他们的生活充满了快乐、阳光，同时他们也用音乐感化了身边的每一个人，同学们，今天我们感受了音乐带给我们的快乐，也学了一首非常好听的歌曲，希望同学们都喜爱音乐、热爱音乐，个个都能成为一名小小音乐家，现在，让我们再次坐上音乐火车来结束这次的旅程吧。

（播放开火车视频，学生起立进行开火车的动作律动，学生在音乐声中离开教室。）

（四）课后反思

这节音乐课我以音乐审美为核心，以兴趣爱好为动力，充分体现音乐性，在上课的过程我充分利用了乐曲和游戏去引导学生、启发学生，让学生在音乐引导中自然地进行学习。通过音乐活动和二声部体验，让学生在活动中充分感受美妙的音乐，体验其中的快乐。

通过本节课的教学，好的方面如下：一是教学环节衔接较好，课堂教学比较顺畅；二是选择了恰当的教学方法，使各环节自如地过渡，课堂教学保持整体性；三是在演唱和表演过程中，学生参与度高，完成效果较好。不足的方面如下：一是老师的上课语言还要精炼；二是对于附点节奏练习的方法还不够好，学生学习效果还不够好。

我的教学主张

（一）红："川辣火锅"显"热情"

冰心曾说过："世界上没有一朵鲜花不美丽，没有一个孩子不可爱，因为每一个孩子都有一个丰富美好的内心世界，这是学生的潜能。"所以我在自己的教学中首先要做到爱学生，用四川人的火辣热情去感染他们，在孩子们看来，这个老师有点"疯疯癫癫"，但是我的课堂会让孩子们觉得有趣，让孩子们觉得"玩"的痛快，就好像吃完一顿麻辣火锅一样痛快。

（二）橙："变脸"角色现"平等"

师生关系的民主平等体现了师生在教育过程中的相互尊重人格和权利、相互开放、平等对话、相互理解、相互接纳等关系。在教学中，我总是和学生打成一片，在学习中我总是不断"变脸"，扮演不同的角色和孩子们一起体验音乐。小学生（特别是低年级学生）的天性就是喜欢"玩"，所以我总是想办法让学生在"玩"中学，在"玩"中体验音乐、享受音乐。在教学中，我还善于利用孩子们喜欢表演的特点，多给孩子们表演的机会，不但锻炼孩子们的胆量，发挥他们的想象力，还能培养孩子的独特的个性。记得有一次我在《三只小猪》欣赏教学中，我和孩子们一起分角色扮演小猪和狼，我一会儿扮演小猪，作出萌萌的样子，一会儿又扮演狼，作出凶恶的样子，在我的"变脸"中，课堂气氛异常轻松、活跃，孩子们全"嗨了"。

（三）黄："摆龙门阵"创"共享"

共享共创，教学相长，就是教师和学生共同体验和分享教育中的欢乐、成功、失望与不安，它是师生情感交流深化的表现。贝多芬曾说过：音乐是比一切智慧、一切哲学更高的启示。所以在音乐教学中，我在让学生体验音乐的同时，还要让学生善于分享对音乐的感受，让他们在音乐中启迪心智、陶冶情操。"摆龙门阵"是四川人的一种休闲方式，是人们在安逸、舒适的环境中拉拉家常、叙叙心事。所以，我总会让孩子们回答问题"随意一点"，像"摆龙门阵"一样，发挥自己的想象，轻松地说出自己的想法，不要拘泥于格式化的回答。记得一次欣赏《孤独的牧羊人》一课中，我没有给孩子们固定的问题，只是在听完音乐后问孩子们："听完音乐，来，随便说说吧！"有很多孩子说出了很多很好的想法，甚至有孩子说："这个乐曲的题目不对，我觉得牧羊人有歌声，有小羊陪伴，他不孤独，他很快乐，他很爱生活"，这就是孩子们自由想象所收获的独特效果啊！

（四）绿："串串"方法凸"巧学"

著名音乐家卡巴列夫斯基说过："激发孩子对音乐的兴趣，是把音乐美的魅力传递给他们的先决条件，培养和激发学生学习音乐的兴趣，必然成为他们热爱生活、陶冶情操的助长剂。"的确，兴趣是最好的动力，只有当学生产生了浓厚的兴趣时，才愿意主动地学习和了解，当兴趣转化为学习动机时，我们才能引导学生轻松地歌唱，感受美妙的音乐。所以在教学中，我根据歌曲的难易度、熟悉度采取不同的方法，让学生能投入到我的教学设计中，让学生喜欢唱歌、开心歌唱。我经常会用接龙的方式来教唱歌曲，就是老师唱前一句，学生接后一句，以此类推，孩子们也喜欢这种方式，而且屡试不爽。我还经常将几首歌串起来唱，学生在对歌曲较熟练的基础上，我用钢琴为学生伴奏，在演唱完此首歌后我会突然转到之前所学的歌曲上，然后又转回来，然后又转到另一首歌曲上，这样串来串去，学生应接不暇，课堂变得热闹非凡。其实这样既吸引了学生的注意力，又巩固了歌曲的演唱，还提高了孩子们的兴趣。

（五）青："散打评书"引"探究"

音乐课堂是孩子们感受音乐美、生活美的重要途径，是陶冶孩子们的情操，丰富孩子们情感体验的有效载体，正如柏拉图所说：音乐教育除了注重道德和社会目的外，必须把美的东西作为自己的目的来探索，教育成美和善的人。在教学中我想方设法让孩子们通过多种途径去探究音乐的美，感受音乐的启迪，开启人生的美好之旅。记得在上《在钟表店里》一课时，我发现学生的参与热情并不高，而且课堂有点乱哄哄的，于是我灵机一动：何不"将乱就乱"，来点"散打评书"艺术？于是我让孩子们在欣赏音乐后画出自己心中钟表店的样子，或者自己设计开一家钟表店，或者自己创编一段钟表店的音乐，并用自己的名字命名。顿时，教室里热闹非凡，孩子们便开始天马行空、奇思妙想，不一会儿，很多张色彩斑斓的画面跃然纸上，还出现了千奇百怪的名字——"QQ钟表店""菲菲滴答店"等，到展示的时候，孩子们还哼唱出了各式各样的钟表店音乐旋律，直到下课，学生们还直呼"没玩够"。

（六）蓝："九寨"之美促"美育"

费孝通曾这样说，"各美其美，美人之美，美美与共，天下大同"。人生其实就是对美的追求，"美"则美于德、美于行、美于心。去过九寨沟的朋友都知道九寨沟很美，让人心旷神怡，说明美给人带来的精神享受是任何物质都无法比拟的，所以，我坚持通过丰富多彩的校园活动引导孩子追求"美"，让他们有学习的动力，有进步的源泉。在设计活动时我就注重活动要新颖并参与面广，在活动中注重孩子们获得美的收获、美的喜悦。我每年都组织开展校园艺术节，记得2015年我们开展的校园歌会，让班级每一个孩子都上台参与表演、展示，孩子们参与热情非常高，团队意识非常浓。2019年"六一"，我们开展了校园竖笛比赛，也是让每个孩子都参与其中，比赛前，你会发现在校园的每个角落都有孩子们练习竖笛的身影。通过这些"美"的校园活动，培养了孩子们对理想的追求，对生活的热爱和对困难的信心。

（七）紫："蜀道"精神助"追梦"

梦有多大，舞台就有多大，我梦想我的音乐课让学生感到温暖、感受到亲情，让学生体验成功、享受快乐，还能让学生张扬个性、追求梦想。记得我在担任学校中层干部后，工作变得更加烦琐，在管理工作和教学工作中，有时兼顾起来很是吃力，但道路如何艰难，我都坚持培养孩子们的艺术梦想。在主管学校德育工作后，我推行了一项活动——德育评价，就是将德育活动、行为习惯、校园纪律、校园安全等结合"小组合作教学"开展小组综合评价，取得了很好的教育效果。于是我又继续尝试，将德育评价与音乐教学评价结合起来，我将很多音乐活动分解，组成音乐表演、校外艺术活动、校内艺术活动、才艺展示、家庭音乐活动等板块，学生参加一次学校演出活动，或者校外表演，或者与爸爸、妈妈去看一场表演，均可以在评价表上得到相应的分数，到期末进行综合评价。自从开展评价以来，学生学习音乐的积极性更高了，他们比以前更积极报名参加学校艺术活动了，很多孩子还在校外学习艺术特长，周末总是缠着爸爸、妈妈带自己去看演出，有的甚至要爸爸、妈妈一起参加表演。到了期末他们的评价表就更五花八门了：有的贴上考级证书，有的贴上奖状，有的贴上演出门票，有的贴上老师的表扬信。通过评价激励，孩子们见识增加了，能力增强了，胆量也大了，甚至很多同学能自己组织班级节目的排练和表演了。

追梦的前提是兴趣，我们首先要让孩子爱上音乐，愿意参加音乐活动，他们才会有一颗追求音乐梦想的心。虽然他们不一定要以音乐为终身事业，但是让他们喜欢音乐，让音乐陪伴他们，让音乐激励他们，在他们的追梦路上永远都有音乐相伴，这才是我们音乐教师的梦想。

我的育人故事

精心呵护　静待花开

刚参加工作的我怀着满腔的热情投入到教学工作中，总觉得"严师出高徒"，所以我立志成为一名严师。于是，我刻意在学生面前装起一副严肃的表情，对学生总是命令式的口气。在2001年我来到启明小学，校长让我组建管乐队，当管乐队组建起来以后，由于自己没有任何经验，整个训练都是"东一榔头西一棒槌"，再加上四川人"麻辣烫"般的火暴脾气，所以整个人都是心浮气躁，总是批评学生：这么简单都不会，怎么这么笨啊！

每天，我都绷紧神经，训练中严抓每个细节，学生错一点都从不放过，我以为在自己的严厉管教下，乐队就会很快上手。然而，现实却给我一记响亮的耳光——虽然在我的严厉管教下，孩子们都很听话，不敢造次，然而乐队的进步却非常缓慢。孩子们渐渐没有了学习兴趣，纷纷提出想退出乐队，他们也开始远离我，不跟我说话、交流。我不禁困惑，为什么我这么用心，却与我心中所想大相径庭呢？

然而在一次演出中发生的小插曲让我有所顿悟。那是一次重要的演出场合，演出前我正在跟学生们讲演出中的注意事项以及纪律要求，我发现平时很认真的小斌竟然和旁边同学讲话，完全没有听我讲要求，我批评了他，他还是一副无所谓的样子。我顿时火冒三丈，让他站出队伍，不要参加演出，这时他眼泪流了出来，因为在演出场合，还有很多老师和家长在场，我还是强压心中的怒火，让他参加了演出，他挂着眼泪上了舞台……

过了几天，他的班主任找到我，对我说："小斌不想参加管乐队了，他不敢跟你说，要我来跟你说，你看看这个。"边说就边递给我一篇作文，我接过作文一看，是小斌的作文，题目是《我是小乐手》，文章中有这样两段话：

"很高兴我能成为学校管乐队的成员，我很喜欢我的乐器——萨克斯，我甚至希望以后长大了做一名萨克斯演奏家，同学们都羡慕我，每周一可以在舞台上吹奏国歌，还可以参加各种演出。而且，我自己还能吹奏一些我喜欢的乐曲。"

"我们的训练老师肖老师对我们非常严格，他总是一副很严肃的表情，我们只要吹的不好，他都会大声训斥，吓得我们腿都在抖，我知道他是为我们好，想我们演奏的更好，但是他越批评我们越不敢吹，结果训练的效果更不好。我想对老师说：我们最想看到的是您的笑脸……"

望着小斌稚嫩的字，我陷入了沉思。原来，老师并不一定要板着面孔，铁面无私，才能教好学生。我是否应该尝试用自己艺术老师的活泼、开朗来教育学生呢？从那以后，我开始面带微笑地走进教室、主动向每一位孩子问好、耐心地给不会的学生讲解、望着孩子的眼睛真诚地倾听他们的心声……我和蔼地对待孩子们，把平等、尊重、信任和爱的种子播在孩子的心里。不久，令我意想不到的事情发生了：训练课堂上，孩子们个个听得聚精会神；训练课后，孩子们都开心的玩闹，还喜欢围着我聊这聊那；有些小孩还跟我聊古典音乐和流行音乐。我惊讶地发现：其实孩子们很懂音乐，是真心喜欢音乐。在我的教育方式的转变下，学生们个性得到了张扬，我每天看到的都是他们灿烂的笑脸，乐队凝聚力也愈发增强。后来，我干脆安排声部长管理，让孩子们自己管理，自己考勤，互相检查督促，并进行小组比赛。我发现训练效果反而比以前更好，学生们进步比以前更快了。

后来，小斌又回来了……

有人说：真正的教育是用一棵树去摇动另一棵树，用一朵云去推动另一朵云，用一个灵魂去唤醒另一个灵魂。作为老师，我们责任重大、辛苦劳累，但是我们也可以幸福而快乐地工作。因为，我们是一个火把，点燃了孩子们的心灵之光；我们是春风，在孩子们的心里温柔掠过；我们是爱的传播者，在孩子们心田种下爱的种子。

游戏化教学　个性化发展

● 江门市教育第一幼儿园　谢峰彩（学前教育）

● **个人简介**

我叫谢峰彩，是一名奋斗在教育教学一线的幼儿教师，自2003年7月毕业后到江门市教育第一幼儿园从事幼儿教育工作，至今已有16年的教龄，参与了多项国家级、省市级课题研究，曾获江门市哲学社会科学研究优秀成果三等奖，参与编写和出版课题研究成果《幼苑芳菲—幼儿教师职场学习与分享》一书。同时，我撰写的论文和课例多次获得省、市级一、二等奖，其中论文《"活教育"背景下课程游戏化的行动支持策略》发表于《动漫界幼教365》，《主题下幼儿园环境课程的实践与探究》发表于《江门教育》，《情境教学在体育活动中的运用》发表于《素质教育》。另外，我积极发挥示范引领的作用，引领全体职工营造求实奋进的工作氛围，指导多位青年教师成为幼儿园教坛新秀、骨干教师，带领青年教师荣获市"青年文明号"荣誉。个人获得了广东省"南粤优秀教师""优秀团干部""江门市优秀党员"等荣誉称号，被聘任为"江门市基础教育督学"，多次为省级园长、骨干教师培训班、五邑地区幼教同行进行教研、管理经验讲座，积极推动本地区学前教育事业发展。

我工作所在的幼儿园是江门市首家幼儿园，至今已有70多年的办园历史。在办园历程中，形成了"真实、务实、创新"的"教一"精神。这一精神与开放兼容、务实创新的岭南文化有着很多共同之处，深深地影响着我，激励我不断求实创新、突破自我，探索最适合幼儿学习的方式。

《幼儿园教育指导纲要（试行）》（下称《纲要》）指出：幼儿园教育应尊重幼儿的人格和权利，尊重幼儿身心发展的规律和学习特点，以游戏为基本活动，保教并重，关注个别差异，促进每个幼儿富有个性的发展。在游戏课程化的探索过程中，我坚持以幼儿为本，尊重幼儿个体差异性，立足儿童的发展需要，以《纲要》《3—6岁儿童学习与发展指南》（下称《指南》）及陈鹤琴先生的"活教育"思想为指导，遵循"在生活中追随教育，在教育中体验生活"的教育理念，以主题游戏的教学模式融入岭南文化元素，构建出具有五邑侨乡文化特色的幼儿课程体系，通过"鲜活内容""激活体验""灵活方式""盘活资源"等教学策略，让课程回归生活，回归幼儿的生活世界，支持和满足幼儿通过直接感知、实际操作和亲身体验获得经验的需要，实现"以学定教"，带动幼儿全面健康和谐发展。

经过不断反思、总结和实践，我逐渐确立了"以幼为本，活润生命"的教学观念，形成"游戏化教学，个性化发展"的粤派教学风格，实现了用游戏激活课程体验，让幼儿在游戏中快乐、自主学习。

我的教学风格

（一）游戏化教学

游戏化教学是指将幼儿游戏进行课程化，从幼儿的游戏出发，通过在游戏中引导和建构新的游戏，促进幼儿学习品质和能力的发展。陈鹤琴"活教育"思想指出，"游戏是儿童的心理特征，游戏是儿童的工作，游戏是儿童的生命，从某种意义上说，幼儿的各种能力是在游戏中获得的"；《3～6岁儿童学习与发展指南》强调，"幼儿园应多为幼儿提供自由交往的游戏机会、鼓励他们自主选择、自由结伴开展活动"、要"珍视幼儿的游戏和生活的独特价值……最大限度地支持和满足幼儿通过直接感知、实际操作和亲身体验获取经验的需要"；《广东省幼儿园一日活动指引》也都明确提出，要还给孩子自主游戏的时间，保证幼儿的自主游戏时间。所以在课程实施中，我以源于孩子的生活经验的自主游戏作为课程内容，由孩子自主选择自己感兴趣的内容进行游戏。在游戏的过程中，我注重观察和指导，引导幼儿通过建构新的课程内容解决新问题，从而培养孩子养成自主探索、自由体验、自信表达、善于交往和协作等学习品质和学习能力。

（二）个性化发展

同一阶段孩子的发展水平各不相同，这就要求我在教育教学实践中要因材施教，为每个孩子的发展提供不同的支持。因此，我会在各个游戏区域提供丰富、可操作的材料，满足不同幼儿的需求，让他们获得不一样的发展。在课堂上，我让孩子自主选择感兴趣的内容进行游戏和探索。例如，喜欢玩积木的孩子，游戏角色会选择建筑师，使其动手能力和空间建构能力得到充分发挥；喜欢做手工的，会选择做饰品设计师，提高其审美能力和艺术水平。

我的成长历程

在前行中让梦想开出花来

从教16年，我积累了许多宝贵的幼教经验，对幼教行业也有了更深的认识和理解。从一名年轻教师成长为骨干教师，再到成为江门市第四批名师培养对象，正是我对幼儿教育的坚守和对执着成为一名优秀的幼儿教师梦想的真实写照。

（一）第一阶段：萌芽期（2003—2007年）

2003年7月，我从江门幼儿师范学校毕业后，怀着对幼儿教育事业的憧憬，到江门市教育第一幼儿园任教，期待着和可爱的孩子们一起开心地学习和生活。

在工作一段时间之后，我发现幼儿园里的孩子并不都是可爱的，还有很多爱捣乱、爱玩闹的"熊孩子"。而且，幼儿教师不只是上课，还要在日常活动中抓好孩子的常规教育、进行班级环境创设，下班后还要面对家长各种各样的问题。这些琐碎和繁重的工作和我想象中的幼儿园工作差距甚远，让我产生了消极的想法。

这些消极的想法被我的正班老师——何老师发现了。为此，何老师除了在教学上面给予我很多的指导，还经常和我谈心，鼓励我多学习、多思考。在何老师的帮助下，我关注到幼儿园的老师们都是一边工作，一边坚持学习、撰写经验论文的。每当面对紧急或重大的任务时，他们都不需要领导特意安排，就自发加班加点完成工作任务，毫无怨言。在他们身上我看到了对幼教的赤诚热爱，也感受到了可贵的"教一"精神。

我开始思考和反思自己的问题所在，意识到自己专业知识的局限。于是，在2004—2007年期间，我利用空余时间自学，完成了学前教育专业大专学历的学习。同时，我也虚心向教学经验丰富的前辈们学习，发挥自己在语言和艺术方面的特长，不断钻研教学技巧和方法。

记得中班的时候，班上转来一个叫龙龙的"熊孩子"。龙龙不爱干净还喜欢捣乱，经常被别的小朋友"投诉"。因此，为帮助龙龙改正这些不良的行为习惯，我在上班后的时间学习儿童发展心理学等专业知识，向家长了解情况和积极向老教师请教。平时注重观察和分析龙龙的行为，利用多种方式和方法帮助和鼓励龙龙。例如，龙龙吃饭的时候总是弄得满地都是饭菜，为此，我带着他一起种植蔬菜，让他意识到要珍惜来之不易的食物。还让他帮忙擦桌子、打扫卫生……渐渐地，投诉龙龙的声音越来越少，反而是"龙龙今天帮我收拾玩具""龙龙擦的桌子真干净"等表扬的声音越来越多。在我生日那天，龙龙回到幼儿园，一见到我就从书包里拿出他画给我的画，笑眯眯地跟我说："谢老师生日快乐，我喜欢你！"

在此期间，我代表幼儿园参加市普通话竞赛和舞蹈比赛获得了一等奖。这些小小的成就感，让我想要成为一名优秀的幼儿教师，从此这个梦想就在我心底生根、发芽。

(二) 第二阶段：快速成长期（2008—2015 年）

1. 坚持学习，提升专业理论知识

随着时代的变革，信息技术和知识的革新，作为教师需要持续学习，接受新的理念，才能迎来新突破和更进一步的成长。为此，除了完成本科学历的进修和教师继续教育之外，我积极参加培训，到北京、台湾、南京等地参加学习研修，吸收最前沿的幼教理念，增长专业知识；并于 2015 年取得北京师范大学学前教育管理专业硕士研究生课程结业证书。

此外，我还积极参加各种教学观摩学习，学习先进的教学方法；通过师徒结对的形式，积极以老教师、骨干教师为导师，虚心求教，快速成长。另外，我积极吸收前沿的教学理念，其中虞永平先生的"实习场"课程理念和陈鹤琴先生的"活教育"思想对我形成"游戏化教学，个性化发展"的教学特色有着重要的影响。

2. 深入教学实践，形成个人风格

在教学实践中，我将"实习场"与游戏这一自主、开放式的教学方式相结合，积极创设生动、有趣的情景，提供多样化的环境和材料，交替使用集体活动、小组讨论、个别指导等方式，帮助幼儿通过直接感知、动手操作、亲身体验获取生活经验、培养探究能力，学会学习、学会创造，促进幼儿的综合素质得到极大提升。

在班级管理中，我坚持以热情开朗、自信大方的良好师德形象来正面影响幼儿，建立平等的师生关系，引导幼儿参与班级管理，制定班级公约，抓好常规管理，形成良好的班风。我善于做好同班教师间的沟通合作，指导副班及保育员做好日常班级管理工作，营造良好的工作氛围。此外，我也十分重视加强与家长的沟通，引领家长科学育儿，积极发动家长参与班级活动及管理，共同营造良好的班级氛围，提高家园之间的合作。我所带教管理的班级多次被评为幼儿园"文明班"、主管级组也多次被评为"先进级组"，我还参加了江门市首届教师德育专业能力大赛获二等奖，并代表江门市参加省幼儿园教师德育能力大赛获三等奖。

3. 主动参与教研，强化教育特色

在担任班主任和级组管理工作备受认可之后，幼儿园让我承担了我更大的责任，让我参与课题研究，并逐步成长为课题组长，一步一步地以研究促进个人教学特色成长。作为课研领导小组的一员，我经常与课题组教师共同学习有关理论，研究课题设计，制定研究方案，通过实践、研讨反思再实践的方式，让自身得到迅速提升。我参与的多项课题，研究成果突出，如负责牵头研究的省级课题"以情境为导向的体育活动的实践研究"顺利结题，参与编写和出版课题研究成果"幼苑芳菲——幼儿教师职场学习与分享"，撰写的经验论文多次获得省、市

级一、二等奖。

在课题研究的带动下，我积极开展课程改革，将"活教育"理论与"实习场"理念相结合，融入幼儿日常接触的本土文化、风俗、美食等元素，陆续构建出"侨乡工艺坊""侨味馆"等多个具有本土文化特色的主题课程，孩子们在充满五邑特色的实习场中潜移默化地接受本土文化的熏陶，也让"游戏化教学，个性化发展"的教学风格得到树立和强化。

这一个阶段，我不仅实现了从青年教师向骨干教师的成长，形成了鲜明的教学风格，也被评为了江门市第四批名教师培养对象。

（三）第三阶段：绽放期（2015年9月至今）

"宝剑锋从磨砺出，梅花香自苦寒来。"随着游戏课程化的不断深入，实现了陈鹤琴"活教育"思想、"实习场"自主游戏与五邑文化三者有机结合，探索出游戏课程化的实践路径。在领导的支持下，我有机会得到周念丽、叶平枝、郑福明、丁海东等教授的指导，并在专家的指导下取得了显著的成果。我参与研究的课题"在主题活动中培养幼儿自主学习能力的行动研究"获江门市哲学社会研究优秀成果三等奖，指南实验园课题"在教育活动中培养幼儿自主学习能力的实验"顺利结题，撰写的论文《"活教育"背景下课程游戏化的行动支持策略》获广东教育学会学前教育专业委员会一等奖、江门市年度基础教育优秀教学论文一等奖，并发表在《动漫界幼教365》上；论文《主题下幼儿园环境课程的实践与探究》在《江门教育》上发表，《情境教学在体育活动中的运用》在《素质教育》上发表。自主游戏课程被郑福明教授作为优秀案例在中国幼教年会上进行分享。2016年被评为幼儿园一级教师，2018年被评为"广东省南粤优秀教师"，并作为江门市教师代表参加广东省教育大会及表彰大会，同时被聘任为"江门市基础教育督学"。

同时，我主动承担培养青年教师的任务，发挥"传、帮、带"作用向他们传授经验，交流心得，共同探讨育人思路，给予青年教师更加针对性的指导。本人先后带领林晓君和柯伶俐老师成长为级组长，胡晓玲成长为幼儿园的骨干教师，成为青年教师的学习楷模。此外，我还参与编著《幼儿园规章制度》和《教师手册》，制定和完善对青年教师的培训计划，安排各类培训活动，改进师徒结对听课、教研活动开展等方式，提高教研效率，提升教师的教育教学水平。

我也积极发挥个人特长，曾代表市教育局参加市举办的演讲比赛获一等奖；多次为省级园长、骨干教师培训班、五邑地区幼教同行进行教研、管理经验讲座，积极推动本地区学前教育发展。

从教十六载，对幼教的坚守和梦想的执着，我从一名普通的幼儿教师和班主任做起，通过学历进修、园本培训和外出学习等形式，夯实理论基础，提高教学能力和水平，逐渐成长为幼儿园骨干教师、江门市第四批名教师培养对象、广东省南粤优秀教师，走出了一条从青年教师到骨干教师再到名师，一线教师到主管教学副园长的成长之路。路漫漫其修远兮，吾将上下而求索。今后，我将在工作中不断实践自己的教育理念，诠释自己的教学风格，做好科研、管理工作，充分发挥名师专业引领作用，努力打造一支师德高尚、业务精良的高素质教会团队，为推动学前教育的发展贡献力量。

我的教学实录

中班建构游戏"开平碉楼"

（一）活动背景

碉楼作为侨乡文化物质象征和精髓体现，包含着侨乡浓郁的地域文化特色。为此，我积极将侨乡文化融入课堂教学，通过积木建构游戏等教学活动有意识地促进幼儿对侨乡建筑风格、家乡文化的理解和掌握，培养幼儿对家乡文化的认同感和归属感。

（二）学情分析

本班有33名幼儿，30名是江门户籍的，其中8人祖籍是开平的。24名幼儿通过视频、图片或者旅游等途径，对开平碉楼有一定的了解。16名幼儿平时喜欢积木建构游戏，空间建构能力发展水平较高。

（三）活动目标

（1）认知与感受方面：了解碉楼的基本结构和外形特征，知道碉楼的特点，例如楼层高、有门、亭台等，最有特色的是有枪眼。

（2）技能与表现方面：引导幼儿用不同的方法搭出碉楼的墙身，用错位结构、镂空以及结合特殊积木搭出楼房和枪眼。

（3）社会与情感方面：理解碉楼与人们的生活关系及文化背景。

重点：认识碉楼的基本结构和外形特征。

难点：掌握碉楼的搭建方法。

（四）活动准备

教师：不同角度的碉楼图片、积木搭建碉楼型、六箱积木。

学生：在家长的帮助下，提前了解碉楼的相关知识。

（五）活动过程

导入：首先，课前鼓励家长带领幼儿到碉楼参观，引起兴趣；其次，在课堂上通过播放碉楼视频的形式带领幼儿近距离接触和深入学习掌握碉楼相关文化和外形特点及结构特征。

1. 活动开始

（1）引导幼儿用自己的方法搭出碉楼，用错位结构并结合特殊积木搭出房子、高楼层、门、亭台和对称的枪眼等。

（2）对经验不足的幼儿，给予积木模型，拆解积木造型或进行适度搭建演示，引导幼儿观察，同时鼓励幼儿与其他同伴一起讨论如何用积木搭建完成。

（3）自由建构时间（30分钟）。

①提出搭建要求，如墙身要用错位结构，天台要用逐层收缩结构、房子需要几层高等。

②关注幼儿积木颜色的选择与搭配。

（4）分享交流环节（10分钟）。

①请幼儿把搭建好的碉楼放在一起，幼儿之间相互欣赏介绍，注意表达的完整性。

②请幼儿分享建构过程中遇到的困难和挑战成功的经验。

③点评有特色的作品，帮助幼儿总结建构经验，也可以通过点评存在问题的作品，与幼儿共同探讨解决方法，提升幼儿解决问题的能力和建构的水平。

④从幼儿在活动中的表现提升幼儿的学习品质：主动探索、专注坚持等。

⑤教师与幼儿分享热爱中华民族的情感，并点评幼儿在活动中的表现，鼓励和表扬坚持、专注的幼儿。

（5）活动延伸。

活动后，让幼儿课后在爸爸妈妈引导下学习了解碉楼在人们生活中的作用；引导幼儿把作品放在之前创设的情景中；鼓励幼儿装饰自己的作品，扩展情景等。

（六）个案观察记录

本次我组织小朋友借助积木材料搭建家乡的开平碉楼。多数孩子之前都认识江门的开平碉楼，基本了解碉楼的建筑结构和特点。根据今天的搭建内容，建议孩子都是选择小组合作的形式搭建作品。活动开始了，大家都赶紧分工合作，选择合适的积木材料开展搭建了，生怕慢一点就没有材料了。可是，我看见陈正翔小朋友那组还围在一起小声嘀嘀咕咕，好像在说什么，一动不动，没有及时去拿材料，到底怎么回事呢？我拿起本子，轻轻走过去，想看看他们在干什么。原来，他们在商量要盖一座怎样的碉楼。只听见正翔说："大家快看，其他小朋友都拿了灰色的积木做青砖碉楼，要不我们就做不一样颜色的碉楼吧，这样，我们的材料才不会缺乏，才够用的。你们觉得怎么样？""好主意！"同伴都同意了。"但做什么颜色呢？"有的孩子说做红色的，有的说做蓝色的，有的说做褐色的，也有的说做黑色的。但是正翔不慌不忙地说，"做黄色的"。"为啥呀？"同伴们问道。"因为谢老师说过，碉楼是侨乡特色的民居建筑物，有一定的传统文化特色在里面的，不能用其他颜色乱搭建的，这样不像碉楼的。""那为什么用黄色呢？""刚才谢老师也说过，有几种类型的碉楼，有青砖楼，有石米楼，也有泥楼，泥楼就是黄泥咯，泥土做的，用黄色就很合适的，应该可以的。""好，我们就搭建泥土做的碉楼。我们就这样分工吧……"于是就开始散开各自找材料。我也拿起本子记下这个"哇"时刻。

在积木游戏中老师应充当的角色是观众，我们不要干预孩子的游戏和想法，当孩子在游戏过程中遇到问题的时候，我们应该让他们先去试一试。因为小朋友的想法往往很特别和有创意，只有通过亲身实践，孩子们才会体验到游戏怎样玩才好玩，怎样玩才会更加有趣，怎样玩才能继续完善和修改游戏的要求和规则，不断提升游戏的水平。只有这样，孩子们才能自由选择游戏活动，才能真实的表现他们的心理状态，反映他们真实的发展水平，也毫无拘束表现出他们头脑中所想到的一切。在不断拼搭的过程中，孩子们不断积累经验，丰富自己的积木作品。

（七）教学反思

在不断地学习与实践中，我归纳了如何将五邑文化资源融入幼儿主题课程创设的几点思路，具体如下：

1. 拓宽视野，关注五邑文化资源价值筛选

（1）多元渠道寻找资源，扩展课程深度。

根据幼儿的年龄特点，我在教学中把五邑文化资源的范围集中到民间习俗、民间文学、民间艺术和民间游戏范畴，通过多元渠道进行搜集，包括网络搜索、书籍查阅、亲子共同搜集、村镇实地调查等。例如对江门特色建筑"碉楼"，为了做好这个主题活动，我跟副班老师一起到开平一带进行参观学习，通过访问、摄影、拍摄，寻找到碉楼建筑的特色、作用和来历等知识，另外，发动家长资源，搜集碉楼相关的图片、视频以及故事传说等，深入挖掘碉楼文化内涵，让整个主题活动的深度和广度都得到了扩展。

（2）品味资源内涵，提炼教育价值。

对于从多个渠道收集回来的五邑文化资源，我们作为老师先从自我学习开始，真正把握和了解五邑文化内涵的丰富性和形态的多样性，再思考是否能够适合幼儿的身心发展特点，是否满足幼儿的好奇心和兴趣点，其蕴含的教育价值有多少，才能最终确定为孩子的游戏课程主题。例如曾经开展过的"五邑童谣大家唱"活动，通过搜集民间流传的、具有江门五邑特色和教育意义的童谣进行重新推广，感受传统童谣所表达的本意和情感，把不符合现今幼儿教育理念的、过时的内容进行修改和删除，让传统童谣焕发出新的生命力，继续发挥育人的作用。

2. 重视文化资源运用，创建特色课程

（1）创设五邑文化特色环境，渗透日常教育。

在教学实践中，教师应该积极创设能够让幼儿探索、学习本土文化的物质条件，在幼儿可感知、可操作、可思考的环境中接受本土文化的熏陶和浸染。在园舍环境创设中，我充分利用走廊、过道、楼梯等空间，进行具有浓郁五邑文化色彩的布置，如放置葵扇、陈皮作为环境装饰，在农耕园进行凉瓜、勒菜等特产的种植等，彰显五邑文化的魅力。而在课室环境的创设中，我则结合课程主题进行布置，如音乐区放置岭南乐器、粤剧脸谱等，美工区则让孩子学习绘制龙舟等本土特色工艺创作，让内涵丰富的五邑地方文化活化整个幼儿园环境，支持和鼓励幼儿在自主体验和自行操作中感受五邑文化的美妙之处，培养勤劳、包容、合作的良好品质。

（2）以主题游戏活动为载体，活用五邑文化。

主题游戏课程的立足点是幼儿，在运用文化资源的过程中要理清资源介入与游戏活动的有机结合，力求在丰富多元的主题游戏中促进五邑文化在幼儿心中生根发芽。在这个过程中，要善于结合不同的民俗节日，包括清明、重阳、中秋、新年等重要的传统节日，让幼儿通过包粽子、猜灯谜等活动了解传统节日的由来以及背后的文化内涵，利用动手制作以及社区实践等方式让幼儿亲身体验五邑地区的传统习俗，以及本土人民的衣食住行和社会关系，培养幼儿关注生活、传承文化的良好习惯。

我的教学主张

"春风化雨，润物无声"，我认为这是教育最好的状态。因此，在教育中，我主张以幼为本，活润生命。下面我将从"鲜活内容""激活体验""灵活方式""盘活资源"四个课程实施的基本策略进行阐述。

（一）鲜活内容，让幼儿的学习回归生活

幼儿园没有固定的教材，在教材的选择上，我坚持"活教育"的理念。"活教育"思想中的"五指理论"强调："尊重儿童本体地位"，"凡是儿童自己能做的、想的、就应该让儿童自己去做、去想。大自然、大社会是活教材，要发挥孩子的积极性、主动性和参与性，鼓励儿童自己发现自己的世界。"坚持以幼儿为本，尊重幼儿的兴趣，以幼儿自身的生活内容、经验为基础，让幼儿自行选择感兴趣和符合他们真正需求的内容作为幼儿学习内容，这样的教学内容是鲜活而不断更新的。同时，我坚持将五邑地区特有的文化融入课程中来，让幼儿在游戏中逐渐深化对五邑文化的认同感。

例如，实习场游戏"侨味馆"的确立是根据孩子的兴趣来制定的。孩子对于美食有着强烈的欲望，在选择游戏主题时，我先组织孩子进行讨论，本学期我们要开展的游戏主题是什么，根据投票得出要做一个关于美食的游戏，进而讨论要做什么样的美食，引导幼儿寻找江门的美食，最终确立"侨味馆"这一主题。"侨味馆"以侨乡的特色美食和饮食文化为课程内容，由孩子制定食谱和选择游戏角色。由于主题和内容都是孩子熟悉的，源于现实生活中的，因此，能引起孩子的兴趣，激发其探索的欲望。

在游戏进行到一定阶段，有部分孩子提出他们食谱过于单一。于是，我又引导孩子进行思考：怎样制定食谱，才能使食谱多样化又符合客人的需要呢？孩子们进行讨论后，可以根据季节的变化或者根据客人的需求进行私人定制。由此，新的课程内容产生了。

我还充分利用各种资源，开展了汽车嘟嘟城、木工坊、小黄人超市，以及端午节、母亲节等各具特色的实习场游戏和节日主题活动。这些都是鲜活的、书本上根本找不到的课程内容。我以此类鲜活而接近幼儿生活实际的教学内容来增强幼儿的学习兴趣，培养幼儿掌握基本的生活技能，提高孩子自主探究和学习的能力。

(二) 激活体验，让幼儿体验快乐

"激活体验"不仅是课程游戏化的精神，也是我践行《指南》的实际做法。在开展游戏课程化的过程中，我通过"活"用每一个空间，"润"造每一个活动区域，与孩子一起打造润美育人的教学环境，以情境化、灵活化的学习方式使幼儿在与环境、材料的互动中激活幼儿的生活与情感、学习和认知的体验，让课程回归幼儿的生活世界，让幼儿真真正正做到在自然与社会之中学习，让学习达到无拘无束的自然状态，从而充分激发幼儿回归符合他们年龄特点的自然天性，发挥他们自身的无限潜能，增强其学习的兴趣、激发其学习的积极性和主动性以促进其全面发展。

我倡导的"激活体验"强调让幼儿身临其境，用身体和思维去感知，这是对以语言传达为主的传统教学模式的超越。正是由于学习来自孩子的体验，我才能做到不断发掘孩子的潜能，也就是我们所说的"哇时刻"。"哇时刻"是华南师范大学教育科学学院副院长、硕士研究生导师郑福明教授来园看到我班孩子在学习活动中所表现出的状态发出的感叹。当时有个孩子向郑教授推销手链，他挑了几条，最后拿了一条粗珠子的手链帮郑教授戴上，并说这条适合他，"好看"！郑教授就故意考察孩子："我没钱，怎么办？"当时小朋友就要他用手机进行微信支付，郑教授说手机也没钱。孩子就说："那最好的方法就是你留下来做一条放在这里，这一条你就可以拿走了。"当时我带的这个孩子还仅仅是在读小班，就能够做出这么灵活的应对，让郑教授非常感慨地说："这就是活教育，这就是真游戏。在这里学习生活的孩子真的太幸福了。"很明显，我们的孩子在体验中快乐学习并学习用自己的亲身体验去影响带动身边的人，让身边的人一起感受学习的乐趣。

(三) 灵活方式，让幼儿习得方法

幼儿天性活泼好动，单一的学习形式是无法满足幼儿身心发展需要的。"灵活方式"是指遵循幼儿的学习特点、接受能力和兴趣需求，根据课程目标指向，灵活采用多种方式开展教学活动，同时让幼儿学会讨论、探究、记录等多种学习方法，以此实现"做中教，做中学，做中求进步"的教育目的。

在自主游戏中，孩子们在自行创设的、自我感兴趣的环境中可以通过与同伴讨论、问卷调查、观察记录等灵活的方式进行学习和探索。例如，"汽车嘟嘟城"门面设计，我将幼儿分成不同的小组，并要求每一组合作完成一个设计。孩子们根据任务，讨论使用什么色调和图形比较引人注目；部分幼儿和父母去参观生活中的汽车城的设计和布置，并记录相关的元素，回园再和同伴讨论，最终确定最佳的设计方案。

"授人以鱼不如授人以渔"，改变传统教学中的"教师教、学生学"的模式，把问题留给孩子，引导他们通过灵活应用多种学习方法完成学习任务，才能提高孩子解决问题的能力，获得真正的发展。

（四）盘活资源，丰富学习素材

和谐的教育就是"学校—家庭—社会"三位一体形成教育合力。"盘活资源"指的是充分整合和利用幼儿园内外资源为幼儿园及幼儿发展服务，以实现学校、家庭、社会三者和谐统一、团结一致，共同推动幼儿园的学习发展。

首先是家长资源。我在教学过程中充分利用家长资源收集教学所需的生活中常见的低结构的教学教具等相关资源，积极鼓励家长与老师一起策划方案，带着孩子到社会上调查，参与孩子们的活动。以"食尚馆"为例，家长与孩子一起讨论如何才能打造一间以健康饮食为主题的食馆，带孩子参观各种的健康食馆，参与家庭煮食的过程，从选食材、做美食到分享，一家子有着说不出的成就感和喜悦。我还邀请对食物有研究的家长到班上开展活动，解决了教师技能的局限性。所以，家长是另一个身份的教师。

其次是社区资源。学习的课堂不止于学校，还在于社会。我们积极带领幼儿走出社会，认识社会，实践学习于社会中。如组织孩子开展参观小学、参观图书馆、邮局等户外活动，盘活社区资源，让教学贴近实际、贴近生活及服务社会。例如小朋友在参观邮局中，因为环境和学习的资源是多维的，所以他们看到的不单是工作人员的工作、涉及的业务，还能获知邮局的布局、各种区域的功能、工作人员工作时的语言、顾客的表现，甚至有配合这些工作完成的用具等等。这是在课堂中一张嘴、一张图片、一个视频所不能替代的，只有面向社会，走进社会，实地感知、亲身体验才能真正获得真实可靠的认知与知识，才能真正促进幼儿的学习与发展。

最后就是结合地域文化，将侨乡文化融入教学实践，以文化人。《纲要》中指出：充分利用社会资源，引导幼儿实际感受祖国文化的丰富和优秀，感受家乡的变化和发展，激发幼儿爱家乡、爱祖国的情感。多年的教学经验告诉我，幼儿总是喜欢从观察、思考身边的事物开始认识这个世界，也就是说，孩子的认知与他所处的成长环境密不可分。而我们的幼儿园地处于江门五邑，是中国著名的侨乡，五邑文化在岭南文化中具有独特的地位。五邑文化所包含的独特的民间艺术、人文景观、传统习俗、地方特产等非物质文化遗产和传统文化都是幼儿身边活生生的教材。例如，带孩子到华侨博物馆走一走，用不同的方式更进一步了解自己的家乡；与幼儿携手开设"侨味馆""五邑人家"等实习场主题教学，让幼儿真正做到学以致用，并在实践操作中进行拓展，对侨乡本土文化获得更加全面的认识等。

我就是坚持这样的教学主张，以幼儿为本，遵循幼儿的年龄特点和发展规律，结合侨乡文化资源，通过"鲜活内容、激活体验、灵活方式、盘活资源"等教学实践策略，让教学真正回归到于幼儿的内心需要，也让幼儿的学习变得自由、自主和自觉，以此促进幼儿全面健康和谐发展。

我的育人故事

我们的碉楼

在一次餐后活动中，孩子们正在进行积木搭建游戏。"哗啦"！突然传来积木坍塌的声音，紧接着就是一阵吵闹声，我赶紧寻声上前了解事情的原委。原来是浩浩和轩轩在构建游戏中发生了争执。浩浩说："我没有积木，轩轩不肯和我一起玩，还推了我。"轩轩委屈地大声说道："是浩浩的错！他不仅抢我的积木，还把我的碉楼推倒了。"

像浩浩和轩轩的这种情况在幼儿园是很常见的，现在很多孩子不懂得分享、合作，导致在同伴交往中就会产生很多摩擦。而建构游戏是培养孩子能力和学习品质最有效的方式之一。那如何让孩子在建构游戏中学会分享、合作呢？

经过思考，我就把积木分成两拨，让浩浩和轩轩各自搭建一座碉楼。等到他们完成作品后，我只给他们两个人一堆积木，然后说："现在老师给你们一个任务，你们两个一起用这堆积木搭建一个碉楼。但是在搭建的过程中，你们不能抢，也不能自己玩自己的，而是要一起讨论完成，能完成任务吗？"浩浩和轩轩点了点头说："能！"

20分钟过后，两人拉着我去看他们的作品。"谢老师，你看，我们搭好了。""哇！这个碉楼真好看，浩浩和轩轩真棒！来！我们讨论一下，第一次你们自己一个人完成的作品和第二次你们两个人一起完成的作品有什么不一样呀？"浩浩说："一个人的作品比较小，两个人搭的又大又高，还很漂亮。"轩轩说："我自己搭的碉楼比较简单，我和浩浩一起搭的结构更加丰富，而且有很多设计都是我们一起讨论的。""真棒！看来浩浩和轩轩都很喜欢第二个作品。两个人一起讨论、分享自己的想法，一起合作完成的作品比一个人完成得更好。那以后我们再玩游戏的时候就应该要一起分享和合作。好吗？"轩轩拉着浩浩说："嗯，我明天还要和浩浩玩，一起搭更大的碉楼。"

第二天，我经过建构区，就听到轩轩在大声地叫我："谢老师，你快来看看我们的碉楼。"从"我的碉楼"到"我们的碉楼"的转变，不仅是称谓、主体的转变，更是孩子学会分享和合作的结果，是孩子在游戏中获得的成长和进步。

务实、协作，一直是五邑文化宝贵的精神品质，也是时代赋予人的基本要求。在开发五邑文化资源，塑造特色课程的过程中，我更应注重培养幼儿专注、主动、合作、分享等良好的学习品质，为幼儿的终身发展奠定良好的基础。

他人眼中的我

（一）同行眼中的我

谢老师在游戏课程化的过程中，能够将"活教育"、实习场理念和五大领域目标有机结合，让幼儿在自主游戏的过程中，能够依据已有的生活经验进行探索和体验，培养出来的孩子是有独立思考和解决问题能力的，带给我们很多的惊喜。这就是活教育，真游戏的魅力。

（郑福明教授）

谢老师在日常的教学中十分严格要求自己，在高质量完成繁重工作任务的同时，坚持学习和开展小课题研究。虽然她已经是幼儿园的教学主管，但是她不满足于现有的成绩，经常到各班听课，与孩子交流，不断与老师们分享先进的教学理念，改进和创新教学模式，是我们学习的标杆。

（林晓君老师）

（二）家长眼中的我

谢老师是一个非常专业和负责任的老师，经常给予我们家长很多科学的育儿知识。我女儿很害羞，害怕与他人交往，在谢老师的帮助下，逐渐变得自信和主动与他人交朋友。平时，谢老师建议我们多带孩子到具有江门特色的地方进行参观，增强孩子对五邑文化的了解，培养孩子的文化认同感。

（冯依琳妈妈）

（三）学生眼中的我

我最喜欢上谢老师的课了！谢老师总是能尊重我的想法，让我自由选择我喜欢做的事情，在我遇到难题时，不直接告诉我答案，而是鼓励我去探究解决的方法，让我觉得学习很有成就感，我很快乐。

（学生　黄浩轩）

朴实自然　简约动情

● 鹤山市沙坪街道第七小学　叶金艳（小学语文）

● 个人简介

我叫叶金艳，是鹤山市沙坪街道第七小学语文高级教师、语文科组长，江门市第四批名班主任培养对象，江门市思想政治教育联盟个人会员，鹤山市思政备课团队副队长，鹤山市小学语文学科带头人。曾获"全国素质教育先进工作者"、鹤山市"十大名班主任"、鹤山市"优秀班主任"、鹤山市"先进教研工作者"等荣誉称号。本人积极开展课题研究，主持或参与的课题共

有五个，其中国家级课题"以诵读和书法传承经典国学文化的研究"、省级课题"互联网＋儿童文学阅读书目与小学生阅读素养发展的研究"和江门市级课题"'快乐、健康、优质、轻负'高效课堂的实验研究"都已顺利结题，而省级立项课题"教育现代化背景下优化课堂教学的研究"和鹤山市级课题"'先学后导，合作探究'课堂教学模式的研究"还在研究当中。此外，我还积极撰写教育教学论文，其中《朗读，精彩了我的课堂》《如何培养学生的创造性个性品质》等多篇论文分别获国家级、省级、市级奖项，并有5篇发表于省级以上CN刊物中。

自古有说，一方山水养育一方人的灵性。我出生于鹤山市西部最边远的山区——双合镇。小桥流水孕育了南粤山区人民淳朴、善良、乐观的性格特点，而我，从小就受到父辈们的影响，自然而然形成了阳光、豁达、柔美的性格。我喜欢和孩子们待在一起，在与孩子们相处时，我会感觉特别快乐，我挺享受这种快乐。因而，我也乐意把自己的那一份愉悦，那一颗爱心，那一种执着，无私地奉献给孩子们，所以，我一直保存着如同孩子般透明的心灵，简单而豁

达的心境，26年如一日，用我的真心、真情从事着太阳底下最为纯洁、灿烂的事业。

回顾从教多年所走过的路，从初出茅庐的稚嫩、青涩，到现在的平和、成熟，一直以来，我都没思考过我的教育风格是怎样的，只是依稀记得朋友或是同事告诉过我的一些事："某某家的孩子很喜欢上你的课，甚至在家里学着你的语气与模样表演；某某同学很欣赏你的课，在很多日记里都写到你的课堂，写到你讲过的话……"我沉下心来细想，或许，这就是淳朴民风孕育出来的——我的粤派育人风格——朴实自然、简约动情。

我的教学风格

（一）朴实自然

朴实自然，绝非简单、平淡。朴实，是"朴素而能实其质"，"简洁而能约其要"。

对于语文老师来说，朴实就需要教师在与文本对话时，具有深度解读文本的能力。例如，在阅读教学中，教师解读文本至少要有三个层次：一是读进去，感悟内涵，弄懂它"写了什么"；二是读出来，领悟写法，弄清它"怎么写"；三是读深入，了解背景，关注它"为什么写"。这样，通过内涵、写法、背景三个维度的解析，文本在教师的头脑中便立体起来，变得更全面，更深刻，更鲜活。师生也往往会在品读玩味中，心灵受到感动，灵魂受到震撼，怦然心动，怡然自得，陶醉其中。

而对于班主任来说，朴实，则需要班主任老师要懂心理学，具有了解学生的心理特点的能力。还要认识不同年级学生的心理特点，尤其是对自己所教学生的心理特点要了如指掌。这好比医生看病，必须充分了解病人的病情，才能对症下药。班主任老师只有充分了解学生心理特点、认知能力，才能有效地进行教育。在教育教学中，要做到"朴素"并不太难，但是要做到"实在"并非易事。朴实的教育有时像保温瓶，外冷但内热，看上去可能不够吸引，但是它却具有内敛的醉人的魅力；有时亦像烤熟的红薯，从内到外都散发着诱人的香味。所以，朴实自然的教育，是我一直追求的境界，我希望我的教育亲切自然，朴素无华，没有矫揉造作，也不刻意渲染，而是娓娓道来，循循善诱，师生在一种平等、协作、和谐的气氛下，进行默默的双向交流，将对知识的渴求和探索融于简朴、真实的情景之中，学生在静静地思考、默然地首肯中获得知识或受到熏陶。我说话的声音不需要高,但一定要情真意切,犹如春雨渗入学生心田,润物细无声,给学生一种心旷神怡、恬静安宁的感受。

当然,像斯宾塞这样的教育大家是少数的,小斯宾塞无疑是幸运的。但是掩卷而思,不难发现斯宾塞的教育方式没有任何花里花哨的地方,恰恰是最平常、最朴实的教育。我们不是斯宾塞,但是我们可以向他学习,对孩子多一些耐心、多一些友好和鼓励,给他们最朴实自然的教育,让他们能够快乐地成长,如果这样做,我想我的学生也是幸运的。

(二) 简约动情

我喜欢追索事物的核心本质,因为很多复杂的行为背后都是极其简单的原因。正如达·芬奇所说:"简约是最终的成熟。"

在语文教学上,我喜欢追求简约化的课堂,不喜欢闹哄哄的皆大欢喜的教学课堂,我认为课堂教学要删繁就简,凸显朴实的品格,彰显简约之美,促进学生的和谐发展。在课堂上,教学环节设计应具有明确的目的性,要梳理教材中最核心的内容,教学过程要突出学习的主干。注重对教学内容的重新整合,即对教学内容进行调整和必要的补充,根据时代形势的发展变化和需要,与时俱进,增添新的内容,拣取一些学生所关注和感兴趣的事件和典型事例,既能拓展学生的知识领域、开阔学生的视野,同时,又能增强语文课的魅力,调动学生的学习兴趣和积极性,从而激发他们的积极情感体验,更好地启动学生的思维活动,使课堂活起来。这样,师生之间的感情就容易沟通,情感共鸣也就易于形成,学生也才能积极配合老师的教学,课堂教学也就能按照老师的教学计划和教学要求进行,课堂教学的目标和任务才会圆满完成。

在班主任工作中,我力求言简意深。在与学生交流时,尽量做到平和、文雅、轻悠,带给学生良善的德性修养、谦恭的交往态度以及含蓄蕴藉、耐人寻味的审美效果。记得刚开始担任班主任时,我潜意识认为学生就应该听老师的,老师有绝对的权威。后来在教学的摸爬打滚中慢慢体悟到教育的对象是人,是有丰富情感的学生。教育不是知识的灌输,不是绝对服从,而是一种观点影响另一种观点,一种认识影响另一种认识,一种情感熏陶另一种情感。于是,我便开始对学生倾注更多更真挚的感情,由训斥变为交流,由命令变为感染,不再把教育当作对别人孩子的教育,而是推己及人,如同对待自己的孩子一般,在塑造人、培养人的过程中费尽心思地想办法,坚定执着地追求着,简约而动情地教育着……

我的成长历程

"一支粉笔塑造栋梁材,三尺讲台浇灌桃李枝。"从1993年踏上教坛的那一刻开始,我就以此来勉励自己,26年如一日,不管是在边远山区双合镇从教的11年,还是在城区工作的10多年,本人一直都是兢兢业业,默默奉献。岁月的积淀，风雨的磨砺，催我成长，使我成熟。

（一）在青涩中摸索（1993—1995年）

1993年师范毕业的我，被分配到鹤山市最边远的山区小学——双合小学任教。两排石棉瓦旧厂房就是学校的教学楼，一间不足30平方米的低矮瓦房就是我的宿舍。虽然条件艰苦，但丝毫没有动摇我成为人民教师的初心。

第一次带班，毫无经验与技术含量，我凭着满腔的热情与初生牛犊不怕虎的胆量努力与学生打成一片：总站在学生的角度为他们考虑，细致用心地照顾他们，尽可能地满足他们的需求，倾听他们的心声……每天"贴身保姆"式的服务换来他们对我的信任与认可，班级氛围也轻松愉快，班里一度出现一片和谐的景象：下课时，孩子们常搭着我的肩膀喊"叶子老师"，有的甚至直接叫我"叶子"。当时，单纯的我还天真地认为，这就是理想中的和谐师生关系了，我瞬间自信心爆棚，站在讲台上腰板挺直了，声音变大了，目光也坚定起来了，青涩似乎很快褪去了。

正当我得意于自己的成长速度，以为胜任教师这个岗位只不过是从教室门口踏上三尺讲台的那几步距离时，班级隐患在我与学生愈发熟悉的过程中逐渐暴露出来了。由于过于看重学生意见，让自己在大事上失了准则，凡事亲力亲为让班干部的监管形同虚设，与学生关系过于亲密让班级管理变得难以实施，当对学生的宠爱变成溺爱，宽容变成纵容时，班级管理也会慢慢失去该有的约束力。原来教育并没有看上去那么简单，我陷入了沉思……

（二）在学习中启航（1996—2016年）

美国波斯纳提出这样的公式"教师的成长＝经验＋反思"。作为一名班主任，反思的确是相当重要的。正当我意识到问题而苦于找不到解决途径时，一位经验丰富的老教师提醒了我："你可以找一些有关班主任带班的书籍看看，里面会有很多方法妙招的。"真是一言惊醒梦中人！于是，我利用周末的时间，坐车到70多千米远的县城购买书籍（那时候还没有网购）。我一下子买了《班主任之友》《班主任工作创新艺术100招》《给年轻班主任的建议》等一大摞关于班主任工作的书籍回来。每天下班后，我都如饥似渴地汲取着书本里面所提及的管理策略，并思考着如何应用在自己的班级里。校门前的小溪边、爸爸的农耕田头里，都有我捧书而读的身影。不得不说，阅读的确是教师成长的精神之钙。经过几年的认真学习，我认识了魏书生、李镇西等教育名家，对班级管理、班干部培养、主题班会策划、班主任专业成长等有了系统的认识，同时也让我明白了只靠对学生的爱是不一定能管好班级的，于是，我学着给这种爱加上限度。例如：我规范学生行为习惯，制定班规班约，培养班级"领头羊"，树立班级正气，关爱特殊学生心理等方面尽量做到爱与严并驾齐驱，努力做一个恩威并施的班主任。

然而，教育是一个漫长而曲折的过程，正当我对班级管理有了一些心得的时候，我又不知不觉地走进了教育的另一个误区——过度关注学生的学习成绩。如果一个老师的眼睛一味地盯着学生的成绩，那么，你的教育注定是失败的。

小鹏，一个调皮捣蛋的学生，成绩不好，不守纪律，上课经常开小差，作业总是欠交，这不，今天集会的时候，又被扣分了。我一听，气不打一处来，一把把他揪到跟前，狠狠地批了一顿，结果，他噘着嘴一声不吭。第二天，老样子依旧。我知道，我的教育是彻底失败了。

一个偶然的机会，我有幸听了江门杨青兰名班主任的讲座，印象最深的是杨老师给学生煲汤水的故事。三年如一日，从来没想过放弃，只为唤醒学生的良知。学生的幸运，是遇上一位具有大智慧的老师，懂得静待花开。杨老师还分享了她跟学生"斗智斗勇"的故事。于是，我豁然开朗：学生的成长比成绩更重要。每一个学生都是一个鲜活的个体，我们的目光如果只是聚焦在"成绩"上，那么，我们就很难发现孩子们的美好。只有用平和的心态，用爱心善待每一位学生，这才是真正的教育者！

从此，我转变了工作的心态。当再面对学生的种种违纪现象时，我学会了控制自己的情绪，并做到静心启慧，点亮学生的心灯，做一位智慧型的班主任。

"报告！"班长急匆匆地跑进办公室说，"叶老师，英语老师请你马上到课室去！""什么事？""陈俊鹏顶撞英语老师了，还把试卷撕烂了……""啊！"我急忙跟着班长往教室赶去，短短的几分钟路程，我已经把情绪调整好了，走进教室的那一刻，全班同学都把目光投向了我……我轻轻地走到陈俊鹏的座位前说："来，跟叶老师出来一下。"说完，我像好朋友一样拉着他的小手走出了教室。一路上，我没有说话，只是特意地把我手心的温度，传递到他的手心中去，就这样，我拉着他的手，一直走到走廊的尽头——一个没有人的角落里，然后开始了我和他的谈话……二十分钟后，他流着眼泪对我说："叶老师，是我不好，我没控制住情绪，我这就去跟英语老师道歉。"我掏出纸巾，替他擦干了眼泪，然后牵着他的手走进了教室……从那以后，我的口袋中多了一本教育教学反思记录本，专门用来记录自己每天教育教学中成功和不足的地方，把教育中的一个个遗憾变成一笔笔教育财富，高擎智慧的火把，让师生互进，共同成长，努力变成两情相悦的智慧型班主任。

（三）在培训中沉淀（2017—现在）

教育从来都不是一蹴而就的，教育是花开四季的真心和热心，是诲人不倦的耐心和爱心，是夜以继日的奋斗和坚持。我想，只要心存对教育事业的热爱，脚踏实地，努力向前，必能在夜空中做最亮的那颗星，遇见最美的自己。

2017年9月，我有幸得到鹤山市教育局的推荐，通过江门市专家组的评审，成为江门市第四批中小学名班主任培养对象。走出去，方知不足，在一次次外出培训中，我顿然觉察，原来，在过去的 20 多年里，自己只是一位一线的"农夫"，满足于自己的一亩三分地的深耕细作，每天起早贪黑，千方百计，在弹丸之地研究乾坤挪移之术，仅仅"活在当下"，却不知过去，不想未来，这又怎能培养出有灵性、有作为的新时代接班人呢？

感恩广东第二师范学院精心组织的一场场培训，让我得以有机会近距离地跟大师们"参禅悟道"：广西师范大学心理学教授熊宜勤的专家讲座"学生管理新方略——在自由与约束之间"，从心理学的角度给我们分析了"学生管理之难""学校与学生管理策略之误"，最后在"教师对学生管理之路上"给我们做出了精辟的指导。广东第二师范学院研修学院副院长于慧教授的"我信息"代替"你信息"，让我耳目一新，获益良多。还有"萨提亚沟通模式""正面管教"和 NLP（neuro-linguistic programming，神经语言程序学），这些充满时代气息的讲座……闪思想智慧，耀知识精华，让我对教育有了重新的思考：我们不仅要能转化问题学生，巧妙解决已成问题，更应该有高瞻远瞩的能力，能把"教育的逻辑起点"这颗种子培育得根深叶茂，甚至花团锦簇。

我们都知道，道义可以感化、知识技能可以学习，但是要引导学生根据自己特点去突破自己、找到适合自己的道路是最困难的事情，而这也是教师最有价值和最富含魅力的地方。因此，这两年，我在抓好班级管理的同时，还着力发掘和鼓励学生做真实的自己，让学生找到自己的特长，并帮助他实现自己的价值，扬长避短，突破自己，做好学生的"引路人"。

"晴空一鹤排云上，便引诗情到碧霄"，在教育的路上，我播撒了一路汗水，也收获了一路芬芳：从教 26 年，我培育了一大批优秀的学生：冯智颖、冯咏雯、陆弈、黎建希等多位学生被评为江门市"三好学生"或"优秀少先队员"，郑慧茵、余紫莹等十几位学生被评为鹤山市"三好学生"或"优秀少先队员"。而我本人，也于 2008 年、2012 年被评为沙坪街道优秀班主任，2008 年、2014 年、2018 年先后被评为鹤山市优秀班主任和鹤山市"十大名班主任"，2018 年被中国教育管理学会授予"全国素质教育先进工作者"称号，2017 年被推荐为江门市第四批中小学名班主任培养对象，2019 年被推荐成为江门市道德与法治优秀教研组成员。

"一支粉笔积淀千秋智慧，三尺讲台寄托万世文明。"廿六载春秋育桃李，虽苦累，亦荣光，永无悔！

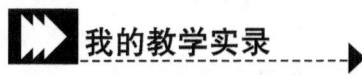

我的教学实录

"幸福是奋斗出来的"主题班会

（一）主题班会设计的意图及背景

进入小学六年级，学生在学习上和心理上存有很多的困惑：成绩优秀的学生心理压力过大；学习较差的学生有自暴自弃的倾向；而中游的学生努力了，却不见太多收获，小学毕业后要离开父母身边，独立学习与生活，将是他们无法回避的选择。而在这关键的时刻，有些学生仍然胸无大志，学习上缺乏一种吃苦耐劳的拼搏精神，那么，如何使学生树立正确的人生观、价值观，培养他们积极进取，勇于拼搏、努力奋斗的精神呢？思索再三，决定召开"幸福是奋斗出来的"的主题班会。

（二）课前准备

为了能打开孩子们的心扉，拨打他们心中的那根弦，引起他们的情感共鸣，活动前我特意找了几位家长，要求他们把自己辛苦劳作的情景拍成小视频；还收集了一些名牌大学的图片及大学生哥哥姐姐们努力读书的视频；并提前准备好一棵"理想树"等。

（三）活动实录

（1）播放我国一系列名牌大学的图片，激发孩子们将来能成为名牌大学学子的幸福感。

随着上课铃声，轻缓地奏响《阳光总在风雨后》，踏着歌声，老师缓缓地走上讲台，然后导入。

师：孩子们，今天，老师想领大家去参观一下我国一些名牌大学的校园，好吗？（播放图片）

师：同学们，这些校园漂亮吗？（漂亮！）大家试想一下，有一天，你，就是这美丽大学里的一名学生，你觉得幸福吗？（幸福）对，能成为一位名牌大学的学子，肯定是幸福的。但是，天上不会掉馅饼，幸福是奋斗出来的。[幻灯出示习大大图片：幸福是奋斗出来的——六（1）班主题班会]

师：孩子们，请你们记住：任何幸福的生活，都需要努力奋斗出来的。下面我们来看看这些大学生哥哥姐姐们在圆自己大学梦时是怎样奋斗的。（播放大学生们奋斗的视频）

【教学环节说明】大部分小学生的学习目的都不是很明确的，他们很多时候都是在家长、老师的强迫下被动学习的，而人生的目标就更不明确了。教师没有用说教的方式来开展教育活动，而是根据学生的年龄特征，以励志的歌曲、精美的图片、简洁的话语来展开这一环节，朴实自然，让理想教育如沙沙春雨、涓涓细流般渗入孩子的心田，润物无声，从而打开了孩子们的心门。

（2）播放爸爸妈妈辛勤奋斗的视频，激发孩子学习的动力和热情。

师：没错，哥哥姐姐们的幸福生活是他们用努力和汗水奋斗出来的。我们的大教育家徐特立曾说过，想不付出任何代价得到幸福，那是神话。我们正处于花开般的年纪，面临的不只是现在，还有未来，想要坐享其成、不努力就获得美好的未来是不可能的。作为小学生的我们，更要努力学习，为未来打下良好的基础。

当然，奋斗的路是漫长而艰辛的，但是奋斗的路上，我们不是一个人的，我们有携手前进的好伙伴，也有辛勤教诲的好老师，更有背后默默耕耘的爸爸妈妈。(师边口述，边播放照片和个别家长工作的视频)

师：看完视频，你有什么想说的吗？

(孩子们一一谈了自己的感想，还让一个孩子分享了她写给妈妈的一封感恩信)

【教学环节说明】这个环节里设计了播放个别家长辛苦劳作的小视频，而且是在学生毫不知情的情况下拍下来的，当孩子们看到自己的父母工作是如此辛苦的，内心确实受到了很大的震撼，他们每天只知道爸爸妈妈去上班，却从来没有了解过父母是做什么工作的，更不知道他们的工作环境和艰难，而在视频播放的过程中，我在一旁用动情的言语轻轻地述说着，孩子的眼眶都红了，于是，我把握住这个契机，让孩子们把自己的感想写下来，然后进行分享，其中，陈凌燕同学在分享她写给妈妈的一封信时，很多孩子都感动得哭了。我想，这就是用真情唤醒真情，用情感触碰情感收到的效果吧！记得山东省教育厅副厅长张志勇说过，教育没有什么大道理，最好的教育最朴实。

(3) 让孩子写下自己的理想，表明自己的决心。

师：孩子们，看了爸爸妈妈如此辛苦的工作，我们还有理由不努力奋斗吗？我们还能整天顾着睡懒觉，打游戏，玩手机，不认真听课，不完成作业吗？

生：不能！

师："潮起海天阔，扬帆正当时"。老师希望你们从今天开始，在心里撒下理想的种子，立下奋斗的决心，老师更希望，你们的理想不因挫折而停止，不因时间而褪色，不因手机而破碎。请同学们把自己的理想和决心分享出来，然后挂在我们的理想树上。(背景音乐响起)

(然后请几位同学分享一下他们的理想。)

(4) 诵读名言，坚定信心。(出示幻灯片)

师：孩子们，老师想送几句奋斗的格言给你们。

1) 你想成为幸福的人吗？但愿你首先学会吃得起苦。——屠格涅夫
2) 勤劳一日，可得一夜安眠；勤劳一生，可得幸福长眠。——达·芬奇
3) 一个人必须经过一番刻苦奋斗，才会有所成就。——安徒生
4) 无论做什么事情，只要肯努力奋斗，是没有不成功的。——牛顿
5) 凡事欲其成功，必要付出代价：奋斗。——爱默生

(5) 赠送列车票，鼓励孩子勇敢启航。

师：孩子们，青春不打折，幸福须奋斗！(幻灯片展示)

师：今天，叶老师给我们每一位孩子送上一张"梦之号"列车票，希望你们都能坐上这列"梦之号"快车，从六小这个启航点出发，勇敢地朝着你们理

想的目的地前进！（幻灯片放大车票）

【教学环节说明】 在唤起学生情感共鸣之后设计了这几个环节，目的在于帮助学生树立明确的奋斗目标，并立下决心为实现目标而努力奋斗。

（6）小结。

师：孩子们，只有奋斗才能创造出幸福的未来，只有奋斗才能成就更好的自己，今天，我们无悔自己，将来，我们必定会感谢现在拼搏的自己！让我们一起唱响《阳光总在风雨后》。（音乐响起）

（四）课后反思

作为一名班主任，既要懂得授业，更要懂得传道，从教二十多年来，我不仅注重上好我的语文课，还注重上好每一堂班会课。

班会是班主任向学生进行思想品德教育的一种有效形式和重要阵地。主题班会能充分发挥集体的智慧和力量，让个人在集体活动中受教育、受熏陶，从而提高综合素质。"幸福是奋斗出来的"这节课的设计和开展，不但体现了班会课的特点，收到了班会课的育人效果，而且在这节课中，充分地体现出我的教学风格——朴实自然、简约动情。

1. **朴实自然，打开心门**

本节班会课是基于六年级的学情出发的，从现实的生活中选取教育的素材，巧妙地设计教学环节，老师通过朴实的话语、自然的体态进行入情入境的引导，打开学生的心门，帮助学生树立正确的人生观、价值观，培养他们积极进取，勇于拼搏、努力奋斗的精神。课堂上，教师首先借助一首励志歌曲《阳光总在风雨后》渲染了气氛，随后播放名校的图片，在学生的心田里播下一颗理想的种子，再引用习近平总书记的话"幸福是奋斗出来的"带出本节课的主题，接着通过一些励志视频和某些家长辛苦工作的微视频，来激励学生要以梦为马，不负年华。整个教学设计，落地无声却有痕，这充分体现出教师朴实自然的教育风格，以及细腻而有温情的教育情怀。

2. **简约动情，点亮心灯**

班会课只有以学生为主体，贴近学生的生活和学习的实际情况，才能在学生的心中引起共鸣，才有可能达到预期的效果。本节课的教育目标是针对学生进入小学六年级后，在学习上和心理上存在很多的困惑：如成绩优秀学生心理压力过大；学习较差的学生有自暴自弃的倾向；部分学生胸无大志，学习上缺乏一种吃苦耐劳的拼搏精神等。活动的安排贴近学生的实际，从学生向往的名校中选取照片，用父母的辛勤劳作作为情感的触碰点，以老师赠送"列车票"作为动力，以背景音乐来进行情感渲染，环节简约而实效，情感真挚而丰盈，一步步、一点点地引起学生的共鸣，点亮学生的心灯，这无不透射出老师用心、用情、用爱去做教育的情怀。

班会课结束后，孩子们一一上来要我给他们一个拥抱，我想，这就是本堂课收到的最好的效果了。

▶▶▶ 我的教学主张

正如教育专家张伯华教授所指出的，教师对待学生仅仅爱是不够的，师爱无私的同时，必需严慈相济，"严"为良师，"慈"为益友，严慈相济中，才会有老师对学生真正的关爱和帮助，以及学生对老师的亲近、尊敬与信任。而老师和学生的相处容易存在很多矛盾和摩擦，在班级管理中，我尽量俯下身子，放低自己的姿态，和孩子们一起聊故事中的人物，一起下棋，一起做游戏，孩子们和我玩成了一片，他们不再把我当成高高在上的老师，而是把我看成是一位关爱他们的知心姐姐，我把我的爱如沙沙春雨、如涓涓细流般渗入孩子的心田，润物细无声，自然能收到花开的效果：当我嗓子疼痛时，孩子们会早早地在我杯子里倒上热腾腾的开水；当我满头大汗的时候，他们会主动递来纸巾……这不正应了这样一句话：我只想要一滴水，孩子们却给了我整个海洋！

在班级管理中，只有一味地宠爱是不行的，还要有一定的威严。而这个威严就体现在教会孩子遵守规则，形成各种好的行为习惯上。每次在接手新班时，我都会先与学生一起确定班级公约，并和孩子们解读学校的行为规范要求，而且会从三方面进行引导孩子：一是学会感恩，二是不轻言放弃，三是让优秀成为习惯。学会感恩就等于架起了做人的支点，在多年的班级管理中，我总是通过主题班会或者主题节日活动形式引导学生树立感恩的心态。冰心曾说："盛开的花，人们只是惊慕它现时的明艳，却忽略了它浸透的奋斗泪泉，洒遍的腥风血雨"。在平时生活和学习中，我特别注意引导学生做任何事情都不要轻言放弃，要持之以恒地实现自己的目标，并给孩子们在每一个阶段确立一个小目标，鼓励孩子们勇敢去实现。有了目标的指引，孩子们就有了方向，学习就更有动力了。而优秀的学生之所以优秀，其根本原因就在于他们拥有一种良好的学习习惯，在平时生活中我也注意引导学生如何发现优点、克服缺点、不断地强化行为，慢慢地养成良好的习惯，比如，清洁卫生，文明礼仪常规。习惯一旦养成，就会影响人的性格，而性格是决定人的命运的。所以，只有严慈并济，才能更好地做好班主任的工作。

▶▶▶ 我的育人故事

一个好的园丁，决不放弃一颗弱苗。教育是从爱出发的，没有爱的教育，阳光就无法照射进学生的心灵。

冯×君，是我原来教过的学生当中特殊的一员，爸爸是一个地地道道的农民，不善于言谈，只顾埋头干农活，妈妈常年外出打工，小君刚上一年级时，爸妈就离婚了。家庭的破裂，给年幼的小君带来了极大的伤害。由于缺乏妈妈的照顾，小君样子邋遢，衣服肮脏，头发由于不经常梳洗，满是头皮，班里的同学基本都不愿意接近她！更不愿意和她同一个组甚至同位。所以，她经常缩在一个角落，不主动与人交流接触，更害怕老师的接近，恍如一棵含羞草，只要你一和她接触，甚至一个眼神都会把她吓着。

看到她这样，我不禁担心起来：她日后怎么融入社会呀？成绩好与坏并不重要，最重要的是该如何让她融入集体，成为一个身心健康的女孩！怜悯之心油然而生。于是，我深入了解她各方面的情况，然后定下一系列的措施：首先带她去发廊剪了个短发，又给她买了几身新衣裳，让她能光鲜地站在同学们面前。然后，在班里开了个主题班会，教育班里的同学要有爱心，尤其是组员与组员之间要互相帮助，要体现团结合作的精神，更不能歧视她。然后安排班里的一位特有爱心的女同学和她一组，引导这位女同学和她交朋友，逗她说话，经常陪她玩，捕捉她的闪光点；利用"小组合作"的奖励措施，对小君进行倾斜，只要小君同学能在全班同学面前开口读书，不论读得怎样，都能为自己组加分。这个特殊奖励规则一制定，她们组的同学就特别兴奋，经常轮流教小君读课文，一个字一个字地去教读，不出几天，小颖君竟然能把刚教完的课文其中一段读了出来，虽然读得慢且非常含糊，但她终于能在全班同学面前开口读书了，这是一个历史性的突破，也是她走向阳光的起点。于是，我因势利导，鼓励她尝试去背课文，她也很乐意去挑战！她一次一次地在全班面前展示自己的同时，也一点一点地找回了自信。有时，我因工作忙碌，无暇顾及她，她也会主动来办公室找我背书。

经过几个月的时间，小颖君同学逐渐转变，由原来的"含羞草"变成了喜欢在同学面前表现自己的"太阳花"，也越来越爱清洁、爱打扮了。同学们由衷地为她高兴！我也希望她一直这样阳光下去！

俗话说："人上一百，种种色色。"作为一名班主任，我会热爱班上的每一个学生，虽然一碗水端平并不容易，但我必须要努力做到，既要爱"金凤凰"，更要爱"丑小鸭"，要把爱的阳光洒向每一个角落。

▶▶▶ 他人眼中的我 ▶

（一）同事眼中的我

与叶老师搭档差不多有十年，从没见她凶过学生，更奇怪的是，不管有多调皮的学生，到了她的班，都会变得温顺乖巧的。凡被她教过的学生，都与她感情特别好。总的来说，她就是一位很有亲和力，班主任工作特别有方法的一位老师，我觉得她不仅是教书匠，更是教育者，她是在用心施教、用情施教的。

（鹤山市双合镇中心小学校长　李锡汉）

作为我校的语文科长、鹤山市"十大名班主任"的叶老师，是一位非常有育人理念和教育理念的班主任，她对待工作认真负责，对待学生，亲切温和，对待同事，热情帮助，尤其是对年轻的教师，她常亲自帮带，而且常用她充满正能量的言行，影响他们，让他们跟着她的脚步慢慢成长起来。

（沙坪街道第六小学教导主任，广东省南粤教师，鹤山市名教师　冯婉华）

（二）家长眼中的我

把孩子交给叶老师，我们放心。她对学生特别有耐心，而且有方法，孩子们都很喜欢她，更喜欢上她的课。每天放学回来，嘴里总说个不停：我们叶老师怎么怎么好；我们叶老师是这样做的……

（刘馨语妈妈）

叶老师既慈祥又严格，孩子们既爱她也敬她。她的话对孩子特别管用。她的教学方法应该也是很灵活的，孩子特别喜欢上她的课，以前特别怕写作文，现在每到周末第一时间就是写作文，看到孩子一天天进步，我们真的由衷地感激叶老师。

（张宏略妈妈）

对于我家这个粗心浮躁的小男孩，最幸运的就是遇到了叶老师。两年来，叶老师春风化雨般的教育引导，孩子不仅改正了粗心大意的老毛病，还变得阳光踏实了。孩子特别喜欢上叶老师的作文课和口语交际课，每次上课前，他都会自觉认真地做好准备，也许，是因为叶老师特别善于调动学生自觉学习的积极性吧。

（陆弈妈妈）

（三）学生眼中的我

（学生　何乐瑶）

情景体验，灵动语文

- 江门江海区实验小学 余凤娇（小学语文）

- 个人简介

当您看到以上照片时，准会给我冠上一个名字——孩子王！对，我是"孩子王"。带着"无论出发多久，不要忘了我们为什么出发"的情怀，我当了24年的"孩子王"。我叫余凤娇，小学语文高级教师，现就职于江门市江海区外海街道实验小学，获得"南粤优秀教师""江门市优秀教师""江海区优秀教师""江海区名教师"称号。

江门市江海区外海又称龙溪，隶属于广东省江门市管辖。那里环境优美，人杰地灵，有佛教名寺茶庵寺，那里是辛亥革命先驱陈少白的故乡，那里的龙溪文化源远流长：灵活多变的外海面、古朴如画的五大祠、学养深厚的龙溪诗社。作为粤派教育中的语文教育工作者，在传承和体验中不断创新灵活多变的龙溪文化，我积极参与广东省教育学会"十三五"教育科研重点课题"龙溪特色教育促进学生核心素养发展研究"等课题研究，多篇论文发表在《语文课内外》《广东基础教育研究》《江海教育》上。曾在江海区教育局与江门日报、中国江门网联手举办的现场直播节目"我的教育智慧"名师学术论坛上作讲座，我的教育教学先进事迹曾在《江门日报》报道。

从教多年，我善于让孩子们在情景中体验灵活多变的文化，让孩子们在情景中体验学习，在情景中语言交流，在情景中实践语用，在情景中熏陶情感，在情景中发展思维。孩子们在真实的情景中体验，在愉悦的体验中学习，在灵动的课堂上绽放，大胆表达，言之有物，笔尖有情，逐渐形成了情景体验下灵动而充满活力的粤派教学风格。

▶ 我的教学风格

体验，即亲身实践或实地领会而获得的经验。明朝理学家胡居仁认为：体验二字，学者最亲切。心理学研究表明：由切身体验而获得的知识或明白的道理，更容易对人产生深远的影响。我认为，学习过程中的体验使人难忘，情景体验能把枯燥乏味的知识转化为自然活泼的生活或感官体验，比如让学生在特定的情境中通过口语表达、动作演示、表情演绎、朗读体会、书面抒情等实践来理解学习的内容，使学生仿如身临其境，容易与笔者产生共鸣，从而习得语文学习的能力，提升语文素养。

明代王守仁在《答顾东桥书》中写道："尽天下之学，无有不行而可以言学者。"我认为生活中的一切都可以成为我们学习的对象。"亲身下河知深浅，亲口尝梨知酸甜"，语文学习亦是如此。语文课本中的文本构思大多源于生活，如果能在一定的语境中通过听说读写演唱等方式来体验文本所描述的，在一定程度上能激发学生学习的积极性，促进学生思维的发展，提高学生的学习参与度。于是，我认为情景体验式教学无疑是一种好方法。情景体验就是教师在教学过程中根据教学内容的要求、学生的实际情况，采用多种教学手段（听说读写演唱等），运用一切可能的教学条件，积极创设教学所需要的特定情境，使学生置身于情境中，亲身实践，从而启发学生的思维，引起学生的联想与表达，使学生融入其中，由此达到良好的教学效果。教学《秋天的雨》一课，我运用实物演示，创设了"银杏叶扇哪扇哪"的模拟情境，学生兴奋不已；教学《爬天都峰》一课，我扮演老爷爷与学生对话，学生披文入境，与作者产生共鸣；教学《搭石》一课，我创设了跟学生有节奏（快—慢—慢—快—慢）的朗读"前面的抬起脚来，后面的紧跟上去，踏踏的声音……"来体验"协调有序"这一词语，学生在朗读中简简单单的就理解了协调有序。有效的情景体验不仅有助于学生的认知活动，而且能激发学生的情绪情感，促进课堂的和谐与跃动，从而产生一种巨大的教育力量。心理学原理指出，学生在兴奋、热情的状态下掌握的东西，会理解得更好，知识记得更牢固，更长久，也就促成了学习活动的最大收效。

灵动，是指活泼不呆板，富于变化。叶圣陶先生说："生活如泉源，文章如溪水，源泉丰富而不枯竭，溪水自然活泼地流个不歇。"我认为："在课堂教学中，实践如泉源，体验如溪水，实践丰富而不枯竭，体验自然活泼地动个不歇。"我的教学风格中，灵动指通过创设情境进行实践体验活动，使教学内容灵活多变而不枯燥；使学生的思维丰富而具有灵性；使学生随时处于学习的兴奋状态，迸发灵气。北宋文学家司马光认为：学者贵于行之，而不贵于知之。学生是学习的主体，参与灵活多样的情景体验与实践，能使思维、朗读、语用、动作跃动起来，达到灵动活泼的智慧碰撞的教学效果。记得我教作文时，指导学生写校园，我会带着学生到校园各角观察，他们时而看树、时而看花、时而看草、时而看鱼、时而聆听那琅琅书声，校园里的事物看不完、看不够，学生的字里行间都流露出对校园的喜爱之情；指导写游戏，我与学生一起奔向操场，和他们玩"老鹰抓小鸡"的游戏，他们玩得不亦乐乎，一颦一笑，一动一静都是他们的体验，写起文章来思维跃动而散发，文采飞扬。有时，学生通过口头语言表达内心的想法，通过书面语言记录生活，通过朗读表达内心的感受，通过动作表达内心的理解，在灵动的实践体验学习中发展思维，逐步提升自身的语文素养与人格魅力，在灵活多样的表达方式中学习，习得富于变化、与时俱进的学习能力，进而受用一生。

我的成长历程

情景体验如源头，灵动绽放如活水

（一）稚嫩的想法，风格萌芽期（1994—1996年）

我选择当老师的想法最早可以追溯到我的小学语文老师。记得那是一节高年级的语文课，我的老师授课的内容是《长城》。当老师讲到"城墙顶上铺着方砖，十分平整，像很宽的马路，五六匹马可以并行"这一句时，引起了我的思索：五六匹马并行到底有多宽？如果让我们尝试度量体验一下该多好啊！这个问题，在我参加了工作的几年后，当我登上长城时才真正了解"像很宽的马路，五六匹马可以并行。"里的"宽"是多宽。

1994年，我从师范学校毕业，成了一名小学语文老师。初出茅庐，什么都不懂，学校要求新老师上一节教研课。我选择了自以为很简单的一年级教材中的诗歌《春风吹》作为授课内容：

春风吹，

春风吹，

吹绿了柳树，

吹红了桃花，

吹来了燕子，

吹醒了青蛙。

春风吹，

春风吹，

春风微微地吹，

小雨轻轻地下。

大家快来种蓖麻，

大家快来种葵花。

《春风吹》是一首短小而精炼的诗歌,教学难点是让孩子们理解"吹绿了""吹红了""吹来了""吹醒了"。我以成人的角度认为:短小而精炼的诗歌最容易教,只要让孩子们多读几遍,课文的理解就会水到渠成,孩子们自然而然地就能明白诗歌所要表达的春天的美好情景。想象是很丰满,现实却很骨感。那一节课,在当时的农村,许多孩子都没有见过桃花和蓖麻,也没有先进的教学资源可以演示的情况下宣告失败。整一节课,几乎都是我自问自答,许多学生根本不知道什么是"吹绿了""吹红了",更何况是"吹来了""吹醒了"了呢?学生的参与程度相当低,课堂气氛沉闷。就这样,在我的"本以为"的成人思维方向中彻底的"失败"了,课堂教学效果不理想,我失望、我自责、我反思,总觉得辜负了孩子们,有时还会想,我是否适合当老师?正所谓失败乃成功之母,从那时起,我转变画风,下定决心要当一辈子的"孩子王",在儿童的天地里摸爬滚打,体验乐趣,谈天说地,与孩子们一起在情景中体验,融为一体,与孩子们共同创造灵活跃动的语文课堂。

(二) 尝试体验,风格含苞期(1997—2004 年)

如何才能做到与孩子们融为一体,谈天说地、共同创造灵活跃动的语文学习课堂呢?我认为情景体验不失为一种好办法,如何创造合适的情境?如何让孩子们亲身体验?这成了我失败之后常常思考的问题。

1996 年春季,一次偶然的机会,我参加街道小学青年教师语文课堂教学比赛。思前想后,痛定思痛,我还是选择《春风吹》作为这次参赛的教学内容。我在语文科组长陈爱华老师的建议下采用以实物创设情境的方法进行教学。果然,孩子们一见到粉红色的桃花兴奋不已,对于"吹红了"的理解各不相同但又不偏离主题,自然而然地说出:"春天来了,桃花红了。"我因势利导,孩子们很快发现:"春天来了,柳树发芽了""春天来了,青蛙醒了""春天来了,燕子飞回来了"以实物创设情境进行教学,不仅能填补当时农村电教资源的不足的空缺,而且还能让孩子们在愉悦的情境观察中主动积极参与学习,学习思维得到有效的激发。孩子们还发现诗歌的表达方式很特别,这样描写使事物更加生动形象,读起来朗朗上口。所以,学习完第一小节,我引导学生用"春风吹,春风吹,吹__了____。"的句式进行说话训练,让学生有条理地展开想象,孩子们思潮澎湃:"春风吹,春风吹,吹红了玫瑰。""春风吹,春风吹,吹走了寒冷。""春风吹,春风吹,吹醒了小青蛇。""春风吹,春风吹,吹绿了大地。"……孩子们根据自身对大自然的认识,各抒己见,课堂气氛变得极其活跃,孩子们课后还沉浸在美好的春日里。

那一次,我利用自己专门采摘的桃花和蓖麻创设情境进行教学,让孩子们的心灵一次又一次地被触动,让孩子们的思维一次又一次地被激发,课堂灵动而富有活力,教学效果达到了绝佳,最终,我获得了比赛的一等奖。

从那时起，我就坚定了我的教学想法：创设教学情境，与孩子们互动，引导孩子们主动体验学习，在听、看、说、聊、读、写中理解和运用语言文字，让沉闷的课堂变得灵活跃动。实践证明，情景体验极大地激发了孩子们的学习动机和兴趣，使他们感到学习是快乐的。情景体验在优化了课堂教学效果的同时，孩子们的身心得到熏陶，优良品行逐渐形成，育人于无痕。2001年，我被评为广东省南粤教书育人优秀教师、江海区教研教改积极分子、江海区教坛新秀。

（三）课堂展示，风格形成期（2005—2008年）

问渠哪得清如许？为有源头活水来。自此，我借着"创设情境，灵动语文"这股源头活水，多次参加各级的课堂教学比赛，我的教学生涯开始走上了上升的快车道，也逐步形成"情景体验，灵动语文"的教学风格。

在参加街道教学比赛中执教《画杨桃》：我准备了一个大杨桃，让学生体验站在不同角度观察，与作者一同体验看到的真实的东西，体验实事求是。【课文内容节选：老师看了看这幅画，走到我的座位坐下来，审视了一下讲桌上得杨桃，然后回到讲台，举起我的画问大家："这幅画画得像不像？""不像！""它像什么？""像五角星！"老师得神情变得严肃了。半响，他又问道："画杨桃画成了五角星，好笑吗？"】在参加江海区教学比赛中执教《风筝》：我购买了几个不同形状的风筝让学生体验放风筝，与作者一同体验放风筝的动作、快乐和当时的情景。【课文内容节选：一个人用手托着，另一个人牵着线，站在远远的地方，说声"放"，那线一紧一松，风筝就凌空飞起，渐渐高过树梢了。牵线人飞快地跑起来。】在参加江门市教学比赛中执教《爬天都峰》：我让学生分角色扮演老爷爷和"我"，与作者一同体验爬天都峰的不容易和老爷爷对"我"的鼓励。【课文内容节选：我回头一看，是一位白发苍苍的老爷爷，年纪比我爷爷还大哩！我不再犹豫，点点头，仰起脸，问："老爷爷，您也来爬天都峰？"老爷爷也点点头："对，咱们一起爬吧！"】我全程投入，忘我地与孩子们在设定的情境中体验文本所带的快乐、悲伤、痛苦、希望、憧憬……我们一起玩、一起笑、一起哭、一起思考……喜怒哀乐，听说读写在课堂中绽放，灵动的语文课堂如活水般滋润着孩子们的心田，它也逐渐成了我的教学风格——情景体验，灵动语文。

2005年撰写的论文《一堂充满活力的语文实践课》荣获（江门地区）二等奖，2006年两次获区青年教师小学语文阅读教学比赛一等奖，获江门市小学语文青年教师阅读教学比赛二等奖，课例《灰雀》获区信息技术与学科整合课例比赛一等奖。

（四）工作室成立，风格成熟期（2009年至今）

教龄24年的我，在2017年的夏天，开启了教育教学生涯的新篇章。我成立了名师工作室，作为工作室的主持人，我充分发挥工作室的辐射引领作用，对情景体验、灵动语文进行了较深的探索与推广，我的教学风格逐渐走向成熟。

1. **区域教研，共研灵动语文**

2017年12月，我的工作室与蓬江区赵如华名师工作室联合举办名师工作室交流暨部编版教材教学策略的研讨活动，参加活动老师共120人。作为工作室主持人，我在活动上执教了二年级部编版教材中的《风娃娃》，教学中我创设情境，引导学生体验在生活中识字，在实践中理解词语，在语言中体验风娃娃的可爱与乐于助人。整节课充分展现情景体验、灵动语文的风格。江海、蓬江两区的听课老师获益良多，他们对情景体验，灵动语文的教学风格有了更多的思考与探索。

为了推广经验，我撰写了教后反思《潜移默化：让教与学美丽相约——以统编本二年级上册〈风娃娃〉教学为例》，被《语文课内外》杂志社评为优秀论文一等奖，2018年4月刊登在《语文课内外》。课例《风娃娃》分别被评为2018年江门市和江海区的"优课"。

2. **粤港研讨，共议灵动语文**

2018年3月，工作室与香港耀山学校进行学术交流活动，"情景体验，灵动语文"在两地师生的课堂教学研讨中得到了充分的肯定。此次活动，为情景体验，灵动语文增添了新的多元的元素。

3. **区内交流，共享灵动语文**

2018年4月，我被聘为区小学语文兼职教研员。我亲身践行区内的教研活动，在开展备课、磨课活动、观摩实践课、同课异构等活动中，渗透和推广情景体验，灵动语文的教学主张和教育理念。2017年、2018年分别指导来自区内不同学校的陈淑贤、李彩霞两位老师参加江门市首届和第二届小学书法课堂教学比赛，两位老师分别获得一、二等奖，本人也被评为优秀辅导老师。

2017年4月，我非常荣幸地成为江门市基础教育系统第四批名教师培养项目中的一员。高慎英博士为我们讲授"我的粤派教学风格"的凝练案例撰写让我如获春风，反复思考自己的教学风格。在名师项目的跟岗学习中我分别在广州文德路小学和珠海三板小学上了研讨课，我的教学风格得到了导师们的一致肯定。我的实践导师陆蓓校长这样评价我的教学风格："细腻而富有活力，灵动而富有情感。"24年的教学历程，我已经形成了一定的教学风格，但从没有想过归纳总结出来。教学风格能够体现个人的教学特色和教育思想，教学风格的形成是一个教师在教学艺术上趋于成熟的标志。凝练教学风格，使课堂更具艺术性、创造性和实效性，使教育教学效果更趋完美，提高教学质量。我如获至宝，因为找到了一条崭新的提高自己专业水平的路径。更让人激动的是，在2018年我参加了"国培"，聆听了教育家李吉林老师的精彩讲座，我受益匪浅。培训期间，我还到过北京、江苏、台湾、四川、南京等地参加研修学习，使我的课堂教学水平和科研能力得到了很大的提高。

从教24年以来，我得到了学生的支持、家长的信任、领导的关心、同事的帮助。从一名普通教师做起，通过学历进修、培训等不断夯实理论基础，开阔视野，提高教研能力和教学水平。逐步成长为江海区教坛新秀、江海区优秀班主任、江海区十佳少先队辅导员、江海区优秀教师、江海区名教师、江海区先进教育工作者、江门市优秀教师、广东省南粤优秀教师、广东省骨干教师培养对象、江门市名师培养对象、江门市领雁项目培养对象等。被聘为江海区小学语文兼职教研员、江海区家庭教育讲师团的讲师，成立了名师工作室。

今后，我将不断在工作中实践自己的教育理念，在课堂上诠释自己的教学风格，做好名师工作室的教育、教学、科研、培训工作，以中青年骨干教师培养培训为重点，充分发挥名师的专业引领作用，努力造就一批师德高尚、专业理论深厚、教学水平优秀、科研能力突出的高素教师队伍，努力为区域教育贡献绵薄之力，最终实现"让孩子们在潜移默化中提升素养，成就最好的自己"的教育理想！

▶▶ 我的教学实录 ▶

课题：《风娃娃》。

教材简析：《风娃娃》是部编版小学语文二年级上册第八单元的第24课，单元的教学重点有两个：一是综合运用多种方法自主识字、自主阅读；二是借助提示，复述课文。《风娃娃》是一篇浅显易懂、趣味盎然的童话故事。文中详写了风娃娃"转动风车""吹动大船""吹跑风筝"这三件事，都是按照风娃娃来到哪里、看到什么、怎么做、结果怎样的顺序来写的。童话故事情节生动有趣，富有教育意义。教学时可创设一定的文本意境来帮助学生阅读理解和借助提示复述故事。

教学目标：

（1）认识"助""劲"等12个生字，会写"车""得"等8个字，会写"田野""风车"等9个词语。

（2）初读课文，把课文读正确、读通顺。

（3）读懂故事内容，学习第一、第二自然段。

（4）有感情地朗读第二自然段，体会风娃娃带给大家的快乐，感受风娃娃的可爱。

（5）借助提示，复述第二自然段的故事。

教学重点：

根据提示复述故事。

教学难点：

理解词语"断断续续",知道风车的作用。

教学准备:

课件、生字格(写好"车"字)、小风车、做成苹果状的生字卡、一瓶清水、一个塑料盘子(演示断断续续)。

教学过程(教学片段节选)

【片段一】谜语导入,体味意境

师:同学们,余老师给大家带来一个谜语,请大读一读,猜一猜。

出示课件:云儿见它让路,小树见它招手,禾苗见它弯腰,花儿见它点头。

生:(读谜语。)

师:有哪位同学愿意说说谜底。(学生纷纷举手)

生:风。

师:你是怎样猜出来的?

生:禾苗见它弯腰。(学生边说边做动作)

生:小树见它招手。

生:花儿见它点头。

【设计理念:运用猜谜语的导入方式,引导学生进入"风"的情境,初步认识"风"娃娃,有利体味文中意境。有效的情景体验不仅有助于学生的认知活动,而且能激发学生的思维跃动和情绪情感,从而产生一种巨大的教育力量。】

【片段二】识字交流,灵动有趣

出示课文一类生字:车、得、秧、苗、汗、场、伤、路。

师:余老师带来了这些生字宝宝,咱们不但要会读,还要会说出你是怎么记住它的,能说出识字方法的同学就可以得到苹果。(老师课前把生字做成一个个红红的大苹果,学生一见就喜欢。)

生(纷纷举手):场。

师:能说说你是怎么记住它的吗?

生:我和妈妈到市场买菜时见过这个字,当时我就问妈妈,那时就记住了。

师:生活处处皆学问,大家看,在生活中识字是一种好办法。(老师把大苹果奖励给学生)

生:秧。

师:能说说你是怎么记住秧字吗?

生:禾字旁加上中央的"央",合起来就是秧苗的"秧"。

师:你会运用一年级学习过的加一加的识字方法,学以致用,真了不起啊!

…………

【设计理念:小学低年级识字一般是枯燥乏味的,如果在单一的识字环境下进行识字,孩子们很容易失去识字的热情,识字会变得了无生趣,教学效果就大

打折扣了。情景体验追求情境中的语文学习,情景体验课堂竭力让学生在动中学、趣中学、做中学,进而达到在乐中学。让学生在形象直观的充满趣味的情境中体验,获得鲜明自主的识字方法,思维灵动而富有活力,进而达到事半功倍的识字教学效果。】

【片段三】词语理解,真情流露

出示句子:他想像妈妈一样去帮助别人。

师:谁愿意来读读这句话。

生:大声朗读。

师:如果句子变成这样呢?[板节(　　)帮助(　　)。]谁会说?

生:沉默思考。

师:有哪位同学愿意上来完成老师指定的动作?

生:扫地的动作。

(此时,学生纷纷举手。)

生:我帮助妈妈做家务。

生:小明帮助妈妈扫地。

生:我帮助奶奶洗衣服。

……

(学生畅所欲言,思维火花四射。)

【设计理念:我认为,情景体验应以"身边事物"为源泉,以"境"为基础,以"情"为

纽带，以"真"为核心，以"活"为途径。在师生互动中调动学生的生活经验，引导学生用生动的语言描述情境，由课内引申到课外，学生从具体形象的情境中，获得鲜明的语用形象，进而理解抽象的词语。】

【片段四】语境体验，萌发智慧

师生合作读句子：（师）风娃娃来到田野，看见一架大风车正在——（生）慢慢转动，（师）抽上来的水——（生）断断续续地流着。（师生反复合作朗读）

师：读着读着，有谁知道怎样才是"断断续续"？

生：沉默。

师：我想请两位同学上来帮忙，谁愿意？（学生纷纷举手）

师：请往脸盆里倒水，连续不断地慢慢倒。

（学生往盆里连续不断地慢慢倒水。）

师：这是断断续续吗？

生：不是。

师：再来看演示。

生：往盆里断断续续地倒水。

师：谁能说说你对"断断续续"的理解？

生：一会儿流，一会儿不流。

师：什么一会儿流，一会儿不流？

生：水一会儿流，一会儿不流。

师：对，这就是断断续续。

【设计理念：西汉刘向认为：耳闻不如目见，目见不如足践。以"真"和"活"字贯穿整个活动过程。课堂真切朴实，学生真情流露，表达真言活语，直抒真知灼见。教学实践证明：实践如泉源，体验如溪水，实践丰富而不枯竭，体验自然活泼地动个不歇。】

【片段五】情境再现，育人无痕

师：风娃娃看到这一切后……

生：他深深地吸了一口气，鼓起腮使劲向车吹去。

师：请大家鼓起腮，使劲吹。（学生做鼓起腮，使劲吹风车的动作）

师：这么一吹，出现了什么变化啦？

生1：风车飞速地转动。

生2：水流欢快地奔跑。

生3：禾苗满足地笑了。

师：如果你是秧苗，现在喝足了水，这时你会对风娃娃说些什么呢？

生1：风娃娃，谢谢你！

生2：风娃娃，因为你吹动风车，让我能喝足水，苗壮成长。感谢你！

生3：……

【设计理念：通过"鼓起腮使劲向车吹"的动作体验，引起学生在体验中产生与风娃娃、禾苗的情感共鸣，使学生懂得风娃娃的助人为乐；通过对风娃娃说心里话，使学生懂得感恩与热爱世界万事万物，在潜移默化中滋润学生的心灵，提升自身素养，达到润物细无声，育人于无痕的教育教学效果。】

【片段六】复述故事，灵动绽放

师：学到这里，老师想请一位同学上讲台，看着板书复述故事。（为学生戴上风娃娃的头饰）

生：高兴地戴着头饰，生动地讲述故事。

生：配着音乐复述故事。（情到浓时加上动作）

【设计理念：依托语言文字之美，引领学生在复述中体验语言文字所表达的意境，设计头饰让学生积极参与其中，披文入境，言之有物，情真意切，犹如身临其境，达到润物细无声的情感与实践共存的灵动课堂教学效果。】

教学反思：

情景体验——让教与学灵活相融

在统编本二年级上册教科书教师教学用书的编写思路中写道："关注语用，引导学生在真实的情境中学语文、用语文。"明朝理学家胡居仁的《居业录》中写道：体验二字，学者最亲切。我认为，情景体验，有利于孩子们的学习，既能让孩子们在有趣的情境中进行语言交流，实践语用，又能让孩子们在真实的情境中熏陶情感，发展思维。孩子们在真实的情境中体验，在愉悦的体验中学习，在灵动的课堂上绽放，大胆表达，言之有物，情绪得到激发，从而促进教学相长，达到教与学灵活相融的教育教学效果。

（一）情景体验，"趣"中相融

统编本二年级上册的教科书编写思路中提道："树立生活中处处可以识字的理念，鼓励学生联系生活识字。"

小学低年级识字一般是枯燥乏味的，如果在单一的识字环境下进行识字，孩子们很容易失去识字的热情，识字过程会变得了无生趣，教学效果就大打折扣了。在教学中如何引导学生联系生活学习生字，使识字教学变得更有趣味，是值得思考的问题。《风娃娃》这篇课文，有8个需要会写的生字。为了引导学生对学习生字的兴趣，促使他们养成在日常生活中注意观察周围环境识字的良好习惯，我把生字设计成一个个大"苹果"，学生一看心生喜欢。然后让学生主动分享不同的记字方法，最后把大苹果奖励给积极发表高见的学生。其间，全班学生的学习积极性都被调动起来了，他们纷纷举手，跃跃欲试，课堂气氛相当活跃，孩子们的思维在发散，思维在潜移默化中得到训练。把生字变成一个个鲜红的苹果，让"趣"和"活"贯穿于整个识字的教学过程，让形象直观与充满趣味的识字教学在情境体验中相融，学生获得鲜明自主的识字方法，思维灵动而富有活力，进而达到事半功倍的识字教学效果。

【教学片段】

师：老师带来了些生字宝宝，咱们不但要会读会写，还需要说出是怎么记住它的，能说出识字方法的同学就可以得到苹果。（老师课前把生字做成一个个红红的大苹果，学生一见就喜欢。）

生（纷纷举手）：场。

师：能说说你是怎么记住它的吗？

生：我和妈妈到市场买菜时见过这个字，当时我就问妈妈这是什么字，妈妈告诉我是市场的"场"字，那时起我就记住了这个"场"字。

师：生活处处皆学问，大家看，在生活中识字是一种好办法。（老师把大苹果奖励给该生）

....

教学实践证明，创设有趣的情境引导学生树立生活中处处可以识字的理念，鼓励学生联系生活识字，识字就会变得有趣多了。

（二）情景体验，"做"中相融

李吉林老师在《情境教学：儿童学习语文的高效能的途径》中写道："没有形象的感受，就没有情感的激起，所以在情境教学中，由于情境的再现，学生仿佛看到了课文中描写的形象和场景，仿佛听到了课文中人物的对话，甚至是课文描写的鸟叫、阵阵树叶的飒飒声，这就进入了'其人可见''其声可闻'，所谓'如临其境'吧！"

我认为情景体验应以"身边事物"为源泉，在师生互动中调动学生的生活经验，引导学生用生动的语言描述情景，由课内引申到课外，学生从具体形象的情景中，获得鲜明的语用形象，进而理解抽象的词语。《风娃娃》这篇课文，主要是描写了风娃娃怎样帮助别人的事情。为了引起学生对"帮助"的注意，引导学生运用"帮助"一词说话，进一步发挥语文的育人功能，我创设了让学生做一做日常生活中"扫地"这简单又朴实的动作演示环节，通过这一真实的情境引导学生运用"帮助"进行说话的课外知识扩充学习。演示时，全班学生一个个凝神视之，他们的大脑皮层形成了优势兴奋中心，瞬间真情流露，真言活语一触即发：①星期天，我帮助妈妈做家务。②昨天，我帮助妈妈扫地，妈妈还表扬了我。③放暑假时，我帮助奶奶洗衣服。④……语用对于小学二年级的学生来说，是一个不断学习运用语言表达自己的真知灼见的培养过程，他们在鲜明的感知材料之中从不会到会，从没有想法到思潮澎湃，真正体现了教与学的灵活相融。

李吉林老师在《把训练语言和发展智力结合起来》中说道："情景教学可以把学生带入情境中，促使学生细致地观察、了解客观事物，深切体察自己的感受，从整体上去理解词句，加深对教材的领会。"《风娃娃》这篇课文中有一个词语"断断续续"，对小学二年级的学生来说，"断断续续"是抽象的，只能意会，不能言传，怎么使学生有所感受，有所理解呢？我创设了让学生"连续不断"倒水和"断断续续"倒水的情境，让孩子们亲身实践，在体验中观察、对比。先请一名学生演示往往脸盆里连续不断地倒水。问学生：这是断断续续吗？接着，再请另一学生演示往盆里断断续续地倒水。最后，请学生自己说出断断续续的意思（生：水一会儿流，一会儿不流），带着自己的感受朗读段落，学生读得情真意切。教学实践证明，孩子们在演示中对比，对比中观察，在观察中理解"断断续续"，水到渠成，而且印象深刻，运用起来也没困难。学生在情景体验中自己动手，耳闻目睹，手到、眼到、心也到，学习的积极性大大提高了，思维火花灵动绽放，教与学灵活相融。

（三）情景体验，"乐"中相融

西汉刘向认为：耳闻不如目见，目见不如足践。"根据提示讲故事"是《风娃娃》这篇课文的教学重点之一。为了让孩子们能披文入境的复述故事，我创设了"风娃娃来到田野"的情境。首先，播放音乐，师生反复合作朗读【（师）风娃娃来到田野，（生）看见一架大风车正在慢慢转动，抽上来的水断断续续地流着。（师）他深深地吸了一口气，（生）鼓起腮使劲向风车吹去。（师）风车一下子（生）转得飞快！（师）抽上来的水（生）奔跑着，哗啦哗啦地向田里流去。（师）秧苗喝足了水，（生）笑着不住地点头。风娃娃高兴极了。】接着，请学生往往脸盆里倒水演示断断续续地倒水。然后，请学生说出断断续续的意思。最后，学生带着在情景体验中感受朗读句子，乐在其中。教学"鼓起腮""使劲吹"这一环节。首先请几位学生演示"鼓起腮""使劲吹"的动作。接着问：这么一吹，出现什么变化啦？然后引导学生在朗读中发现"风车一下子转得飞快！抽上来的水奔跑着，哗啦哗啦地向田里流去。"最后，通过反复朗读感受"水和风车"的变化，很自然地让学生戴着头饰复述故事，学生言之有物，情真意切，语言表达能力发挥到极致。教学实践证明，老师创设情境进行体验学习，引而不发、循循善诱，学生在灵活跃动中不知不觉走进文本，顺理成章与笔者产生共鸣，教与学水到渠成。

情景体验的教学方式，我尚在摸索实践之中。教学中以"身边事物"为源泉，以"境"为基础，以"情"为纽带，以"真"为核心，以"活"为途径。让学生在"趣""做""乐"中学习语文，在情景体验中潜移默化地得到收获，达到润物细无声的教学效果，让教与学灵活相融。

我的教学主张

依托语言文字之美，引领学生在情景中体验语言文字所表达的意境，让学生积极参与其中，犹如身临其境，达到润物细无声的情感与实践共存的灵动课堂教学效果。

情景体验，灵动语文以"真"和"活"二字贯穿整个活动过程。追求"真实课堂——真切朴实""真情互动——真情流露""真意表达——真言活语""真知理解——真知灼见"，强调以"境"为基础，以"情"为纽带，以"真"为核心，以"活"为途径，以"身边事物"为源泉。

我的育人故事

静待"花开"——转化待进生的故事

如果把每一位学生比作花朵，我愿意做一名园丁，待在花丛中静待花开。

今年，我教三年级，刚接手一个新班级。

开学伊始，观察了几天，我发现班上有个个子高高的、皮肤黝黑黝黑的，名字叫小林的女同学。如果拿她与其他同学对比，她明显没其他同学讲卫生、讲文明；还经常不依时完成老师布置的家庭作业；课堂坐姿比较随意，不愿意举手发言……更不要提学习成绩了。看着她的种种表现，我痛在心头，记在心里，总是在想办法转变她，让她能在合适的花期盛开成一朵绚丽的花朵。于是，我与她有了这样的故事：

有一天，全班同学都排队去做课间操，40多条红领巾在40多位同学的胸前迎风飘扬，在整齐的队伍的衬托下，显得格外灿烂。突然，一位高大的女同学低着头在我跟前走过，我下意识地留意一下。哦！原来是小林同学，也许是看见其他同学都戴上鲜红的红领巾，而她没戴的缘故！也许是不知所措，无法向老师解释没戴红领巾的原因！又也许是……我马上停止种种猜测，也没有想到批评她，顺手在讲台上拿了一条备用的红领巾送给她，利索地帮她戴上。她很愕然地望着我，嘴角稍微向上撅起，眼神里流露出无比的欣喜。我立马暗喜："看来，她还是一个挺容易教好的孩子嘛！"随后还不忘叮嘱她坚持每天都自觉戴上红领巾。可事与愿违，没过几天她又变回了老样子。这次，我没有马上找她谈话，因为我想多观察她一段时间，深入了解，等待机会再教育、再帮助他……这次的教育虽不成功，但我觉得小林同学已经感受到我对她的爱与宽容。

第四周一个下午的第一节，是我的课。正当我准备走进教室的时候，教室里传出当值老师在教育几个学生的声音。凑近窗口一看，哎呀！小林同学因为没完成老师布置的作业而被教育。我细心留意，只见她被教育后，带着一股气儿走回座位，屁股往椅子一坐，然后趴在桌子上一声不吭，很倔强的样子。当值老师一离开教室，她就马上坐直身体，连忙从抽屉里拿出我那次送给她的红领巾，用心地一层一层地折起来，然后小心翼翼地戴在脖子上（还没有翻衣领戴）。她这不起眼的动作引起了我的深思：她是受软不受硬的。那时起，我坚信：只要老师给她适当的时间，多点的关怀和爱护，是能够更容易打动她、走进她的心灵深处的。

记得在一次与学生玩"老鹰捉小鸡"的游戏时，小林同学就是那只"老鹰"，她在游戏中坚持不懈、不放弃的态度感动了许多同学。游戏过后，我因势利导，拉着她和几位学生的手，一起坐在操场上休息。谈话间，我鼓励小林同学应学会坚持不懈改掉坏习惯，一天一小改，一周一大改，肯定能成。其他同学还抢着帮助她设计变形记录表格，命名为"小林日记"。那次，她与我、同学们聊得很开，她也对自己的坏习惯认识得很快，并答应今后一定改正，争取逐步养成良好的习惯。我们也相信了她。

可一转眼，她还是老样子。对于她的教育与转变，我有点想放弃了，算了吧！放弃吧！别在她身上浪费时间了！但回头一想：连我都放弃，还有谁能坚持呢？因为她是我的学生，我必须要有耐心，我必须要坚持！凭着这样的信念，我开始整理思绪，想着各种教育方式，耐心等待她的转变。

后来，我根据其他学生的建议做了一个简单的表格，并把表格贴在小林同学的书桌的右上角，方便她记录自己每天的小进步。同时，要求她每天一填，每周星期五交，一定要亲手交给我并说感受。班长每周在桌角贴一张新表格，至少要坚持填写三周。

小林日记

周次	星期	进步足迹	表情（简图）	是否进步（进步画√，没进步不填）	奖励（每周一次）

日子一天天过去了，我每天坚持辅导小林同学完成表格填写。小林同学也坚持每天填写表格，我发现她每一次填写表格时都显得特兴奋，非常期待老师的肯定。就这样，填写表格成了我俩每天必做的事情，我在辅导她填写表格的过程中

对她有了更深的了解，我们聊得更多。

后来，她无论在纪律、礼貌、文明、卫生、学习等方面都有了明显的进步。当她有一点滴进步的时候，我就及时给予表扬、激励她不断努力，持之以恒。当她感到老师处处关心她，帮助她的时候，她也逐渐明白了做人的道理，明确了学习的目的，端正了学习的态度，日常行为也日趋规范。

每当她的行为习惯出现反复的时候，我会马上教育其他学生不要歧视她，要尽自己最大的努力，用心帮助她，使其进步。学生们也十分高兴地答应了，并充分利用课余时间或课堂时间帮助她。有时，个别学生也会产生一些厌烦情绪，说她不太守纪律，不太乐于学习……此时，我会跟全班学生讲"铁杵磨成针"的故事。

难忘那一次与小林同学的谈话："为什么你现在和以前大不一样了呢？"她腼腆地笑了，说："老师、同学们这样关心我、爱护我、帮助我，如果我再不努力，对得起大家吗？"我立马笑着说："小林，你长大了！"

我真心替小林同学高兴！也替自己感到高兴！她让我真正懂得了如何走进学生的内心并与之敞开心扉交谈，她让我真正懂得了如何以关爱之心触动孩子的心弦，她让我真正懂得了如何以欣赏之心耐心等待。

我是一名教育工作者，我愿意在花丛中以爱以心静待"花开"，欣赏满园鲜花烂漫之美景，因为，这里有我的育人故事，也是我的初心。

他人眼中的我

（一）学生眼中的我

余老师是我的启蒙老师，是她带着我从懵懂走向明理，她是我最敬佩的老师。真正影响着我的是她的人格魅力，她既严格要求我们，也绝不放松自己，她以身作则，通过言传身教感染、引导和爱护着我们，向我们传播知识、传授为人之道。从小我最喜欢上余老师的语文课，她的语调与笑容令人舒畅，课堂上师生融为一体的活跃氛围让人难忘，她让我在活跃的课堂中体验，轻松掌握知识。她尊重我们每一位同学的个性，不论成绩好坏，用不同的方法公平地对待不同发展轨迹的学生，我真真切切地感受到了余老师对我们的关心与疼爱。小学同学聚会时，有同学还开玩笑道："好怀念余老师从前的教育啊！现在还能回学校当余老师的学生吗？再次感受与余老师在课堂上一起玩、一起读、一起唱、一起演的情景！"是啊，余老师是我们学习上的良师，生活中的益友，亦师亦友我们的余老师！

（江门市江海区市场监督管理局　陈杏燕）

余老师是我印象最深刻的一位语文老师，她笑容甜美、声音动听、仪态优雅；她的教学功底扎实，语文课堂总是生动又有趣，处处流露出她对语文教学的研究之透彻。她十分注重将语文教学与生活实际相结合，让学生能在生活中学语文，在语文课上感悟生活。当年余老师的语文课不仅仅局限在课室，而是会出现在学校的任何一个角落。余老师曾带着我们在操场上领略艳阳高照、在大树下感受微风徐徐、在窗边观察乌云密布……让我们在实践中理解，在理解中创造！她那种注重实践的教学理念一直影响我直到现在：不管是学习还是工作，亲身去经历、去体验，去践行，才会有收获！

（江门市公安局蓬江分局　钟金玲）

余凤娇老师是我永远都不会忘记的一位老师，我们都非常喜欢她。在我们遇到写作困难时，她会带着我们到校园某角进行观察，她会领着我们玩老鹰抓小鸡的游戏，她会藏着两只鸡蛋让我们猜，她会趁外出学习的机会给我们带回我们从没见过的银杏叶并指导我们细心观察……余老师的语文课就是这么充满乐趣，这么贴近实际，这么令人难忘！余老师就是喜欢和我们玩、和我们疯、和我们一起笑，我们边玩边学，写出了《美丽的校园》《鸡蛋的奥秘》《一份珍贵的礼物》《难忘的游戏》等习作。余老师的课堂使我难忘，感谢您，余老师！

[外海中心小学五（8）班学生　林艾诺]

（二）家长眼中的我

在班里同学的心目中，余老师有着妈妈一般的地位，因为学生们都感受到她的爱，她的用心以及她的善良，因而信任她。自从她接手了我孩子的班级后，我很放心。学生黎政华妈妈回忆说："记得有一次余老师布置了名为'我的妈妈'的作文写作，由于是首次接触这类作文，很多学生无从下手，不知如何表达，这时，余老师果断地表示，同学们可以把我假想成写作对象，看作是妈妈，你们会如何通过文字描述余老师？你们有什么话想通过文字对余老师说的？同样的，就如何描述你们的母亲，来书写这篇作文。"果不其然，学生们很快找到了下笔点开始写作，这是让我印象最为深刻，被余老师彻底感染的一件事。

[外海中心小学三（8）班　黎政华妈妈]

（三）同事眼中的我

余老师是一位极具魅力的语文老师。她语文素养很高，操一口流利的普通话，写一手漂亮的粉笔字，有着对语文教学与众不同的解读。只要你听过她的课，就会被她和她的课深深地吸引。听她的课，就犹如听着她对语文的热爱，对钻研教材的执着，对语文教师的准确定位，还有对人生及自己的积极思考。

　　在她的语文课堂教学中，她能自觉地将知识传授和创新思维相结合，发现学生的创新潜能，捕捉学生创造思维的闪光点，多层次、多角度地培养学生的创新精神和创新能力。她善于创设情境，让孩子们在情境中体验、交流、实践和运用。她善于引导学生在边读边悟的过程中感悟文章的真谛和作者表达的真情实感。她善于进行恰如其分的朗读示范，善于对学生的回答进行准确的点评，或一句鼓励，或一个动作，或一个眼神……你会发现，她的语文课堂，都具有奇妙的化学作用——学生在愉悦、轻松的氛围中学习，大胆表达，并不断进步。和谐、灵动而充满活力的语文课堂总带给听课者不一样的启发——原来语文课可以这样上！语文老师就应该是这样的！

　　　　　　　　　　（小学语文高级教师，外海中心小学语文科组长　陈晓燕）

勤耕细作育新苗　精雕细琢做教育

● 广东省江门新会尚雅学校　张春霞（小学班主任）

● 个人简介

我出生在改革开放年代，从事小学班主任工作23年，分别在公办学校工作12年，在民办学校工作11年，曾担任过小学低中高各个年龄段的教学工作。我的家乡新会是一个历史文化底蕴深厚，名人辈出的好地方。有清末民初杰出的外交家伍延芳，有史称江门学派的陈白沙，有被世人誉为"一门三院士""满门俊秀"的梁启超家族。梁启超先生爱国爱家的情怀和他成功的家庭教育是我学习的楷模。我在如此深厚的文化底蕴熏陶下，茁壮成长。从教以来，我一直以"心中有学生　用心做教育"的理念指导我的工作，坚持"教好每一个孩子，让每一个家庭满意"为教育宗旨，始终牢记作为一名人民教师的光荣职责，以饱满的热情、真诚的态度、优秀的教学成绩赢得广大师生的好评。曾被评为新会区的"优秀教师""优秀班主任"。我撰写的论文《搭建开放教学平台 促进学生个性发展》《点燃求知的火苗 打造智慧的课堂》分别于2014年和2018年发表在《广东基础教育研究》一书上。2018年经过评审，我获得小学语文高级教师资格职称。同一年，我担任省级课题"如何规范低年级学生写字姿势"的主持人。

我的教学风格

（一）仁爱

"做好老师，要有仁爱之心。"广大教师要牢记习近平总书记的嘱托，以仁爱之心对待每一名学生，促学生的成长进步；以仁爱之心开启每一名学生的心灵之门，成为学生的良师益友；以仁爱之心施展教育的魅力，以卓有成效的工作赢得社会的尊重。因为"爱是教育的灵魂，没有爱就没有教育"！学生往往从教师的关爱和信任中体验到人的尊严，激励自己不断进取，它是催人向上的力量，是教育学生的一种特殊手段。尊重学生，平等信任！后进学生更需要教师给予他们纯真的爱。他们渴望得到同学的尊重，更渴望得到老师的重视和信任。因此，我平时很善于倾听学生的心声，善于与学生分享自己的感受，从而达到心灵与心灵的沟通、灵魂与灵魂的交融、人格与人格的对话。其次老师还要做到爱中有严，严中有爱。关爱不是包容，应是教师用理解的态度来对待学生成长中遇到的问题，用自己的言行感化学生，用科学的方法帮助学生，在适当的情形下用恰如其分的方式帮助学生解决问题，获得成长，进而激励学生的上进心与志趣，以高度的责任心达到育人的目的。例如现在的孩子生活条件好，在家中有好几个大人围着转，都是宝贝，一点苦都受不了，所以平时我很注重灌输"吃苦不叫苦，吃亏不叫亏"的思想教育，教育学生如何在生活中做到"吃得苦中苦，方为人上人"。

（二）宽容

"在老师的眼里，没有坏孩子，只有犯错误的学生。"的确，作为教师，我们在教书育人时应该用发展的眼光去看待每位学生，应该树立允许学生犯错误的教育观念。但是宽容并不是纵容和放任自流，并不是缺乏必要的批评和指导。我觉得，当学生犯了小错误时，我们一定要机智处理，让孩子真正认识自己的错误，他们才会心悦诚服的接受，而不是被老师或家长强迫接受。

现在很多孩子的独立意识非常强，容易陷入迷茫，对外界事物很敏感，很容易走向极端。如果我们老师不能宽容，过分苛求，违背孩子的生理成长规律，我想我们的孩子也许就被我们不经意的一句话或一个动作给毁了。我曾教过这样一位从外地转来的学生，刚来不久就经常无事生非，出手打人，与同学关系紧张，还喜怒无常。于是我利用业余时间经常找他谈心，给他提出一些小小的建议。抓住他的闪光点，告诉他："老师很欣赏你，上课思维活跃，知识面广，如果你能努力改掉那些小缺点，老师会更欣赏你。"在看到他任何点滴的进步时，都给予鼓励。功夫不负有心人，经过一段时间的努力，他的转变确实很大，下课时还经常主动与我谈谈自己的想法。从这些都可以看出，做班主任的千万不能用一成不变的目光看待学生，允许学生犯错误，允许每个学生都是"变数"，在发展、在变化，让他们知道，班主任对他们情深似海，当火候到了一定程度，他们自然会开窍，会天天进步、茁壮成长。每个学生都有被人赏识的渴望，都希望得到别人的赞扬，我们要善于发现他们身上的闪光点，多给他们一些宽容和鼓励。我们更要明确爱是一种宽容，是一种责任，更是一种奉献！

（三）幽默

著名教育家苏霍姆林斯基说过："如果教师缺乏幽默感，就会筑起一道师生互不理解的高墙；教师不理解儿童，儿童也不理解教师。"研究表明，当师生情绪严重对立时，学生会拒绝接受来自教育者的一切要求，阻碍他们对正确要求的意义的真正理解，而教学幽默是和谐师生之间关系、消除意义障碍的良药，可使学生感到老师的人情之美和性格优点，从而缩短师生之间的心理距离，达到"亲其师而信其道"的目的。由于教学幽默的特点是寓庄于谐，学生理解教学幽默以致发出会心一笑，其间需要一定的思维想象活动，加之教学幽默是教师智慧和自信心的表现，具有机智性和创造性，因此，教学幽默常常可使学生通过积极的思考和想象才能会意，在笑过之后又需深入思考或想象。这样可以锻炼学生课堂思维的灵活性和想象的创造性。有时一个风趣的比方或反诘，引起一阵笑声之后留下的将是难以忘怀的印象。例如，我在教二年级的孩子们认真书写时，我有四个最基本的要求：横平竖直、大小一致、高低相等、立在中间，其中讲到高低相等时，我打了一个比方：人们都说"见字如见人"，你写一个左右结构的字，左右两个偏旁的字如果一高一低，就像一个明显长短脚的人一样，走起路来就会一拐一拐的。我还配上夸张的动作，同学们哄堂大笑，都说不想自己是长短脚的人。

▶▶ 我的成长历程 ▶

心中有学生　用心做教育

光阴似箭，日月如梭，蓦然回首，我已在教育这个行业里耕耘了23个年头。在每一个与孩子为伍的日子里，我都感受着童年的快乐，脸上总是有着美美的笑容，心中总是装着满满的幸福，我把自己的那一份愉悦，那一颗爱心，那一种执着都无私地奉献给孩子们。所以，我有着如同孩子般透明的心灵、简单的快乐和豁达的心境，用我的真心、真情从事着阳光下最灿烂、最幸福的事业。

（一）崇拜——让我选择了教育的道路

我出生在一个小小的村庄，父母都是"日出而作，日落而息"的朴实农民，年纪小小的我承传了农家勤劳节俭的品质，放学回家就到处采摘喂猪的原材料，为家人煮饭和剁猪菜。自上学开始，父母就不断地叮咛：读书是农家孩子跳出

"农"门的唯一出路。这也为我今后的努力埋下了一颗美好的种子，但真正让我找到人生目标的还是教我初中语文的关老师。关老师担任我们班的班主任兼语文老师。我崇拜他，因为他知识渊博，上课幽默风趣，一个个生动有趣的故事总把我深深地吸引住。他说我长得很像他女儿，经常与我谈心，给我打气。谈话中，他时而同我开开玩笑，让我感到与老师交谈是件很愉快的事情；时而又用亲切的话语同我交流，给我一种父爱的感觉。无奈自己生性胆小，课堂上不敢发言。关老师经常用那双会说话的眼睛暗示我、提醒我、鼓励我。他总对我说我："机会掌握在自己手中，大胆说，我相信你是行的！"那一刻，我暗下决心：我一定好好学，将来也要当一名像关老师那样有影响力的老师！因此，在中考填报志愿时，我毫不犹豫地选择了师范学校。这也让我跳出了"农"门，从此走上了教育之路。

（二）敬业——让我拥有了提升的机会

在 20 世纪 90 年代里，当我师范毕业时，正掀起了一股教师下"海"从商的热潮。每所学校都很缺老师，因此中师毕业的我很幸运被分配到镇上一所中心小学任教。虽然是初来乍到，但凭着我虚心好学、积极肯干的工作作风，很快得到同事的认同和领导的赏识，参加学校、镇级的多项教学比赛都获奖，还代表学校上镇级的公开课，获得领导的一致好评，与此同时，我也陆续被评为区级的"优秀教师"、镇级的学科带头人、"教学标兵""优秀教师"。在 2008 年，我来到新会尚雅学校工作。虽然那一年是这所民办学校开办的第二年，但学校的师资队伍非常强，校长、主任和大部分的老师都是由原来在当地数一数二的实验小学调过来支教的。在他们身上，我吸收了先进的教学理念，领略了同课异构的精彩，懂得了教育要有智慧，才能当一名受学生欢迎的好老师。我不断地自我充电，努力与他们齐头并进。

直到 2012 年，我校大部分支教的公办老师要回流到公办学校去，我由一名普通的老师一下子胜任为级长、科长、班主任三重身份，还带领着一批新到校工作的年轻教师。虽然工作烦琐，责任重大，但我坚持以学校工作为重心，身先士卒。

在班主任工作方面，我坚持以德树人，以爱育人，把每一位学生当作自己的孩子，做到有"爱心、耐心、责任心"，为做好班级管理，我经常学习一些名班主任的班级管理模式，借鉴班主任培训专家李进成老师的《班主任有效沟通的艺术与技巧》，再结合学校生本教育理念，认真落实班干部队伍的组建，多给学生锻炼和成长的机会，发挥他们的积极主动性，激发他们团结向上的集体精神，从而提高孩子们的集体凝聚力和向心力。平时，我还喜欢与家长密切联系，把家长当作自己的朋友，经常面谈、话访或微信与他们交流教育孩子的有效方法。由于平时自己的工作到位，与家长沟通密切，家长对我的工作满意度高，真正达到了学校给我们提出的"教好每一个孩子,让每一个家庭满意"的奋斗目标。多年来,所任教的班级多次评为"文明班""文明标兵班""优秀中队"。此外,我还积极参加校本课程的开发,在学校周末营开设了"快乐阅读""野外求生与自救""美食与文化""硬笔书法""创意手工"等课程,深受学生和家长的喜欢。

（三）科研——让我得到了不断的超越

"学高为师,身正为范",要想做一名优秀的人民教师,首先要有一个健康进步的思想。我时刻严格要求自己,事事以身作则,时刻做到教书育人、言传身教,以高尚的人格魅力去感染学生。为了提高自己的教育教学能力,用心参加各种学习培训,努力使自己的思想觉悟、理论业务水平得到较快的提高。我除了积极参加教师的专业水平培训外,在2014年我参加了中国青年政治学院举办的中小学心理健康教育教师技能培训,并为全区的心理老师上了一节五年级的心理教育示范课"学会宽容 快乐生活"。2015年12月参加中国班主任大会暨世界教育家雷夫中国行之"草根"教育高峰论坛。2017年9月参加江门市为期两年的第二批名班主任培训,在培训过程中,担任省级课题"如何规范低年级学生写字姿势"的主持人。2017年10月,我还参加新会区名教师培训,为中国作文大系的研究上了一节"走进秋天的果园"优秀的录像课。

我热爱教育,对教学工作充满激情。在农村小学任教时,我经常代表学校参加阅读教学比赛课,带头上镇级的公开示范课。在尚雅学校,我工作勤恳踏实,讲究方法,因材施教,课前坚持"先学后教 以学定教"的生本理念,课堂注重与学生的互动交流,让学生在自主探究中感悟,在快乐分享中培养学习兴趣。课后我注重引导学生进行大阅读,做到"以读引说,以读引悟,以读引写",从而提高学生的阅读写作水平。

多年担任小学六年级毕业班班主任,为新会初中学府输送了一批又一批的优秀学子。去年是我从教二十多年来第一次教一年级,一直从教中高年级的我深知学困生的问题越到高年级就越难解决,必须从小抓起。因此对学习成绩暂时落后的孩子,我除了实施"不嫌弃,不抛弃,不放弃"三不原则外,还经常与他们的家长沟通,指导家长配合鼓励教育孩子的方法,让孩子找回学习的信心。经过一年的努力,我所任教的一（4）班成绩合格率100%,达A率98.5%,没有学困生,成绩在年级名列前茅。任职以来,在我不懈的努力下,所负责的班级班风学风好,成绩优秀,本人多次获得镇级、校级"教学成绩优秀奖"和"学科带头人"等称号,我作为科长,每学期也积极带头上级内观摩课,与年轻老师同课异构,组织老师们编写和修改《学教方案》。利用每周的教研活动,与老师们认真学习《新课程标准》,把"生本"理念有机地融入新课标里,进行说课评课,探讨教法,解决老师们在教学中遇到的困惑,有效地促进青年教师的专业成长。我还通过理论学习与教学实践的指导，以旧带新，帮扶结对，使年轻教师快速成长。如 2014 年带领李玉玲、刘柔秀、李聂聪等年轻老师上六年级课程，她们虚心好学，聪明能干，一下子就成为老师们学习的标杆。指导谭文娟老师上接待英德兄弟学校的生本课，获得听课领导和老师的好评；指导黄宁老师、龙婷老师、黄慧婷老师参加新会区的阅读、作文比赛课，均获得新会区语文教学一等奖的好成绩；在 2015、2016 连续两年分别带领叶绮玲老师、龙婷老师到英德市参加同课异构活动。课后，我还在英德市一场由 200 多人参加的市级教研活动中分别做了"学教方案的设计与使用"和"生本理念下学教方案的使用"专题讲座，受到英德市教研室领导和老师们的一致好评。此外，我还积极参与课题的研究：2013 年参与江门市德育课题"践行'新三好'"，2015 年 1 月作为主要成员参与国家级课题"实施楹联国粹教育　提升校园文化品位"的研究，2019 年担任省级课题"如何规范低年级学生写字姿势"的主持人。

（四）收获——让我尝到了成功的甜蜜

多年来，我立足本职，深爱着我的学生，深爱着教师这一职业，实际工作中，我牢记自己的使命，常常起早摸黑辛勤工作，主动辅导学生，深入到学生中去，全面了解学生的情况，采取贴心的关怀、有效的管理，有的放矢地教育。在领导的关心和同事的支持下，自己也收获了成功的喜悦，赢得了广大师生、家长、各级领导的肯定。如 2002 年、2004 年、2008 年我分别获得司前镇"优秀教师""教学标兵""语文学科带头人"等称号；2006 年评为新会区"优秀教师"；2015 年评为新会区"优秀班主任"，任职以来，共获得市级、区级、镇级、校级的奖项共 41 项；2017 年还成为江门市第二批名班主任和新会区名教师的培养对象。本人撰写的论文《让学生走进快乐作文殿堂》获新会区三等奖；《点燃求知的火苗　打造智慧的课堂》获中国教育系统论文评选二等奖，《搭建开放教学平台　促进学生个性发展》《点燃求知的火苗　打造智慧的课堂》分别于 2014 年和 2018 年发表在《广东基础教育研究》一书。2018 年，在学校领导的推荐下，我参加了中小学高级教师的评审，经过重重的筛选，终于顺利通过。这是对我多年来工作最大的肯定，自己倍感欣慰！

"起始于辛劳，收结于平淡"是对我们教育工作者人生现实的写照。史烟飘过，回看今天，我无怨无悔。23 年的教学生涯，走上三尺讲台，教书育人；走下三尺讲台，为人师表。虽感忙碌、虽感辛劳，但每天沐浴着太阳的光芒，呼吸着雨露的清香，在那些活力四射的孩子身上感受生命的神圣美丽，或许我干不出惊天动地的伟业，但追求本身就是美丽的。只要我们心中依然装着美，追求着美，我们就是美丽的。

我的教学实录

"学会宽容 快乐生活"班会设计

教学目标：

（1）认知方面：明白人与人之间矛盾、分歧在所难免，要正确对待和解决矛盾。

（2）情感方面：教会学生换位思考，考虑对方的需要和感受，以对方期待的方式对待他。

（3）行为方面：生活中严格要求自己，宽容对待他人，做一个心胸宽广的人。

教学重、难点：

（1）教学重点：认识宽容的意义和重要性、学会在生活中做到如何宽容，提升人际交往能力。

（2）教学难点：培养宽容的良好心理品质，学会以豁达的心胸化解多种矛盾，在实际生活中真正做到宽容。

教学设计思路：

学生在学校，免不了会有与同学有磕磕碰碰的时候。在这种情况下，如果处理问题不恰当，往往会出现一些不愉快的冲突，有时候甚至会酿成大错。如何指导学生正确面对冲突，学会宽容就显得尤其重要了。本次活动，正是针对宽容的重要性这一问题，引导学生正确面对和处理学习、生活中遇到的各种矛盾冲突，力求学生学会宽容，以便创建良好的人际关系，保持愉悦的心情，促使他们身心健康得到发展。

教学方法：

通过游戏活动，观看视频，情景剧表演和评析，学生分组讨论，交流感悟，教师点拨。

教学准备：

（1）活动所需要的视频、心理测试试题、音乐、合唱视频等。

（2）编情景短剧、情景表演同学及道具。

教学过程：

（一）游戏导入

师：同学们，上课前我们先来玩个"石头剪刀布"的游戏好吗？

生：好！（幻灯片出示游戏规则）老师说"石头"，学生说"你好"（握手）并做自我介绍动作；老师说"剪刀"，学生做出"很高兴认识你（拥抱）"；老师说"布"，学生说出"你今天看起来很不错哦，你真棒！加油"！

师：请两位同学上台示范。

（台上同学入情入境，台下同学们看得津津有味，不时传来阵阵笑声，课堂轻松活跃。）

师：请下面的同学尽快找到你的同伴，请一个同学上台发指令，老师做目击证人，哪组做得又快又准，哪组有同学做错？

同学们跃跃欲试，几次口令下来，欢声笑语在教室里回荡。

师：我刚才看到有个同学做错了动作，让我来采访一下他的同伴当你的同伴做错了动作的时候，你是怎么想或怎么做的？

生：我马上提醒他应该做这个动作才对。

师：你有责怪他吗？

生：没有。

师：表扬你的宽容大度，你的同伴肯定为有你这个优秀的伙伴感到高兴。

【设计意图：喜欢玩游戏是孩子的天赋，我以游戏引入，不但可以让紧张的课堂一下子变得轻松活跃，还可以增进同学之间的合作协调能力。】

（二）做心理测试小游戏

(1) 发下测试题目：《测测你的宽容度》。

(2) 出示结果，自己衡量各人的宽容度。

【设计意图：通过心理测试帮助同学们更好了解自己的情绪、行为模式和人格特点】

（三）观看视频《茶桌的风波》

内容：两个青年人因争茶桌引发两伙人动手打斗，导致三人受伤进院。

师：同学们，看了这个视频，你有什么感受？

生1：这两个青年人太冲动了！

生2：如果有一个青年人宽容一点，谦让些，不与对方斤斤计较，就不会两败俱伤。

生3：其实这只是小事，这两个青年人心胸太狭窄了。

生4：他们的伙伴们应该互相劝告，不应该煽风点火。

……

师：同学们的目光都是雪亮的，我记得一位智者说过这样四句话：

把自己当成别人，

把别人当成自己，

把别人当成别人，

把自己当成自己。

（四）小组讨论智者要表达的意思，教师总结

【设计意图：通过播放生活中的事实让孩子们真实感受到心胸狭窄，做事冲

动带来的严重后果，再通过智者的话让孩子们对宽容的定义理解得到升华。】

（五）学生情景剧表演

内容：同学们在教室里搞卫生，小林同学不小心把抹布弄到正在扫讲台的小李头上，小李很生气，小林不服气，于是两人发生口角，直到班长的出现才平息了一场争斗。

（1）同学们针对表演中各个人物的做法各抒己见。

（2）请一名小记者，采访表演同学或台下观众的感受和见解。

（六）敞开心扉　故事分享

（1）老师配乐引导，学生闭目回顾同学之间的小矛盾。

（2）让学生说说平时有没有因为自己的不宽容与同学发生矛盾影响友情的事。

（生生之间声情并茂，真情流露，场面感人!）

（七）思想化为行动

师：相信同学们都有许多话要向曾经有过小冲突的同学说，下面让我们都走到他们的面前表白自己的心声吧。

生生互动，有的握手，有的拥抱，有的微笑道歉……

【设计意图：通过创设情景让孩子们用演一演，议一议，说一说等方式来辨别是非，明白与同学和谐相处的重要性，敞开心扉和曾经与自己发生过矛盾的同学表白心声，从而提升同学之间的友谊。】

（八）合唱《相亲相爱一家人》

本节课在温馨和谐的歌唱中结束了。

（九）教学反思

1. 立德树人　不忘初心

教师是立教之本、兴教之源。孔子曰，以身立教，为人师表，就是说，教师不仅要教好书，更要育好人，这是广大教师的天职。因此，教师不是"教书匠"，而是"工程师"，要始终坚持立德树人。我们是"播种者"：播种热情，播种信念，播种希望，播种未来。我们必须在岁月的平淡中依然拥有理想，在时光的冲刷下依然坚守信念追求，坚持抵御因漫长而生的冷漠和懈怠。用垂翼于天地之间的诗人般的浪漫情怀和一颗赤子之心，承担着属于我们的沉重的责任，呵护着美好的生命，滋养孩子，也滋养自己。我们是行者，行者无疆。行走在教育这条路上，有痛苦、有辛酸、有磨砺、有幸福，我们必须让自己充盈，饱满色彩，拥有力量和勇气，去成就最美的学生，成就最美的自己，成就最美的事业！让一路走过的岁月飘散出芳香。

2. 学会合作　大胆创新

当今的青少年在享受着时代财富的同时，他们的个性与社会性、知识与能力都表现出与父辈不同的色彩，尤其是绝大多数独生子女的最大心理特点已集中在一个"独"字上。为提高学生素质，激励学生实现生命的价值，增强其心理承受能力，培养学生的合作能力，不仅要让我们的孩子学会学习、学会做人，还要学会和别人合作与共同生活。在小学阶段，合作和协调精神是学生进行良好的人际关系交往所必备的心理品质，也是教师塑造良好的班集体所必须加以培养和训练的。目前有很多学生都是独生子女，他们在家庭、在学校生活中表现出了不合群、不善于与人交往的心理弱点。而良好的人际关系不仅能给人带来快乐，还能帮人走向成功。因此，培养学生的合作意识、合作精神和合作能力显得尤为重要。为此，我们的老师和家长要努力培养孩子的合作精神。

3. 施以爱心　因材施教

亲其师信其道，良好的师生关系能使学生拥有良好的情绪去面对学习。随着素质教育的进一步深入，能不能进入学生的内心世界是当今决定教育成败的关键一步。学生会因为喜欢这位老师而喜欢这门功课，同样，也可能因讨厌这位老师而讨厌学习。一个被学生喜欢的教师是幸福的，凭着一颗爱心，凭着教育的智慧，凭着教师自身的魅力影响着学生，学生崇拜她，喜欢她，自然也喜欢听她的教育。教育要真正起到作用，需要教师的智慧，独特的工作方法，宝贵的工作经验是万万不可缺少的，其教育效果总是事半功倍的。好的教育不是铁器的敲打，而是水的载歌载舞，使粗糙的石块打磨成美丽的鹅卵石。教师要因材施教，遇到突发事件，光有爱心和责任心是不够的，还要讲求方法，因为我们工作的对象是人，每一个学生都是不同的个体，所以在处理问题时要讲方法。其根本的原则就是既能处理好问题，又不能伤害学生的自尊。作为班主任，要相信每个学生都是独一无二的。我们要学会用细心的眼光去观察差异，用宽容的心理去接纳学生。要知道，正是因为有了差异，我们的世界才变得如此精彩；有了差异，我们才能展现出自己的特色；有了差异，我们才有了今天互相学习和借鉴的机会。所以，面对学生时，我们要多一分理解，多一分关爱，多一些宽容，多一些期待。

"国家兴亡，匹夫有责"。作为一名教育者，我感到自己任重道远。因为我们的服务对象不仅是一个个学生，它联系的是一个个家庭；影响的不仅是一个人，而是一个国家的发展。班主任工作神圣而伟大，让我们一起努力，迎着初升的太阳，让祖国的灿烂之花绽放在神州大地上吧！

▶ 我的教学主张 ▶

（一）经典——架起道德的桥梁

一个国家的文化底蕴，并不仅仅在书本和文字上体现，更多的是体现在人的思想道德上。在2021年的全国"两会"上，怎样才能使优秀传统文化真正进入孩子们的内心，也成为很多代表委员关心的问题。习近平总书记高度重视和弘扬中华传统文化，并将其作为治国理政的重要思想文化资源。

为了让未成年人乐于接受国学经典文化的教育和熏陶，我校不断拓宽教育的形式和载体，传播中国国学经典的精髓，组织了"读名著，诵经典"的活动，从经典中感受中国文化的博大精深。"读国学经典"，是立足经典文化，让学生接受传统教育。我校根据每个年级学生的年龄特点，选取优秀的国学经典，每天早上诵读经典内容有《三字经》《弟子规》《增广贤文》《千字文》《论语》等，每天清晨，书声琅琅，朝气蓬勃的孩子们在诵读国学经典，每周的国学课上，老师们都会引导学生做一个"诚于中，行于外""勿以善小而不为 勿以恶小而为之"的人，学习时"不力行，但学问；长浮华，成何人？但力行，不学文；任己见，昧理真"。同学、朋友需要帮助时能想起"君子成人之美，不成人之恶；小人反是"。学习国学让未成年人在修行和道德上，有先贤指点，有明灯照亮。这使学生从小接受经典文化的熏陶和洗礼，为未成年人思想道德建设撒下优秀的种子。每个传统节日，孩子们都要接受着传统文化的熏陶和影响，我教孩子学会感恩，学会孝顺，学会恭逊，学会关爱。

（二）活动——提高道德素养

学校的一切教育教学工作必须以德育为首，把传统的说教方式转变为以德育实践为主体，将德育工作寓于丰富多彩的活动之中，让学生在活动和实践中体验感悟，从而提高道德素质和人文素养，效果将是事半功倍。如：根据每个月组织同学们进行不同的活动如"学雷锋月"、"读书月"、六一儿童节的文艺展演活动、教师节组织的"老师、您辛苦了"活动，以及国庆节进行爱国主义主题班会活动等。比如修学游活动，我们六年级活动的地点是岭南印象园。这次活动学生走出了校园，可以近距离地认识岭南的文化，品尝岭南小食，度过了开心、充实而又富有意义的一天。学到书本上学不到的知识，开阔了眼界，增加了见闻。在开大食时，同学们都能做到文明有礼，大家互相交换食物，又主动请带班的老师一起用餐，没有出现抢吃、独吃的现象，大家都表现得彬彬有礼。在大食开完后，同学们又能在双班主任的带领下一齐清理剩下的垃圾。同学们从这次活动中学会了节约粮食、增强了环保意识，还增进了同学之间的感情。

又如班级文化建设、每月流动红旗、涂鸦墙、才艺展示等活动的评比，同学都很认真对待，他们都想为班争光。通过一系列的比赛、评选，既锻炼了学生的身体，又可增强班级凝聚力。一个班级的凝聚力强，就好像一块强磁铁一样吸引着四周的小磁铁。它是维持班级存在的必要条件，对一个班的存在与发展有着重要的意义。一个班如果失去了凝聚力、吸引力，则是一盘散沙，很难维持下去，即使是名义上存在，也丧失其力量与功能。而增强凝聚力的有效方法就是多开展一些集体活动，让同学们在活动中互相认识、互相了解，达到共同进步的目的。

我的育人故事

（一）案例

林×雄，8岁，对任何事都不感兴趣，不喜欢和人搭理。他不爱说话，对学习没兴趣，认识的字不多，拼音基本不会，课堂上也不发言，同学读书的时候，他只是默默地坐着，眼神总是处于游离状态。对老师和班干部善意的提醒无动于衷，有时还有反抗情绪。因此，这位孩子成绩不理想，与同学相处也不太融洽。

（二）原因分析

经过和他母亲的交谈了解到，这孩子接受新鲜事物能力不太强，从小性格内向、敏感、自尊心强。父母总是拿别人的孩子与他相比，总觉得自己孩子不如别人家孩子优秀，家长很紧张，每天放学回家就监督着孩子，教孩子做作业，遇到孩子不懂的问题，很少鼓励其思考，较多的是给答案或批评指责，这样一来，孩子交给老师的家庭作业准确率高，但真正理解的却没几道题。时间长了，孩子觉得自己不聪明，对学习缺乏兴趣和信心，家长也有恨铁不成钢的感觉。由于孩子成绩处于合格与不合格之间，家长可能觉得自己面子上过不去，又怕老师投诉，因此来接孩子时很少跟老师交流，都是站在远远的窗外等。了解到这情况，我想：如果家长不改变对孩子的看法，总是批评责骂他，不仅不会消除孩子的自卑心理，反而会让其觉得自己是差人一等。孩子一旦对自己的某方面的能力丧失自信，还可能会跟着对自己的其他方面的能力也丧失自信，最后造成多方面甚至全面地落伍。

（三）采取的措施

1. 激励——唤起孩子的自信

曾经在新闻上看到这样一篇报道：有人用2株植物让数千名孩子一起做了一个现场实验：把两株植物放置在学校里，在阳光、肥料等一切外因都相同的情况下，其中一株会被赞美的话来培养，而另一株则被严厉的话语所训斥。30天后，被赞美的植物继续茁壮成长，而被训斥的植物明显在挣扎，有着棕色的叶子并且看起来了无生气。连植物都尚且如此，更何况是人呢？孩子从幼儿园到小学，这是一个过渡时期，学习上不适应，生活上也会遇到这样那样的困难，作为班主任，做好这个过渡非常重要。特别是一些特需生，他们的自我保护意识强烈，有些甚至到了过于敏感的程度。在学校，他们会用警惕的目光注视着老师和同学对自己的态度，只要稍稍挫伤了他们的自尊心，他们就会变得自我封闭。小林的症结就在于自卑、自尊心强。要纠正他的这种不良行为，一定要注意方法，做到既保护好他的自尊心，又帮助他消除自卑心理，树立起自信。"师爱是教育的基础",为了去除孩子的畏惧心理,我在课余经常有意无意地找他闲谈,让他帮我拿作业、发作业本,上课时从不公开点名批评他,发现他有所进步及时表扬,经常对同学说:"看,我们小林今天坐得真端正!""我们的小林同学今天当小老师领读声音真响亮""我们的……"通过对小林的鼓励,让小林感觉自己是班集体中的一员。每当他有一点点进步时,我就奖励一个盖印,满十个盖印就奖励一本小本子。当他拿到第一本本子时,终于开心地笑了。

此外,在班级管理中,我提倡"班干轮换制""组长负责制",让更多的学生参与班级管理。在经过一番激励之后,小林也积极投入到各项班级管理中来。有时晚托的时候,我会请他坐在讲台,边做作业边管理同学,我就在旁边检查订正。这时他会有模有样地当起小老师,对一些讲话的同学进行提醒、记名。看到他对工作的高度负责的态度,我会在全班同学面前表扬他,看到自己能得到老师和同学们的赞扬,小林脸上露出了笑容。

2. 宽容——让孩子在挫折中成长

人非圣贤孰能无过,更何况是成长中的孩子。我觉得,作为教师,每天都会接触到犯错的孩子。或许你会生气,会感到无奈,会想着爆发,但请你忍住,用一颗宽容的心去面对孩子,去引导孩子分析承担,你会发现,每次犯错都是一次绝佳的教育机会。

记得一次周五的放学时间,同学们陆续被家长们接走了,剩下几个走最后的同学留在办公室门口等候家长。忽然小吴的舅舅拉着小林来到我面前指着小吴眼角的伤疤说:"老师,你看这是怎么啦?"我定睛一看,只见小吴左眼角的皮肤上有几道被抓伤的痕迹。经了解是中午下课时,小吴想跟小林玩,小林不愿意,用指甲抓伤小吴的。刚好小林也在门外等候家长,我把小林一同叫来,一开始小林面对小吴的伤,不说话也不承认错误。我知道,这小孩的性格有点犟,爱面子。现在让他面对家长、老师、同学一下子承认自己的错,他放不下面子。这时如果老师严厉地批评,不一定能让他接受并承认错误。面对双方家长,如果不把事情合理的解决,又会显得老师无能。于是我话锋一转,对受伤的小吴说:"小吴,我知道你被抓伤肯定是很痛的,但这次你要感到幸运,幸好你没有被抓到眼睛,如果弄到眼睛,轻则抓伤眼珠,重则影响视力,变瞎子就糟糕了。到时你们两个一个受害者,一个是赔偿者,两人都是百害无一益。我知道你和小林两人都不想看到这样的后果,是吗?"我又把脸转向了小林,小林听后赶紧点头。我趁机说,我知道小林肯定也不是故意的。我的话正合小林的心意,他连连点头。我见机会来了,继续对小林说:"别人被你抓伤了,不但眼睛部位很痛,心里更难受难受。因为他本想跟你玩,做好朋友。你现在能体会到他的难受吗?"小林点点头。老师经常跟你们说,人无完人,孰能无过?每个人都会犯错,但要有承认错误的勇气。你现在是不是该给别人一点心理安慰呢?这一下给了小林台阶下,小林马上向小吴道歉，小吴也很大方地说没关系。两人握手和好。看到两人坦诚相对后，我便对两人进行平时该如何正确与同学交往，减少同学之间的冲突，遇到解决不了的问题，及时告知老师。最后小林认识到自己的错误，还主动向小吴的舅舅道歉了。小吴的舅舅原本看到侄子被欺负是很生气的，但现在看到小林诚恳的态度，气也消了。

由此可见，校园中求学的孩子们就像一株小植物，在教师的浇灌之下，努力地向上生长着。他们在成长的过程中，都会因为一时的贪玩或不小心而犯错。作为护花使者的教师，应该耐心引导，让孩子真正理解并接受老师的教育。

3. 信任——让孩子感受被尊重

信任学生是一种特殊的尊重，对学生有着特殊的教育功能。学生往往从教师的信任和期待中体会到人的尊严，激励自己不断进取，它是催人向上的力量。小林的自卑与依赖，有一部分原因在于家长的教育方式。刚接到这个班的时候，我发现小林妈妈总会站在后门等孩子，据前任老师的了解，他妈妈知道自己的孩子不优秀，害怕老师的投诉。于是，我主动接近小林妈妈，跟她拉拉家常，表扬小林今天在学校的表现。我基本是报喜的，我觉得，没有哪个家长听到自己孩子进步会不开心？让我意外的是，当我跟她说，小林今天读书很认真，能手指着书本跟着齐读。他妈妈却说："老师，手指着读书也算进步呀？老师你的要求太低了。"我也笑着说："是呀，总比东张西望和神游好啊！你要相信自己的孩子，他每天有一点小进步，一周就会有大进步了，这很了不起！"小林妈妈笑着点点头。有时小林妈妈比较迟来接，我就请小林帮忙搞教室的清洁卫生，开始他有点迟疑，我就会说，老师需要你的帮忙，谢谢你！他就很乐意了。当他妈妈来接他的时候，我也会在他妈妈面前表扬他关心集体，主动为班级做好事。慢慢地，我发现小林妈妈对老师少了一份隔膜，多了一份信任。来接孩子的时候，不会远远的在走廊站着，会主动走到老师面前，想听听孩子在学校的进步，有了敞开心扉的交流后，我再向小林妈妈了解小林在家做作业的情况，提出作业尽量先让孩子独立思考，遇到不懂的该如何引导，逐渐减少他的依赖性。慢慢地，我也发现小林堂听的词语准确率越来越高了，我马上在全班同学面前表扬他，现在他很多时候的堂听都是第一个举手完成，尽管写的不一定是对的，他也会感受到老师对他的赞赏。这个学期由于疫情原因，孩子们都在家上网课。他在老师和家长的引导下，对于老师的新课，他会提前通过其他信息工具先学一遍，再听老师的网课，效果事半功倍。我通过在微信视频开小型班会课的时候，邀请他来分享"如何做一个主动学习的好孩子"时，他特别高兴！由此可见，尊重学生，信任学生，会让教育绽放出不一样的精彩！

他人眼中的我

（一）领导眼中的我

张春霞老师思想上政治觉悟高，热爱社会主义，认真领悟和贯彻党的教育方针、政策；工作上，张老师工作标准高，认真负责，有奉献精神，不怕吃苦，不怕吃亏。她不断提高自己的教学水平，积极参加教师培训，经常阅读语文教学方面和心理学方面的书籍。张老师待人和善，热心助人，经常耐心指导年轻老师如何管理班级，要求年轻教师做到：一年像样，两年出样，三年榜样。

（二）同事眼中的我

我是尚雅学校的龙婷老师，自入校以来，我能得到张春霞老师的关怀和亲身指导，倍感荣幸。她在教学方法、职业道德等方面都给了我许多的指导和帮助，真正发挥了"传、帮、带"的作用，使我在各方面都有了较大的提高。张春霞老师认真负责，经常为青年教师上观摩课。在多次听课的过程中，我慢慢体会到了她教法的灵活，思维的灵动，并且能够准确地把握住每一节课的闪光之处。在她的帮助和指导下，我的课堂教学水平有了明显提高。2017年我所执教的《狼牙山五壮士》一课在参加新会区小学语文青年教师阅读教学比赛活动中荣获一等奖。"热爱学生是教师职业道德的核心，热爱教育是提高教学的根本""工作着就是快乐着"张春霞老师的这些话时刻影响着我，时刻提醒自己要以更强的责任感投入到教育教学工作之中，不断学习，提高自身的修养。正是在张春霞老师孜孜不倦的教育和指导下，我逐渐成长起来，教育教学成绩不断提高。在以后的教育教学工作中，我将继续努力，不断奋进，争取更好的成绩。

（三）家长眼中的我

张老师是一个很受孩子们喜欢的好老师。她和蔼可亲，爱生如子，对学生的教育做到循循善诱，以理服人。她上课生动有趣，孩子们都喜欢听她讲课。她工作高度负责，对于孩子的点滴进步，她会毫不吝啬地采用多种鼓励方式让孩子尝到成功的喜悦；对有不良苗头的学生，她除了及时对孩子进行教育，还会与家长沟通，共同教育。有时为了不影响家长上班的时间，她常常利用晚上的时间与家长沟通，孩子们对她既是爱又是怕！我们的孩子有时在家不听话，只要跟张老师一聊，张老师就会给到我们很好的指导方法，我们很感谢张老师的用心教育！

扎实简约　和谐风趣

● 台山市李星衢纪念学校　郑保华（小学数学）

● **个人简介**

我叫郑保华，是台山市李星衢纪念学校的副校长，小学数学高级教师。2003年7月毕业于五邑大学数学与应用数学（师范）专业。毕业后，我满怀着青涩的梦想回到我的母校——台山市台城第一小学任教，并于2016年8月调至现工作单位，至今已有16年教龄。我一直工作在教育教学第一线，具有较系统的专业知识

和专业技能，多次被广东省教育厅推荐参加"国培计划""骨干教师"等高端培训，现兼任江门市小学数学兼职教研员、台山市小学数学专业委员会副主任，是南粤优秀教师、江门市优秀教师、台山市优秀教师、广东省省级骨干教师培养项目第二批培养对象、江门市第四批名教师培养对象、台山市名教师工作室主持人、台山市名教师。

我敬业爱岗，勇于创新，坚持"以人为本、因材施教、使每个学生都得到不同发展"的教学理念，教学成绩显著。近年主持或参与县级以上课题研究9项，5篇教学论文在省级以上刊物发表，十多篇获县级以上奖励，其中2015年主持广东省教育科研"十二五"规划课题已顺利结题。获县级以上个人荣誉称号25项，县级以上教学成果奖励23项，县级以上育人成果奖励19项，县级以上示范课12次，县级以上讲座15次，指导教师参加各项教学比赛获县级以上奖励8项。辅导学生参加全国奥林匹克数学竞赛或广东省"育苗杯"数学竞赛，共100多人次获奖，3人获全市第一名，本人8次被评为优秀辅导教师。我的先进事迹多次在《台山新闻》《得闲倾计》《台山教育》等媒体上报道。在教育教学工作中，我辛勤耕耘、默默奉献，不忘初心，砥砺前行，逐步形成我的粤派教学风格——扎实简约，和谐风趣。

▶ 我的教学风格

（一）简约扎实

达·芬奇说："简约是最终的成熟。"我追求简约的课堂教学，我认为课堂教学要删繁就简，凸显朴实的品格，彰显简约之美，才能促进学生的和谐发展。"简约"体现在教学目标的制定，知识技能、数学思考、问题解决、情感态度四个维度在40分钟的课堂全部落实是不现实的，所以，一节课的教学目标要简约，有所取舍；"简约"还体现在课堂教学上，教学环节设计应具有明确的目的性，要梳理教材中最核心的内容，教学过程要突出学习的主干。如教学"分数的基本性质"时，在学生已掌握分数与除法的关系及商不变规律等旧知的前提下，通过设计"猜想—验证—归纳—反思"等活动为主线，引导学生概括规律，有机渗透数形结合、归纳、转化、集合等数学思想方法，培养学生合情推理能力和迁移类推能力，能有效地掌握分数的基本性质。

"扎实"是注重课堂的动态生成，层层推进。如教学"抽屉原理"时，在学生验证了结论后又举了生活中的一些关于抽屉原理的例子，激起了学生的好奇心，之后出示课题，引出活动一：4支铅笔放进三个杯子，有几种放法？你发现了什么？学生在合作探究中发现了规律，不论怎样放，总有一个杯子至少放进2支铅笔。此时，通过演示让学生明白（2、1、1）和（1、1、2）是同一种放法的道理，注重课堂的动态生成，扎实推进。随后，孩子们又探究了5支铅笔、7支铅笔的放法，近而引出了平均分的办法，交给了学生最优化解决问题的策略。在课堂上学生应用了猜测、探究等多种思考方式，由一般到特殊，发现了规律。之后，引出了这类问题的实质，就是要知道什么是抽屉、什么是物体，构建了数学模型。教学环节环环相扣，层层深入，体现了课堂的高度和深度。

（二）和谐风趣

我喜欢站在学生的中间，和学生一起讨论数学问题，因为我觉得学生有自己的探究欲望和思考更有利于培养独立的思想和人格。不论是在课堂上，还是在课外，我都力求与学生建立一种民主平等的和谐关系，因为所有教学活动是师生的双边活动，知识是心灵之间的碰撞，只有双方都积极参与，教学相长才能提高课堂教学效率。

在课堂上，我除了讲授最基本的知识与技能外，最重要的事情是鼓励每一位学生用规范的数学语言说数理，让学生展现自我，与老师、学习伙伴交流。在这个过程中，我不以高高在上的老师自居，而是低下身来，侧过耳去，走到他们中间，与前后左右的孩子一起说，一起乐，一起听，与学生进行最自由最真实的对话，肯定每一个人的努力与收获。我相信，往往在这种平等交流和谐的过程中，学生的思路被激活，会激荡起绚丽的浪花。

风趣、幽默的语言能够缓和课堂的气氛，给有时沉闷的课堂注入一针兴奋剂，激发学生学习的兴趣。俗话说："兴趣是最好的老师。"因而，在课堂教学中要善于创设情境，激发学生的学习兴趣，注重学习过程，经常从教材的内容和特点出发，通过有趣的问题、生动的小故事等方法导入新课，唤醒学生乐学的内在动力。如教学六年级上册"圆的认识"时，我让学生分小组合作，组长利用小组准备好的圆形、椭圆形和正方形的硬纸板在桌子上分别滚一滚，其他组员演示乘坐不同形状轮子的汽车，体会坐车感觉，最后小组交流、汇报。经过自主探究、合作交流，学生都说乘坐轮子是圆形的汽车最舒服，因为圆形车轮的车轴到地面的距离就是圆的半径，同圆或等圆的半径都相等，所以圆形车轮的运动比较平稳，走起路来比较舒服。这样的设计，给学生提供充分参与数学活动，让学生通过实验、比较和验证等实践活动，在玩中学、学中玩，并且有效地解决了实际问题。

▶▶ 我的成长历程 ▶

（一）初出茅庐：小学数学的懵懂少年

2003年9月，在数学教学方面，我还是一个刚出道的懵懂少年，第一年任教五年级数学，其间，刚好遇上我市第一次组织学生参加广东省育苗杯数学竞赛，对于教学零经验的我来说可谓难上加难。记得那时候的我，下班依然挑夜灯钻研教材、废寝忘食地研究竞赛题型……功夫不负有心人，我校学生参加那年的育苗杯竞赛，成绩喜人，本人任教的班有3人获得一等奖，其中朱健文同学还获得全市第一名的好成绩。我的教学成绩得到了领导的赞赏，第二年起，我便任教毕业班数学。毕业班教学成绩是衡量一所学校办学成绩的最重要的标准，学校一般都是安排有丰富教学经验的老师担任，而对于安排只有1年教龄的我任教，实属破例。面对领导的"关照"，在教学工作中，我更加刻苦钻研、请教有经验的老师，想方设法提高年级总体成绩及提升考上重点中学人数，当时我的教学思想凝固成一个字：拼！记得那一年，我辅导学生参加全国奥林匹克数学竞赛，本班学生有3人进入全市前十名，分获第一、四、七名，在优秀生培养方面，我班有10位学生进入市重点中学（全市招300人）。初次任教毕业班便有如此优秀的教学业绩，当时在台城也引起一阵小轰动。

（二）小荷尖尖：小学数学的教学骨干

从2004年起，我在毕业班讲台上一站就是12年，任教毕业班期间，我还负责五年级广东省育苗杯数学竞赛、六年级全国奥林匹克数学竞赛的辅导工作。虽然最初工作的两年取得了令人欣慰的成绩，但我深知理论的高度决定教学的高度，面对新形势，只有不断探索，不断创新，那时的我并没有骄傲，还是一如既往地虚心学习。2004—2010年的教学实践是我迅速成长的阶段，我积极参加各类培训，订阅各种教学报刊，从不停止我追求的步伐。认真吸取了苏霍姆林斯基、李希贵、李镇西、魏书生等中外教育家的理论精髓，不断丰富自己的教育教学理论。在教学实践中用理论去推动工作纵深发展，不断优化自己的教学，逐步形成探究说理、快乐学习、简约高效的课堂教学风格。

其间，我获得台山市2010年小学数学课堂教学观摩比赛一等奖、江门市2010年小学数学教师说课二等奖，撰写的教学论文有2篇分别在《小学教学研究》和《广东教学》发表，4篇在中国教育学会学术年会优秀论文评选、江门市优秀教学论文评选、台山市优秀教学论文评选中获奖，获台山市中小学课件制作比赛小学组一等奖、台山市教学设计大赛一等奖、台山市教学改革百花奖，先后被评为台山市优秀教师、台山市优秀青年教师、台山市"教坛新秀"、台山市"英才成长计划"先进个人。任教的班曾被评为台山市优秀中队，转化后进生多名，学生考进重点学校比例较高，其中2008年全市前六名学生中，我校占了5名，2008—2010年连续任教的毕业班学生徐志铭、伍钰豪、梅子威均荣获当年小升初状元。此外，辅导学生参加全国奥林匹克数学竞赛和广东省育苗杯数学竞赛，共100多人次获奖，本人连续6年被评为优秀辅导教师，教学生涯处于"小荷才露尖尖角"的阶段。

（三）海阔天高：小学数学的领头雁

随着参加各级比赛课和教育教学取得优异成绩，本人也相继被提拔为学校数学科组长、副教导主任（主抓毕业班教学和学校数学教学）、教导主任（主抓学校教学）、副校长（主抓学校教学）。还被聘为台城街道数学教研会会长、台山市小学骨干教师教学研究小组数学组组长、台山市小学数学学科特约教研员、台山市小学数学专业委员会副主任、江门市小学数学兼职教研员，被列为台山市名教师、台山市名师工作室主持人、江门市第四批名教师培养对象和广东省省级骨干教师培养项目第二批培养对象。

荣誉面前，更多的是一种责任与担当。给人一杯水，首先自己要有一桶水，但只是满足于已拥有的一桶水也是远远不够，应与时俱进，不断更新，自己的"水"应是"活水"。2010年起，工作角色的转变使我思考更多的是学校教学教研方面，力图提高学校的教学质量使老师们的工作获得满满的幸福感。其间，我参加了"国培计划（2014）"—线优秀教师培训技能提升研修项目、广东省2015年小学骨干教师科研能力提升专项培训班、江门市基础教育系统名教师培训班、台山市名师杭州高级研修班跟岗学习等高端培训，还有幸到北京大学、天津师范大学、宁波市教育学院、广东石油化工学院等高校及广东省丁玉华名教师工作室、广东省高红妹名教师工作室跟岗学习。通过多次高阶的学习，自己的视野更开阔了，不仅更新了教学理念，还使个人业务水平得到进一步的提升。

"一枝独秀不是春，百花齐放春满园。"我多次送课到我市薄弱乡镇，与兄弟学校的青年教师结对帮扶，亲自指导他们上课、做课题研究，效果良好，更好地促进我市小学数学教学质量提升。在深井镇中心小学支教2年，为了积极帮助薄弱学校脱"贫"，我与该校领导一起制定教学教研工作计划以及学校发展规划，组织领导、教师学习教学管理知识；对相关学科进行业务培训，提出"向课堂40分钟要质量"的要求，亲自上示范课，并指导教师撰写教学论文，开展课题研究，全面提高教师的专业水平，使该校教学质量大面积提高。六年级学生参加台山市质检，有7人被推荐进入台山市重点中学，实现零的突破，S值提高将近20%，获得台山市教学质量进步奖和台山市小学综合S值成绩优秀奖。此外，我共15次担任全市性教学专题讲座的主讲教师，12次开展全市性示范课，把先进的教学理念和方法送到薄弱学校，为全面提升我市小学数学教学质量出谋献策。我还热心培养、指导青年教师，成效显著。坚持以业务理论、师德修养等为重点，通过业务培训、承担公开课、课题研究、开展教研教改等，为青年教师搭建专业化发展的平台，促进年轻教师迅速成长。培养出一批德才兼备、业务能力强的骨干教师群体。在辅导培养的对象中，指导教师参加各级教学能力比赛成绩优异，获江门市一等奖3人次、江门市二等奖4人次、台山市奖1人次。

我勤于钻研、精于科研，具有系统的专业知识和专业技能，有较强的示范引领能力，积极参加学科教育教学改革活动，教育教学科研成果显著。2010年至今，先后被评为南粤优秀教师、江门市优秀教师、江门市优秀兼职教研员、台山市优秀教师、台山市十大师德模范、台山市优秀青年教师、台山市教育系统"十佳"青年教师、台山市教育系统"十佳"教师义工、台山市教学管理先进个人，曾获广东省、江门市、台山市"一师一优课、一课一名师"活动优课奖，在广东省、江门市计算机教育软件评审活动中获得优异的成绩。主持或参与开展的市级以上课题共9项，其中2015年5月主持开展的广东省教育科研"十二五"规划课题"构建数学文化，提升学生数学素养的研究"于2018年1月顺利通过结题，课题"基于核心素养的薄弱学校小学生数学数感培养的研究"被列为广东省教育科研"十三五"规划2019年度教育科研课题。撰写的教学论文4篇在省级以上刊物发表，5篇获台山市一等奖及江门市二、三等奖。此外，参加江门市教师基本功大赛、台山市命题大赛、台山市教学设计大赛、台山市计算机教育软件评审活动均获一等奖。

> **我的教学实录**

《分数的基本性质》教学设计

【教学设计】

教学内容：义务教育教科书五年级下册第57页内容及练习十四。

教学目标：

（1）经历对分数的基本性质的探索过程，理解分数的基本性质并与除法中商不变的性质进行类比，体验解决问题策略的多样性，积累活动经验。

（2）让学生经历"猜想—验证—归纳—反思"的过程，培养学生的推理能力，发展学生的问题意识、应用意识和创新精神。

（3）使学生在探究活动中获得成功的体验，建立自信心，感受到数学的严谨性和科学性，体味数学了不起的魅力。

教学重点：通过探究感悟、总结归纳出分数的基本性质，并会简单应用。

教学难点：活用分数的基本性质，沟通其与商不变的性质和小数的性质的联系。

教学准备：课件、正方形纸片、彩笔等。

教学过程：

（一）创设情境，引发猜想

1. 复习旧知

课件出示：

（1）请根据分数与除法的关系填上合适的分数。

$2 \div 3 = （\quad）$，$4 \div 7 = （\quad）$，$9 \div 11 = （\quad）$。

师：同学们，我们前面学习了分数与除法的关系，请根据分数与除法的关系填上合适的分数。

（2）根据商不变的规律填上合适的数。

$6 \div 2 = （\quad） \div 20 = （\quad） \div 200$，$（\quad） \div 0.5 = 8 \div 5 = 80 \div （\quad）$

师：商不变的规律是怎样的？

（学生代表回答后，课件出示商不变的规律，并齐读。）

师：在我们数学学习数的领域中，先是学习了（整数），然后学习了（小数），最近我们又在学习（分数）。请问在自然数集合里，能找到大小相等但各个数位上数字又不相同的两个数吗？（不能）是啊，确实在自然数的集合里，我们找不到相同的两个数。我们再看这在小数的范围内，可以找到大小相等但各个数位上数字又不相同的两个小数吗？（不能）真棒！那你觉得在分数的范围内，可以找到大小相等且分子和分母都不相同的两个分数吗？（能）真难不倒大家。

同学们，我们这节课就来研究分数的范围内，大小相等且分子和分母都不相同的分数，好吗？（好）

【评析】通过对分数与除法的关系及商不变规律等旧知的复习，有效激活了学生已有的知识经验，为新知识的学习埋下伏笔。一连串问题的提问，通过整数、小数和分数的对比，搭建起知识结构物化与内化的桥梁，促使学生形成初步的猜想，引发学生的数学思考，迅速点燃学生的求知欲望。

（二）自主探究，寻找规律

（1）猜测验证，初步感知。

师：同学们请看，这个分数是（$\frac{1}{2}$）。你觉得和$\frac{1}{2}$相等的分数有哪些？

生：……（教师板书：$\frac{1}{2}$、$\frac{2}{4}$、$\frac{4}{8}$，猜想）

师：同学们，我们先选取前面的两个（$\frac{2}{4}$、$\frac{4}{8}$）来研究好不好？（好）如果让你去证明这两个分数确实和$\frac{1}{2}$相等，你准备怎么做？（折纸、画图、把它们化为小数比较等）真棒！同学们的想法真多，现在我们就用涂色的方法来验证一下。请大家打开准备好的3张同样大小的正方形纸，利用折一折、涂一涂、比一比的方法去验证它们是否真的与$\frac{1}{2}$相等，可以吗？

生：好的。

师：那就开始吧！（教师板书：验证）

学生通过操作（折一折、涂一涂、比一比）去验证。

教师巡视中鼓励已经完成的同学把想法和身边的同学说一说。

师：同学们，现在分享一下我们验证的结果好吗？

生1：我用3张同样大小的正方形纸，分别平均分成2份、4份和8份，阴影部分分别占了其中的1份、2份和4份，大家请看涂色部分都是正方形面积的一半，就是说阴影部分的面积是相等的，即$\frac{1}{2}=\frac{2}{4}=\frac{4}{8}$。

生2：……

生3：……

师：说得真好！

师：请看大屏幕，（边说边课件演示）3个同样大小的正方形，分别平均分成2份、4份和8份，阴影部分分别占了其中的1份、2份和4份，大家看涂色部分都是正方形面积的一半，就是说阴影部分的面积是相等的，即$\frac{1}{2}=\frac{2}{4}=\frac{4}{8}$。

请大家齐读一遍。(师板书)

【评析】 让学生动手操作,通过折一折、涂一涂、比一比等过程,自主探索、合作交流、小组汇报等活动,初步感受变中的不变,验证存在分子、分母不同而大小相等的分数,渗透数形结合的数学思想。通过学生的汇报,培养学生发现问题的能力和口头表达能力,提升数学素养。

师：我们看黑板。这三个分数之间用等号连起来,说明这三个分数的大小(一样),也可以说分数的大小不变。(师板书)分数的大小不变,但分数的什么变了？(分数的分子和分母)(师板书)分数的分子和分母发生了变化,请同学们从左往右观察一下,$\frac{1}{2}$是怎样变成$\frac{2}{4}$的？$\frac{2}{4}$又是怎样变成$\frac{4}{8}$的？不着急,先分4人小组交流一下。

师：谁来汇报。

生1：分数的分子和分母同时乘2。(同时乘)(师板书)

师：它们同时乘上的是一个。(相同的数)(师板书)。

师：$\frac{1}{2}$的分子和分母除了可以同时乘2、乘4,还可以同时乘几？

生：同时乘3、乘5、乘6……变成$\frac{3}{6}$、$\frac{5}{10}$、$\frac{6}{12}$……(师板书)

师：我们看看,这些分数刚才我们有动手涂色吗？(没有)那你怎样判断它们和$\frac{1}{2}$是大小相等的？

生1：它们的分子和分母同时乘一个相同的数。

生2：分母都是分子的2倍。

师：也就是说我们把"1"平均分成了(6份),取了其中的(3份),取了的3份刚好就是总数的(一半)。$\frac{5}{10}$和$\frac{6}{12}$也是一样。看来$\frac{1}{2}$可以这样变形,那其他的分数也可以这样变形吗？我们再看一个题目。(P.59练习十四第8题,课件出示)请同学们在书本上做一做,开始。

师：谁能把你的涂法跟大家分享一下。阴影部分你分别涂了几格？(2格)阴影部分可以用几分之几来表示？($\frac{2}{6}$、$\frac{2}{8}$)大家同意吗？它们之间还可以用什么符号连起来？(等号)(师板书)是这样做的同学请举手。

师：我们再观察这两组分数,$\frac{1}{3}$和$\frac{2}{6}$、$\frac{1}{4}$和$\frac{2}{8}$,它们分子、分母之间发生了什么变化？

生：它们分子和分母同时乘了2。

师：跟上面的规律一样吗？（一样）都同时乘相同的数。细心的同学就发现，刚才我们都是从左往右观察，如果换个角度从右向左观察呢？会不会有什么新发现呢？同位之间互相交流一下。

师：有发现了是吧？

生1：分子和分母都缩小到原数的$\frac{1}{2}$。

生2：分子和分母同时除以2。

师：是的，不同角度的观察有不同的收获，我们还可以从这个等式里看到除法的变化情况。上面的等式中都看到除法的变化情况了吗？（分子、分母同时除以2）看来，分数的分子和分母还可以同时除以一个相同的数。（板书：或除以）

【评析】通过层层深入、逐步刨开，让学生通过小组合作，感受变与不变，渗透转化的数学思想。在观察中、对比中初步感知分数的基本性质，积累活动经验，实现思维成长，领悟学习方法，提升数学素养。

（2）梳理归纳，总结规律。

师：请大家再细心地观察，像$\frac{1}{2}$、$\frac{2}{4}$、$\frac{4}{8}$这样分子和分母发生变化，而分数的大小不变的情况，能用一句话来概括吗？分四人小组互相说一说（小组交流）。教师把板书补充完整，分数的分子和分母同时乘除以相同的数，分数的大小不变。

师：请同学们自己轻声地把它读一读。

师：我发现同学们越读眼睛越亮，这句话让我们感到很亲切、很熟悉，是吗？

生1：我觉得应该是"非零的"（0除外）。

生2：我觉得应该加上"0除外"。

师：同学们你们同意吗？为什么要加上"0除外"呢？

生1：除数不能为零。

生2：如果分数的分子和分母都乘上0，分数就没有意义了。

师：真棒！因为除数不能为零，而$\frac{1}{2}$的分子和分母都乘上0，它就变成$\frac{0}{0}$，那就没有意义了，所以我们要加上0除外。掌声送给这两位同学。我们把它补充完整。[板书：（0除外）] 其实，这就是我们今天要学习的内容——《分数的基本性质》（板书：分数的基本性质）。请同学们齐读（课题和分数的基本性质）。齐读时把重点的字词大声读出来。

师：请同学们阅读书本P.57例1的内容，还有什么不明白的地方吗？

【评析】：通过让学生读一读，在读中发现问题，并引导学生概括规律，渗透归纳的数学思想，培养学生合情推理能力和迁移类推能力。之后的学习反思，有利于学生进一步领悟学习方法，积淀学习后劲，提升数学素养。

师：根据分数的基本性质，我们可以把 $\frac{1}{2}$ 的分子和分母按顺序同时乘 2、3、4、5……，这样就组成了一组很有规律的分数，请看大屏幕。这组分数中的每一个分数大小（相等），我们可以把它看作大小相等的一组分数的集合，如果从中选一个做它们的代表，你会选谁？（$\frac{1}{2}$、$\frac{2}{4}$、$\frac{4}{8}$……）都有道理，都能代表这个集合，但你们更倾向于哪个分数？（$\frac{1}{2}$）为什么？（因为其他的数都是由 $\frac{1}{2}$ 变的）有道理！我们也可以说 $\frac{1}{2}$ 的分子和分母是这组数中最简单的，$\frac{1}{2}$ 看起来最简单，我们就用 $\frac{1}{2}$ 来代表这个集合。同学们，以前我们看到 $\frac{1}{2}$，它只是一个孤孤单单的 $\frac{1}{2}$，而今天我们带着分数基本性质的眼光来看它，透过它我们还可以看到 $\frac{2}{4}$、$\frac{4}{8}$……，就是说通过 $\frac{1}{2}$，我们可以看到后面隐藏的整个集合。像 $\frac{1}{3}$，你根据分数的基本性质能有规律地、有顺序地看到一个集合吗？请同学们互相交流一下。学生汇报。

师：一个分数就能看到一个集合，这就是数学了不起的魅力。

【评析】：丰富研究的素材，渗透集合的数学思想，让学生感受变与不变，了解数学了不起的魅力，提升数学素养。

(3) 应用规律，解决问题。

师：同学们，你能把一个分数化成分母不同而大小相同的分数吗？（能）请同学们打开课本 P.57，完成例 2，并分四人小组互相说说你是怎样想的。

（学生汇报。）

师：同学们，今天学习的内容还有不明白的地方吗？（没有）

【评析】：练习是检验新知识掌握熟练程度的最好途径。通过此题的练习，不仅可以反映出学生对新知识的掌握程度，还能培养学生良好的思维能力和表达能力。

（三）巩固拓展，提升认识

1. 填一填。

填上合适的数，并说说你填写的依据。

$\frac{1}{3}=\frac{(\ )}{6}$　　　$\frac{10}{15}=\frac{(\ )}{3}$　　　$\frac{1}{4}=\frac{5}{(\ )}$　　　$\frac{12}{28}=\frac{(\ )}{7}$

2. 写一写、说一说。

说出与 $\frac{2}{3}$ 相等的分数，并说说你是怎样想的，你觉得这样的分数有多少个？

（学生分小组在练习本上分别写一写，1分钟内写得最多的组派代表汇报）

3. 判断。

（1）分数的分子和分母都乘或者除以相同的数，分数的大小不变。（   ）

（2）把 $\frac{15}{20}$ 的分子扩大5倍，分母也扩大5倍，分数的大小不变。（   ）

（3）$\frac{3}{4}$ 的分子乘3，分母除以3，分数的大小不变。（   ）

（4）$\frac{10}{24} = \frac{10 \times 5}{24 \times 5} = \frac{10 \div 2}{24 \div 2}$ （   ）

4. 投篮：把篮球投到与它大小相等的篮筐里。

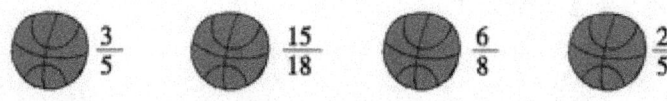

5. 找一找。

请帮小熊和小山羊找出大小相等的分数。

$\frac{7}{14}$、$\frac{5}{25}$、$\frac{3}{9}$、$\frac{6}{18}$、$\frac{5}{10}$、$\frac{2}{4}$、$\frac{18}{54}$、$\frac{18}{36}$、$\frac{9}{18}$、$\frac{5}{15}$、$\frac{26}{52}$、$\frac{4}{12}$、$\frac{2}{6}$

（小熊）与 $\frac{1}{2}$ 相等的分数：

（小山羊）与 $\frac{1}{3}$ 相等的分数：

【评析】：练习的设计由浅到深，通过不同层次练习的设计，使练习的形式多样化，激发了学生学习数学的兴趣，培养了学生的数学应用意识，同时也体现"让不同的学生在数学上有不同的发展"这一理念，培养学生的思维能力。

（四）归纳总结，深化理解

师：同学们，这节课你有什么收获？

结束语：我们这节课通过猜想、验证、归纳、应用的过程一起学习了分数的基本性质，并学会了用分数的基本性质去解决问题，老师希望大家在今后学习数学的道路上能越学越好，取得成功。

【评析】：在交流收获的过程中，让学生再次回顾学习方法、情感态度方面的收获，同时打通知识之间的联系，帮助学生重建认知结构，培养学生的知识概括能力，使其获得成功的乐趣，增强学习的信心，提升数学素养。

【教学反思】

在"变"与"不变"中感悟、提升
——《分数的基本性质》教学反思

本节课整体的设计思路是以"猜想—验证—归纳—反思"等活动为主线，让学生在"变"与"不变"的思想串联活动中感悟什么是变的、什么是不变的，是怎样变的，同时通过串在一起的活动形成探究规律的全过程。

（一）在"变"与"不变"中形成感悟

本节课我注重从分数的意义入手，在对3个完全一样正方形的涂色活动中让学生通过动手操作等直观手段，帮助学生获得正确、完整、丰富的表象。形象地感受分数的分子、分母发生变化而使分数的"形"与"意义"发生变化的过程，从变化过程又让学生实现形式的"变"与实质的"不变"的统一。同时，通过折一折、涂一涂、比一比等活动，学生对"怎样变"也有了一定的感性认识，这样的设计关联紧密，便于自明。

（二）在"变"与"不变"中归纳性质

新课中，通过实践与观察，在与 $\frac{1}{2}$ 相等的几个分数中总结分子与分母的变化情况，归纳出分数的基本性质。这样的设计，让学生经历对比、探究、归纳的过程，既以学生的认知结构为基础，又从不同角度丰富了分数基本性质的实质内涵，这样学生归纳分数的基本性质就会水到渠成。

（三）在"变"与"不变"中提升素养

本节课，我精心设计了一个又一个的活动，活动的链接非常自然、动静有序、集辩证于一体，注重变化的实质与形式的结合，把每个活动串通成线。同时，以活动为载体，有机渗透数形结合、归纳、转化、集合等数学思想方法，提升了学生的数学素养。

▶▶▶ 我的教学主张

"站在文化的角度审视数学"是我的教育主张

《数学课程标准》（实验稿）提出：数学是人类的一种文化，它的内容、思想、方法和语言是现代文明的重要组成部分。《义务教育数学课程标准》（2011年版）前言明确指出：数学是人类文化的重要组成部分，数学素养是现代社会每一个公民应该具备的基本素养。新课标小学数学每册教材的编排都有意识地渗透了大量的数学文化内容，"数学文化"也走进了我们的小学数学课堂，渗入到小学课堂教学中。所以，我们现在的数学教学要提升到数学文化教育的层面，让数学作为一种文化走进小学课堂，努力使小学生在数学学习过程中感受到数学是一种文化的熏陶，从而提高学生的数学素养。如教学四年级下册鸡兔同笼问题时，新课伊始，通过我国古代数学名著《孙子算经》中记载的一道数学趣题引入，向学生介绍了古人的辉煌数学成就，让学生在学习数学的过程中真正受到优秀文化的熏陶，体会数学文化的品位，培养学生的数学素养。

▶▶▶ 我的育人故事

用爱心呵护童心

没有爱就没有教育。作为一名教师，我用自己最真诚的爱去呵护每一个学生，对他们一视同仁，经常与他们谈心，凡事都设身处地为学生着想，努力营造良好的师生关系。我认为如果等学生出现了问题才找他们谈心，工作就会很被动，很难收到好的效果。所以每接一个班，我首先要做的工作就是尽快熟悉每一个学生，了解他们的个性特点及家庭情况，主动亲近他们，并经常举行各种有意义的活动和竞赛，增强他们的集体观念和上进心，使他们养成良好的行为习惯，从而形成良好的班风和学风。善于在丰富多彩的活动中发现学生的闪光点，与班主任共商良策，使每个人的才能都充分发挥出来。2010年以来，我先后协助班主任培养了12位县级以上优秀干部：2012、2013年温焕东、罗慧宇同学分别被评为江门市优秀少先队员，2012年陈丹平同学被评为江门市三好学生，2012、2013、2014、2015年朱杏芳、李威龙、黄权荣、巫炫标同学分别被评为台山市三好学生，2013、2017年卢洁宜、陈颖欣同学分别被评为台山市十佳少先队员，2011、2012、2015年谭少钳、李嘉美、刘晓仪同学分别被评为台山市优秀少先队员。我所任教的班7次评为学校文明班。本人也先后被评为南粤优秀教师、江门市优秀教师、台山市优秀教师、台山市十大师德模范。

我对后进生更是倾注更多的爱。在课堂上，总是创设机会，让后进生尝试成功的喜悦，如上课做练习时，耐心指导他们，基础的问题留给他们解答，并坚持在课余时间辅导他们，组织学习成绩好的同学帮助他们，对他们的点滴进步给予表扬。在课堂教学中善于挖掘教材中的资源，结合数学知识对学生进行思维训练，结合数学活动进行德育渗透，端正后进生的学习态度。课后，经常深入这些学生的家庭，与家长取得共识，共同做好学生的思想教育工作，先后"转化"了一大批后进生。2016年教的王铭璐同学，在刚接班时该同学是一位无心向学、组织纪律较散漫、上课玩东西、无心听课的学生，我刚接任时他的质检成绩只有35分。我首先端正他的学习态度，通过讲道理、列举典型事例，现身说法，使他认识到学习的重要性。同时，还积极与家长沟通，争取家长的配合。每天下午放学后，都对他进行耐心辅导，先从最简单的计算题开始，一步一步教给解题方法。等他掌握了最基本的计算方法后，又把本班几位成绩不合格，但比小王好一点的学生组织起来一起辅导，鼓励小王向这几位同学挑战，争取超越他们。不管谁取得了一点进步，都给予大力表扬，于是，在这几个学生中形成了你追我赶的局面。因为有了信心，有了努力的方向，这几个学生期末考试成绩都有了很大的提高，尤其是小王同学，取得了84分的好成绩，当他知道自己进步了，高兴得一蹦三尺，家长更是难以置信。我坚信，只要学生感觉到老师是爱自己的，感觉到班集体是温暖的，他们就会爱自己，爱老师，爱同学，爱班集体。所以，我总是用自己的爱心温暖着每一颗童心。

又如，2014年教的学生李××同学，性格特别内向，上下课总呆坐在座位上，既不活动也不与同学交谈，上课提问她，她只是瞪着眼睛看着你，无论你怎么问她，她就是一言不发，多问几遍她就哭，不论是堂上练习还是家庭作业，她一律不做，几次找她谈心，她就是一言不发。面对这样的学生，我并没有失去信心，我相信只要我有一颗真诚的心，总有一天会打动她。经过与家长沟通，了解到，她长期沉迷网络，只对上网有兴趣。于是我经常与其谈心，并搜集大量的沉迷网络带来危害的例子让她看，同时要求家长们配合，要求他们无论多忙，每天都要抽时间陪她看看电视、聊聊天，督促她完成作业，让她真正感受到父母对她的爱。在学校，我号召全班同学与她交朋友，多关心她，和她一起活动，还安排一位学习较好的同学与她同桌，在学习上帮助她，每天把老师布置的家庭作业帮她记录好。我每天都对她的作业进行面批，看到她有进步就及时表扬，经过一段时间的努力，她有了明显的进步，有时会与同学说说话，老师找她谈心时，她偶尔也回答几句。有了学习的动力，使她戒掉了网瘾，看到她的进步，我也感到很欣慰。

要转化后进生，的确不是一件容易的事，需要爱心、耐心、恒心，常抓不懈，长期跟踪，还要因人而异，对症下药。虽然过程是艰辛的、漫长的，但看着自己的学生不断进步，班集体面貌不断变化，这是多么令人高兴的事啊！

他人眼中的我

（一）专家眼中的我

江门市小学数学兼职教研员郑保华老师基本功扎实，工作踏实，积极进取，用自己的人格魅力感染每一个学生。他的课堂扎实简约，和谐风趣，能以"以人为本、因材施教、使每个学生都得到不同发展"的理念探索数学教学，引领学生在数学学习过程中体会数学的文化品位，领略数学的魅力。

（江门市教育研究院小学数学教研员，教育部"国培计划"首批中小学领航名师，广东省中小学名师工作室主持人，广东省"百千万人才培养工程"名教师培养对象　丁玉华）

郑老师师德高尚，业务能力强，学术水平高，教学研讨深，并影响、带动、帮助年轻教师，为台山小学数学教学的发展作出了重要的贡献。

（台山市台城第二小学主任，台山市小学数学教师工作室主持人　甄巧连）

（二）同行眼中的我

郑老师专业水平高，对工作充满激情活力，对同事古道热肠，对学生严爱相并，教学成绩显著。在每一次的教学研讨活动中，郑老师总能把握数学最核心的本质，层层深入，让我们年轻教师豁然开朗。

（台山市李星衢纪念学校主任，台山市郑保华名教师工作室助手　陈健平）

郑老师是一位勤奋、善思、进取的名师工作室主持人，严谨治学，勤写不倦，以丰富的教学教研经验，扎实的理论功底，为我们呈现一个个有共鸣、有深意的讲座。在研修活动的研讨课备课中，郑老师组织备课团队，想方设法给予我专业、细致的指导，抓住课堂教学中每个环节的每一句话、每一个字，深入探究教学方法，让我在研讨课中得到高度的评价，并逐渐成长起来。

（台山市水步镇中心小学数学科组长，台山市郑保华名教师工作室学员　陈乙霞）

（三）学生眼中的我

郑老师不仅有让人佩服的专业知识，还能化身段子手让我们在轻松愉快的环境中掌握知识。在他身上我感受到的是如同兄长一样的温暖，在学习和生活上他与我们能够成为真正的良师益友，传道授业解惑之余也充当着学生的人生向导。

（全国奥林匹克数学竞赛台山市第一名获奖者　朱健文）

郑老师疼爱学生的方式一直胜过于言语的表达和课堂的互动。他的每一次微笑，每一次鼓励肯定，甚至于跟学生的每一次调侃，都是带着他独有的真诚、独有的温柔，真心实意地把学生当作朋友。

（2016年高考台山市理科总分第一名　梅子威）